여성과 기독교교육

Women and Christian Education

이화학술총서

여성과 기독교교육

백은미 지음

이화여자대학교출판부

| 머리말 |

한국 여성들의 삶에 미친 기독교의 영향은 이중적이며 모순적이다. 선교 초기 여성교육을 통해 한국 여성의 주체적이고 해방적인 삶에 기여한 기독교는 현재 한국 사회에서 가장 보수적이고 가부장적인 종교와 제도의 하나로 간주되고 있다. 2천 년 전 가부장제 문화가 지배하던 이스라엘에서 예수는 여성들을 제자로 삼고 그들에게 진정한 인간화를 이루고 해방의 길을 가도록 가르쳤다. 하지만 예수를 따르는 자들에 의해 형성된 기독교는 얼마 지나지 않아 여성에 대한 차별을 제도화하면서 남성 중심적인 종교로 자리 잡았고 그 역사는 계속 반복되고 있다. 이런 상황에서 한국 기독교교육은 예수의 정신과 선교 초기 여성 교육의 역사를 기억하며 여성의 온전한 인간화와 영적 성숙을 지향하는 교육적 실천을 위해 노력해야 한다.

1960년대부터 1980년대까지 한국 기독교가 급성장하는 시기에 여성들은 교회의 성장을 위해 헌신과 노력을 아끼지 않았다. 이들의 헌신적인 노력에 힘입어 한국 교회는 물적 · 양적으로 급성장했지만 하나님의 뜻을 세상에 실현하는 참된 신앙 공동체의 모습을 점차 상실해가고 있다. 현재 한국 교회는 성장 제일주의, 개교회 중심주의, 교회 세습, 반지성주의 등으로 인해 사회적 신뢰를 얻지 못하고 있다. 또한 교회의 구성원들은 문자주의적, 개인주의적, 기복적, 관습적 신앙을 유지한 채 인격적 · 영적으로 성숙한 신앙인으로 성장하지 못하고 있다. 특히 여성들은 남성 목회자 중심의 위계적인 교회질서 안에서 수동적이고 의존적인 신앙을 유지하고 있다. 여성들은 이러한 현실에 대해 방관하거나 침묵할 것이 아니라 문제의식을 가지고 변화를 위해 주체적으로 노력해야 한다.

1980년대부터 한국의 여성신학자들은 한국 여성의 상황에서 성서를 새롭게 해석하고 기독교 교리를 비판적으로 재해석하여 가부장적이고 성직자 중심적인 교회제도를 개혁하기 위해 노력하고 있다. 또한 한국 교회가 지닌 여러 문제에 대해 깊이 참회하고 이 땅에 하나님의 통치의 비전을 다시 세우기 위해 노력하고 있다. 이러한 노력의 결과 여성신학자와 여성 목회자의 수가 증가하고 신학교의 여학생 비율도 높아지고 있다. 그러나 여전히 대다수 교회 여성들은 기독교의 가부장적 전통과 성서 해석을 비판하는 여성신학에 오히려 거부감을 느끼고 남성 목회자에게 순종하는 것이 '좋은 신앙'이라고 믿는 경향이 있다. 사회에서의 양성 평등에 대해서는 진보적인 입장을 취하는 여성들도 종교적 가르침과 제도는 절대적 진리라고 믿고 비판적 성찰의 대상으로 삼지 않는다. 이러한 평신도 여성들의 의식 변화 없이는 실질적인 교회 개혁과 사회 변화를 기대하기 힘들다. 그러므로 기독교 여성들을 위한 체계적인 기독교교육 이론을 형성하고 구체적인 교육 방법을 모색하는 것이 시급하다.

그런데 안타깝게도 기독교교육학 분야에서는 여성주의 기독교교육의 학문적 토대가 형성되지 못하고 있으며 여성주의 시각에서 기독교교육을 연구하는 학자들도 소수에 불과하다. 신학교육의 현장이나 교회 여성들의 교육 현장에서 여성주의 기독교교육학에 관한 본격적인 논의가 드물고 단편적인 논문들을 중심으로 논의되고 있을 뿐이다. 그러므로 이 책은 여성주의 기독교교육의 목적과 목표, 내용, 방법, 주체, 장(場)에 관한 구체적이고 체계적인 연구를 통해 여성주의 기독교교육학의 이론적 토대를 마련하고자 한다. 이를 위해 이 책에서는 남성 중심적인 기독교교육학 전통을 비판함과 동시에 여성주의 입장에서 교육 이론을 재정립하고 있다. 또한 다학문적 접근을 통해 여성의 삶의 주기를 고려한 전인적이고 통합적인 교육의 과제와 실천 방안을 모색하고 있다.

이 책이 기독교 공동체 안에서 수동적인 학습자에 머물러 있는 여성들로 하여금 그동안 무의식적으로 수용해온 가부장적 허위의식을 극복하고 자신의 경험과 인식에 확신을 가지는 교육의 주체가 되도록 하는 데 도움이 되기를 기대한다. 특히 여성신학에 대한 제한적이고 왜곡된 이해를 가진 교회 여성들에게 새로운 인식을 제공하고 여성들 스스로의 리더십을 통해 실천할 수 있는 교육 방법을 제시함으로써 여성들이 주체적으로 진정한 배움의 공동체를 형성하는 데 기여할 수 있기를 바란다. 이 책은 여성들과 함께하는 기독교교육의 과제와 방향을 고민해온 수년간의 연구 결과의 산물이다. 책의 일부 내용에는 학술지에 기고했던 논문들을 책의 전체적인 구성과 성격에 맞게 수정하고 보완한 부분도 있다.

이 책은 크게 세 부분으로 구성되어 있다. 먼저 1부에서는 여성주의 기독교교육에 대한 심도 있는 고찰을 통해 여성주의 기독교교육학의 이론적 토대를 마련하고자 한다. 1장에서는 여성주의 기독교교육학이 등장하게 된 배경과 주요 학자들을 소개하고, 기독교교육학 전통의 다양한 교육신학 이론들을 여성주의 입장에서 비판적으로 성찰한다. 2장에서는 여성주의 기독교교육의 목적과 목표를 설정하고, 교육 내용과 방법, 교육의 주체와 교육의 장에 대해 논의한다. 3장에서는 전통적으로 기독교교육의 목적 중 하나로 논의되고 있는 신앙의 성숙을 여성신학적 입장에서 새롭게 이해하고, 여성의 인격적 · 영적 성숙을 전인적이고 통합적인 차원에서 고찰한다.

2부에서는 여성들의 다양한 연령에 맞는 교육 과정을 개발하기 위해서 여성의 생애를 청소년기(4장), 성인 초기(5장), 중년기(6장), 노년기(7장)로 구분해 각 시기의 발달과제와 기독교교육의 과제를 모색한다. 여성들의 인지발달, 도덕발달, 심리사회발달, 자아발달 등에 관한 여성주의 심리학을 토대로 여성의 다양한 차원의 발달과제를 논의한다. 또한 인간의 신앙발달을 연구한 제임스 파울러(James W. Fowler)와 여성의 신앙발달을 연구한 캐롤 헤스(Carol L. Hess)와 니콜라 슬리(Nicola Slee)의 이론을 중심으로 신앙발달의 과제를 논한다. 삶의 각 시기마다 여성들이 직면한 다양한 발달과제에 대한 분석을 통해 이러한 과제들을 여성들이 잘 수행해 인격적이고 영적으로 성숙한 인간으로 성장하도록 도울 수 있는 기독교교육의 과제를 모색한다.

3부에서는 여성들을 위한 기독교교육 방법으로 스토리텔링 교육 방법(8장), 영성교육 방법(9장), 예전적 교육 방법(10장) 등을 살펴보고 여성들이 자신의 신앙 공동체 안에서 다양하게 활용할 수 있는 실천적인 교육 방법을 제시한다. 이 책에서는 교육 현장에서 직접 활용할 수 있는 실제적인 교육 프로그램을 제시하기보다는 각 교육 방법에 대해 이론적으로 고찰하는 방법론적 연구를 하고 있다. 그러므로 이 방법론을 토대로 다양한 교육 현장에 있는 여성들이 자신의 상황에 맞게 교육 프로그램을 개발하는 것이 필요하다.

책을 펴내면서 많은 분들께 감사의 마음을 전하고 싶다. 먼저, 좋은 연구를 할 수 있는 기회를 주고 이 책을 출간해준 이화여자대학교출판부에 감사를 드린다. 신학하는 기쁨과 두려움을 일깨워주신 기독교학과의 스승이셨던 박순경, 서광선, 손승희, 장상, 이경숙 선생님께도 감사드린다. 또한 낯선 땅에서 신학하는 외로움을 따뜻하게 감싸주고 여성신학과 과정신학을 토대로 기독교교육 사상을 정립할 수 있도록 이끌어 주신 박사학위 지도교수인 메리 엘리자베스 무어(Mary Elizabeth Moore) 교수님께 감사를 드린다. 항상 바쁜 일상에 쫓겨 빈자리가 많았던 엄마, 아내, 딸, 며느리를 사랑으로 이해해준 가족들에게도 감사의 마음을 전하고 싶다. 특히 딸의 신학 여정을 항상 따뜻한 시선으로 격려해주시고 무척 자랑스러워 하셨던 아버지 故 백문현 목사께 책의 완성을 보여드리지 못한 것이 못내 아쉬움으로 남는다. 그러나 아버지의 신앙의 유산이 이 책에 녹아 있을 것으로 믿으며 위로를 받는다. 끝으로 나의 교육적 상상력을 항상 자극해주는 제자들에게도 감사의 마음을 전한다.

2014년 11월

백은미

| 차례 |

제2부 여성의 삶의 주기와 기독교교육

제3부 여성주의 기독교교육 방법론

제1부

여성주의 기독교교육학

제1장

기독교교육학 전통과 여성주의

1. 여성주의 기독교교육학의 등장과 주요 이론

1960년대 이후 여성신학의 등장은 서구 백인 남성 중심의 신학 전통에 새로운 도전을 가져왔고 신학적 담론에서 여성의 경험과 목소리가 가시화될 수 있도록 했다. 여성의 인간화와 해방이라는 신학적인 주제를 중심으로 기독교의 가부장적 전통을 비판하고, 성서를 여성의 경험과 시각에서 비판적으로 해석하고, 성차별적인 교회제도와 예배를 새롭게 구성하려는 노력이 전개되었다. 기독교교육학 분야에서도 여성주의 기독교교육(feminist Christian education)이 형성되었고 다양한 교육 실천과 이론화 작업이 진행되고 있다. 여성주의 기독교교육 이론은 해방적이고 비판적인 페다고지 원리에 근거해 여성을 억압하고 차별하는 모든 지식체계, 이데올로기, 교육제도를 비판적으로 성찰하고 여성의 온전한 인간화와 해방을 지향한다. 또한 모든 여성이 인식의 주체가 되어 교육 과정에 참여함으로써 새로운 지식을 창조하고, 개인의 삶과 신앙 공동체, 사회를 변혁시켜 나가도록 다양한 교육 방법을 모색한다. 대표적인 학자로는 여성주의 기독교교육학의 선구자라고 할 수 있는 레티 러셀(Letty M. Russell), 여성주의 기독교교육의 이론 형성과 영성교육에 공헌한 마리아 해리스(Maria Harris), 여성주의 기독교교육 이론의 핵심 주제와 과제에 대해 연구한 메리 엘리자베스 무어(Mary Elizabeth Moore), 여성의 신앙발달을 심도 있게 연구한 캐롤 헤스(Carol L. Hess)와 니콜라 슬리(Nicola Slee) 등이 있다.

기독교교육학자이면서 여성신학이 태동하는 데 선구자적인 역할을 한 사람은 레티 러셀이다. 러셀은 뉴욕의 할렘 지역에서 가난하고 소외된 사람들과 함께하며 17년 동안 목회와 교육을 실천하면서 성차별과 인종차별의 문제를 중요한 신학적 주제로 삼았다. 그녀는 특히 여성신학적 입장에서 인간의 해방과 파트너십이라는 주제를 가지고 교육신학을 발전시켰다.[1] 러셀에 의하면, 교육은 모든 인간이 온전한 인간성을 회복할 수 있도록 하는 하나님의 선교의 특별한 초대에 파트너로 참여하는 것이다. 또한 교육은 이웃들과의 상호적인 신뢰관계의 파트너십을 통해 인간의 온전한 해방과 인간화를 지향하는 하나님의 활동에 동역자로 참여하는 것이다.[2] 러셀은 성차별의 문제뿐 아니라 인종차별, 계층적 차별 등 사회 전반의 비인간화와 불평등의 문제에 관심을 기울였다. 그리고 교육을 지속적인 실천과 성찰의 프락시스(*praxis*) 과정으로 보았고, 온전한 인간 사회를 위한 하나님의 창조적인 행위에 참여하는 것이라고 이해했다.

---

1 Letty M. Russell, *Human Liberation in a Feminist Perspective: A Theology* (Philadelphia: Westminster Press, 1974).

2 Letty M. Russell, *The Future of Partnership* (Philadelphia: Westminster Press, 1979); *Growth in Partnership* (Philadelphia: Westminster Press, 1981).

마리아 해리스는 여성신학적 입장에서 기독교교육에 관한 최초의 단행본인 『여성과 교육(*Women and Teaching*)』을 저술했다. 이 책에서는 '여성주의 페다고지(feminist pedagogy)'를 위한 교육 과정을 제시하고 있다. 해리스는 여성들을 위한 교육 과정을 침묵, 기억하기, 예전적 애탄, 예술 활동, 탄생의 과정으로 구성했다. 그녀는 여성주의 페다고지를 통해 여성들이 침묵의 긍정적인 힘과 치유의 힘을 발견하고, 하나님의 여성적인 이미지들과 여성 선배들의 이야기를 찾아내어 기억함으로써 지혜와 용기를 얻기 바랐다. 또한 예전을 통해 공동체적 배움의 과정을 창조적으로 형성시키고 여성들이 서로를 위한 산파가 되어 새로운 앎, 감정, 행위, 직관, 상상력을 창조해나가기를 바랐다.[3] 여성의 영성과 교육과정에 관한 책 『성령의 춤(*Dance of the Spirit*)』에서는 영적 성숙의 과정을 성령과 더불어 추는 춤의 과정으로 묘사하고 일곱 개의 춤의 스텝을 통해 여성들이 심리적인 발달뿐 아니라 전인적인 영적 성숙의 과정을 이루어갈 수 있는 다양한 방법들을 제시하고 있다.[4] 해리스는 여성의 영성뿐 아니라 생태신학적 관심과 종교 간의 대화 등 폭넓은 신학적인 주제를 가지고 여성신학적 입장에서 기독교교육 이론을 발전시켰다.

메리 엘리자베스 무어는 여성신학적 입장에서 기독교교육학 이론을 비판하고 교육 이론의 재형성을 주장했다. 그녀는 여성들의 경험을 신학의 출발점으로 삼는 여성신학의 형성과 이에 관한 논의들이 기독교교육의 재형성에 어떤 새로운 질문들을 던질 수 있는지 연구했다. 그리고 여성신학에서 전통적인 하나님의 이미지, 인간에 대한 이해 및 죄와 구

---

3 Maria Harris, *Women and Teaching: Themes for a Spirituality of Teaching* (NJ: Paulist Press, 1988).

4 Maria Harris, *Dance of the Spirit: The Seven Steps of Women's Spirituality* (NY: Bantam Books, 1989).

원에 대한 이해가 어떻게 도전을 받고 재해석되는지를 살펴봄으로써 교육의 내용과 방법, 리더십에 대한 교육적 질문들을 재구성했다. 또한 성차별의 문제가 사회적인 편견, 사회 구조, 가난과 폭력, 인종차별, 군사주의 등의 문제와 어떻게 밀접하게 연결되어 있는지를 분석하고 여성들이 새로운 지도력을 개발해 교육목회에 적극적으로 참여하고 정의로운 사회질서를 창조할 것을 제안했다.[5] 과거와 현재, 역사와 경험, 남성과 여성, 목회자와 평신도, 지배자와 소수자라는 이분법적 구조와 긴장에 대해 문제의식을 가지고 무어는 새로운 신학적 이해와 교육학적 사고를 통해 창조적이고 통합적인 대안을 모색했다. 그녀는 기독교교육을 과거로부터 온 신앙의 유산을 새롭게 재구성하고 전통 안에서 현재 경험의 의미를 발견함으로써 미래의 새로운 가능성을 모색하는 과정이라고 이해했는데 특히 현실의 변혁을 위한 교육적 소명의식을 강조했다.

캐롤 헤스와 니콜라 슬리는 남성 중심의 발달심리 이론과 신앙발달 이론에 대해 비판하면서 여성의 신앙발달을 연구했다. 헤스는 전통적으로 기독교 공동체들이 여성의 자기희생과 자기부정을 격려하고, 반대로 자기확신과 자기주장은 비난함으로써 여성들의 자아발달과 신앙의 성숙에 부정적인 영향을 주고 있다고 비판했다. 그리고 여성들을 위한 대안적인 보살핌의 교육과 리더십, 그리고 대화적 교육 방법을 제안했다.[6]

---

5 Mary Elizabeth Moore, "Feminist Theology and Education," in *Theological Approaches to Christian Education*, eds. Jack L. Seymour and Donald E. Miller (Nashville: Abingdon Press, 1990), pp. 63-80; "Women and Men in the Social Order: Challenge to Religious Education," in *Religious Education as Social Transformation*, ed. Allen J. Moore (AL: Religious Education Press, 1989), pp. 66-91.

6 Carol L. Hess, *Caretakers of Our Common House: Women's Development in Communities of Faith* (Nashville: Abingdon Press, 1997).

슬리는 신앙발달 이론의 대표적인 연구자로 손꼽히는 제임스 파울러(James W. Fowler)의 이론이 남성 중심의 심리학 이론들과의 밀접한 관계 속에서 형성되었음을 비판하면서 여성들과의 솔직하고 진지한 대화를 통해 여성의 신앙발달 과정과 특징을 연구했다. 그녀는 단계적이고 위계적인 발달 이론 대신 여성들의 신앙이 형성되어가는 다양한 방법과 유형을 제시했다.[7] 헤스와 슬리는 교회를 비롯한 많은 기독교 공동체가 가부장적 가르침과 제도를 유지하면서 여성들의 자아발달, 신앙발달, 영적 성숙에 부정적인 영향을 미치고 있음을 비판했다. 그리고 기독교 공동체 안에서 여성들의 경험과 신앙발달의 특징을 고려한 특별한 교육과 양육이 필요하다고 강조했다.

무어의 주장처럼 여성주의 기독교교육학은 신학에서 파생된 내용들을 단지 전달하는 것이 아니라 신학적인 주제들에 대해 비판(critique), 재구성(reconstruction), 재신화화(remythologizing)의 방법을 사용한다. 비판의 방법은 해석학적 의심을 가지고 지배 문화, 세계관, 교리들을 분석하는 것이고, 재구성의 방법은 하나님과 세계에 대한 전통적인 이해에 대해 숙고하고 적절한 관점을 발견하기 위해 노력함으로써 새로운 해답을 찾는 것이다. 재신화화의 방법은 하나님, 예수, 인간, 그리고 세계에 대한 새로운 이미지와 은유를 상상하고 표현하는 것이다.[8] 여성주의 기

---

7 니콜라 슬리(Nicola Slee)는 여성들의 신앙 형성 과정을 6개의 방법으로 나누어 설명했는데, 신앙 형성의 역동적이고 적극적인 과정을 강조하기 위해 '신앙'의 명사형인 'faith' 대신 동사형인 'faithing'을 사용했다. 방법으로는 대화적 신앙(conversational faithing), 은유적 신앙(metaphoric faithing), 내러티브 신앙(narrative faithing), 개인화된 신앙(personalised faithing), 개념적 신앙(conceptual faithing), 부정의 신앙(apophatic faithing)이 있다. Nicola Slee, *Women's Faith Development: Patterns and Prccesses* (VT: Ashgate Publishing Company, 2004), pp. 61-80.

8 Moore, "Feminist Theology and Education," pp. 76-77.

독교교육학은 전통적인 신학을 비판하고, 재구성하고, 재신화화하는 교육적인 실천을 통해 새로운 신학적인 앎을 형성해가고 있다.

2. 전통적인 기독교교육학 이론에 대한 비판적 논의

기독교교육학의 역사에서 많은 학자들은 각기 나름대로의 교육 목적, 내용, 방법, 장(場)에 관한 이론들을 전개해왔다. 이러한 이론들은 학자들이 가지고 있는 하나님, 인간, 세계, 성서, 가르침과 배움에 대한 이해와 밀접한 연관을 맺으며 발전해왔다. 기독교교육 분야에서 다양한 교육신학적 입장은 학자들 사이에 논쟁을 불러일으켜 왔고 여전히 논쟁이 진행되고 있다. 이 책에서는 복음주의(evangelism), 종교교육(religious education), 기독교교육(Christian education)이라는 메리 보이스(Mary C. Boys)의 구분에 따라 기독교교육학 전통을 구분해 여성신학적 입장에서 비판적으로 성찰하고자 한다.[9]

18세기 후반부터 20세기 초까지 미국에서 일어난 부흥운동을 중심으로 복음주의 교육이 형성되었다. 복음주의 교육의 주된 목표는 회심을 통해 일어나는 개인의 삶의 변화와 그 변화를 유지시키고 심화시키는 것이었다.[10] 이를 위해 성서의 내용이나 교리를 문자적으로 해석하거

---

9 Mary C. Boys, *Educating in Faith: Maps and Visions* (San Francisco: Harper & Row Publishers, 1989).

10 복음주의 교육은 정의하기 매우 힘든 용어이다. 메리 보이스는 18세기 후반부터 20세기 초까지 미국의 부흥운동(revivalism)과 복음주의(evangelicalism) 전통과의 밀접한 연결 속에서 이루어진 교육을 복음주의 교육으로 이해했다. 현대에도 복음주의 교육 전통은 계속 발전되어 프랭크 개벨라인(Frank Gaebelein), 로이스 르바(Lois E. LeBar), 로렌스 리차즈(Lawrence O. Richards), 진 게츠(Gene A. Getz) 등에 의해 이어지고 있으며 그

나 암기시켜서 복음의 진리를 가르치고자 하는 훈시적이고 전수적인 교육 방법을 사용했다. 또한 설교에서 선포되는 하나님의 말씀에 의해 개인의 마음이 변화되어 일어나는 내적인 회심과 이를 통해서 다른 사람을 그리스도에게 인도하는 선교의 차원이 강조되었다.[11]

이러한 회심 중심의 복음주의 교육은 호레스 부쉬넬(Horace Bushnell)에 의해 비판을 받으면서 기독교적인 양육과 성장에 관심을 갖는 교육으로의 전환을 맞이한다. 부쉬넬 이후, 조지 코(George A. Coe), 소피아 파스(Sophia L. Fahs), 해리슨 엘리어트(Harrison S. Elliott)와 같은 자유주의적이고 진보주의적인 종교교육학자들은 개인의 창조적 인격과 사회적 경험을 통해 일어나는 인간의 지속적인 성장과 사회적인 재건에 관심을 가졌다.[12] 자유적-진보주의적 종교교육의 대표적인 학자인 코(Coe)는 종교교육의 목적을 개인의 성장과 발전을 통한 행복한 자아실현과 이를 통해 이루어지는 하나님의 민주주의의 실현으로 보았다.[13] 자유적-진보주의적 종교교육학자들의 교육 사상은 자유주의 신학과 존 듀이(John Dewey)를 중심으로 형성된 진보적인 교육 사상의 영향을 받았다. 이들은 전통적인 복음주의 교육과의 차별화를 위해 기독교교육이라는 용어 대신 종교교육이라는 용어를 사용했으며 1903년에 이들에 의해 형성된 종교교육협의회(Religious Education Association)는 기독교교육의 학문적 발전에 결정적인 공헌을 했다.[14]

들의 신학 이론을 보면 학자들 사이에도 다양한 견해가 있으므로 복음주의 교육신학을 하나로 정의하기는 어렵다.

11 Boys, *Educating in Faith,* pp. 13-32.

12 Ibid., pp. 49-61.

13 George A. Coe, *A Social Theory of Religious Education* (NY: Charles Scribner's Sons, 1917), p. 55.

14 진보주의 종교교육학자들에 의해 사용되기 시작한 종교교육(religious education)이라는

셸튼 스미스(Shelton Smith)와 제임스 스마트(James D. Smart)와 같은 신정통주의 기독교교육학자들은 복음주의 교육과 종교교육 모두를 비판하면서 인간의 회심경험과 신앙의 성숙을 모두 강조했다. 스마트는 기독교교육의 목적을 인류의 구원을 위해 세상에 오신 예수 그리스도를 통해 인간의 교제를 성숙하고 풍부하게 하고, 인간의 통로를 넓고 깊게 하는 것이라고 보았다.[15] 신정통주의 기독교교육학자들은 성서 안의 계시를 통한 회심과 도덕적이고 영적인 성숙의 차원을 모두 강조하면서 복음주의 교육과 종교교육의 한계를 극복하고자 노력했다. 그러나 복음주의 교육보다는 자유적-진보주의적 종교교육에 대한 비판에 더 중점을 두고 있었으며 인간의 경험보다는 성서와 교리 중심의 교육을 형성했다.

신정통주의 기독교교육학 이후에 토마스 그룸(Thomas H. Groome)과 메리 엘리자베스 무어 등은 기독교종교교육(Christian religious education)이라는 용어를 사용하면서 전통과 변혁 사이의 긴장관계를 유지하고 기독교교육학의 새로운 대안을 모색해왔다.[16] 특히 1980년대 이후의 교육신학은 신학적 · 사회적 변화와 더불어 특수한 교육적 상황에 따라 다양하게 형성되고 있다. 서구 백인 남성 중심의 기독교교육학 이론들과 교

용어는 기독교교육(Christian education)과 더불어 여전히 미국 기독교교육학자들에 의해 사용되고 있으며, 두 용어의 선택적 사용은 학자들의 교육신학적 입장을 암묵적으로 시사하고 있다. 그런데 기독교교육학의 한 신학적 입장을 대표하는 용어로 '종교교육'을 사용하는 것은 상당히 기독교 중심적인 사고라고 볼 수 있다. 다양한 종교가 공존하는 사회에서 '종교교육'이라는 용어는 다양한 종교를 포괄하는 의미로 이해될 수 있기 때문이다.

15 James D. Smart, *The Teaching Ministry of the Church* (Philadelphia: The Westminster Press, 1954), p. 108.

16 Thomas H. Groome, *Christian Religious Education: Sharing Our Story and Vision* (San Francisco: HarperSanFrancisco, 1980); Mary Elizabeth Moore, *Education for Continuity & Change: A New Model for Christian Religious Education* (Nashville: Abingdon Press, 1983).

육의 체제 유지적 성격을 비판하면서 기존의 사회질서 속에서 소외되어 온 여성, 흑인, 아시아와 제3세계의 가난한 사람들은 자신의 해방과 인간화를 지향하는 기독교교육을 발전시키고 있다.[17] 기독교교육학은 다양한 신학적 입장, 사회과학 이론, 교육적 프락시스와의 상호 관계 속에서 계속 변화되고 있다. 여성주의 기독교교육학은 다양한 기독교교육학 이론들에 대해 여성주의적 입장에서 비판적으로 성찰하고 여성의 경험과 프락시스를 토대로 교육 이론을 형성하고 있다. 이 장에서는 하나님, 인간, 세계, 성서, 가르침과 배움에 대한 이해를 중심으로 전통적인 기독교교육학 이론들을 비판하고 여성신학적 대안을 모색하고자 한다.

하나님 이해

기독교 전통에서 하나님은 남성적인 이미지와 상징들로 표현되어왔으며 이러한 남성 중심적인 사고는 기독교교육학 전통에서도 그대로 나타난다. 복음주의 교육 전통에서 하나님에 대한 지배적인 이미지는 초월적이고 전지전능한 아버지의 이미지이다. 미국에서의 대각성운동의 영향으로 형성된 복음주의 교육에서 하나님에 대한 중요한 이해는 인간의 죄악에 대해 진노하는 분이라는 것이다. 인간의 죄의 심각성을 강조하고 회심경험을 강조하는 설교가들에 의해서 하나님은 진노하고 심판

---

17 이에 관해서는 다음의 책들을 참고하라. Daniel S. Schipani, *Religious Education Encounters Liberation Theology* (Birmingham: Religious Education Press, 1988); Charles R. Foster, ed., *Ethnicity in the Education of the Church* (GA: Peerless Printing, 1991); Joseph V. Crockett, *Teaching Scripture from an African-American Perspective* (TN: Discipleship Resources, 1990); Hope S. Antone, *Religious Education in Context of Plurality and Pluralism* (Philippines: New Day Publishers, 2003).

하는 하나님인 동시에 그리스도 안에서 용서하는 은혜와 자비의 하나님으로 이해되었다.[18] 현대 복음주의 기독교교육에서도 하나님은 창조하고 통치하고 다스리는 주권자, 위대한 힘과 능력을 가진 초월자, 죄인인 인간을 구원하는 아버지의 이미지로 이해된다. 특히 인간의 죄를 구속하기 위한 하나님 아버지와 아들 예수의 관계가 중요하며, 인간과 하나님의 관계에 있어서도 부성적인 권위를 지닌 아버지로서의 이미지가 중요하게 강조되고 있다.[19] 전지전능하고, 무소부재하고, 초월적이고, 불변하는 존재로서의 하나님에 대한 이해는 인간이 창조적이고 주체적인 삶을 살도록 하기보다는 절대 타자에게 무조건 의존하는 나약하고 무책임한 삶을 살도록 하는 데 기여한 측면이 있다.

기독교교육학의 학문적 기틀을 마련하는 데 큰 공헌을 한 부쉬넬 역시 하나님의 남성적 이미지를 강조했다. 부쉬넬은 하나님을 영원한 아버지이며 세상의 보이지 않는 통치자로 이해했다. 가정에서 이루어지는 신앙의 양육을 강조한 부쉬넬에게 있어서 하나님은 가정 정부(family government)에 부성적 권위와 힘을 제공하는 분이었다.[20] 그는 하나님의 사랑과 은혜에 대해 강조하고 있음에도 불구하고 여전히 하나님을 세상에 위계적인 통치와 질서를 제공하는 엄격한 아버지로서 이해했다. 영원한 아버지, 세상의 보이지 않는 통치자로서의 하나님의 남성적 이미지는 가정에서 아버지의 권위와 힘의 근거가 되었다.

자유적-진보주의적 종교교육학자들은 하나님의 초월성보다는 내재

---

18 Boys, *Educating in Faith*, pp. 14-19.

19 Kenneth O. Gangel and Christy Sullivan, "Evangelical Theology and Religious Education," in *Theologies of Religious Education*, ed. Randolph C. Miller (Birmingham: Religious Education Press, 1995), pp. 60-65.

20 Horace Bushnell, *Christian Nurture* (Michigan: Baker Book House, 1861), pp. 316-319.

성을 강조했다. 이들은 지배하고 통치하는 하나님의 이미지에서 벗어나 내재적이고 자연적인 하나님의 이미지를 추구했다. 코(Coe)에게 있어서 하나님은 교회와 사회의 지속적인 개혁을 주관하는 인격적이고 내재적인 신이다. 그는 특히 신성한 부권(divine fatherhood)과 인간의 형제애(human brotherhood) 안에서의 인간의 의미와 운명을 강조했다.[21] 신성한 부권과 형제애를 중심으로 논의되는 그의 교육 이론에서 여성들은 자연스럽게 소외를 경험할 수밖에 없다. 파스는 하나님을 창조성과 자기갱신의 힘(Self-renewing Power)으로 이해하며 내재적이고 자연적인 하나님의 이미지를 제시했다. 절대 타자로서 초자연적인 세계에 속한 신으로 하나님을 이해하는 전통적인 서구 사상과는 달리, 파스는 세계 안에서 하나님의 놀라운 창조 능력과 위엄을 발견하고자 노력했다.[22] 여성으로서 진보주의 종교교육의 형성에 지대한 공헌을 한 파스는 인간과 세계와 분리된 채 존재하는 초월적인 하나님의 이미지를 극복하고자 노력했으나 하나님에 대한 남성적 언어 및 상징에 대해서는 문제를 제기하지 못한 시대적인 한계를 가지고 있다.

신정통주의 기독교교육학자들은 내재적인 하나님을 강조하는 진보주의 종교교육학자들을 비판하면서 하나님의 주권과 초월성을 다시 강조했다. 스마트는 기독교교육의 본래 목적을 이해하기 위해서는 삼위일체 교리의 의미를 이해해야 한다고 생각했다. 그에게 있어서 하나님은 전능한 아버지, 천지의 창조주이며 구원자이고 역사의 주인이다. 그러므로 인간이 믿음으로 예수 그리스도에게 응답하면 그리스도 안에서 하나님을 하늘의 아버지로 깨닫게 되고, 아버지와 아들의 영을 자신의 마

21 Coe, *A Social Theory of Religious Education*, pp. 143-145.

22 Sophia L. Fahs, *Today's Children and Yesterday's Heritage* (Boston: The Beacon Press, 1952), p. 116.

음에 받아들이게 된다고 보았다.[23] 하나님 아버지와 그의 영으로 충만한 아들이라는 아버지-아들의 구조 속에서 여성들은 소외를 경험하고 부정적인 자아정체성을 형성하게 된다.

기독교교육학자들은 하나님의 초월성과 내재성에 관해 많은 논쟁을 해왔지만 하나님에 대한 남성적인 언어, 이미지, 상징, 그리고 이러한 요소들이 여성들의 신앙에 미치는 영향에 대해서는 문제를 제기하지 않았다. 기독교 전통은 남성 존재와의 유비를 통해 하나님의 남성적인 이미지를 유지하고 확대해왔다. 아버지, 왕, 전사, 주인과 같은 남성 이미지들은 가부장적 사회 구조를 유지하고자 하는 남성들의 심리적 투사라고 볼 수 있다. 여성신학자 메리 데일리(Mary Daly)는 "하나님을 아버지라고 믿는 것은 여성들로 하여금 경이로운 운명에 속한, 또는 예정된 딸로서가 아니라 이방인, 아웃사이더, 소외된 자로서 자신을 인식하게 만든다"라고 비판했다.[24] 남성 중심적인 하나님의 이미지와, 아버지와 아들의 관계로 상징되는 하나님과 예수에 대한 이해는 여성들로 하여금 신성과의 관계에서 부정적인 자아정체성을 형성하도록 하고 신앙의 성숙에도 부정적인 영향을 미친다.

여성주의 심리학자들이나 신학자들은 하나님의 성(gender)에 대한 이해가 여성의 자아인식에 중요한 영향을 미친다고 주장한다.[25] 가부장적

23 Smart, *The Teaching Ministry of the Church,* pp. 88–92.

24 Mary Daly, *Beyond God the Father* (Boston: Beacon Press, 1973), p. 20.

25 이에 관해서는 다음의 책들을 참고하라. Rosemary R. Ruether, *Sexism and God-Talk: Toward a Feminist Theology* (Boston: Beacon Press, 1983); Naomi R. Goldenberg, *Changing of the Gods* (Boston: Beacon Press, 1979); Carol Ochs, *Behind the Sex of God* (Boston: Beacon Press, 1977); Anne Wilson Sachaef, *Women's Reality* (Minneapolis, MN: Winston Press, 1981); Mary Lou Randour, *Women's Psyche, Women's Spirit* (NY: Columbia University Press, 1987).

인 기독교 전통은 하나님-남성-여성의 상징적인 위계질서를 만들고 여성들로 하여금 하나님과의 관계에서 남성보다 열등하고 이차적인 존재로 생각하도록 만들었다. 여성주의 기독교교육학자들은 남성 중심의 하나님 이미지와 상징들로부터 해방되어 여성들의 종교적 경험을 통해 형성된 대안적인 이미지와 상징들을 찾기 위해 노력하고 있다. 여성신학자들이 새롭게 제안하고 있는 하나님에 대한 상징과 이미지들은 교육에 많은 도움을 주고 있다. 예를 들어 샐리 맥페이그(Sallie McFague)는 하나님을 어머니, 친구, 연인이라는 은유로 표현했다. 이러한 은유는 하나님의 여성성을 문자적으로 이해하기 위한 것이 아니라 하나님의 창조하고, 보살피고, 내어주고, 사랑하고, 구원하고, 치유하는 특성을 강조하기 위함이다.[26] 이러한 대안적인 이미지와 상징들은 여성들의 긍정적인 자아정체성 형성과 영적 성숙에 중요한 영향을 미친다.

여성들이 하나님의 남성적인 이미지에서 벗어나 여성들의 삶을 격려하고 보살피는 새로운 이미지와 상징을 찾아가는 것은 쉬운 과정이 아니다. 인간이 의식적인 차원에서 남성 중심적인 상징주의를 거부한다 하더라도 상징은 이성적(rational) 차원보다는 정신(psyche)의 차원에서 기능하기 때문에 아버지라는 상징의 거부는 심각한 혼란과 두려움을 가져올 수 있다. 종교적인 상징의 이러한 지속적인 영향 때문에 캐롤 크라이스트(Carol P. Christ)는 기존의 상징체계를 단순하게 거부하기보다는 새로운 상징을 대안적으로 모색할 것을 제안했다.[27] 대안을 모색하는 힘든 과정 속에서 교육자의 역할은 특정한 상징이나 이미지를 조장하고

---

26 Sallie McFague, *Models of God* (Philadelphia: Fortress Press, 1987), pp. 97-180.

27 Carol P. Christ, "Why Women Need Goddess: Phenomenological, Psychological, and Political Reflections," in *The Politics of Women's Spirituality*, ed. Charlene Spretnak (NY: Anchor Books, 1982), p. 72.

강요하는 것이 아니라 각 개인이 다양하고 포괄적인 하나님의 이미지를 찾아가도록 신앙의 동반자로서 격려하고 지지해주는 것이다. 그러므로 여성주의 기독교교육학은 여성들의 자아정체성 형성과 신앙의 성숙에 부정적인 영향을 미쳐온 하나님에 대한 배타적인 남성 이미지를 비판적으로 성찰하고, 여성들이 자신의 삶을 통해 경험하고 관계를 형성하고 있는 하나님에 대한 새로운 이미지와 상징을 지속적으로 창조해갈 수 있도록 교육해야 한다.

인간 이해

기독교교육학자들은 인간 존재를 이해하는 데 있어서도 다양한 신학적인 입장을 가지고 있다. 이러한 상이한 이해는 교육 목표와 방법을 설정하는 데 영향을 미쳐왔다. 복음주의 교육은 인간의 죄성을 강조하기 때문에 죄인의 회심을 교육 목표로 삼았다. 이들의 인간 이해는 모든 인류의 본질적인 타락에 대한 캘빈주의적 확신에 근거하고 있다. 이에 따라 인간의 타락, 타락의 결과로서의 인간의 죄인된 삶, 죄의 상태로부터 하나님의 은혜에 의한 구원을 강조한다. 인간의 노력으로는 죄인의 상태에서 벗어날 수 없으므로 예수의 구원 사건이 필요하고 그것을 믿고 받아들이는 것이 회심의 경험이 된다.[28] 이러한 인간 이해의 문제점은 인간의 죄성을 지나치게 강조함으로써 인간이 지니고 있는 창조적인 잠재력과 성장의 가능성을 소홀히 했다는 점이다.

부쉬넬 이후의 기독교교육학자들은 회심보다는 인간의 무한한 성장 가능성에 관심을 갖고 기독교적인 양육을 위해 노력했다. 자유적-진보

---

28 Boys, *Educating in Faith*, p. 26.

주의적 종교교육학자들은 인간 존재의 선함과 잠재적인 가능성을 신뢰했고, 인간의 죄는 사회적인 책임으로 돌렸다.[29] 이들은 개인의 인격적인 가치를 존중하면서 모든 사람이 인격 속에 그리스도와 같은 성품을 형성시킴으로써 이 세상에 하나님 나라를 완성시킬 수 있다고 믿었다. 또한 인간의 다양한 성장과 발달 과정을 연구한 심리학 이론들을 적극적으로 수용했으며 신앙 역시 여러 심리적인 발달과 더불어 끊임없이 성장할 수 있다고 보았다. 특히 파스는 신생아기부터 아동기까지 각 시기의 발달적인 특성을 자세히 연구해 아동의 기본적인 요구와 감정, 태도, 다양한 경험을 고려한 교육의 필요성을 강조했다. 또한 아동의 타고난 호기심, 창조성, 종교적 민감성을 강조했으며, 이러한 무한한 가능성과 잠재력을 최대한 발휘할 수 있는 교육 환경을 마련해주는 것이 가장 중요한 교육적 책임이라고 생각했다.[30]

신정통주의 기독교교육학자들은 인간의 본성에 대한 지나친 부정적 또는 낙관적 입장에 대해 모두 비판했다. 스마트는 기독교에서 인간 이해의 출발점은 예수 그리스도라고 보았다. 그에 따르면, 예수는 하나님의 본성에 대한 계시일 뿐 아니라 인간의 본성에 대한 계시이다. 인간이 된다는 것은 하나님을 닮아가는 것이고 이의 완성이 인간성의 완성이다. 그런데 인간은 하나님으로부터 자신을 소외시키고 타인과의 관계를 파괴하는 교만한 자기중심성의 죄에 빠지게 되었다. 그럼으로써 하나님을 닮도록 창조된 본성을 상실했고 예수의 구원 행위를 통해 회복되어야 하는 상태가 되었다. 스마트는 인간의 타고난 죄성을 지나치게 강조하는 복음주의적 입장이나 인간의 죄성을 간과하는 낙관적인 진보주의

29 Coe, *A Social Theory of Religious Education*, p. 164.

30 Fahs, *Today's Children and Yesterday's Heritage*, pp. 31-58.

적 입장 모두의 위험성을 지적했다. 그는 회심이 도덕적 성장과 영적 성장에 대립되는 것이 아니라고 생각했다. 그리고 하나님이 말씀 가운데 인간에게 들어올 때 자신이 하나님과 닮아 있지 않음을 죄로 깨닫고, 하나님과 더 닮아지려고 노력할 때 하나님의 능력에 의해 변화되는 것이 회심이라고 믿었다.[31] 인간의 죄성과 성장 가능성을 모두 인정한 스마트는 개인이 변화하고 성장하는 것은 인간의 힘으로써가 아니라 하나님의 능력에 의한 것임을 강조했다.

복음주의 교육, 종교교육, 기독교교육의 인간 이해에 있어서 논쟁의 핵심은 인간 본성의 선함과 악함에 대한 것이다. 그런데 여성신학적 입장에서는 인간 이해와 관련해 또 다른 문제들을 제기할 수 있다. 복음주의와 신정통주의 기독교교육에서 인간의 죄성을 강조할 때 주목해야 할 점은 죄에 관한 전통적인 해석이다. 기독교 전통에서 인간의 죄와 원죄를 논할 때 지속적으로 강조되어온 것은 원죄에 대한 여성의 책임이다. 가부장적 신학 전통에서 남성들은 원죄의 책임을 전적으로 여성에게 돌리고 여성의 육체와 성(sexuality)을 근거로 여성을 죄악시하거나 위험한 존재로 규정해왔다. 또한 하나님의 남성적인 이미지를 강조함으로써 여성은 하나님의 형상을 온전하게 지닌 존재가 아니며 영적인 삶을 온전히 살기에는 너무 육체적인 존재라고 비하해왔다.[32] 회심 이후의 삶에서도 중요한 것은 육체적인 욕망을 억누르고 영적인 삶을 사는 것인데, 남성들은 영적인 삶에 방해가 되는 것이 바로 여성의 육체와 성이라고 생각했다. 남성들은 자신의 육체적이고 성적인 문제를 여성들의 책임으로 전가시켜 여성의 육체와 성에 대해 부정적인 시각을 발전시킨 것이

---

31 Smart, *The Teaching Ministry of the Church,* pp. 154-166.

32 Kari Elisabeth Borresen, *Subordination and Equivalence*, trans. Charles H. Talbot (Washington, DC: University Press of America, 1981), pp. 26-32, 167-178.

다.[33] 인간의 원죄와 본성적 악함의 책임을 여성에게 전가시키는 기독교 전통에 대한 비판을 결여한 채 인간의 죄성을 논하는 것은 여성 차별적인 문제를 내포할 수밖에 없다.

진보주의 종교교육학자들은 인간의 경험과 잠재적 가능성을 강조했으며 인간의 성장과 발달 과정을 이해하기 위해서 발달심리 이론을 적극적으로 수용했다. 그런데 문제는 당시의 심리학 이론들이 여성들의 경험과 관점을 반영하지 못한 남성 중심적인 연구였다는 점이다. 기독교교육에서 대표적으로 수용하고 있는 장 피아제(Jean Piaget), 에릭 에릭슨(Erik H. Erikson), 로렌스 콜버그(Lawrence Kolhberg), 대니얼 레빈슨(Daniel J. Levinson)과 같은 학자들의 심리학 이론들은 남성 중심적인 가치와 여성에 대한 왜곡된 이해로 말미암아 여성주의 심리학자들에 의해 비판을 받고 있다.[34] 여성주의 심리학자들은 여성주의적 관점에서 여성들의 경험을 새롭게 연구하고 분석하고 해석하기 시작했고 여성의 인식방식, 도덕발달, 자아발달 등에 관한 새로운 이론들을 제시하고 있다. 그러므로 여성주의 기독교교육학은 기독교 전통에서 유지되어온 여성에 대한 왜곡된 이해와 심리학에서 연구되어온 여성의 발달에 대한 편견을 모두 극복하고 여성에 대한 온전한 이해를 형성하기 위해 노력해야 한다.

---

33 Margaret R. Miles, *Practicing Christianity* (New York: Crossroad Publishing, 1990), p. 100.

34 이에 관해서는 다음의 책들을 참고하라. Judith V. Jordan, Alexandra G. Kaplan, Jean B. Miller, Irene P. Stiver, and Janet L. Surrey, eds., *Women's Growth in Connection* (New York: Guilford Press, 1991); Mary F. Belenky, Blythe M. Clinchy, Nancy R. Goldberger, and Jill M. Tarule, *Women's Ways of Knowing: The Development of Self, Voice, and Mind* (New York: Basic Books, 1986); Carol Gilligan, *In a Different Voice* (Cambridge: Harvard University Press, 1982).

세계 이해

세계에 대한 기독교교육학자들의 이해는 교육의 장으로서 세계를 어떻게 이해할 것인가에 대한 토대가 된다. 복음주의 교육에서 세계에 대한 이해는 세계 복음화와 선교와 밀접하게 연관되어 있다. 복음주의 교육학자들은 세상을 악의 세계로 규정하고 인간이 악과 맞서서 싸우는 장으로 이해했다. 따라서 인간의 노력으로 보다 나은 사회를 건설하고자 하는 것보다는 세계 복음화를 통한 인류의 구원에 관심을 가졌다. 복음주의 교육학자들 중에는 회심 이후에 올바른 사회를 건설하기 위한 행동을 강조하는 이들도 있었지만, 이들 역시 죄를 개인적인 차원에서 이해했다. 이들에게 있어서 사회개혁은 개인의 도덕적 삶의 차원에서 이해되었고 사회 구조적인 악과 변혁에 대한 시각은 결여되어 있었다.[35]

반면, 자유적-진보주의적 종교교육학자들에게 세계는 인간의 경험의 장으로서 중요한 의미를 지닌다. 이들은 역사 발전의 가능성을 신뢰하면서 인간의 능력과 노력에 의한 사회의 재건에 관심을 가졌다. 코(Coe)는 최고의 이상적인 사회란 '하나님의 민주주의'가 완성되는 것이라 믿었다. 그리고 예수의 가르침을 완전히 이해하기 위해서는 민주주의의 이상을 이해하는 것이 필수적이라고 보았다. 코는 기독교인들이 감상주의에서 벗어나 사회 현실을 구체적으로 변화시켜나감으로써 실질적으로 하나님의 사회개혁 의지를 실현하는 데 동참할 수 있다고 생각했다. 그리고 성숙한 기독교인들은 세상을 죄악시하고 세상으로부터 자신을 격리할 것이 아니라 현재의 사회 현실을 변화시켜나감으로써 이

35 Boys, *Educating in Faith*, pp. 21-22.

세상 안에 민주적인 조직을 건설해야 한다고 생각했다.[36] 그러나 코는 당시의 미국인들이 꿈꾼 민주주의 사회에 대한 낙관적인 신념으로 '하나님의 민주주의'라는 용어를 지나치게 이상적으로 사용했다.

세상의 변화를 위한 인간의 책임을 강조한 자유적-진보주의적 종교교육학자들 중에서 특히 파스는 자연 세계에 대한 인간의 책임을 강조했다. 그녀는 자연 세계와 영적 세계를 나누는 이원론적 세계관으로 인해 인간들이 자연 세계에 대한 존중을 상실했다고 비판했다. 그리고 새로운 우주론의 필요성을 제기하면서 인간은 자연 세계의 한 부분이며 육체적 세계의 가치를 부정하는 것은 인간 자신의 가치를 부정하는 것이라고 주장했다. 파스는 인간의 물질적인 운명과 영적 운명은 밀접하게 연결되어 있으므로 인간의 선을 위해 자연을 지배할 것이 아니라 모든 살아 있는 존재들을 존중해야 한다고 했다. 그리고 우주의 모든 존재는 상호 의존적 존재임을 인식하고 자연과 상호 협력의 관계를 유지해야 한다고 강조했다.[37] 시대를 앞서간 파스의 생태신학적 인식은 생태계 파괴가 심각한 현실에서 기독교교육의 과제를 모색하는 현시점에 많은 통찰력을 제공한다.

신정통주의 기독교교육학자들은 인간의 노력으로 세상을 변화시키고자 하는 진보주의 종교교육이 지나치게 낙관적인 세계 이해를 가졌다고 비판했다. 스마트는 진보주의 종교교육이 사회적인 관심의 범위를 확장시키고, 교회로 하여금 복음의 사회적인 함의를 진지하게 고민하도록 한 점은 높이 평가했다. 그러나 진보주의 사상가들이 세상의 악한 본질을 제대로 파악하지 못하고 무시한 결과, 세계대전과 유태인 학살과

---

36 Coe, *A Social Theory of Religious Education*, pp. 53-63.

37 Fahs, *Today's Children and Yesterday's Heritage*, pp. 101-123.

같은 끔찍한 현실에서 드러난 인간의 무자비한 파괴력과 세상의 악한 본질에 대해 아무 답도 줄 수 없었다고 비판했다. 스마트는 세상은 하나님과 하나님을 위해 전적으로 봉사하는 교회에 대해 필연적으로 적대적인 본질을 가지고 있음을 많은 기독교인들이 잊고 있다고 경고했다. 그리고 교회가 들어가서 일해야 할 세상은 여전히 불신앙의 세계이며 복음에 대항하고 교회를 위협하고 있다고 말했다.[38]

복음주의와 신정통주의 기독교교육은 세상과 교회를 적대적인 관계로 보는 이원론적 세계관으로 인해 이 세상에서 기독교인들의 사회적 책임을 약화시키는 경향이 있다. 세상을 부정하는 기독교인들이 증거 본문으로 제시하는 것이 빌라도 앞에서 최후 진술을 하는 예수가 "내 나라는 이 세상에 속한 것이 아니다"(요 18:36)라고 한 말이다. 이 본문을 통해 많은 기독교인들은 하나님 나라는 이 세상에 속한 것이 아니기 때문에 이 세상에 희망을 두지 말고 오직 저 세상인 하늘나라에 대한 소망을 가지고 살아야 한다고 말한다. 이러한 주장에 대해 과정신학자 캐서린 켈러(Catherine Keller)는 이 본문에서 예수가 말한 세상은 피조물이나 우주를 의미하는 것이 아니고, 예수 당시 로마제국의 권력에 의해 유지되고 있던 세상을 의미한다고 지적했다.[39] 즉 예수는 이 세상을 부정한 것이 아니라 하나님 나라의 도래를 방해하는 로마제국의 거대 권력을 부정한 것이다. 예수는 하나님의 정의를 부정하고 사람들을 육체적, 정신적, 물질적, 영적으로 병들게 하는 기존의 세계질서에 저항하고 그 질서를 파기함으로써 하나님의 통치라는 새로운 세계의 비전을 제시한 것이다.

코에 의해 제시되었던 세계의 변화를 통한 하나님의 민주주의 건설

38 Smart, *The Teaching Ministry of the Church*, pp. 61-63, 94.

39 Catherine Keller, *On the Mystery: Discerning Divinity in Process* (Minneapolis: Fortress Press, 2008), p. 43.

이라는 이상은 해방을 지향하는 현대 기독교교육학자들 사이에서 '하나님 나라(Kingdom of God)' 또는 '하나님의 통치(reign of God)'라는 예언자적이고 유토피아적인 비전으로 제시되고 있다.[40] 토마스 그룸은 '하나님 나라' 또는 '하나님의 통치'를 기독교교육의 목적인 동시에 미래 세계에 대한 비전으로 제시했다.[41] '하나님 나라'라는 상징적인 용어는 그 나라가 의미하는 가치들을 위해 세계 변혁에 참여해서 이 세상에 하나님 나라를 실현하는 일에 동참하라는 의미로서 사용된다. 그런데 사회적인 정의, 평등, 평화 등의 비전을 제시하고 사회 변혁을 위해 일하는 사람들도 자신이 경험하는 차별과 억압의 한계를 넘어서서 사회의 다차원적 차별과 억압의 구조를 통합적으로 인식하지 못하는 경우가 많다.[42] 그러므로 '하나님 나라'의 비전은 사회 구조적인 죄악으로 고통당하는 세계의 다양한 사람들의 목소리가 모아져 통합적인 시각을 형성할 때 온전한 상징적 언어와 비전이 될 수 있다.

여성신학자들은 세계에 대한 새로운 이해와 상징적 언어들을 창조하고 있다. 그중 대표적인 것이 세계를 '하나님의 몸(body of God)'으로 이해하는 것이다. 이 은유는 모든 것은 하나님으로부터 그 기원을 가지며 하나님 없이 존재하는 것은 아무것도 없으며, 하나님은 세계 안에, 그리

---

40 Schipani, *Religious Education Encounters Liberation Theology*, pp. 68-100.

41 Groome, *Christian Religious Education*, pp. 35-51; *Sharing Faith: A Comprehensive Approach to Religious Education and Pastoral Ministry* (San Francisco: HarperSanFrancisco, 1991), p. 14.

42 해방신학 내에서 여성신학적 시각의 결여와 여성신학 내에서 소수 인종 여성에 대한 시각의 결여로 인해, 흑인 여성들을 중심으로 한 우머니스트신학(womanist theology), 라틴 아메리카계 여성들을 중심으로 한 무헤리스타신학(*mujerista* theology), 그리고 아시아여성신학 등이 생겨났다. 이들은 남성이나 백인 여성들을 중심으로 형성된 신학과 교육의 한계를 비판하고 자신들의 특수한 경험과 관점에서 여성주의 해방신학을 새롭게 정립하고 있다.

고 세계를 위해 기꺼이 참여한다는 것을 의미한다.[43] 하나님의 몸으로서의 세계 이해는 세계 안에서 유기적으로 존재하는 인간들의 상호 연결성을 강조함과 동시에 세계 창조에 인간들의 적극적이고 창조적인 참여를 요청한다. 이 은유는 인간이 하나님과 함께 창조해가는 미래 세계의 비전을 제시해주며 세계의 부정의하고 불평등한 구조를 변혁하고 치유하는 과정에 여성들이 적극적으로 참여할 것을 강조한다. 교육의 장으로서의 세계는 정복되어야 할 악의 세계만도 아니고, 끊임없이 성장하고 발전할 것이라고 낙관할 수만도 없는 세계이다. 미래 세계의 운명은 하나님의 창조와 변혁의 행위에 참여하고자 하는 인간들의 역사적인 책임의식과 실천적인 노력에 달려 있다.

성서 이해

기독교교육학에서 성서의 권위와 역할에 대해서는 계속 논쟁이 되고 있으며, 이는 교육 내용과 방법의 개발에 많은 영향을 미치고 있다. 복음주의 교육에서는 성서의 절대적인 권위가 강조되었고, 자유적-진보주의적 교육에서는 성서를 해석하는 인간의 경험을 중시했다. 복음주의 교육학자들은 대부분 성서무오설이나 완전영감설을 믿었기 때문에 하나님의 계시의 원천으로서 성서의 절대적인 권위를 강조했다. 이에 따라 성서의 내용에 대한 문자적인 해석과 적용, 암기 등의 교육 방법을 사용했다. 현대 복음주의 교육학자들 중에는 역사 비평적인 성서 해석을 수용하는 학자들도 있지만 기본적으로 성서무오설을 믿기 때문에 적극적인 수용에는 한계가 있다. 대표적 복음주의 교육학자인 로이스 르

43 Sallie McFague, *The Body of God* (Minneapolis: Fortress Press, 1993).

바(Lois E. Lebar)는 복음주의의 힘은 성서의 우선성을 유지하는 것이라고 했다. 그녀는 복음주의자들은 성서를 인간의 견해를 배제한 진리라고 믿고 그 진리를 진실하게 가르치기 위해 노력해야 한다고 말했다. 그리고 성서를 통해 하나님의 뜻을 아는 것이 기독교교육의 최고 내용이며, 기록된 말씀을 살아 있는 말씀으로 생활 속에서 실천하게 하는 것이 교육의 목표라고 주장했다.[44] 성서의 권위를 무오류성에서 찾는 복음주의 교육은 성서에 대한 역사 비평적 연구들을 통해 얻는 풍부한 자료와 다양한 해석들을 성서교육에 반영하지 못하는 한계가 있다.

자유적-진보주의적 종교교육학자들은 성서를 종교교육의 유일한 내용이라고 생각하지 않았다. 코는 성서를 현재 인간의 삶의 관심 속에서 해석해야 한다고 했다. 그는 하나님은 현재 인간의 삶 속에서도 성서 시대와 똑같이 자신의 뜻을 나타내기 때문에 성서를 인간의 종교경험을 촉진하고 확신하도록 도울 수 있는 하나의 수단으로 이해해야 한다고 생각했다.[45] 코를 비롯한 종교교육학자들은 윤리적인 기준을 가지고 성서 본문을 선택하고 사용하는 것을 통제해야 한다고 주장했는데, 윤리적인 기준이라는 것은 과학적인 연구 분석과 분리될 수 없다고 이해했다. 파스 역시 성서는 다양한 저술들의 수집물이기 때문에 그 전체를 흐르는 단 하나의 진리의 메시지를 가진 것이 아니라고 강조했다. 그러므로 성서를 공부하기 위해서는 성서 안의 다양한 신념, 실천, 윤리규정들에 대해 성찰할 준비가 되어 있어야 한다고 했다. 또한 성서에 나타나는 유대인들의 민족주의적 관점에 대해서도 주의를 기울여야 한다고 강조하면서 서구 기독교인들이 '선택받은 백성'이라는 히브리적 사상을 받아

---

44 Lois E. Lebar, *Education That is Christian* (Illinois: Victor Books, 1989), pp. 147-165.

45 Coe, *A Social Theory of Religious Education*, pp. 113-116.

들여 배타적인 태도와 자기-의(self-righteousness)를 형성하는 것을 비판했다. 파스는 아동들이 오랜 역사적 전통을 지닌 다른 종교들에 대해 배움으로써 모든 인류 공통의 종교적인 열망과 문제들을 이해하고 존중하게 된다고 보았다. 또한 조상들의 옛 종교를 '자기 자신의 종교'로 받아들이는 과정에서 심오한 질문들을 갖게 된다고 생각했다.[46] 성서에 대한 문자적인 해석과 권위주의적인 가르침에 대해 종교교육의 비판과 도전이 있은 후, 기독교교육학자들은 성서에 대한 역사 비평적인 연구들을 부분적으로 수용하고 있다.

제임스 스마트는 성서에 대한 복음주의 입장과 진보주의 입장을 모두 비판했다. 그는 복음주의는 성서에 대해 지나치게 편협하고 문자적인 해석을 하고 있으며, 진보주의는 역사 비평적인 방법에 지나치게 의존하고 있다고 했다. 특히 스마트는 두 입장 모두 성서를 지나치게 도덕주의적으로 가르치고 있다고 비판했다. 그리고 성서를 그러한 방식으로 읽으면 성서의 인물들 역시 약점과 한계를 지닌 평범한 인간이었음에도 불구하고 하나님이 그들을 통해 역사하셨다는 중요한 사실을 간과하게 만든다고 지적했다. 스마트에 따르면 성서는 단순한 도덕 교과서가 아니므로 성서를 가르치고 배우는 목적은 그 내용을 전달하기 위한 것이 아니라 성서에 나타난 하나님을 알고 그에 따라 행동하고 말하도록 하기 위한 것이다. 그러므로 인간의 전 존재가 하나님의 실재에 대한 산 증인이 되어야 한다고 강조했다.[47] 또한 그는 복음주의의 문자주의적 해석을 비판하면서 성서를 정직하게 사람들 앞에 펼쳐놓고 열린 눈으로 성서의 모든 부분을 읽고 솔직하게 질문할 수 있도록 하면 성서가 스스

46 Fahs, *Today's Children and Yesterday's Heritage*, pp. 76-100.

47 Smart, *The Teaching Ministry of the Church*, pp. 144-153.

로 성서의 방식과 언어로 말할 것이라고 확신했다.[48] 1950년대 미국의 상황에서 교회가 성서의 내용에 대한 이성적인 질문들을 정직하게 다루지 않고 회피함으로써 지성인들의 관심을 잃어버리게 한다는 스마트의 비판은 문자주의적 성서 해석에 의존해 반지성적인 신앙을 형성하도록 하는 현재 한국 교회의 현실에도 여전히 타당한 지적이고 반성해야 할 점이다.

성서교육에 대한 논의를 한 단계 더 발전시킨 학자는 토마스 그룸이다. 그룸은 새로운 교육 방법으로 성서의 전통과 현재 삶의 이야기를 변증법적으로 해석하는 공동체적 프락시스 방법을 제시했다.[49] 그는 성서를 문자적으로 해석해 실생활에 일방적으로 적용하거나 성서로부터 도덕적인 교훈을 끌어내려고 했던 과거의 방법들이 지닌 한계를 모두 극복하고자 노력했다. 그의 방법은 공동체 구성원들이 현재적 삶의 경험을 스스로 이야기하고 비판적으로 성찰하는 것에서부터 출발해 기독교의 이야기와 비전과의 변증법적인 해석을 통해 새로운 앎과 실천적 결단을 이끌어내는 것이다. 그런데 그룸의 교육 방법에 있어서도 기독교의 이야기(Story)와 비전(Vision)은 사람들의 삶의 이야기들(stories)과 비전들(visions)과 구분되는 상대적인 권위를 가지고 있다. 기독교의 전통적인 이야기와 비전이 상대적인 권위를 가지고 있는 상황에서 그 전통 안의 여성 차별적인 이야기들을 비판적으로 해석하고 재구성하는 것에는 한계가 있다.

성서가 가부장제 문화 속에서 남성들에 의해 기록되고 편집되고 해석되어왔음은 부인할 수가 없다. 성서 안의 여성 차별적인 내용에도 불

---

48 Ibid., pp. 142-144.

49 Groome, *Christian Religious Education*, pp. 207-223.

구하고, 성서는 하나님의 말씀으로 절대적인 권위를 가지고 기독교교육의 중심적인 내용이 되어왔다. 여성신학자들은 성서 안의 가부장적인 문화와 내용을 비판하고, 성서 본문을 여성의 시각으로 재해석하고, 여성들의 역사적인 역할을 찾아내어 재건하기 위해 노력하고 있다.[50] 여성신학자 엘리자베스 피오렌자(Elizabeth S. Fiorenza)는 문자주의적 성서주의(literalist biblicism)나 교리적 문자주의(doctrinal literalism) 입장은 성서를 하나님의 직접적이고 오류가 없는 말씀으로 의심 없이 받아들이기 때문에 해석의 가능성이 있을 수 없다는 점을 지적했다. 특히 성서주의적 근본주의(biblicist fundamentalism)는 개인주의적이고 중산층 계급의 신학적 렌즈를 통해 성서를 읽을 뿐 아니라, 이러한 방식을 성서를 읽는 유일한 방법으로 합법화하는 호전적 성격을 띠고 있다고 비판했다. 이러한 근본주의적 입장은 기독교 역사와 현재 기독교 공동체 안에서 이루어지는 다양한 성서 해석의 가능성을 인정하지 않는다.[51] 그러므로 성서무오설이나 완전영감설을 강조하는 근본주의나 복음주의 교육은 성서 안의 가부장적 본문들을 비판적으로 해석할 수 있는 가능성을 열어두지 않는다.

여성신학자들 사이에서도 성서에 대한 비판적 해석과 창조적 재건을 위한 접근 방식은 다양하지만 모두 여성들의 경험으로부터 성서를 해석하고 여성들의 인간화와 해방을 지향하는 성서 해석을 위해 노력한다는 점에서는 일치한다. 레티 러셀은 여성들이 더 이상 성서 중심의 교육과

---

50 이에 관해서는 다음의 책들을 참고하라. Letty M. Russell, ed., *Feminist Interpretation of the Bible* (Philadelphia: Westminster Press, 1985); Elisabeth S. Fiorenza, *Bread Not Stone* (Boston: Beacon, 1984); Phyllis Trible, *Texts of Terror* (Philadelphia: Fortress Press, 1984).

51 Elizabeth S. Fiorenza, *Sharing Her Word: Feminist Biblical Interpretation in Context* (Boston: Beacon Press, 1998), pp. 108-109.

여성의 경험 중심의 교육을 분리하고 권위 게임을 할 필요가 없다고 했다. 여성 해방적인 경험과 성서의 증언들은 여성들이 창조적인 미래를 위한 하나님의 초대에 파트너로서 응답하고, 성서의 증언에 대한 그들의 이해와 삶이 변화되어감으로써 함께 조화를 이룰 수 있다고 생각했다.[52] 특정한 성서의 이야기가 일방적으로 또는 상대적으로 권위를 갖지 않고 성서의 이야기, 기독교 전통 안에 존재하는 다양한 여성들의 이야기, 현재를 살아가는 여성들의 이야기가 만나는 과정을 통해 새로운 진리와 지혜를 얻는 것이 중요하다. 그러므로 여성주의 기독교교육학은 성서에 대한 문자적인 해석과 적용으로 여성을 차별하거나 비인간화하는 교육이 이루어지지 않도록 성서를 여성의 관점에서 비판적으로 해석하고, 성서 안에서 여성의 전통과 해방의 전통을 찾아내어 창조적으로 재구성할 수 있도록 하는 다양한 성서교육의 방법을 모색해야 한다.

가르침과 배움에 대한 이해

가르침(teaching)과 배움(learning)에 대한 이해는 교육의 방법을 모색하는 데 있어서 중요하다. 복음주의 교육에서는 성서와 기독교 전통, 그리고 교리를 전수하는 교육 방법이 많이 사용되었다. 특히 회심을 강조하던 전통적인 복음주의에서 교육은 복음을 알게 하기 위한 수단으로 이해되었고 성서와 교리 암송, 노래를 가르치는 철저히 훈시적(didactic)이고 전수적(transmissive)인 방법을 사용했다. 특히 아동교육은 이야기와 노래를 통해 청소년기에 직면하게 될 회심을 준비시키는 교육 과정

52 Letty M. Russell, "Authority and the Challenge of Feminist Interpretation," in *Feminist Interpretation of the Bible*, p. 146.

이 강조되었다.[53] 현대 복음주의 교육학자들은 전통적인 복음주의의 훈시적이고 전수적인 교육 방법을 지양하고 현대 교육학 이론들을 수용해 다양한 교육 방법들을 개발하고 있다. 그러나 절대적인 권위를 가지는 성서와 교리 중심의 교육 내용을 전달하는 데 강조점이 있기 때문에 교사가 학생들을 가르치는 행위에 초점을 맞추는 교수(instruction) 방법에 중점을 두는 경향이 있다.[54]

부쉬넬 이후 종교교육학자들은 교육이 지식을 하나로 묶어서 학생에게 넣어주는 것이 아니라 학생이 가지고 있는 무한한 잠재력을 이끌어 내는 것이라고 생각했다. 그들은 교육을 신앙의 환경 속에서 자연스럽게 양육하는 것이라고 이해했다. 코에 따르면 가르치는 목적은 진리를 전수하기 위한 것이 아니라 성장을 격려하고 촉진하기 위한 것이다. 그러므로 사회적인 상호 작용을 통해 기독교적인 경험을 하도록 하는 것이 교육 과정의 핵심이다.[55] 그는 가르치는 내용보다는 학습자들의 경험의 깊이와 넓이를 확장시켜 성장할 수 있도록 돕는 것이 더 중요하다고 본 것이다. 파스 역시 과거의 신앙 유산을 권위의 이름으로 무조건 전수하는 교육 방법을 비판했다. 그녀는 교육 과정은 자신의 삶을 풍요롭게 하고자 하는 개인의 자연적인 욕구와 관심으로부터 출발해 생의 전 과정을 통해 이루어져야 한다고 생각했다.[56] 아동의 상상력과 질문을 존중하는 교육 방법을 모색한 파스는 유니온 종교학교(Union School of Religion)의 교장으로 일하면서 당시의 주일학교와는 차별화된 교육을 시도했다. 유니온 종교학교는 공통의 교육 과정을 만들지 않고 교사와

---

53 Boys, *Educating in Faith*, pp. 31-32.

54 Gangel and Sullivan, "Evangelical Theology and Religious Education," pp. 74-76.

55 Coe, *A Social Theory of Religious Education*, pp. 64-80.

56 Fahs, *Today's Children and Yesterday's Heritage*, p. 16.

학생의 창조성을 강조해 항상 새로운 주제를 탐색하고 실험하는 방법을 사용했다. 파스는 아동의 호기심에 대해 어른들이 두려움 없이 인내해 준다면 아동의 사고가 확장되어나갈 수 있는 것이 우주의 본질이라고 강조했다.[57]

신정통주의 입장에서 스마트는 가르침을 교회의 본질에 속하는 것으로 이해하고 교회의 모든 구성원들이 교육의 책임을 가져야 한다고 주장했다. 당시의 미국 교회들이 교육의 사명을 소홀히 한다고 생각한 스마트는 학교교육과 비교해 유능한 교사의 부족, 목회자의 무관심, 준비 없는 분반 공부, 값싼 교재의 사용 등이 학생들로 하여금 기독교교육을 덜 중요한 것으로 생각하게 만든다고 지적했다. 그리고 교육의 열쇠는 교사라고 믿고, 교육의 질을 결정하는 교사의 질을 높여야 한다고 했다. 교사와 학생 사이의 친밀한 관계와 정신의 상호 작용의 중요성을 인식한 그는 교사가 학생들의 내면의 삶에 관심을 갖고 자신이 학생의 마음과 삶에 다가갈 수 있는 특권을 지닌 존재라는 사실을 항상 기억해야 한다고 강조했다.[58] 또한 스마트는 복음주의와 종교교육에 모두 만연해 있는 도덕주의적인 가르침에 대해 비판했다. 복음주의는 개인의 도덕성을 강조하고 진보주의는 사회적인 책임을 강조하지만 두 입장 모두 교사의 가르침에 의해 그들이 원하는 방식대로 학생들의 행동을 변화시키는 데 초점을 맞추고 있다고 지적했다. 그리고 이러한 도덕주의적인 교육이 기독교교육을 치명적으로 무미건조하고 지겨운 것으로 만들어버렸다고 했다. 그러므로 스마트는 교사의 가르침을 통해 하나님이 학생들의 마음속에서 역사해서 그들이 복음을 위해 온전히 결단하는 제자들

---

57 Sophia L. Fahs, *A New Ministry to Children* (Boston: Council of Liberal Churches, 1945), p. 7.

58 Smart, *The Teaching Ministry of the Church*, pp. 72-76.

이 되도록 하는 것이 참된 기독교교육이라고 정의했다.[59] 그에 따르면 가르침과 배움은 교회의 모든 구성원들이 함께 참여해 성서와 교회의 역사뿐 아니라 예배와 교제를 통해 그들의 삶에서 활동하는 하나님을 이해할 수 있도록 돕는 과정이다.

보다 적극적인 의미에서 모든 공동체 구성원들 사이의 적극적인 상호 작용을 통한 신앙의 공유, 전수, 유지의 과정을 강조한 학자는 엘리스 넬슨(C. Ellis Nelson)과 존 웨스터호프 3세(John H. Westerhoff III)이다. 넬슨은 사회학과 문화인류학 이론을 토대로 문화가 다음 세대에 전수되는 방식과 사람들이 태도, 사고방식, 지각체계를 내면화하는 방식에 관심을 기울임으로써 신앙 공동체 안에서 신앙이 형성되고 전수되는 사회화 과정에 관심을 기울였다. 그는 신앙의 의미는 과거의 영향을 받는 역사적인 존재인 구성원들, 그들 사이의 상호 작용, 현재의 삶에서 일어나는 사건들과의 관계 속에서 발전한다고 생각했다. 그러므로 교회는 신앙이 공유되고 전수되는 커뮤니케이션 방식을 이해하고 그 과정을 보다 의도적이고 현명하게 사용해야 한다고 말했다.[60] 웨스터호프 역시 신앙 공동체 안에서의 상호 작용을 통한 교육을 '문화화(enculturation)'라는 용어로 설명했다. 그는 '사회화(socialization)'라는 용어는 일방적인 전수의 의미가 강한 반면, '문화화'는 모든 연령의 사람들 사이의 상호 작용을 중요시한다고 보았다. 또한 문화화라는 용어가 평등한 사람들 사이의 대화적인 관계성과 주체적인 이해와 경험을 통한 상호 작용을 강조한다는 점에서 신앙 공동체 안에서 이루어지는 교육의 의미를 가장 잘 표현한다고 생각했다.[61] 이러한 사회화 또는 문화화 이론은 공동체 구성원들

---

59 Ibid., pp. 77-78, 107.

60 C. Ellis Nelson, *Where Faith Begins* (Atlanta: John Knox Press, 1971), pp. 10-17.

61 John H. Westerhoff III, *Will Our Children Have Faith?* (San Francisco: Harper &

사이의 상호 작용을 통한 신앙의 공유와 전수 과정에 주목하면서 전통의 무비판적인 전수를 경계하고 문화에 대한 비판적 성찰과 변혁의 중요성을 강조했다.

이러한 가르침과 배움에 대한 이해들은 1960년대 이후 다양한 억압과 차별로부터 해방을 지향하는 교육이 등장하면서 또 다른 변화를 겪었다. 기존의 사회질서를 유지하고 정당화하는 교육의 기능을 비판하면서 의식화 교육이라는 새로운 교육 이론이 등장했다. 특히 남미를 중심으로 활동한 파울로 프레이리(Paulo Freire)의 의식화 이론의 영향으로 문제를 제기하고, 비판적으로 성찰하고, 삶을 변혁시키는 교육 과정이 강조되기 시작했다. 이러한 교육에서는 교사와 학생, 가르침과 배움이라는 이분화된 구조가 사라지고 모두가 함께 가르치고 배우는 교육 과정이 중요하게 부각된다.[62] 그룸은 프레이리의 프락시스 방법을 수용해 기독교 공동체에서 구성원들이 함께 현재의 경험과 기독교의 전통을 변증법적으로 해석하고 실천하는 '공유적 기독교 프락시스(shared Christian praxis)' 방법을 개발했다.[63]

여성주의 기독교교육은 특정한 사람들에 의해 의도되고 계획된 교육 내용을 일방적이고 권위적인 방법으로 전수하는 것을 지양하고, 가르침과 배움의 과정이 창조적이고 공동체적인 작업이 되도록 한다. 마리아 해리스는 가르침과 배움의 모든 교육 행위를 예술 작업으로 보았다. 그녀는 또한 교육 과정을 공동체 구성원들이 함께 형태를 만들고, 새로움을 탄생시키고, 힘을 수용하고 내보내는 리듬 있는 과정으로 이해했다. 조형(form-giving)의 과정에서 형태(form)는 단순히 현재의 사상이나 개

Row Publishers, 1976), pp. 79-81.

62 Paulo Freire, *Pedagogy of the Oppressed* (New York: Continuum, 2002), pp. 57-74.

63 Groome, *Christian Religious Education,* pp. 184-231.

념 또는 학습을 의미하는 것이 아니다. 그것은 사상의 근원, 학습의 뿌리, 삶의 토대를 의미하는 사랑, 정체성, 죽음, 운명, 용기, 희망 등에 대해 폭넓게 사고하는 것을 의미한다. 형태를 만들어가는 것은 창조적인 상상력이 내용이나 주제로 형태를 갖추어가는 것을 의미한다. 조형 과정에서는 의도하거나 계획하지 않은 결과에 대해 열려 있는 자세가 필요하다. 이전에 알지 못했거나 잘못 알고 있었던 것들이 새롭게 탄생하는 순간을 기대하며 그 모든 신비에 열려 있어야 한다.[64] 특히 여성들이 만들어가는 교육 과정은 남성 중심의 세계에서 억압되고 경시되던 새롭고 다양한 진리가 드러나는 해방적이고 창조적인 과정이 될 수 있다. 여성주의 기독교교육학은 가르침과 배움의 과정이 여성들의 경험적 진리에 기초해 현실을 비판할 수 있는 예언자적 상상력과 미래 사회를 위한 구체적인 대안과 비전을 제시할 수 있는 창조적 상상력을 통해 항상 새롭게 창조되는 실천적인 과정이 될 수 있도록 해야 한다.

---

64 Maria Harris, *Teaching and Religious Imagination* (San Francisco: HarperSanFrancisco, 1987), pp. 34-36.

제2장

여성주의 기독교교육의 이론적 이해

여성주의 기독교교육은 단순히 '여성을 위한', 또는 '여성에 의한' 교육을 의미하는 것이 아니라, 여성이 교육의 주체가 되고 여성의 경험과 가치가 존중되며 여성의 온전한 인간화와 해방을 지향하는 여성주의 페다고지(feminist pedagogy)의 성격을 지닌다. 그렇지만 여성주의 기독교교육이 성차별의 문제와 여성의 인간화에만 관심을 기울이는 것은 아니다. 여성신학이 여성에 대한 억압과 차별의 문제에서 출발해 점차 인간 사이의 모든 지배와 억압의 다차원적 구조, 생태계 파괴, 전 지구적 위기의 문제로 확대되어나간 것과 같이, 여성주의 기독교교육은 여성과 사회적 약자를 포함한 모든 인간과 자연이 하나님의 온전한 창조질서를 회복하는 세상을 궁극적으로 지향한다. 이 장에서는 여성신학과 여성주의 기독교교육학의 다양한 이론들을 토대로 여성주의 기독교교육의 목적과 목표, 내용, 방법, 교육의 주체와 장에 대해 논의한다. 이러한 논의를 통해 여성주의 기독교교육의 이론적 기초를 마련하고자 한다.

1. 교육 목적과 목표

일반적으로 기독교교육의 목적과 목표를 설정할 때 목적은 보편적인 방향과 장기적인 전망을 포괄적으로 진술하는 가치 규범적 용어로 이루어지고, 목표는 그 목적을 실현하기 위한 보다 구체적이고 단기적인 계획으로 이루어진다. 전통적으로 기독교교육의 목적은 신앙의 성숙, 개인의 영적 구원, 하나님 나라의 실현과 같은 용어로 표현되어왔다.[1] 그런데 이러한 목적은 성서에 대한 해석과 신학적인 입장에 따라 다르게 이해될 수 있다. 하나님 나라에 대한 이해도 신학적인 입장에 따라 다르게 해석될 수 있고 신앙의 성숙에 대한 이해도 신학, 교육학, 심리학의 입장에 따라 다르게 해석될 수 있다. 그러므로 추상적이고 가치 규범적인 용어로 규정되는 교육 목적에 대해 분명한 성서적 · 신학적 해석이 있어야 한다. 교육 목적에 대한 올바른 성서적 · 신학적 해석이 있을 때, 이를 실현하기 위한 구체적인 교육 목표가 설정될 수 있다.

교육 목적

여성주의 기독교교육은 여성을 포함한 모든 인간이 자연과 더불어 정의롭고 평화롭게 공존하며 평등하고 행복한 공동체를 이루어 하나님의 뜻을 이 땅에 실현시키는 것을 교육의 궁극적인 목적으로 삼는다. 기독교 전통에서 이 비전은 하나님 나라라는 상징으로 이해되어왔다. 그런데 '하나님 나라'라는 용어는 기독교신학 전통에서부터 평신도들의 신앙 유형에 이르기까지 다양한 해석이 이루어지고 있다. 특히 한국 교

1 강희천, 『기독교교육의 비판적 성찰』(서울: 대한기독교서회, 1999), p. 69.

회에서 하나님 나라는 죽음 이후에 가는 공간적인 개념으로 이해되고 있고 지극히 개인적인 영혼의 구원과 연결되어 있다. 그러므로 하나님 나라에 대한 올바른 성서적·신학적 해석을 토대로 교육의 목적을 이해하는 것이 필요하다.

토마스 그룸(Thomas H. Groome)은 기독교교육의 메타목적(*metapurpose*)으로 '하나님 나라(Kingdom of God)' 또는 '하나님의 통치(reign of God)'를 제시했다.[2] 그는 이 상징이 히브리 정신의 핵심 사상이고 예수의 선포와 행위의 중심이며 초대 교회부터 현대 신학 사상에 이르는 신학의 핵심 주제이기 때문에 기독교교육의 내용과 방법, 방향을 결정하는 궁극적인 해석학적 원칙이 되어야 한다고 생각했다. 그룸은 성서와 신학적인 논의들을 토대로 하나님의 통치의 개념을 다음과 같이 정의했다.

> 하나님의 통치는 모든 피조물과 역사 위에 있는 하나님의 통치권에 대한 하나의 상징으로서 평화, 정의, 사랑, 자유, 모든 생명의 온전성과 피조물의 행복을 원하는 하나님의 뜻을 상징한다. 하나님의 통치는 우선적으로 하나님의 은혜와 능력에 의해 완성되는 선물이지만, 다른 한편으로 하나님은 하나님의 통치의 실현을 위한 삶을 살도록 인간을 부른다. 하나님

---

2 토마스 그룸은 그의 첫 번째 저서 『*Christian Religious Education*』에서 기독교교육의 목적으로 '하나님 나라(Kingdom of God)'를 제시하고 있는데, 그의 두 번째 저서인 『*Sharing Faith*』에서는 'Kingdom'이라는 단어가 지니고 있는 가부장적 성격에 대한 여성신학의 비판을 수용해 '하나님의 통치(reign of God)'라는 용어를 사용했다. 그룸은 하나님 나라를 상징하는 여러 대안적인 언어가 있을 수 있지만 'reign of God'이 히브리어 *malkuth Yahweh*와 그리스어 *basileia tou theou*의 가장 정확한 번역이라고 생각했다. Thomas H. Groome, *Christian Religious Education: Sharing Our Story and Vision* (San Francisco: HarperSanFrancisco, 1980), pp. 35-51; *Sharing Faith: A Comprehensive Approach to Religious Education and Pastoral Ministry* (San Francisco: HarperSanFrancisco, 1991), p. 14.

의 통치는 하나님의 뜻을 이 땅에 실현시키기 위해 전 생애를 바쳤던 예수에 의해 이미 시작되었으나 아직 완성되지 않았고 하나님의 파트너로서 인간들의 참여를 요청한다. 하나님의 통치는 개인적이고 상호 인격적인 변화와 성숙을 요청할 뿐 아니라 사회정치적인 영역에서 기독교 공동체의 공적 책임을 요구한다.[3]

여성신학에 있어서도 하나님 나라와 하나님의 통치는 미래에 실현될 궁극적인 비전이다. 여성과 힘없는 약자들을 차별하고 억압하는 가부장제 문화를 변혁시키고 모든 인간이 평등하고 정의롭게 공존하는 세상에 대한 희망이 바로 하나님이 직접 통치하는 하나님 나라에 대한 비전이다. 엘리자베스 피오렌자(Elizabeth S. Fiorenza)는 하나님 나라를 설명할 때 왕국이라는 의미의 'Kingdom'보다 통치라는 의미의 그리스어 '*basileia*(바실레이아)'라는 용어를 사용했다. 예수의 메시지의 핵심이었던 바실레이아는 하나님의 통치(reign), 영역(realm), 공화국(commonweal)을 의미한다. 바실레이아에 관한 예수의 메시지는 종교적인 동시에 정치적인 것이었기 때문에 그 의미는 종교적, 정치적, 사회적 용어로 이해되어야 한다. '하나님의 통치(*basileia* of God)'는 하나님의 백성으로서 이스라엘과 하나님과의 언약을 의미하는 상징이었으며 창조와 종말론적 '새 창조'를 의미하는 우주적인 상징이었다. 이 상징은 고통과 죽음으로부터 자유로운 세상, 하나님에 의해 새로워지는 세상에 대한 희망을 불러일으켰다. 예수는 이 상징을 미래의 희망을 의미하는 단순한 묵시적인 용어로 사용한 것이 아니라 현실에서 공동체적인 운동으로 전개시켰다. 이러한 비전과 실천 때문에 예수는 로마에 의해 '유대인의 왕'으로 처형되었

3 Groome, *Sharing Faith*, pp. 16-17.

다.[4] 그러나 현재 한국 교회에서는 예수의 죽음의 정치적 의미와 종말론적 희망은 사라지고 개인의 영혼 구원만을 강조함으로써 올바른 사회의식과 역사의식을 상실하고 있다.

그룹이 강조한 것처럼 하나님의 통치는 하나님의 은혜에 의한 선물이면서 동시에 인간의 응답과 책임을 요구한다. 그러므로 기독교인들은 온전한 자유와 평화와 정의를 이루는 하나님의 통치가 실현될 수 있도록 개인적이고 공동체적인 노력을 기울여야 한다. 여성들은 인간을 비인간화시키고 억압하는 모든 차별적인 문화와 제도에 저항하고 이를 변혁시켜 하나님의 통치가 이 땅에 실현될 수 있도록 하나님의 부름에 응답해야 한다. 파울로 프레이리(Paulo Freire)에 따르면 억압당하는 자들의 페다고지는 억압의 세상을 폭로하고 프락시스를 통해 그 부정의한 세상을 변혁시키는데, 억압의 현실이 변혁되면 이 페다고지는 더 이상 억압당하는 자들에 속하지 않고 영원한 해방의 과정에서 모든 사람의 페다고지가 된다.[5] 그러므로 여성주의 기독교교육은 여성과 사회적 약자들이 억압의 현실을 폭로하고 그 현실을 변혁시키기 위해 노력하는 과정을 통해 궁극적으로 모든 인간이 영원한 해방과 인간화에 이르는 하나님의 통치가 이 세계 안에서 실현될 수 있도록 여성들을 교육해야 한다.

교육 목표

하나님 나라 또는 하나님의 통치라는 성서적이고 신학적인 언어로 설정된 교육 목적을 구현하기 위해서 여성주의 기독교교육은 구체적이

---

4 Elizabeth S. Fiorenza, *Jesus: Miriam's Child, Sophia's Prophet* (NY: Continuum, 1995), pp. 110-111.

5 Paulo Freire, *Pedagogy of the Oppressed* (New York: Continuum, 2002), p. 54.

고 실천 가능한 교육 목표를 설정해야 한다. 여성들이 실천할 수 있는 구체적인 교육 목표는 첫째로 여성들이 의식을 변화시키고 성숙한 신앙을 형성하도록 하는 것이다. 현재 한국 교회에서는 대부분의 여성들이 남성 중심적인 성서 해석과 교리적인 가르침을 그대로 받아들이고 교회의 가부장적인 위계질서를 무비판적으로 수용하고 있다. 이러한 가르침과 제도가 여성들을 비인간화시키고 여성들의 인격적이고 영적인 성숙을 가로막고 있음에도 불구하고, 여성들 스스로 문제의식을 갖지 못하는 경우가 많다. 사회에서 일어나는 법적 불평등이나 직장 내 성차별에 대해서는 과감하게 문제 제기를 하면서도 교회 내의 뿌리 깊은 가부장적 가르침과 제도에 대해서는 문제의식을 갖지 못하는 경향이 있다. 그러므로 기독교교육은 먼저 여성들이 스스로 비인간화의 현실을 깨닫고 무의식적으로 내면화하고 있는 여성의 열등함에 대한 종교적 · 문화적 고정관념을 거부하고 여성 자신의 존엄성에 대한 확신과 역사 주체로서의 책임의식을 형성할 수 있도록 교육해야 한다.

두 번째 교육 목표는 여성들이 가부장적 기독교 전통과 제도를 변화시켜 기독교 공동체를 하나님의 통치질서에 합당한 공동체로 만드는 일에 참여하도록 하는 것이다. 교회 여성들이 가부장적 기독교 전통과 제도에 대해 문제의식을 갖지 못하는 것은 개인적 차원의 문제만이 아니라 절대적인 권위의 이름으로 유지되어온 성서, 교리, 성직에 대한 이해 때문이다. 남성 중심의 기독교 전통은 성서 안의 가부장적 문화와 내용에 대한 비판적 해석을 허용하지 않고 오히려 여성 차별적인 본문들을 이용해 여성의 본질적인 열등함과 육체성을 강조하고 여성을 성직에서 배제해왔다. 여성신학의 도전과 실천으로 한국 교회에서 여성 성직자의 수가 늘어나고 있지만 여성 차별적인 성서 해석과 위계적인 교회제도는 큰 변화 없이 유지되고 있다. 성서와 기독교 역사에 대한 새로운 해석과 평등한 교회제도를 위한 개혁이 없이는 하나님 나라의 실현을 기대할 수 없다. 그러므로 기독교교육은 여성들이 여성의 경험을 통해 성서와 기독교 전통을 비판적으로 해석하고 남성 성직자 중심의 위계적인 교회제도를 변화시켜 평등하고 정의로운 기독교 공동체를 형성할 수 있도록 교육해야 한다.

세 번째 교육 목표는 인간을 차별하고 비인간화시키는 사회 구조적인 악을 소멸시킴으로써 이 세상에 하나님의 통치가 실현되도록 하는 데 참여하게 하는 것이다. 부도덕하고 불평등하고 부정의한 사회에서 개인이 추구하는 진리와 선함과 아름다움에는 한계가 있을 수밖에 없다. 그러므로 개인적인 성숙과 교회의 변혁을 위한 노력뿐 아니라 사회를 변혁시키기 위한 노력 역시 필요하다. 하나님 나라의 실현을 위해서는 그것을 가로막고 있는 사회 구조적인 악의 다차원적 실체를 올바로 파악해야 한다. 피오렌자는 여성에 대한 남성의 지배 구조를 의미하는 '가부장제(patriarchy)'로는 세계의 억압과 착취의 구조를 모두 읽어낼 수 없음을 강조하면서 모든 주인과 종의 위계 구조를 의미하는 '주종제(*kyriarchy*)'라는 용어를 사용했다.[6] 인간관계 안에 존재하는 모든 주종관계는 하나님 나라의 질서에 합당한 관계가 아니며 해체되어야 할 악한 질서이다. 이 세상의 모든 인간이 그들의 성, 인종, 계층, 문화, 종교를 이유로 차별이나 억압을 당하지 않는 평등하고 정의로운 사회가 실현되도록 하는 일에 참여하는 것이 바로 하나님의 초대에 응답하는 길이다. 그러므로

---

6 피오렌자는 주인(master), 주(lord), 아버지(father), 남편(husband) 등 모든 주인과 종의 위계적 관계에서 일어나는 억압과 차별의 지배 구조를 상징하는 주종제(*kyriarchy*)라는 용어를 사용해 젠더, 인종, 계층, 문화, 종교 안에서 일어나는 복잡한 억압의 구조를 설명했다. Elizabeth S. Fiorenza, *But She Said: Feminist Practices of Biblical Interpretation* (Boston: Beacon Press, 1992), pp. 117, 123.

기독교교육은 여성들이 여성을 포함한 모든 사회적 약자들의 해방과 더불어 평화롭고 정의로운 세상을 이 땅에 실현시키기 위해 결단하고 참여하도록 교육해야 한다.

2. 교육 내용

여성주의 기독교교육의 주요 교육 내용은 여성들의 경험과 프락시스, 성서, 기독교 역사 전통이다. 여성들의 경험은 성서와 기독교 역사에서 배제되고 억압되어왔지만 여성주의 기독교교육에서는 여성들의 경험과 프락시스가 중요한 교육의 출발점이 되고 성서와 기독교 전통을 해석하고 평가하는 비판적 원칙이 된다.

여성들의 경험과 프락시스

여성주의 기독교교육의 출발점은 바로 여성들의 경험과 프락시스(*praxis*)[7]이다. '여성의 경험'은 여성들의 삶의 다양성으로 인해 하나의 동일한 범주로 정의하기 어렵다. 계층, 인종, 성 정체성, 사회문화적 차

---

7 아리스토텔레스의 개념으로부터 시작된 '프락시스(*praxis*)'라는 용어는 파울로 프레이리(Paulo Freire)가 해방적인 페다고지 이론에서 인간의 현실을 구성하는 사고와 행위의 조화라는 의미로 사용하면서 널리 사용되기 시작했다. 신학 분야에서는 위르겐 몰트만(Jürgen Moltmann)과 요한 메츠(Johann B. Metz)와 같은 정치신학자들, 라틴아메리카의 해방신학자들을 중심으로 사용되었으며 이들은 신학적인 이해에 있어서 프락시스의 우선성을 강조하거나 이론과 프락시스의 변증법적 관계를 강조했다. Linda Hogan, *From Women's Experience to Feminist Theology* (Sheffield, England: Sheffield Academic Press, 1997), pp. 64-84.

이에 대해 민감하지 못한 범주화는 특정 집단의 여성들을 또 다시 소외시킬 위험성이 있다. 그러므로 여성들의 경험은 그 다양성과 다중성이 인정되고 존중될 때 진정한 의미를 지닌다. 여성주의 기독교교육은 여성들의 경험의 다양성을 중요하게 인식하면서 여성들이 가부장제 사회에서 경험하고 있는 다양한 억압, 차별, 소외, 폭력의 경험과 이를 극복하기 위한 여성들의 해방적 프락시스를 중요한 교육 내용으로 삼는다. 여성들의 경험은 추상적이고 보편적인 개념으로 정의되는 것이 아니라 구체적, 현실적, 역사적인 삶의 현장에서 이루어지는 여성들의 행위와 성찰의 지속적인 프락시스를 통해 이해되어야 한다.

여성주의 기독교교육에서 여성의 경험을 중요한 출발점으로 삼는 이유는 여성들의 경험이 기독교 전통에서 항상 주변화되거나 침묵 당해왔기 때문이다. 남성들의 경험과 관심을 토대로 형성된 성서 해석, 교리, 역사 이해를 객관적이고 보편적인 진리로 받아들이는 교회 안에서 여성들은 남성들에 의해 형성된 지식을 무비판적으로 내면화시킬 위험이 있다. 발레리 세이빙(Valerie Saiving)은 인간의 무의식에 오랫동안 자리 잡고 있는 암묵적인 형이상학적 전제들이 '일반 상식'이라는 이름으로 무비판적으로 전달되고 언어와 조직, 구조에 내재되어 가부장적 구조와 사고 양식을 형성한다는 사실을 지적했다. 그러므로 여성들은 무비판적으로 수용해온 개념들을 온전한 의식의 차원으로 끌어내어 비판하는 것이 필요하다고 강조했다.[8] 여성들은 기독교의 오랜 가부장적 전통이 무의식적으로 그들의 경험을 지배하지 않도록 의식의 차원뿐 아니라 무의식의 차원도 항상 비판적으로 성찰해야 한다. 여성의 경험과 관점이 배

---

8 Valerie Saiving, "Experience," in *Creating Women's Theology: A Movement Engaging Process Thought*, eds. Monica A. Coleman, Nancy R. Howell, and Helene T. Russell (OR: Pickwick Publications, 2011), pp. 31-33.

제된 지식이 무비판적으로 재생산되지 않도록 하기 위해서는 여성들의 경험이 종교적 지식과 진리를 구성하는 데 중요한 원천이 되도록 해야 한다.

여성들의 경험에는 억압과 차별의 경험만 있는 것이 아니라 억압으로부터의 해방과 정의를 위해 노력한 경험과 그 과정에서 하나님의 현존을 경험한 것이 모두 포함된다. 이러한 경험들은 여성들의 삶을 재해석하고 재구성할 수 있도록 하는 희망의 근거가 된다. 세계의 다양한 여성들은 자신의 역사적 경험과 현재적 경험을 토대로 특수한 억압의 상황을 폭로하고 해방과 정의를 실현시키기 위해 노력하고 있다. 백인 여성들의 경험을 중심으로 형성된 '페미니스트신학(feminist theology)'의 한계를 지적하면서 흑인 여성들의 성차별과 인종차별의 경험을 토대로 한 '우머니스트신학(womanist theology)', 남미 여성들의 성차별과 억압, 가난의 경험을 토대로 한 '무헤리스타신학(*mujerista* theology)' 등이 등장한 것도 바로 여성들의 경험의 다양성 때문이다.[9] 최근 아시아 여성신학자들을 중심으로 '탈식민주의적(postcolonial) 관점'에서 여성신학을 새롭게 재구성하는 움직임도 활발하다.[10] 한국에서는 1980년대부터 한국여성

9 우머니스트신학과 무헤리스타신학에 관해서는 다음의 책들을 참고하라. Delores S. Williams, *Sisters in the Wilderness: The Challenge of Womanist God-Talk* (NY: Orbis Books, 1993); Monica A. Coleman, *Making a Way Out of No Way: A Womanist Theology* (Minneapolis: Fortress Press, 2008); Phillis I. Sheppard, *Self, Culture, and Others in Womanist Practical Theology* (New York: Palgrave Macmillan, 2011); Ada Maria Isasi-Diaz, *Mujerista Theology: A Theology for the Twenty-First Century* (NY: Orbis Books, 1996).

10 탈식민주의 여성신학에 관해서는 다음의 책들을 참고하라. Kwok Pui-lan, *Postcolonial Imagination and Feminist Theology* (Louisville: John Knox Press, 2005); Seong Hee Kim, *Mark, Women and Empire: A Korean Postcolonial Perspective* (Sheffield: Sheffield Phoenix Press, 2010).

신학회와 한국여신학자협의회를 중심으로 '한국여성신학'을 형성하기 위해 많은 노력을 하고 있다.[11]

그러므로 여성주의 기독교교육은 여성들의 다양한 경험과 프락시스가 존중되고 그것이 중요한 교육의 내용이 되도록 해야 한다. 다양성이 존중된다는 것은 단순히 서로의 다름을 인정하는 것을 넘어 그 다양성으로 인해 서로의 한계를 인식하고 상호 비판의 과정을 통해서 함께 성장할 수 있는 가능성이 열리는 것이다. 여성들의 다양한 경험이 존중될 때 다차원적인 억압과 차별의 경험들이 폭로되고 극복될 수 있으며 미래 하나님의 통치에 대한 비전이 보다 풍부하고 포괄적이 될 수 있다.

성서

여성주의 기독교교육의 중요한 교육 내용으로 성서를 가르칠 때 먼저 논의해야 할 점은 성서에 대한 올바른 이해와 해석에 관한 문제이다. 성서에는 분명히 여성에 대한 편견과 차별을 정당화하는 본문들이 존재하며, 역사적으로 이 본문들은 여성의 역할과 지위를 제한하고 차별하는 데 악용되어왔다. 따라서 성서 본문에 대한 문자적인 해석에 근거해 성서를 가르칠 경우 여성을 차별하는 본문들이 비판적인 해석의 과정 없이 바로 교육의 내용이 될 위험이 있다. 여성들은 성서가 가부장제 문화에서 남성 중심적인 관점으로 기록되고 편집되었으며 남성들에 의해

---

11 한국여성신학에 관해서는 다음의 책들을 참고하라. 최만자, 『여성의 삶, 그리고 신학: 1980-1990년대 한국여성신학의 주제들』(서울: 대한기독교서회, 2005); 한국여성신학회 편, 『한국 여성의 경험』(서울: 대한기독교서회, 1994); 한국여신학자협의회 편, 『한국여성신학 10년』(서울: 한국여신학자협의회, 1990); 한국여신학자협의회 편, 『한국여성신학의 과제』 (서울 : 한국기독교가정생활협회, 1983).

해석되어왔음을 기억하고 성서 본문을 여성의 시각에서 새롭게 해석해야 한다. 또한 성서 본문 안에서 여성들의 목소리를 찾아내어 그들의 역사적 위치와 역할을 재구성하고, 왜곡되게 묘사 · 해석되어온 여성들을 새롭게 조명해야 한다.[12] 성서의 가부장적 특성에도 불구하고 여성신학자들은 성서를 포기하지 않고 여성의 인간화와 해방을 위한 중요한 텍스트로서 받아들이고 다양한 해석의 가능성을 모색하고 있다.

성서에 대한 여성신학자들의 다각적인 해석학적 연구들은 다음과 같이 교육 내용을 다양하고 풍부하게 만들어준다. 첫 번째로, 기독교 역사에서 여성의 차별과 억압을 정당화하는 데 이용되었던 성서 본문들에 대한 여성신학적 해석들은 중요한 교육 내용이 된다. 예를 들어, 여성신학자들은 여성의 본질적 열등성과 차별을 정당화하는 데 이용되어온 창세기 2장의 창조이야기를 새롭게 해석해 남성과 여성의 동등성과 상호의존성을 강조한다. 또한 여성들에게 일방적인 순종과 교회에서의 침묵을 강요하는 데 사용되어온 고린도전서를 도덕적 · 영적 혼돈에 휩싸여 있던 고린도교회의 특수한 상황에 대한 역사적 고찰을 통해 새롭게 해석한다.[13] 이러한 성서 해석들은 성서가 더 이상 여성의 억압과 차별을 정당화하는 문서로 이용되지 않고 여성과 남성의 평등한 관계와 여성의 온전한 인간화를 이룰 수 있도록 돕는 교육 내용이 될 수 있도록 한다.

---

12 여성주의 성서 해석에 관해서는 다음의 책들을 참고하라. Letty M. Russell, ed., *Feminist Interpretation of the Bible* (Philadelphia: Westminster Press, 1985); Elisabeth S. Fiorenza, *Bread Not Stone* (Boston: Beacon, 1984); Emily Cheney, *She Can Read: Feminist Reading Strategies for Biblical Narrative* (Pennsylvania: Trinity Press International, 1996); Kwok Pui-Lan and Elisabeth S. Fiorenza, eds., *Women's Sacred Scriptures* (NY: Orbis Book, 1998).

13 필리스 트리블(Phyllis Trible), 「이브와 아담: 창세기 2-2장에 대한 재조명」, 돈 윌리엄즈, 「고린도교회에서의 여성의 지위」, 『여성들을 위한 신학』, 이우정 편(서울: 한국신학연구소, 1985), pp. 119-164.

두 번째로, 여성들의 인간화와 해방을 주장하는 데 근거가 되는 성서 전통을 찾아내거나 창조적으로 해석하고 재구성한 연구들은 중요한 교육 내용이 된다. 레티 러셀(Letty M. Russell)은 성서가 지니고 있는 고대의 가부장적 세계관에도 불구하고 성서는 정의와 평화와 온전함으로 세상을 창조하고 회복시키고자 활동하는 하나님의 초대에 관한 이야기라고 강조했다. 러셀은 하나님이 약속한 새로운 창조를 향한 여정에 여성들이 파트너로 함께 참여하는 과정에서 성서에 대한 새로운 통찰력을 얻을 수 있다고 했다.[14] 로즈마리 류터(Rosemary R. Ruether) 역시 성서가 가부장제 문화의 산물이기는 하지만 성서 안의 예언자적 해방 전통이 가부장적 이데올로기를 비판하고 거부할 수 있는 규범적 원칙이 될 수 있다고 주장했다. 구약의 예언자들과 예수에게서 명백하게 나타나는 예언자적 해방 전통은 부정의한 사회질서를 정당화하고 신성화하는 종교적 이데올로기와 제도를 고발하고 하나님의 정의와 평화의 통치가 역사에 실현되는 새로운 시대에 대한 비전을 제시했다.[15] 러셀과 류터는 성서 안에서 해방적 전통을 찾아내어 성서 안의 가부장적 전통을 비판하는 근거로 삼음으로써 여성을 차별하고 억압하는 데 사용되어온 성서 본문들을 비판하고 거부했다.

피오렌자는 러셀과 류터의 성서 해석보다 더 급진적인 비판적 여성주의 해석학의 필요성을 제기했다. 그녀가 제안한 비판적 여성주의 해석학 모델은 성서를 있는 그대로 받아들이는 것보다는 성서 안의 성차별주의, 인종차별주의, 군사주의 등을 의심의 눈으로 바라보는 의심의

---

14 Letty M. Russell, "Authority and the Challenge of Feminist Interpretation," in *Feminist Interpretation of the Bible*, pp. 138-145.

15 Rosemary R. Ruether, *Sexism and God-Talk: Toward a Feminist Theology* (Boston: Beacon Press, 1983), pp. 22-24.

해석학, 잊혔던 선배 여성들의 이야기를 역사적 · 비판적으로 재건하는 기억의 해석학, 여성 해방과 평등한 제자직을 선포하는 선포의 해석학, 역사적 상상력, 예술적 재창조, 예전의 구성을 통한 창조적 실현의 해석학 등이다.[16] 이러한 비판적 해석학은 성서 안의 다양성과 풍부함을 추상적인 원칙으로 축소시키는 규범적 원형(normative archetype)보다는 비판적 변혁의 가능성을 열어주는 역사적 모형(historical prototype)으로 성서를 해석할 것을 제안한다.[17] 이 원칙에 따르면 여성을 차별하고 억압하는 성서 본문은 더 이상 규범적 진리로서 여성들에게 적용되어서는 안 되며, 여성의 해방과 변혁의 가능성을 열어주는 본문을 역사적 모형으로 가르쳐야 한다.

세 번째로, 성서에 나타난 여성들의 삶을 새롭게 조명하고 재해석한 연구들이 중요한 교육 내용이 된다. 성서의 여성들은 주로 남성들에 의해 '착한 여자'와 '나쁜 여자'로 구분되었다. 교회는 전통적으로 순종적이고 희생적인 여성을 이상적인 여성상으로 규정하고 성서의 여성들 중 이러한 이미지에 부합되는 여성들을 모범으로 삼도록 교육해왔다. 반대로 교회에서 '나쁜 여자'로 구분되는 여성들은 전통적인 여성상을 거부한 여성들이다. 성서는 이 여성들에 대해 자세한 정보를 제공하지 않은 채 남성들의 잘못에 원인을 제공하거나 부정적인 영향을 미치는 여성으로 묘사해 오히려 남성들의 잘못을 정당화하는 데 악용되도록 해왔다. 그러나 여성의 시각으로 재해석해보면 이 여성들 중에는 지혜롭고 용기 있고 적극적 · 독립적이고 결단력이 뛰어나며 대담함과 동시에 연민의 마음을 지닌 여성들이 있었다.[18] 그러므로 여성들은 남성의 시각에서 평

---

16 Fiorenza, *Bread Not Stone*, pp. 15-22.

17 Ibid., pp. xvi-xvii.

18 예를 들어, 소돔과 고모라의 멸망을 보기 위해 뒤를 돌아보다가 소금기둥이 된 롯의 아

가되고 분류되어온 성서의 여성들의 이야기를 여성의 시각으로 새롭게 해석하고 재평가해 여성들을 위한 교육의 내용으로 삼아야 한다.

여성들은 남성들에 의해 채택된 몇 명의 모범적인 여성들에 대한 반복적인 교육에서 벗어나 여성들 스스로 신앙의 모범이 될 수 있는 여성들을 찾기 위해 노력해야 한다. 미리암, 드보라, 훌다를 비롯한 고대 이스라엘의 여성 예언자들은 위대한 예언자적 활동에도 불구하고 남성 예언자들에 비해 성서에 자세하게 기록되지 못하고 때로는 부정적으로 묘사되고 있다는 사실에 주목해야 한다.[19] 또한 신약성서에서 사마리아 여인, 혈루증을 앓는 여인, 간음하다 잡힌 여인, 예수에게 기름을 부은 여인 등으로 기억되는 수많은 여성들은 예수의 사역에서 중요한 역할을 했음에도 불구하고 이름조차 기억되지 못하고 있다는 사실에 주목해야 한다. 따라서 여성들은 성서 안의 여성들의 이야기가 객관적이고 역사적인 사실 보도라기보다는 이미 남성들에 의해 부분적으로 삭제되고 왜곡된 것임을 전제로 삼아야 한다. 그러므로 현재 여성들이 지닌 창조적 상상력을 통해 성서의 여성들의 목소리에 귀를 기울이고 그들의 고통, 열정, 지혜, 용기를 통해 새로운 배움을 얻는 것이 필요하다. 한국 여성

내는 과거와 물질적인 것에 얽매이는 어리석고 탐욕적인 인물로 자주 언급된다. 그러나 그녀가 뒤를 돌아본 행위는 물질적 풍요에 대한 미련 때문이 아니라 이웃들의 울부짖음과 자비를 외치는 음성에 차마 발걸음을 떼어놓지 못한 연민의 마음 때문이었을지 모른다. 또한 시아버지를 속여 성관계를 맺은 나쁜 여자로 평가되는 다말은 당시 부당한 관습법에 의해 희생된 자신의 삶을 숙명으로 받아들이지 않고 스스로 자신을 보호하고 자신의 권리를 찾기 위해 노력했던 적극적이고 용감한 여성으로 평가될 수 있다. 더 자세한 내용은 성서에서 나쁜 여자로 분류되는 여성들에 대한 여성신학적 해석을 시도한 다음의 책을 참고하라. Barbara J. Essex, *Bad Girls of the Bible: Exploring Women of Questionable Virtue* (Ohio: United Church Press, 1999).

19 고대 이스라엘의 여성 예언자들에 관해서는 다음의 책을 참고하라. Wilda C. Gafney, *Daughters of Miriam: Women Prophets in Ancient Israel* (Minneapolis: Fortress Press, 2008).

들의 경험과 창조적 상상력을 바탕으로 한 성서의 여성들에 대한 새로운 해석은 교회 여성들을 위해 중요한 교육 내용이 될 수 있다.[20]

여성신학자들에 의해 연구되고 있는 성서에 대한 비판적 해석에도 불구하고 성서는 여전히 가부장제를 옹호하고 여성을 차별하는 본문들을 포함하고 있으며 이 본문들은 여성들의 억압과 차별을 정당화할 위험성을 항상 지니고 있다. 한국 교회의 복음주의적 교육 내용은 성서에 대한 문자적인 해석과 주석이 주를 이루고 있으며 성서 본문이 현대인에게 주는 개인적이고 영적인 의미를 강조한다. 성서무오설과 완전영감설을 주장하는 대부분의 교회에서는 여성신학적 성서 해석을 허용하지 않는다. 그러므로 여성주의 기독교교육은 여성에 대한 차별과 억압을 정당화하는 데 사용되어온 성서 본문들을 비판적으로 해석하고 해방적 · 예언자적인 전통에 주목하며 성서 안의 여성들의 삶을 창조적으로 재건해 중요한 교육 내용으로 삼아야 한다.

기독교 역사 전통

기독교 역사 전통은 여성들을 위한 중요한 교육 내용이다. 그런데 기독교 역사에서도 여성들의 이야기는 남성들의 역사(his-story)에 가려 제대로 평가받지 못하고 있다. 그러므로 여성들은 기독교의 역사적 기록을 객관적이고 사실적인 기술로 이해할 것이 아니라 남성들에 의해 남성들의 관점에서 사건을 해석하고 기록한 역사적 산물임을 인식해야 한다. 모든 기독교 역사 전통을 가부장적 역사로 규정하고 포기할 것이 아

20 한국여신학자협의회 편, 『함께 참여하는 여성신학』(서울: 대한기독교서회, 1991); 『새롭게 읽는 성서의 여성들』(서울: 대한기독교서회, 1994); 한국여성신학회 편, 『성서와 여성신학』(서울: 대한기독교서회, 1995).

니라 비판적으로 평가하고 여성들의 역사적 유산을 발굴함으로써 여성들의 역사를 회복함과 동시에 기독교 역사를 더 온전하게 재건하는 것이 필요하다.

초대 기독교 공동체에서는 여성들이 활발하게 활동했고 다양한 분야에서 리더십을 발휘했음에도 불구하고 역사 기록에서는 여성들의 역할이 축소되어 언급되고 있다. 기독교 전통에 나타나는 여성들에 대해 연구한 바버라 맥해피(Barbara J. MacHaffie)에 따르면, 예수의 부활 사건의 최초의 목격자였으며 부활 후 현현한 예수를 목격했던 막달라 마리아는 초대 교회에서 여성의 힘과 리더십의 토대가 되었다. 그러나 남성 중심의 공동체는 마리아를 회개한 창녀와 동일시함으로써 그녀의 역할을 축소시키고자 했다.[21] 기독교 공동체의 형성에 중요한 역할을 한 여성 지도자를 남성들은 공격하고 경시함으로써 기독교 역사에서 그녀의 흔적을 지우고자 했다. 그러나 여성신학자들에 의해 막달라 마리아의 역사적 중요성은 다시 주목받게 되었고 그녀가 예수의 가르침과 사역의 의미를 올바로 이해한 진정한 제자였음이 밝혀지고 있다. 피오렌자는 막달라 마리아가 3세기와 4세기에 이르기까지 기독교 공동체 안에서 사도적 권위를 가졌을 것이라고 주장했다. 막달라 마리아 외에도 리디아(Lydia), 프리스카(Prisca), 페베(Phoebe), 유니아(Junia), 유오디아(Euodia), 신디케(Syntyche), 압피아(Apphia) 등은 바울 선교의 단순한 후원자들이 아니라 바울과 동등한 위치에서 독립적인 권위를 가졌던 탁월한 지도자, 선교자로서 활동했을 가능성이 크다고 보았다.[22]

21 Barbara J. MacHaffie, *Her Story: Women in Christian Tradition* (MN: Fortress Press, 2006), p. 5.

22 Elisabeth S. Fiorenza, *In Memory of Her: A Feminist Theological Reconstruction of Christian Origins* (NY: Crossroad, 1983), pp. 50-51, 161-199.

여성들의 활발한 활동은 1세기 후반부터 제한되기 시작했다. 기원후 80-125년 사이에 기록된 것으로 추정되는 골로새서, 에베소서, 디도서, 디모데전서 등에서는 이미 여성의 리더십이 제한되고 고대 사회의 가부장적 기준이 기독교 공동체 안에서도 적용되고 있음을 보여준다. 교회가 위계적인 구조를 형성할수록 성례전적 기능과 가르치는 일은 남성의 영역으로서의 권위와 힘을 상징하게 되었다. 그리고 여성은 더 순종적인 위치에 머물게 되었다. 초대 교부들은 남성과 여성을 구분하고 여성을 육체 또는 물질과 동일시하는 이원론적 이해를 가지고 있었다. 이들은 세상에 죄가 생겨나게 한 장본인이 바로 여성이라는 사실을 강조했다. 또한 여성은 남성처럼 하나님의 형상을 온전히 지니지 못한 열등한 존재이며 여성의 예속은 그들의 열등한 본성과 죄에 대한 처벌이라고 생각했다.[23] 원죄의 책임이 있는 여성들은 죄의 가능성을 계속 가지고 있고 육체적 만족과 쾌락으로 남성들의 정신과 영혼을 파괴하고 유혹하는 존재로 여겨졌다. 이러한 이유 때문에 기독교 여성들은 당시 로마제국의 도시 여성들과는 다르게 화장을 하거나 장식품을 착용하거나 몸매가 드러나는 실크 드레스를 입지 못하고 베일을 써야 했다. 교부들은 여성의 육체를 최대한 부정하는 처녀로서의 삶을 가장 이상적인 삶으로 여겼으며 처녀로서 영적인 삶을 추구하는 여성들에게는 상대적인 권위와 자유가 주어졌다.[24]

초대 기독교 공동체가 남성 지도자들에 의해 점차 가부장적인 제도를 형성하면서 여성들의 역할을 제한하는 여러 가지 규율과 제도가 생겨났지만 이러한 제도에 갇히지 않고 자신의 능력을 발휘하며 기독교

---

23 Ruether, *Sexism and God-Talk*, pp. 94-95.

24 MacHaffie, *Her Story*, pp. 14-25.

신앙을 지켜나간 여성들이 있었다. 초대 기독교의 박해 과정을 자세하게 글로 남긴 페르페투아(Perpetua)는 딸과 어머니로서의 역할을 포기하면서까지 기독교 신앙을 지키면서 함께 투옥된 동료들을 위로한 영적 지도자였다. 부유한 상인의 딸로 태어나 교육적, 경제적으로 특권 계층이었던 페르페투아는 영적 자각 이후 자신의 기득권을 모두 포기했다. 그녀는 박해를 견디며 하나님과 영적으로 교통하고 동료들에게 권면하면서 신앙을 지켜나갔다.[25] 페르페투아 외에도 4-5세기경 성서 이야기를 시로 남겨 성서적 언어에 익숙하지 않은 로마 시민들이 보다 친숙하게 성서를 이해할 수 있도록 도왔던 프로바(Proba)라는 여성도 있다. 또한 에제리아(Egeria)는 수년 동안 성지를 순례하면서 성서에 기록된 내용을 직접 눈으로 확인했고 당시의 기독교 예배와 건축에 대해 자세한 글을 남겼다. 전설적인 존재로 기억되는 테클라(Thecla)는 기독교 신앙을 위해 약혼을 파기하고 집안의 반대와 맹수들에게 둘러싸이는 박해를 견뎠다. 그녀는 자기 스스로 세례를 행하고 가난한 자들에게 복음을 전했다.[26] 이들은 여성에게 주어진 사회적 · 종교적 제약에도 굴복하지 않고 주체적이고 적극적으로 활동해 여성들에게 모범을 보여주었다.

중세에는 여성에 대한 이분법적 구분이 더 명확해져서 육체와 동일시되는 열등하고 사악한 여성과 처녀 마리아로 상징되는 이상화된 여성으로 나뉘어졌다. 이로 인해 처녀로서의 삶을 살기 위해 금욕주의적 공동체에 참여하는 여성의 수가 증가했다. 이들 중에는 성지순례를 다니며 공부할 기회를 얻어 지적인 성취를 이룬 여성들도 있었고 거룩하고 경건한 삶으로 존경받는 여성들도 있었다. 8세기 금욕주의자였던 리오

25 Ibid., pp. 26-28.

26 Ibid., pp. 28-48.

바(Lioba)는 폭풍을 잠재우거나 병든 사람을 치유하는 등의 기적을 행했고 철학, 신학, 경전법 등에 박식해 감독이나 귀족들에게 존경을 받은 것으로 기록되어 있다.[27] 종교개혁자들은 교부들의 인간 이해와는 다른 차별성을 두고자 했으나 본질적인 변화는 가져오지 못했다. 마틴 루터(Martin Luther)는 여성은 타락으로 인해 본래적 평등성을 상실했고 타락의 역사에서 남성의 지배하에 있게 되었다고 생각했다. 요한 캘빈(John Calvin)은 여성이 남성에게 복종하는 것은 본질적인 열등성 또는 타락으로 인한 열등성 때문이 아니라 하나님이 정한 신성한 창조질서를 반영하는 것이라고 생각했다.[28] 이들은 모두 남성과 여성의 관계를 지배와 복종의 관계로 이해했으며, 이 관계에 도전하는 것은 하나님의 창조질서에 반하는 행동으로 생각했다. 인간을 차별하고 억압하는 행위가 죄악이 아니라 오히려 이러한 불평등한 관계에 대한 저항을 죄악이라고 규정하는 왜곡된 인식으로 말미암아 기독교 전통은 평등한 공동체 의식을 형성하지 못했다.

남성들이 기독교 역사를 기록하면서 여성들의 이야기는 제외하거나 왜곡했음에도 불구하고 여성신학자들의 노력에 의해 여성들의 이야기가 발굴되고 기독교 역사가 새롭게 기록되고 있다. 여성주의 기독교교육은 여성들이 기독교 역사 전통을 비판적인 눈으로 바라보고 남성들의 편견을 극복해서 역사를 창조적으로 재건할 수 있도록 교육해야 한다. 또한 기독교 역사에서 여성들의 삶의 발자취를 추적하고 재건해 현대를 살아가는 여성들을 위한 중요한 교육의 내용으로 삼아야 한다.

---

27 Ibid., pp. 49-57.

28 Ruether, *Sexism and God-Talk*, pp. 97-98.

3. 교육 방법

여성주의 기독교교육은 이미 정해진 교육 내용을 일방적으로 주입시키고 가르치는 전수식(transmissive) 교육 방법이 아니라 교육에 참여하는 사람들 사이에서 가르침과 배움이 함께 일어나는 관계적 교육 방법을 모색한다. 여전히 남성 중심적인 성서 해석과 제도를 유지하고 있는 한국 교회에서 전수식 교육 방법을 사용할 경우 성차별적인 교육 내용이 무비판적으로 전수될 위험이 크다. 파울로 프레이리는 주입식 교육을 은행식 교육(banking education)이라고 했다. 교사가 일방적으로 지식을 예금하듯 넣어주는 교육에서 학습자의 역할은 지식을 받아들이고 반복하는 것으로 제한되어 학습자의 창조성과 변혁을 기대하기 힘들다. 이러한 교육에서 교사는 지식의 권위와 자신의 직업적 권위 사이를 혼동하고 학습자의 자유를 억압하는 경향이 있다.[29] 특히 목회자의 권위를 강조하는 한국 교회에서는 목회자의 권위와 기독교 진리의 권위가 자주 혼동되고 평신도들의 진리 추구의 가능성이 제한적이다. 이러한 문제를 극복하고 여성들의 경험과 인식 능력을 존중하는 관계적인 교육을 위해서는 다음의 방법들이 효과적일 수 있다.

내러티브 방법

여성주의 기독교교육은 여성들의 경험을 중요한 인식론적 토대로 삼기 때문에 여성들이 경험을 함께 이야기하고 해석하고 상호 비판을 가능하도록 하는 내러티브 방법(narrative method)이 효과적인 방법이 될 수

---

29 Freire, *Pedagogy of the Oppressed*, pp. 72-73.

있다. 메리 엘리자베스 무어(Mary Elizabeth Moore)는 내러티브 방법을 사용한 교수법을 관계적 교수법(relational teaching)이라고 불렀다. 그 이유는 내러티브 방법은 현재의 사람들을 서로 연결시킬 뿐 아니라 세대와 이념을 넘어 서로를 연결시키기 때문이다. 또한 문화적이고 종교적인 전통의 이야기들에 깊이 뿌리내리게 하고 현실을 표현하고 비판하며 미래에 희망을 줄 수 있기 때문이다.[30] 기독교 공동체 안에서 여성들은 서로의 경험을 이야기하는 과정을 통해 현실을 명확하게 인식할 뿐 아니라 사적인 경험의 역사적 · 사회정치적 의미를 발견하고 공적 담론으로 발전시킬 수 있게 된다. 여성들의 다양한 이야기들은 개인적인 갈등과 모순뿐 아니라 공동체적인 갈등과 모순을 자각하게 한다. 이 과정에서 여성들은 갈등과 모순을 극복하기 위한 길을 함께 모색하게 되고 공동체가 오랫동안 유지해온 이야기들 속에서 진리와 지혜를 발견하기도 한다. 기독교 공동체가 보존해온 이야기들은 현재의 이야기들을 해석하는 데 중요한 통찰력을 제공할 수 있고 반대로 현재의 이야기들을 통해 비판적으로 재해석될 수도 있다. 또한 과거와 현재의 이야기들에 대한 비판적인 성찰은 미래의 새로운 이야기를 만들어가는 데 창조적인 상상력을 제공할 수 있다.

여성의 인식 방식을 연구한 메리 벨렝키(Mary F. Belenky)와 동료들의 연구에 따르면, 여성들은 자기 자신과 자신의 앎, 사고방식, 윤리적인 판단에 대해 설명할 때 공통적으로 '목소리(voice)'라는 은유를 사용했다. 이는 서구 과학이나 철학에서 진리를 추구하는 데 시각적 은유를 사용하는 것과는 차이가 있다. 시각적 은유는 주체와 대상 사이에 적절한

30 Mary Elizabeth Moore, *Teaching from the Heart* (Minneapolis: Fortress Press, 1991), p. 131.

거리를 두고 객관화를 통해 지식을 구성하는 것을 의미한다. 그러나 말하고 듣는 청각적 은유는 주체와 대상 사이에 가까운 거리가 필요하고 대화와 상호 작용을 요구한다. 여성들은 목소리라는 은유를 사용해 자신들이 얼마나 많은 것을 일상의 경험에서 듣고 배우는지를 보여주었다.[31] 그러므로 여성들이 자신의 경험을 의식적으로 이야기로 형성하는 과정을 통해 현실을 보다 명확하게 인식하고 자신의 경험의 종교적 · 사회적 의미를 발견하도록 도울 수 있는 내러티브 방법이 효과적인 교육 방법이 될 수 있다.

여성들의 공동체 안에서 내러티브 교육 방법이 효과적으로 활용되기 위해서는 이야기가 지속적으로 공유될 수 있도록 하는 공동체적 노력이 필요하다. 캐롤 헤스(Carol L. Hess)는 신앙 공동체 안에서 솔직하고 깊은 대화가 쉽게 좌절되는 이유는 거친 논쟁으로 다른 의견을 침묵시키거나 반대로 공손한 태도로 피상적인 수준의 대화에 머물기 때문이라고 했다. 이러한 문제를 극복하기 위해 헤스는 어려운 대화(hard dialogue)와 깊은 관계(deep connection)가 필요하다고 말했다. 어려운 대화란 한쪽 의견만 인정되고 다른 쪽 의견은 말살되는 것이 아니라 주제를 깊이 있게 탐구하고 문제의 복잡성을 직시하며 다양한 측면을 고려하는 것이다. 진정한 대화에는 승자나 패자가 없고 깊은 관계 속에서 함께 진리를 추구하고 구성하는 참여자들만이 있다.[32] 교회 안에서 여성들이 자신의 삶에 관한 어려운 대화의 자리를 마련하고 이를 통해 다른 사람들과 깊

31 Mary F. Belenky, Blythe M. Clinchy, Nancy R. Goldberger, and Jill M. Tarule, *Women's Ways of Knowing: The Development of Self, Voice, and Mind* (New York: Basic Books, 1986), pp. 18-19.

32 Carol L. Hess, *Caretakers of Our Common House: Women's Development in Communities of Faith* (Nashville: Abingdon Press, 1997), pp. 183-187.

은 관계를 형성할 수 있도록 하는 다양한 방법이 모색되어야 한다. 내러티브 방법은 여성들의 다양한 목소리에 귀를 기울이도록 함으로써 성급한 일반화나 특정 이론의 절대화를 방지할 수 있다. 다양한 경험과 관점들이 비판적으로 상호 작용하고 힘든 대화의 과정을 거쳐야만 관계가 더욱 성숙해질 수 있다. 이러한 과정을 통해 여성들은 보다 창조적이고 포괄적인 진리를 깨달을 수 있으며 진정한 자매애와 연대의식을 형성할 수 있게 된다.

의식화 방법

사회의 억압적 현실을 인식하고 해방을 지향하는 교육학자들은 의식화 방법(conscientizing method)을 중요한 교육 방법으로 사용한다. 브라질의 교육학자 파울로 프레이리에 의해 제시된 '의식화(conscientization)'란 인간을 억압하고 비인간화시키는 사회, 경제, 정치적 모순의 상황을 인식하고 학습자 스스로 그 현실을 변화시킬 수 있는 힘을 자각하고 행동하도록 하는 과정을 의미한다. 프레이리는 의식화의 과정은 사람들을 '파괴적인 광신주의'로 이끄는 것이 아니라 사람들이 역사의 과정에 책임적 주체로 참여하도록 함으로써 자기긍정(self-affirmation)을 실현하도록 하는 것이라고 했다.[33] 주체적으로 사고하고 행동할 수 있는 자유가 모든 인간에게 있다는 사실을 긍정하는 것에서 출발하는 의식화 방법은 각 개인이 과거와 현실에 대한 비판적 성찰과 변혁을 통해 보다 나은 미래를 만들어갈 수 있도록 돕는다.

의식화 방법은 학습자들이 사회적 현실에 대한 자각으로부터 오는

33 Freire, *Pedagogy of the Oppressed*, p. 36.

지식이나 지혜를 스스로 얻을 수 있도록 돕는다. 의식화 방법은 명확한 현실 인식에서 출발하기 때문에 현재의 상황에 대한 문제 제기가 있어야 한다. 문제 제기식 교육은 학습자로 하여금 더 이상 온순하게 귀를 기울이고 객관적인 지식에 대해 듣는 대상이 아니라 교사와 함께 공동의 탐구자가 되도록 이끈다. 은행식 교육이 학습자의 창조적 힘을 억압하는 것과 달리, 문제 제기식 교육은 학습자의 창조성에 기초해 현실에 대한 진지한 성찰과 행위를 격려하고 비판적 의식 형성과 실천적 참여를 추구하도록 한다.[34] 현재 여성들을 차별하고 억압하는 가부장적 성서 해석과 교회제도에 대해 문제를 제기하지 않고서는 변화를 기대할 수 없으며 하나님이 약속한 정의롭고 평등한 미래를 경험할 수 없게 된다.

러셀은 교육이 폭력적 행위가 아닌 구원의 행위가 되기 위해서는 질문을 사랑하고 질문 속에서 살도록 해야 한다고 강조했다. 그녀는 세상에서 자신의 역할이 사회 구조적 폭력과 억압의 피해자인지 가해자인지에 대해 끊임없이 질문해야 한다고 말했다. 그리고 이러한 성찰적인 질문을 통해 기존의 지배질서를 거부하고 대안을 만들어갈 때 진정한 자아실현을 이룰 수 있다고 강조했다.[35] 그러므로 여성들이 자신의 삶과 자신이 보편적 진리라고 믿고 있는 것에 대해 끊임없이 질문하고 비판적으로 성찰할 수 있도록 도와야 한다. 이를 통해 여성들의 의식고양(consciousness-raising)이 이루어지기 시작한다. 여성들은 자신의 의식을 형성하는 데 영향을 미쳐온 문화와 종교, 사회 구조, 제도 등의 전반에 대해 질문하고 성찰해야 한다. 이러한 비판적 성찰을 통해 현실을 변혁시키기 위한 행동을 결단하는 것이 바로 프락시스이다. 여성주의 프락

34 Ibid., pp. 81-84.

35 Letty M. Russell, *The Future of Partnership* (Philadelphia: Westminster Press, 1979), pp. 145-147.

시스는 여성들이 자신의 경험을 명명하고 진리를 분별하고 지식을 구성하는 존재로 살아가지 못하도록 하는 힘과 구조에 저항해 개인적이고 사회적인 변혁을 이루는 것이다.[36] 지속적인 프락시스를 통해 여성들은 역사적 · 사회적 존재로서의 자신을 자각하고 지식의 비판적 생산자로서 역사를 변혁하고 창조해나가게 된다. 그러므로 의식화 방법은 여성들이 교회와 사회에서 경험하는 차별과 억압의 현실을 명확히 인식하고 그 현실을 변혁시켜나가도록 돕는 효과적인 교육 방법이 될 수 있다.

예술적이고 심미적인 방법

진리는 논리적이고 분석적인 언어를 통해서만 공유되는 것이 아니라 직관, 상상력, 은유적인 사고를 통한 예술적 표현을 통해 보다 다차원적으로 공유될 수 있다. 특히 종교적인 경험과 진리는 언어만으로는 표현될 수 없는 심오한 차원을 가지고 있다. 예술적이고 심미적인 형태들은 인간의 경험을 창조적으로 재구성해 그 의미를 전인적인 감성과 지성으로 표현할 수 있도록 한다. 또한 이러한 형태들은 형식과 관습에 얽매여 표현할 수 없었던 생각들을 자유롭게 표현할 수 있도록 하고 사회적이고 정치적인 관습들에 저항하거나 비판할 수 있는 여지를 제공한다. 예술적이고 심미적인 형태의 의미는 그것을 창조한 사람과 감상하는 사람들 사이에서 일어나는 대화를 통해 형성된다.[37] 여성들은 자신에 대한

36 Brita L. Gill-Austern, "Pedagogy under the Influence of Feminist and Womanism," in *Feminist & Womanist Pastoral Theology,* eds. Bonnie J. Miller-McLemore and Brita L. Gill-Austern (Nashville: Abingdon Press, 1999), p. 151.

37 Madeleine R. Grumet, *Bitter Milk*: *Women and Teaching* (Amherst: The University of Massachusetts Press, 1988), pp. 80-81.

깊은 자각에서 오는 해방의 경험과 타자와 하나님과의 관계성에 대한 심오한 깨달음에서 오는 창조적 에너지를 예술을 통해 표현할 수 있다. 여성들이 추구하는 진리와 선함과 아름다움은 여러 가지 예술적인 창조 활동을 통해 표현되고 공유될 수 있다. 예술적 창조 활동은 예술가들에게만 해당되는 것이 아니다. 여성들과 함께하는 교육에서는 모든 예술적 감각을 발휘해 아름다움과 진리를 표현할 수 있는 조각, 도예, 그림, 음악, 춤, 건축, 드라마, 시, 문학작품 등 다양한 방법이 사용될 수 있다. 이러한 방법들은 여성들이 상상력과 창조성을 자유롭게 표현할 수 있는 중요한 통로가 된다.

여성들의 예술적 창조 활동을 통해 전통적인 종교적 상징과 이미지들의 문제와 한계를 극복한 대안적인 작품들이 탄생할 수 있다. 전통적인 종교적 상징이나 이미지, 예술작품에 나타난 여성들의 모습은 남성 예술가들에 의해 부정적인 모습으로 묘사되는 경우가 많았다. 여성들은 이러한 전통에 머물러 있지 말고 창조적이고 예술적인 힘을 발휘해야 한다. 예술과 종교가 창조적인 힘을 상실하고 변화에 저항할 때 그것은 더 이상 사람들에게 의미를 주지 못하고 침체되며 세상을 변화시킬 힘을 잃어버리게 된다. 얼 콜만(Earle J. Coleman)은 종교와 예술은 항상 전통의 보존과 혁신의 위험 사이의 협곡에 있어야 한다고 말했다. 그에 따르면, 종교가 과거에 얽매일 때 창조성을 억압하고 기존 질서를 통제하게 되고, 전통을 무조건 거부하면 그 안에 축적되어온 지혜를 모두 잃어버리게 된다.[38] 그러므로 기독교 여성들은 종교 전통 안에서 오랫동안 유지되어온 지혜를 보존함과 동시에 여성들의 창조적인 힘을 통해 새로

38 Earle J. Coleman, *Creativity and Spirituality: Bonds between Art and Religion* (NY: State University of New York Press, 1998), pp. 156-158.

운 예술작품을 창작하고자 시도하는 것이 필요하다. 예술적이고 심미적인 방법은 여성들이 직관, 상상력, 예술적 감수성을 통해 다양한 종교적 예술작품을 새롭게 창조할 수 있도록 돕는 효과적인 교육 방법이 될 수 있다. 이러한 교육 방법을 통해 여성들은 종교적 진리와 아름다움을 다양한 방식으로 공유하고 통합할 수 있게 된다.

예전과 성례전

예전을 중요한 교육 방법으로 생각한 존 웨스터호프 3세와 윌리엄 윌리몬(William H. Willimon)은 삶의 주기에 따라 행할 수 있는 예전들을 개발했다.[39] 삶의 주기를 따라 많은 사람들이 공통적으로 경험하는 사건들을 위한 예전은 일상의 경험을 종교적인 사건으로 경험할 수 있도록 돕는다. 예전은 역사 속에서 현존하는 하나님의 은혜를 직접 경험하고 느끼고 배우는 종교적인 경험이다. 모든 예배의식들, 기도, 성례전 등은 중요한 교육 행위로서 이러한 의식들을 통해 사람들은 자신이 속한 신앙 공동체의 종교적 상징과 의미를 배우고 이를 그 다음 세대에 전하게 된다.[40] 종교의식을 통해 신앙을 동시대적으로 공유하고 또 다음 세대로 전수하기 위해서는 그 의식에서 사용하는 종교적 상징들과 행위들이 구성원들에게 특별한 의미를 줄 수 있어야 한다. 그 의식에 참여하는 사람들의 경험이 배제되고 종교적인 의미가 상실된 예전은 무의미하

---

39 John H. Westerhoff III and William H. Willimon, *Liturgy and Learning through the Life Cycle* (Ohio: OSL Publication, 1980). 이 책에서는 세례, 성례전, 자아정체성, 결혼, 이혼, 아이의 탄생이나 입양, 이사, 은퇴, 임종 등 삶의 주기에 따른 예전들을 제시하고 있다.

40 Ibid., p. 1.

고 형식적인 행위의 반복이 될 뿐이다.

여성들은 주로 남성들에 의해 인도되는 기독교의 성례전과 예배의식 속에서 자주 소외를 경험한다. 마조리 프록터-스미스(Marjorie Procter-Smith)는 입회의식인 세례와 지속적인 양육의 의식인 성만찬이 가부장제 전통에서 행해질 때, 그 의식들은 가부장적 교회로 남성과 여성을 가입시키고 그 구조가 억압적일 때조차도 그 안에서 정체성을 유지하도록 하는 위험성이 있다고 지적했다.[41] 한국 교회 여성들은 남성 목회자와 장로들에 의해 인도되는 세례와 성만찬, 예배의식에 익숙해져 있으며 이러한 중요한 종교의식에서 여성들의 리더십이 배제되고 있는 것에 대해 문제의식을 갖지 못하는 경향이 있다. 여성의 리더십이 배제되는 종교의식 속에서는 여성들의 삶의 경험과 종교적 행위들 역시 배제된다. 이러한 문제를 극복하기 위해서 로즈마리 류터를 비롯한 많은 여성신학자들이 여성들의 삶의 경험을 공유하고 함께 축하하고 위로하고 격려할 수 있는 예전서들을 펴내고 있다.[42] 여성들이 주체적으로 구성하고 실행하는 예전과 성례전 의식은 여성들의 경험의 종교적 의미를 발견하고 그 경험과 의미를 공동체적으로 공유할 수 있도록 하는 효과적인 교육 방법이 될 수 있다. 여성들은 자신에게 의미 있는 종교적 상징과 언어로 예전과 성례전을 새롭게 구성하고 그 예전과 성례전에 참여함으로써 영적 삶을 더 풍요롭게 할 수 있다.

---

41 Marjorie Procter-Smith, *In Her Own Rite: Constructing Feminist Liturgical Tradition* (Ohio: OSL Publications, 2000), p. 125.

42 여성들을 위한 대표적인 예전서들로는 Rosemary R. Ruether, *Women-Church* (San Francisco: Harper & Row Publishers, 1986); Lesley A. Northup, ed., *Women and Religious Ritual* (Washington, DC: Pastoral Press, 1993); Barbara Ardinger, *A Woman's Book of Rituals & Celebrations* (CA: New World Library, 1992) 등이 있으며, 여성주의 예전에 관해서는 이 책의 10장에서 자세히 다루고 있다.

4. 교육 주체

여성주의 기독교교육의 주체는 여성 자신이며 교육은 여성들이 서 있는 삶의 자리에서 시작된다. 교회에서 수동적인 학습자로 지식을 전수받아온 여성들은 자신을 교육의 주체로 인식하는 데 어려움을 느낀다. 여성주의 교육은 가르치는 자와 배우는 자 사이의 전통적인 권위와 힘의 관계를 비판하고 교육 과정에 참여하는 모든 사람들이 인식의 주체가 되도록 한다. 또한 교육 과정에서 서로 삶과 앎을 나누는 관계성을 형성하고 양육하며 특별히 침묵 당하는 사람들의 목소리를 찾아주는 상호적인 관계를 지향한다.[43] 마리아 해리스(Maria Harris)는 교육은 교사가 일방적으로 목적과 목표를 설정하고 내용과 방법을 모색하는 것에서부터 시작되는 것이 아니라, 모든 존재에게 경외와 존경의 마음으로 다가가는 것에서부터 시작되어야 한다고 강조했다.[44] 여성주의 기독교교육은 여성들을 교육의 대상으로 여기지 않고 교육의 주체인 여성들의 무한한 가능성과 창조적인 힘을 신뢰하고 존중하는 것으로부터 출발한다.

한국 땅에 전래된 기독교는 여성들에게 교육의 문을 열어주는 역사적인 사건을 가능하게 했다. 철저한 유교적 가부장제 사회에서 억압과 차별의 삶을 살던 여성들이 교육의 기회를 얻고 남녀평등의식을 갖게 되고 삶의 책임적 주체로 성장할 수 있었던 것은 바로 기독교 복음의 힘이었다. 교육의 결과 여성의 삶은 공적 영역으로 확대되었고 여성들은 교회와 사회에서 자신의 역할을 성공적으로 수행하기 시작했다. 여성들

---

43 Kathleen Weiler, *Women Teaching for Change* (NY: Bergin & Garvey Publishers, 1988), pp. 147-153.

44 Maria Harris, *Teaching and Religious Imagination* (San Francisco: HarperSanFrancisco, 1987), pp. 23-25.

의 활발한 선교 활동은 초기 한국 교회의 성장에 큰 기여를 했다. 그러나 한국 교회가 점차 제도화되면서 여성에 대한 차별을 신학적으로 정당화하고 성직에서 여성을 소외시키기 시작했다. 여성들을 대상으로 하는 교육에서는 여성 자신에게 초점이 맞춰지기보다 종교를 가르치는 어머니로서의 역할을 강조하고 현명한 아내와 어머니로 교육시키는 데 관심을 가졌다.[45] 그 한 예로 예수교 장로회 여전도회의 이념을 살펴보면 교육적인 측면에서는 가정과 자녀교육을 위한 주부와 어머니로서의 교육적인 역할을 강조한다. 그리고 여성들에게 만민의 어머니인 사라와 같은 존재의식을 갖도록 촉구하고 지혜롭고 믿음 있는 어머니로서의 역할을 강조한다.[46] 1960년대 이후에 출판된 성인 여성들을 위한 신앙 서적의 대부분이 기독교 가정사역이나 자녀교육을 위한 어머니의 역할에 대한 책들이며, 현재도 이러한 경향은 지속되고 있다.

교육의 주체로서 스스로 성서와 교리를 해석할 수 있는 능력을 갖지 못한 결과 여성들은 교단의 분열 과정에서 무기력한 방관자일 수밖에 없었다. 그들은 남성 목회자들의 성서와 교리 해석대로 끌려 다니면서 교단의 분열과 여전도회의 분열을 막지 못한 것에 대해 심한 갈등과 애통함을 경험했다. 여성들이라도 교단의 분열을 막아보자는 의욕은 있었으나 자신의 명확한 신학적 입장과 목소리를 갖지 못한 결과 남성 지도자들에 의해 교단은 분열되고 결국 한 교단에 편입되는 비극을 경험한 것이다. 교회의 여성 지도자들은 이에 대해 자성의 목소리를 내고 여성들이 주체적으로 사고하고 결단하지 못한 것을 반성했다.[47] 여전히 한국

45 이우정, 『한국기독교 여성 백년의 발자취』(서울: 민중사, 1985), pp. 34-36.

46 이연옥, 『교회 여성 지도자』(서울: 쿰란출판사, 1993), pp. 25-26, 41-42.

47 이우정 · 이현숙, 『한국기독교장로회 여신도회 60년사』(서울: 한국기독교장로회 여신도회 전국연합회, 1989), pp. 194-202; 주선애 『장로교 여성사』(서울: 예수교장로회 여

개신교단과 교회는 성서 해석이나 교리적 논쟁을 앞세우며 남성 목회자들의 권력 다툼과 분쟁을 이어오고 있고 이로 인한 분열은 교회에 대한 사회적 신뢰도를 더 추락시키고 있다. 여성들은 이러한 분열을 더 이상 방관해서는 안 되며 여성들이 주체가 되어 올바른 성서 해석과 교리 해석을 바탕으로 분열과 다툼을 화해와 공존으로 변화시켜야 한다.

여성주의 기독교교육은 교육의 패러다임을 완전히 변화시키기 위해 노력해야 한다. 목회자와 평신도 또는 교사와 학습자가 상하 위계적 관계가 아니라 신앙의 순례의 길을 함께 가는 동반자라는 의식이 필요하다. 특정한 사람이나 그룹이 진리를 독점하고 그 밖의 사람들을 교육 과정에서 대상화시키는 것이 아니라, 모두가 교육의 참된 주체가 되고 서로 배움의 파트너십을 형성하는 것이 필요하다. 피오렌자는 여성주의 패러다임은 교사와 학습자 모두 비판, 역량강화(empowerment), 가능성의 담론을 발달시켜 그들 자신의 지적·신학적 목소리를 발견하는 것이라고 했다. 이 패러다임은 여성들의 경험을 통찰을 위한 주요 근거로 삼고 여성을 지식 창조의 적극적 행위자로 개념화한다. 또한 하나님의 세계에 대한 인식에 여성의 관점을 포함해 지식을 재구성한다.[48]

모든 여성이 교육의 주체가 되는 여성주의 기독교교육에서 교사의 역할은 학습자의 잠재 능력을 확신하고 그 능력을 최대한 끌어낼 수 있도록 돕는 것이다. 그러므로 여성들을 위한 이상적인 교사상은 주로 산파(midwife), 목소리 코치(voice coach), 예술가(artist) 등으로 표현된다.[49]

전도회 전국연합회, 1979), pp. 267-271; 이우정, 『한국기독교 여성 백년의 발자취』, pp. 242-244.

48 Elizabeth S. Fiorenza, *Sharing Her Word: Feminist Biblical Interpretation in Context* (Boston: Beacon Press, 1998), p. 46.

49 이에 관해서는 다음의 책들을 참고하라. Gill-Austern, "Pedagogy under the Influence of Feminist and Womanism," pp. 153-154; Maria Harris, *Women and*

이러한 은유적 표현들은 모두 지식 형성의 주체를 학습자로 인정하고 새로운 지식이 출현할 수 있도록 학습자의 창조적 사고를 격려하고 그들의 목소리와 경험을 이끌어내는 역량강화 활동을 강조한다. 역량강화는 기독교 공동체 안에서 여성들이 자신의 목소리를 찾고 진실을 말할 수 있도록 서로에게 힘을 불어넣어 주는 것이다. 프레이리는 학습자 스스로의 성찰적 참여 없이 학습자를 해방시키려고 하는 것은 그들을 교육의 대상으로 만드는 것이라고 강조했다.[50] 여성신학의 학문적 결실을 맺는 일이 중요하고 교회 여성들의 의식을 개혁하는 일이 시급하지만 교회 여성들 스스로의 자기성찰 없이 일방적으로 여성신학의 내용을 주입하는 것은 여성들을 교육의 주체가 아닌 단지 대상으로 만드는 것임을 기억해야 한다. 여성주의 기독교교육은 여성 모두가 교육의 주체가 되어 서로의 잠재력과 창조성을 이끌어내어 성숙한 신앙인의 삶을 살아가도록 격려하고 지지해야 한다.

5. 교육의 장

여성신학이 한국에서 연구되기 시작한 지 30년이 넘었지만 한국 교회 여성들에게는 여전히 생소한 신학이며 오히려 여성신학에 대해 편견을 가진 경우가 많다. 많은 교회 여성들이 오직 자신이 속한 교회만을 섬기고 봉사하는 것이 신앙인의 삶이라고 여기는 개교회 중심적인 신앙

Teaching: Themes for a Spirituality of Teaching (NJ: Paulist Press, 1988), pp. 83-84; Margaret Guenther, *Holy Listening: The Art of Spiritual Direction* (Boston: Cowley Publications, 1992), pp. 92-107.

50 Freire, *Pedagogy of the Oppressed*, pp. 65-69.

을 가지고 있다. 또한 목회자에서 평신도에 이르는 위계적인 질서는 대다수 여성 평신도들의 순종과 헌신적인 봉사를 강조한다. 이러한 제도와 질서 안에서 여성들의 온전한 인간화와 성숙을 위한 교육을 기대하기는 힘들다. 교회에 대한 올바른 이해와 제도적 변혁 없이 교회는 여성들을 위한 진정한 교육의 장(場)이 될 수 없다. 특히 성장 제일주의와 물질 만능주의에 사로잡혀 교세 확장과 교회의 외형적 성장에 몰두하는 한국 교회의 안타까운 현실에 직면해 여성들은 교회의 참된 의미와 사명을 올바로 인식하고 교회가 평등하고 민주적인 공동체가 될 수 있도록 힘써야 한다.

성서에서 교회로 번역되는 그리스어 '*ekklēsia*(에클레시아)'는 사회정치적인 민주주의 공동체를 의미한다. 그런데 교회를 의미하는 영어 단어 'church'가 주에게 속한다는 뜻의 그리스어 '*kyriakē*(키리아케)'에서 파생됨으로써 '민주적 연합, 온전한 시민들의 집회'라는 의미의 *ekklēsia*로서의 교회의 의미는 사라지고 지배적이고 위계적인 관계를 의미하는 *kyriakē/church*가 더 많이 사용되었다. 그러므로 교회는 두 가지 모순적인 의미를 내포하게 되었다. 즉 주인, 주, 남편, 아버지에 의해 통치되는 가부장적이고 지배적인 제도라는 의미와 시민권과 우정에 의해 구성원들의 평등이 보장되는 민주주의의 비전이 함께 공존하게 된 것이다.[51] 그렇다면 예수를 따르는 무리들에 의해 형성된 공동체로서의 교회는 예수 정신에 합당한 교회에 대한 정의가 무엇인지 판단해야 한다.

피오렌자에 따르면 팔레스타인 지역에서 급진적인 민주주의 정신을 가진 예수가 지향했던 하나님의 통치의 비전은 평등한 제자직과 가난한 자들과 사회적 약자들을 보호하는 포용 정신을 기반으로 한 것이었다.

51 Fiorenza, *Sharing Her Word*, pp. 112-113.

그러므로 예수의 정신을 잘 나타내는 용어는 키리아케가 아니라 에클레시아이다. 가난, 굶주림, 고통, 부정의가 없는 세상에 대한 비전과 인간의 자유, 존엄성, 복지를 위한 투쟁으로서의 예수운동은 당시의 부정의한 사회질서와 제국주의적 지배질서에 저항하고 이를 해체시키면서 평등한 민주주의적 공동체를 실현시키고자 한 것이다.[52] 그러므로 구성원들의 일부만 절대적 힘과 권위를 갖고 그 외의 사람들은 복종해야 하는 위계질서는 예수의 하나님 나라 비전에 위배되는 것이며 예수가 해체하고자 했던 잘못된 질서이다. 그러므로 여성들은 예수가 이루고자 했던 하나님 나라 질서에 합당한 공동체로서의 교회에 대한 비전을 가지고 위계적인 가부장제 질서를 변화시켜 평등과 자유가 실현되는 공동체를 만들어가야 한다.

여성신학이 형성되던 초기에는 많은 여성신학자들이 여성들만의 공동체를 원했다. 류터는 '여성교회(Women-Church)'의 구성을 주장하면서 여성교회를 위한 예전서를 출간했고, 피오렌자도 여성주의 성서 해석의 해석학적 센터로서 '여성교회'를 제안했다. 류터는 여성들의 존재를 무시하고 제도적으로 부정하는 가부장적 교회가 변화되기를 기다릴 수만은 없음을 깨닫고 가부장제로부터 탈출해 새로운 여성 공동체를 형성해야 한다고 생각했다. 그리고 여성을 배제해온 성례전 전통과 남성 중심적인 언어들을 변화시켜 새로운 언어, 상징, 기도, 프락시스를 통해 새로운 신앙 공동체를 형성할 것을 제안했다.[53] 류터와 피오렌자는 여성교회가 남성의 온전한 인간성을 부정하는 이데올로기적 분리주의나 배타주의를 주장하기 위한 것이 아니라 여성들의 경험을 결집하고 비판적

52 Ibid., pp. 114-116.

53 Ruether, *Women-Church*, pp. 4-5.

문화를 형성하기 위한 하나의 과정이라고 이해했다. 그들은 남성들이 가부장제가 만들어낸 비인간화의 문제를 인식하고 가부장제로부터의 해방을 위한 비판적 문화를 형성하기 위해 진정한 대화에 참여할 때, 더 이상 여성교회가 아닌 진정한 교회 공동체를 실현하는 일이 가능해진다고 보았다.[54] 한국에서도 1989년에 기독교 여성들이 교파를 초월해 함께 '여성교회'를 설립했으며 이후 여성들이 주체가 된 다양한 예배의식과 교육 활동을 펼치고 있다.

한국 교회 안에는 이미 여성들의 공동체가 구성되어 있다. 각 교단마다 명칭은 다양하지만 여성들의 모임이 정례화되어 있으며 그 활동도 활발하다. 한국 교회가 1960년대에서 1980년대 사이에 급성장하는 데 원동력이 된 것은 여선교회 또는 여전도회를 중심으로 한 여성들의 헌신적이고 열정적인 선교 활동이었다. '여선교회'나 '여전도회'라는 명칭에서 보듯이 여성들의 모임은 선교와 전도에 주력하고 있다.[55] 이러한 노력으로 인해 교회는 물적 · 양적으로 성장했지만 현재 한국 교회는 심각한 문제점을 드러내며 침체되고 있고, 교회 구성원들은 심리적이고 영적인 어려움을 경험하고 있다. 여성 공동체는 교육을 선교의 수단으로 여기는 선교 중심의 이해에서 벗어나 이제는 여성들의 의식 변화와 신앙의 성숙을 위한 교육에 더 관심을 기울이는 교육 공동체가 되어야 한다.

또한 여성들은 선교에 대한 협소한 이해에서 벗어나 하나님의 선교

54 Fiorenza, *Bread Not Stone*, p. 7; Ruether, *Women-Church*, pp. 59-61.

55 기독교대한감리회는 '여선교회', 대한예수교장로회는 '여전도회', 한국기독교장로회는 '여신도회'라는 명칭을 사용하고 있다. 이에 관해서는 다음의 논문을 참고하라. 백은미 「한국교회 급성장 시기의 여성 교육과정에 대한 분석: 1960-1980년대 여전도회 또는 여선교회 교육과정을 중심으로」, 『여성신학논집』 3집(2003), pp. 77-102.

에 대해 폭넓게 인식해야 한다. 많은 한국 교회들이 여전히 19세기 서양 선교사들의 선교 이해에 의존하고 있다. 즉 낯선 나라에 가서 불신자들을 기독교인으로 개종시키는 것만을 선교라고 이해하는 매우 좁은 의미의 사고이다. 그래서 국내외적으로 상당히 전투적이고 배타적인 선교 활동을 펼치고 있고 그 결과 타 종교나 타 문화와 갈등을 일으키기도 한다. 그러나 선교는 단순히 개종을 의미하는 것이 아니라 세상 안에서 일하는 하나님의 구원사역에 동참하는 것을 의미한다. 레티 러셀은 선교의 주체는 인간과 교회가 아니라 하나님이며 인간을 구원하고 모든 피조물의 회복을 원하는 '하나님의 선교(*Missio Dei*)'에 교회와 인간이 참여해야 한다고 강조했다. 하나님은 모든 인간이 이 세상에서 온전한 인간성과 존엄성을 회복하기를 원하기 때문에 특히 소외되고 억압당하고 존엄성이 파괴된 사람들의 해방과 정의를 위한 활동에 참여할 것을 요청한다.[56] 인간은 하나님의 선교의 파트너로 참여해 하나님의 구원 행위가 이 역사의 사건들 속에서 성취될 수 있도록 전인격적으로 응답할 책임을 가진다.

마리아 해리스 역시 선교를 세상 안에 현존하고 세상에서 역동적이고 실천적으로 일하는 하나님을 드러내는 행위라고 이해했다. 인간과 자연을 사랑하고 보살피는 하나님의 창조적 구원 행위를 세상에 드러내는 것이 바로 선교인 것이다.[57] 그러므로 여성들은 교육과 선교의 장을 교회에 국한시키지 말고 세상을 하나님의 선교의 장으로 이해해야 한다. 또한 세상에서 하나님의 구원 역사에 동참하는 것을 통해 배움이 일

---

56 Letty M. Russell, *Church in the Round: Feminist Interpretation of the Church* (Kentucky: Westminster/John Knox Press, 1993), pp. 88-90.

57 Maria Harris, *Fashion Me a People* (Louisville: Westminster/John Knox Press, 1989), pp. 24-25.

어나도록 해야 한다. 여성주의 기독교교육은 이 세상에서 하나님의 통치가 이루어지기를 희망하는 교육의 목적이 실현될 수 있도록 이 세상을 교육과 선교의 구체적인 현장으로 삼아야 한다. 또한 교회가 하나님의 선교에 참여하는 사람들의 평등하고 민주적인 공동체가 될 수 있도록 여성들을 교육해야 한다.

제3장

여성의 영적 성숙과 기독교교육

일반적으로 기독교인의 신앙의 성숙은 기독교교육의 중요한 목적이나 목표로 제시되고 있다. 따라서 기독교교육학자들은 인간의 신앙발달이나 영적 성숙을 연구해 성숙한 신앙의 특성이나 발달 과정을 정의하기 위해 노력하고 있다. 여성들은 기존의 신앙발달 이론에서 논의되는 성숙한 신앙에 대한 이해를 여성신학적 입장에서 비판적으로 고찰하고 대안을 모색함으로써 여성의 영적 성숙을 보다 전인적이고 통합적으로 정의하는 것이 필요하다.

1. 신앙발달 이론에 대한 비판

신앙발달 이론가들은 신앙의 다양한 형태와 성숙의 역동적인 과정을 연구해왔다. 제임스 파울러(James W. Fowler)는 다양한 발달심리 이론에 대한 연구와 다년간에 걸친 실증조사를 통해 신앙발달 이론을 형성했다. 그는 신앙을 모든 인간의 보편적인 관심으로 이해했다. 파울러의 정의에 따르면, 신앙은 삶에 목표와 일관성을 제공하고 타자와의 상호 신뢰와 충성의 관계를 유지하도록 하는 가치, 신념, 의미의 형성을 뒷받침하는 통합적이고 중추적인 것이다. 신앙은 인간 존재의 한계를 항상 인식하고 보다 초월적이고 궁극적인 가치와 의미를 추구하도록 하는 역동적 특성을 가진다.[1] 파울러는 신앙을 특정한 종교적 신념이나 행위와는 구별되는 개념으로 정의하고, 신앙을 모든 인간이 삶의 의미를 추구해가는 과정으로 이해했다. 또한 신앙을 개인적 차원에서보다는 관계적 차원에서 설명했다. 모든 인간이 하나님과 타자와의 파트너십을 형성할 수 있는 유전적 잠재력을 가지고 있다고 믿었던 파울러는 각각의 주체들이 하나님, 타자, 세계와 상호 작용의 과정을 통해 이 잠재력을 활성화하고, 삶의 의미를 찾아가는 과정을 통해 신앙을 발달시켜간다고 보았다.[2] 그는 자아, 타자, 세계, 궁극적 존재와의 관계성에 주목했을 뿐 아니라 그 관계에 대한 개인의 해석 양식과 의미 형성 과정에 초점을 맞추었다.

파울러는 신앙을 정적인 소유의 상태로 보지 않고 전 생애를 통해 끊임없이 변해가는 역동적인 과정으로 이해했다. 이러한 성숙의 과정은 연령의 증가나 심리적 발달에 따라 자동적으로 이루어지는 것은 아니다. 자아, 타자, 세계, 궁극적 존재와의 관계 맺음과 외적 사건 혹은 내적 변화에서 오는 모순과 갈등에 의해 현재의 신앙이 더 이상 의미를 형성하지 못하거나 삶의 방향을 제시하지 못할 때, 새로운 균형과 창조적 재형성을 위한 노력을 통해 보다 성숙한 신앙으로 성장하는 것이다. 파

---

1 James W. Fowler, *Faithful Change: The Personal and Public Challenges of Postmodern Life* (Nashville: Abingdon Press, 1996), pp. 22-23, 56.

2 James W. Fowler, *Faith Development and Pastoral Care* (Philadelphia: Fortress Press, 1987), pp. 57-77.

울러는 신앙발달을 인간의 다양한 차원의 발달과의 연관성 속에서 이해하기 위해 인지발달, 도덕발달, 심리사회발달 이론에서 논의되는 다양한 발달과제와 발달 단계에 대해 연구했다. 인간의 발달에 있어서 심리적인 도전, 위기, 과제들은 보다 성숙한 삶과 신앙을 향한 기회와 초대가 될 수 있다. 그는 신앙발달이 인격의 성숙과 삶의 위기와 분리될 수 없으며 신앙은 인생의 과정에서 경험하는 위기와 과제를 잘 해결하도록 돕는다고 보았다.[3]

파울러에 따르면 인간의 신앙은 직관적-투사적 신앙(intuitive-projective faith, 제1단계), 신화적-문자적 신앙(mythic-literal faith, 제2단계), 종합적-관습적 신앙(synthetic-conventional faith, 제3단계), 개체적-성찰적 신앙(individuative-reflective faith, 제4단계), 통합적 신앙(conjunctive faith, 제5단계), 보편적 신앙(universalizing faith, 제6단계)의 순서로 발달해간다. 그의 이론에서 가장 성숙한 신앙의 단계인 보편적 신앙에 이른 사람은 인류 공동체의 보편적 인권과 사회 정의를 구현하고 사랑을 실천하기 위해 열정을 가지고 불완전한 기존 질서를 변혁하는 데 희생적으로 기여하는 사람이다. 이 단계에 이른 사람은 마틴 루터 킹, 디트리히 본회퍼, 토마스 머튼, 마하트마 간디 등이 있고 여성으로는 유일하게 테레사 수녀가 언급된다. 신앙발달의 제6단계에서는 사회적 정의(justice)의 측면이 특히 강조되고 있다.[4]

파울러의 연구가 신앙발달의 특성과 과정을 이해하는 데 중요함에도 불구하고 그의 이론은 여성의 신앙발달을 이해하는 데에는 한계가 있다. 파울러는 신앙발달의 과정을 이해하기 위해 다양한 발달심리 이론

---

3 James W. Fowler, *Stages of Faith: The Psychology of Human Development and the Quest for Meaning* (San Francisco: Harper & Row, 1981), pp. 99-109.

4 Ibid., pp. 122-211.

들을 연구했는데 그 이론들이 가지고 있는 남성 중심적인 편견을 비판적으로 분석해 수용하지 못했다. 그가 중요하게 고려한 이론들은 장 피아제(Jean Piaget)의 인지발달, 에릭 에릭슨(Erik H. Erikson)의 심리사회발달, 로렌스 콜버그(Lawrence Kohlberg)의 도덕발달, 대니얼 레빈슨(Daniel J. Levinson)의 성인발달 이론이었다. 그런데 여성주의 심리학(feminist psychology) 이론들에 따르면, 이들의 이론에서 여성들은 중요한 연구 대상에서 제외되거나 남성들의 관점에 의해 정당하게 평가받지 못하고 있다.

여성주의 심리학자들은 기존 사회에서 '여성적인 가치(feminine value)'로 정의되던 것들을 긍정하면서 남성들이 지나치게 분리, 독립, 개체화에 초점을 맞추었음을 비판한다. 이들은 관계성, 애착, 보살핌이 발달에 장애가 되는 것이 아니라 인간의 성숙에 중요한 차원임을 강조한다. 캐롤 길리건(Carol Gilligan), 메리 벨렝키(Mary F. Belenky), 낸시 초도로(Nancy Chodorow), 진 밀러(Jean B. Miller) 등과 같은 학자들은 상호의존(interdependence)과 상호 관계성(mutual relationship)이 여성들의 자아정체성, 인식 방식과 도덕발달에 중요하다는 사실을 연구했다. 벨렝키와 그녀의 동료들은 여성들의 인식 방식은 단순한 관찰이나 합리적 사유에만 의존하는 것이 아니라 실재와의 깊은 관계적 참여를 통해 지식을 형성한다고 밝히고 있다.[5] 밀러와 초도로 역시 여성의 자아와 인격은 친밀감과 관계성 안에서 발달하며 상호 관계성과 상호 연결성이 여성의 존재와 행위의 자연스러운 방식이라고 주장했다.[6] 이러한 여성주

5 Mary F. Belenky, Blythe M. Clinchy, Nancy R. Goldberger, and Jill M. Tarule, *Women's Ways of Knowing: The Development of Self, Voice, and Mind* (New York: Basic Books, 1986).

6 Jean Baker Miller, "The Development of Women's Sense of Self," in *Women's*

의 심리학의 비판적 논의들은 파울러의 이론이 지니고 있는 한계점을 이해하는 데 도움이 된다.

파울러는 정의의 원칙에 입각한 보편적인 신앙을 가장 성숙한 신앙의 단계로 생각했는데 이는 로렌스 콜버그의 이론적 영향이 크다. 콜버그는 인간의 도덕적 판단은 자기중심적인 도덕 개념에서 사회적이고 인습적인 도덕 개념을 거쳐 보편적인 도덕 개념으로 발달해간다고 했다. 그는 가장 성숙한 도덕발달의 단계는 개인적 욕구와 사회적 인습으로부터 자유로워져서 보편적인 정의의 원리에 기초해 도덕적 판단을 하는 것이라고 했다.[7] 콜버그의 연구에 의하면, 여성들은 전형적으로 도덕발달의 6단계 중 제3단계에 위치하는데, 이 단계에서 선(goodness)이란 타인을 기쁘게 하거나 돕는 행위를 통해 타인에게 인정받는 것이다. 대부분의 여성들이 도덕발달의 제3단계에 속한다는 것은 전통적으로 여성다움의 가치로 여겨지는 타인의 감정에 대한 배려와 타인을 기쁘게 하려는 특성과 일치한다는 점에 주목해야 한다. 사회적으로 규범화된 여성적인 가치들이 오히려 독립적이고 보편적인 도덕 판단을 방해하는 것이다. 콜버그의 도덕성에 대한 개념은 전통적으로 남성적인 가치로 여겨지는 합리성, 개체성, 추상성, 분리 등을 강조하기 때문에 상대적으로 여성들의 도덕적 판단을 평가절하하는 결과를 가져왔다. 기존의 남성 심리학자들의 이론적 편견을 비판한 길리건은 특히 콜버그의 '정의의 윤리'의 한계를 지적하면서 하나의 대안으로 '보살핌의 윤리'를 제시했

Growth in Connection, eds. Judith V. Jordan, Alexandra G. Kaplan, Jean B. Miller, Irene P. Stiver, and Janet L. Surrey (New York: Guilford Press, 1991), p. 21; Nancy Chodorow, *The Reproduction of Mothering* (Berkely: University of California Press, 1978), p. 169.

7 Lawrence Kohlberg, *The Philosophy of Moral Development* (San Francisco: Harper & Row, 1981).

다. 길리건은 여성들이 도덕적인 판단을 내릴 때 정의의 원칙보다는 보살핌이나 책임감이 더 중요하게 작용한다는 사실을 밝혀냈다.[8]

에릭 에릭슨은 평생을 통해 이루어지는 자아의 성장에 관심을 가지고 자아발달을 8단계로 설명했다. 각 단계에서는 해결해야 할 발달의 위기에 직면하는데 그 과제를 성공적으로 수행하면 다음 단계의 과업 수행으로 순조롭게 이어져 바람직한 자아정체성이 형성된다. 그런데 에릭슨은 독립적인 자아정체성이 형성되는 과정에서 남성과 여성의 차이를 발견했다. 남성의 경우 분리와 애착(attachment)이 최선의 상태로 발달한 후에 성인기의 친밀감(intimacy)이나 생산성이 발달하는데, 여성의 경우 분리와 독립을 성취해야 하는 단계에서도 계속 친밀감이나 애착이 결합되어 나타난다. 이에 대해 에릭슨은 여성들이 임신과 출산이라는 신체적 경험으로 인해 내적이고 양육적인 특성을 갖게 되고 이것이 자아정체성의 형성에 영향을 미친다고 이해했다.[9] 에릭슨은 지그문트 프로이트(Sigmund Freud)와는 달리 심리-성적 발달보다 심리-사회적 환경의 중요성을 강조했음에도 불구하고 여성의 자아정체성을 이해할 때는 여성의 신체적 특성이 자아발달에 영향을 미친다고 해석함으로써 남녀의 차이를 생물학적으로 설명하려고 했다.

인생의 주기를 사계절에 비유해 성인발달 과정을 연구한 대니얼 레빈슨과 그의 동료들은 인생의 각 주기마다 겪는 변화와 성장의 과정을 설명했다. 파울러는 레빈슨의 이론에 의존해 성인기의 혼돈과 갈등, 안정과 발전을 향한 변화를 포함하는 삶의 각 주기마다의 발달과제를 이해하고자 했다. 레빈슨의 연구는 먼저 남성들을 대상으로 이루어졌고

---

8 Carol Gilligan, *In a Different Voice* (Cambridge: Harvard University Press, 1982).

9 Erik H. Erikson, *Identity: Youth and Crisis* (NY: W.W. Norton & Company, 1968), pp. 261-294.

여성들을 대상으로 한 연구는 20년 뒤에야 이루어졌다.[10] 여성들을 대상으로 한 '여성의 삶의 계절(The Seasons of a Woman's Life)'에 대한 연구가 완성되기까지 남성의 삶(man's life)에 대한 연구는 인간의 삶의 주기로서 이해되고 많은 학문 분야에서 활용되었다. 여성의 삶의 계절에 대한 연구는 전업주부와 직장여성들을 대상으로 수행되었는데, 여성들은 대부분 전통적인 가정주부상과 반전통적인 여성상 사이에서 지속적으로 갈등하는 것으로 나타났다. 전통적인 가족제도가 많이 변하고 여성들의 사회 참여가 늘어났음에도 불구하고 사회적인 인식과 제도의 변화가 이루어지지 않았기 때문에 여성들은 이중 삼중의 역할로 고통당하는 경우가 많았다.

여성주의 심리학 연구들은 여성들의 가치와 발달에 대해 새로운 해석과 재평가를 하고 있다는 점에서 큰 공헌을 하고 있다. 그런데 이러한 연구들에서 나타나는 여성들의 특징을 남녀 간의 생물학적 차이나 본질적인 차이로 이해하는 것은 성 역할 고정관념을 더 강화시킬 위험이 있다. 이 연구들에서 나타나는 여성들의 특징은 이미 사회화의 결과로 이루어진 것으로 남녀 간의 본질적인 차이로 보기는 힘들다. 그러므로 기독교교육에서 이 연구 이론들을 받아들일 때는 남성과 여성의 본질적인 특성으로 지나치게 구분하기보다는 이분화된 성 역할 고정관념을 극복해 여성과 남성이 모두 균형 있게 성장해갈 수 있는 방법을 모색하는 것이 중요하다.

여성들의 신앙발달을 이해하기 위해서는 파울러의 이론이 필수적이지만 그의 이론이 가진 한계를 명확히 인식하는 것이 필요하다. 먼저 파

10 Daniel J. Levinson, *The Seasons of a Man's Life* (NY: Ballantine Books, 1978); *The Seasons of a Woman's Life* (NY: Alfred A. Knopf, 1996).

울러는 신앙의 개념을 정의할 때 전인적인 차원의 성숙을 강조했지만 신앙의 발달 단계를 형성할 때는 비판적이고 분석적인 사고 능력인 인지적 측면을 강조하고 정서적, 직관적, 행위적 차원은 소홀히 했다. 이는 구조주의적 발달 이론의 영향도 있지만 기독교신학과 서구 사상에서 이성과 감정, 정신과 몸을 분리하는 이원론적 사고를 반영한다. 니콜라 슬리(Nicola Slee)는 여성들을 대상으로 신앙발달의 양식과 과정에 대한 실증조사를 했는데, 여성들은 자신의 신앙을 형성하는 과정에서 직관적인 앎, 감정, 상징과 은유적인 사고, 상상력 등을 중요하게 여기는 것으로 나타났다.[11] 그러므로 여성들의 신앙을 이해하기 위해서는 인지적 차원뿐 아니라 전인적 차원의 특성을 고려해야 한다.

다음으로 파울러는 개인의 신앙이 발달해가는 구조에 집중했기 때문에 그 개인이 속한 공동체에서 공유되는 신앙의 내용이 개인의 신앙의 구조를 형성하는 데 미치는 영향에 대해서는 관심을 덜 기울였다. 기독교 공동체에서 공유되는 신앙의 내용은 여성들이 신앙의 구조를 형성하는 데 영향을 미친다. 가부장적인 성서 해석과 신념체계는 여성들이 성숙한 신앙의 구조를 형성해가는 데 부정적으로 작용할 수 있다. 여성을 차별하는 성서 본문에 대한 문자적인 해석을 받아들이고 남성 중심적인 전통과 제도를 무비판적으로 수용하는 것을 좋은 신앙이라고 믿는 경우, 여성들은 개체적이고 성찰적인 신앙을 형성할 수 없게 된다. 그러므로 여성들의 신앙을 이해하기 위해서는 교회에서 가르치는 신앙의 내용이 여성 개인의 신앙 구조 형성에 미치는 영향에 대해 비판적으로 분석해야 한다.

11 Nicola Slee, *Women's Faith Development: Patterns and Processes* (VT: Ashgate Publishing Company, 2004), p. 165.

마지막으로 신앙이 단계적으로 발달해간다고 이해한 파울러의 구조주의적 발달 이론은 예측할 수 없는 삶의 위기와 고통으로 인한 신앙발달의 지연이나 퇴보에 대해 충분히 설명하지 못한다. 슬리는 여성의 삶에는 고통으로 인해 발달적 개념으로는 설명할 수 없는 신앙의 마비(paralysis) 또는 퇴화의 상태가 존재한다고 했다. 그러므로 여성들의 신앙을 이해할 때는 영적 마비 상태에 이른 여성들의 삶에 민감해야 하고 특히 고통의 원인이 되는 관계적, 사회정치적, 문화적 상황을 고려해야 한다.[12] 따라서 여성들의 신앙을 이해하기 위해서는 신앙발달의 과정을 단계적으로 이해하기보다는 삶의 위기와 고통으로 인해 퇴보하거나 침체했다가 또 다시 성장해가는 나선형적으로 이해하는 것이 필요하다.

2. 영적 성숙을 위한 교육

제임스 파울러의 신앙발달 이론에서 나타나는 한계점을 극복하기 위해 여성들의 신앙을 이해하기 위한 용어로 신앙발달(faith development) 대신 영적 성숙(spiritual growth)이라는 개념을 사용하고자 한다. 영적 성숙이란 인간의 육체적, 인지적, 정서적, 직관적, 행위적 차원뿐 아니라 종교경험의 모든 차원에서의 전인적인 성숙을 의미하며 삶의 전 과정을 통해 이루어지는 순환적 또는 나선형적 성장을 의미한다. 조앤 콘(Joann W. Conn)은 "하나님, 예수, 성령은 몸-공동체-역사-인간의 삶과 상징들을 통해 경험되기 때문에 기독교의 영성은 인간 삶의 모든 차원을 포함한

12 Ibid., p. 167.

다"라고 말했다.[13] 영적 성숙은 회심이나 종교체험을 통한 급격한 삶의 전환뿐 아니라 삶의 전 과정을 통해 인격적 성숙의 여러 차원과 더불어 종교적인 앎, 신뢰, 경험, 행위 등이 점진적이고 지속적으로 성장해감으로써 이루어진다. 발달의 개념이 위계적이고 목표 지향적인 것으로 이해될 수 있기 때문에 마리아 해리스(Maria Harris)는 여성의 영성을 춤의 스텝에 비유했다. 춤의 스텝처럼 영성은 유동적이고 역동적이며 리듬이 있는 과정으로서 한 방향만을 향해 나아가는 것이 아니라 때로는 뒤로 물러나고 돌고 오르고 내리는 과정을 겪는다.[14] 그러므로 여성의 영적 성숙은 삶의 전 과정을 통해 역동적으로 변화하는 전인적인 차원의 성숙으로 이해될 수 있으며 이를 위한 기독교교육의 과제를 모색하는 것이 필요하다.

몸을 긍정하는 영성을 위한 교육

전통적인 기독교신학에서 신앙 또는 영성을 논할 때 여성의 몸과 성(sexuality)은 항상 경계의 대상이 되었다. 여성의 몸은 본질적으로 열등하고 성적으로 위험한 것으로서 영적 성숙에 걸림돌이 된다고 자주 언급되었다. 이러한 이해는 여성에 대한 차별과 억압을 합리화시키고 여성의 영적 열등성을 주장하는 데 이용되어왔다. 유대-기독교 전통에서 여성의 몸에 대한 경시는 월경, 출산, 폐경에 관한 여러 종교적인 금기들에서 잘 나타난다.[15] 여성을 육체와 동일시하고 남성을 영에 속한 존

---

13 Joann W. Conn, "Women's Spirituality: Restriction and Reconstruction," in *Women's Spirituality*, ed. Joann Wolski Conn (NY: Paulist Press, 1986), p. 10.

14 Maria Harris, *Dance of the Spirit: The Seven Steps of Women's Spirituality* (NY: Bantam Books, 1989), p. xii.

15 메리 더글라스(Mary Douglas)는 다음의 책에서 고대 문화에서 나타나는 월경에 대한 수많은 터부들에 대해 설명했다. *Purity and Danger* (London: Routledge & Kegan

재로 여기는 이원론적인 사고 속에서 여성들은 자신의 육체의 열등함을 내면화하도록 교육을 받아온 것이다. 그러므로 여성들은 자신의 몸과 성에 대한 왜곡된 이해에서 벗어나 몸을 긍정하고 몸의 경험을 존중하는 영적 삶을 살기 위해 노력해야 한다.

여성신학자들은 여성의 몸과 성을 경시하고 억압해온 가부장적 기독교 전통을 비판하면서 인간의 몸을 경시하는 것은 기독교의 근본 교리와 불일치한다고 주장한다. 기독교의 영성은 몸과 성을 억압하거나 부정하는 것이 아니라 오히려 몸을 긍정하고 몸에 기반을 둔 영적 경험에 근거한다. 기독교 신앙은 몸의 창조, 인간의 몸으로 온 그리스도, 그의 몸과 피를 기억하는 성만찬, 몸의 부활, 그리스도의 몸으로서의 교회, 하나님의 몸으로서의 세계 등과 같이 몸에 기반을 두고 있다.[16] 그러므로 인간의 몸과 영혼을 이원론적으로 구분하고 특히 여성의 몸을 억압하고 경시하는 것은 기독교의 본질적인 메시지를 왜곡하는 것이다.

인간은 몸으로 살아가면서 몸의 경험을 통해 앎의 지평을 넓혀가고 다양한 감정을 느끼고 타인과 관계를 맺으며 몸으로 행위하고 살아간다. 엘리자베스 몰트만-웬델(Elizabeth Moltmann-Wendel)은 인간이 하나의 몸을 소유하고 있는 것이 아니라 인간은 곧 몸이라고 했다. 몸은 존재의 기반으로 인간의 의지와 이해를 받아들인다. 몸으로 존재함으로써 인간은 행복의 경험, 살아 있다는 경험, 몸의 리듬에 대한 의식적인 경험, 자연과 하나라는 행복한 감정을 가질 수 있다.[17] 또한 인간의 몸은

Paul, 1966).

16 이에 관해서는 다음의 책들을 참고하라. Sallie McFague, *The Body of God* (Minneapolis: Fortress Press, 1993); Melissa Raphael, *Thealogy and Embodiment* (Sheffield, England: Sheffield Academic Press, 1996); Carter Heyward, *Our Passion for Justice: Images of Power, Sexuality, and Liberation* (NY: Pilgrim Press, 1984).

17 Elisabeth Moltmann-Wendel, *I Am My Body* (New York: Continuum, 1995), pp. 1-2.

끊임없는 창조와 재창조의 노동을 수행한다. 이 과정에서 때로는 부정의한 사회 구조 때문에 억압과 착취를 당하기도 하고 불합리한 구조에 저항하기 위한 힘을 얻기도 한다. 그러므로 몸의 경험에 뿌리를 둔 체현된 진리(embodied truth)를 발견하기 위해 노력하고 그 진리에 따라 사는 것이 영적으로 성숙한 삶이다.

여성들은 인격적이고 영적으로 성숙한 삶을 살기 위해 '체현된 영성(embodied spirituality)'과 '몸을 긍정하는 영성(body-affirming spirituality)'을 형성해야 한다. 체현된 영성이란 인간의 모든 경험은 몸 안에서, 몸을 통해 경험되며 이러한 경험들은 영적 각성, 열망, 성숙에 토대가 된다는 의미이다. 몸을 긍정하는 영성이란 몸을 존재의 기반으로서 자각하고 몸의 신성함을 존중하며 몸의 경험들을 영적 성숙의 기회로 삼는 것이다. 여성의 몸의 경험은 월경, 임신, 출산, 폐경 등과 같은 생물학적 경험들만을 의미하는 것은 아니다. 여성들 각자가 구체적인 사회적, 문화적, 경제적, 정치적 상황에서 몸으로 살아가면서 경험하는 모든 일상적이고 역사적인 경험들을 포함한다. 그러므로 체현된 영성이란 몸의 상황성과 역사성을 인식하는 것이며 구체적인 상황에서 끊임없이 변화하고 성숙해가는 영성을 의미한다.

여성들이 몸을 긍정하는 영성을 형성하기 위해서는 기독교 전통에서 여성의 몸과 더불어 억압의 대상이 되어온 성(sexuality)에 대한 올바른 이해가 필요하다. 성을 영적 성숙에 방해가 되는 것으로 억압하거나 경시할 때, 오히려 성에 대한 왜곡과 일탈적 행위들이 일어나는 경우가 많다. 특히 여성의 성을 끊임없이 대상화하고 상품화하는 한국 사회에서 성에 대한 올바른 인식을 갖는 것이 중요하다. 성은 두 인격체 사이에서 일어나는 육체적, 정신적, 영적 일치와 통합의 경험이다. 성의 경험을 통해 인간은 자신이 아닌 다른 존재와의 온전한 일치와 통합을 경험하게 된다. 성이란 몸을 지닌 한 인간이 성적인 존재로서의 자신에 대한 자각을 기반으로 몸의 존재로서의 가치와 신념, 그리고 다른 사람과의 통합을 열망하고 추구하는 방식과 연결되는 보다 광범위한 의미를 지닌다.[18] 그러므로 여성들은 영적 성숙을 위해 성을 억압하고 통제할 것이 아니라 자신의 몸과 성의 주체가 되어 타인과 맺는 성의 경험이 체현된 영성을 형성해가는 데 중요한 부분이 될 수 있도록 노력해야 한다.

기독교교육은 가부장적 종교와 사회에서 형성되어온 여성의 몸과 성에 대한 많은 거짓과 왜곡된 신화를 거부할 수 있도록 여성들의 의식을 깨우는 일을 해야 한다. 그리고 여성들이 자신의 몸의 경험을 긍정하고 체현된 진리를 신뢰할 수 있도록 몸의 소리에 귀를 기울이고 몸의 경험의 영적 의미를 적극적으로 읽고 해석할 수 있도록 돕는 교육 방법을 모색해야 한다.

인지적 차원의 성숙을 위한 교육

토마스 그룸(Thomas H. Groome)은 신앙의 인지적 차원을 '신념'으로 설명했다. 그에 따르면, 서구 전통에서 신앙(faith)은 신념(belief)과 동의어로 사용될 만큼 중요한 차원으로 여겨졌고, 신앙을 고백하는 것은 자신이 믿고 있는 신념을 나타내는 것으로 이해되었다. 기독교는 특정한 지적, 역사적, 도덕적 주장을 만들고 그것을 삶의 의미를 형성하는 하나의 방식으로 제시한다. 신앙 활동은 기독교의 본질적인 신념으로 제시되는 진리에 대한 분명한 확신을 요구하고 기독교인은 이 신념을 자신

18 J. L. Marshall, "Sexual Identity and Pastoral Concerns," in *Through the Eyes of Women*, ed. J. S. Moessner (Minneapolis: Fortress Press, 1996), p. 144.

의 것으로 인정하고 이해하고 받아들인다.[19] 제임스 파울러는 신앙의 개념을 정의할 때 신앙이 신념과는 구별되는 근본적이고 전인적인 차원이라는 점을 강조했지만, 신앙의 발달 단계를 정의할 때는 신앙의 인지적인 차원을 중시했다.[20] 그는 신념체계, 가치체계, 경험을 분석적으로 사고하고 비판적으로 성찰하고 다양한 견해를 통합하는 이성적인 능력을 성숙의 기준으로 삼았다. 신앙이 신념의 차원으로만 축소되어서는 안 되지만 한국 교회의 반지성적인 분위기를 고려할 때 신앙의 인지적 차원은 중요하게 고려되어야 한다. 특히 종교적 신념과 교리에 대한 여성들의 지적 사고와 비판 능력을 격려하지 않고 무비판적인 수용을 가르치는 상황에서 인지적 차원의 성숙을 격려하는 교육은 반드시 필요하다.

역사적으로 남성들은 여성의 지적 열등성을 강조하기 위해 여러 가지 이론들을 제시했다. 19세기 말에는 여성의 지적 열등성을 주장하기 위한 근거로 여성의 뇌가 남성보다 작고 가볍다는 사실을 내세웠다. 그러나 지능은 뇌의 크기와 무관하다는 사실이 밝혀졌다. 남성들에 의해 연구된 인지발달 이론에서도 여성은 남성에 비해 합리적이고 객관적인 사고를 잘하지 못한다고 평가되었다. 합리성, 자율성, 독립성, 객관성을 높이 평가하는 인지발달 이론에서 여성은 감정적이고 직관적인 성향을 지닌 존재로 평가되었고, 이성적이고 합리적인 사고를 하는 남성보다 지적으로 열등한 존재로 이해되었다. 이러한 전통적인 사고에 대해 여성주의 심리학자들은 도전하고 비판해왔다. 여성주의 심리학자들은 인식 능력의 개인차를 무시하는 것은 아니지만 남녀의 인식 능력과 발달

19 Thomas H. Groome, *Christian Religious Education: Sharing Our Story and Vision* (San Francisco: HarperSanFrancisco, 1980), pp. 57-61.

20 Fowler, *Stages of Faith*, pp. 9-15.

의 차이는 본질적인 차이가 아니라 사회문화적인 조건의 차이에 기인한다고 주장한다. 또한 기존의 심리학자들이 항상 비교하는 남성과 여성 사이의 성별 편차는 같은 성 안에서 나타내는 편차와 비교할 때 주목할 만한 것이 아님을 지적한다.

여성주의적 관점에서 인식 방식을 논하는 학자들은 육체와 감정을 철저히 배제하고 오직 이성에 근거해 객관적, 합리적, 절대적인 진리를 추구해온 서구의 인식론 전통에 도전한다.[21] 이들은 이성에 의한 객관적이고 합리적인 판단을 통해 보편적인 지식이 형성되는 것이 아니라, 각 개인이 처한 특수한 상황 속에서 경험을 통해 인식하고 앎의 문제에 대해 숙고하는 과정을 거쳐 지식이 형성된다고 본다. 그러므로 인식자는 자신이 처한 상황의 특수성을 완전히 초월할 수 없으며, 인식자의 체현성(embodiment)은 지식의 형성 과정에 영향을 미친다. 인간의 인식론적 한계와 진리의 상대성을 강조하는 여성주의 사상가들은 지식의 형성 과정과 지식의 정당성을 판단하는 기준에 대해 항상 비판적으로 성찰해야 함을 강조한다.[22] 여성들은 특정한 개인이나 집단의 경험과 지식이 모든 여성들을 대변하는 보편적인 진리가 될 수 없다는 사실을 기억하고 열

---

21 마리 소리(Mari Sorri)와 제리 길(Jerry H. Gill)은 플라톤, 아리스토텔레스, 데카르트, 스피노자, 칸트, 헤겔에 이르기까지 대부분의 서구 철학자들이 오직 정신과의 관계에서만 지식을 형성하고자 했다고 비판했다. 서구 철학자들은 지식은 오직 정신의 활동이므로 합리적이고 객관적인 인지 활동을 위해 인간의 육체나 감정은 철저히 배제되어야 한다고 믿었다. 이러한 생각은 여성과 피지배 계층과 연결되는 특성이나 경험들을 소외시켰고 감정, 관계, 감수성, 특수성, 실천성 등을 지식의 형성 과정으로부터 배제해왔다. Mari Sorri and Jerry H. Gill, *A Post-Modern Epistemology* (NY: Edwin Mellen Press, 1990), pp. 1-21.

22 Linda Alcoff and Elizabeth Potter, "Introduction: When Feminisms Intersect Epistemology," in *Feminist Epistemology*, eds. Linda Alcoff and Elizabeth Potter (NY: Routledge, 1993), p. 13.

린 자세로 삶의 다양성을 인정하고 다양한 목소리를 수용하면서 함께 진리를 추구하는 과정에 참여하는 것이 중요하다.

진리의 다양성을 인정하는 것이 모든 지식에 대한 무비판적 수용을 의미하는 것은 아니다. 여성들은 자신의 인식론적 상황과 한계에 민감해야 하고 자신이 진리라고 생각하는 것이 사회적 약자들을 소외시키고 부정의한 제도를 정당화하는 데 기여하고 있는 것은 아닌지 항상 비판적으로 성찰해야 한다. 앎의 목적은 단순히 지적 호기심을 만족시키는 것이 아니라 모든 사람이 지식을 생산하고 상호 교류하는 데 참여해 민주적이고 해방적인 목표에 기여하는 것이 되어야 한다.[23] 여성들은 지식을 형성하는 과정에서 그 지식이 어떻게 타당성을 얻는지 그 지식에 의해 힘을 얻는 사람들이 누구이고 소외되는 사람들이 누구인지 항상 비판적으로 성찰해야 한다. 이를 위해 지식 형성 과정에 참여하는 사람들과 그들 사이의 상호 작용과 관계성에 대해 항상 주의를 기울여야 한다. 다양한 여성들이 지식과 진리를 추구하는 과정에 참여해 활발하게 상호 교류할수록 보다 풍부한 진리와 지혜를 생산해낼 수 있다.

여성의 인식 방식을 연구한 메리 벨렝키(Mary F. Belenky)와 그녀의 동료들은 객관적인 관찰이나 합리적인 사유보다는 관계적이고 참여적인 지식 형성에 더 가치를 부여하는 여성들의 인식 방식과 선택 방식에 대해 연구했다. 그들은 여성들이 지식을 형성하는 다섯 가지의 방식에 대해 보고하고 있다. 그들의 연구에 따르면, 여성들은 스스로 사고할 수 없는 침묵의 단계(제1단계), 외부의 권위로부터 온 타인의 지식을 무조건 진리로 받아들이는 수용적 지식의 단계(제2단계), 자신의 내면의 소리에 귀를 기울이는 주관적 지식의 단계(제3단계), 지식을 얻고 소통하는 객관

23 Ibid., p. 13.

적인 과정에 주목하는 절차적 지식의 단계(제4단계)를 거쳐 마지막으로 성숙하고 발달된 구성적 지식의 단계(제5단계)에 이른다. 가장 성숙한 인식 방식은 다양한 진리를 듣고 그 진리를 통합적으로 인식할 수 있는 구성적 지식(constructed knowledge)을 형성하는 것이다. 이 단계의 여성은 이분법적 사고의 틀을 극복하고 타인과의 관계에서 서로의 경험과 생각을 공감하고 서로의 특수성을 인정하면서 폭넓은 통합을 이루고자 노력한다.[24]

여성의 인식 방식에 대한 연구에 비추어볼 때, 한국의 기독교 여성들은 대부분 교회 안에서 침묵하거나 타인의 권위에 의존하는 수용적 지식의 단계에 머무는 경향이 있다. 일반적인 인지 능력과 비판의식이 뛰어난 여성들도 교회 안에서는 무비판적인 수용과 무조건적인 순종이 성숙한 신앙이라고 믿는다. 그래서 성서나 교리를 해석하는 데 있어서도, 자신의 해석이나 질문을 신뢰하지 못하고 권위 있는 목회자의 해석을 일방적으로 수용하는 경우가 많다. 이는 파울러의 신앙발달 이론에서도 종합적-관습적 신앙(synthetic-conventional faith)인 제3단계에 머무는 것이다. 여성들이 주체적으로 인식하고 비판적으로 성찰할 수 있는 능력을 형성해 자신의 신념체계와 가치체계에 대한 내적 권위와 책임을 가질 수 있어야 개체적-성찰적 신앙(individuative-reflective faith)으로 성장할 수 있다. 교회에서 선포되는 말씀이나 성서 해석과 교리가 어떠한 과정을 거쳐 진리로 받아들여지는지, 또 그 진리를 통해 어떤 사람들이 힘을 얻는지에 대한 비판적 성찰 없이 무조건적으로 수용하고 신뢰하는 것은 외부의 권위에 절대 의존하는 낮은 단계의 인식 방식에서 벗어나

24 Belenky, Clinchy, Goldberger, and Tarule, *Women's Ways of Knowing*, pp. 23-152.

지 못하는 결과를 가져온다.

그러므로 기독교교육의 중요한 과제는 여성들이 수용적인 지식에서 벗어나 자신의 인식 능력을 신뢰하고 비판적인 성찰의 능력을 기를 수 있도록 돕는 것이다. 기존의 종교적인 신념, 가치, 상징 등에 대해 비판적으로 성찰하고 자신의 내면에서 들려오는 소리에 귀를 기울이는 주관적 지식(subjective knowledge)을 형성하지 않고서는 통합적이고 구성적인 지식을 형성하는 성숙한 단계로 발달하기 힘들다. 기독교교육은 여성들이 자신의 인식 능력에 대한 확신을 가지고 기독교 전통의 신념체계와 가치체계를 비판적으로 성찰하고, 자신의 경험을 기반으로 대안적인 지식과 가치를 형성할 수 있도록 교육함으로써 인지적 차원의 성숙을 이루어갈 수 있도록 도와야 한다.

직관과 상상력의 차원의 성숙을 위한 교육

여성들의 뛰어난 직관과 풍부한 상상력은 널리 인정되는 동시에 이러한 능력은 여성의 이성과 논리적 사고를 폄하하는 데 이용되어왔다. 전통적인 서구의 인식론은 인간의 직관적 사고나 상상력을 일종의 환영으로, 인식론적 장애가 되는 것으로 여겨왔다. 르네상스 이후 과학적 합리주의의 물결로 인해 이성적이고 합리적이고 객관적인 사고만이 세계를 올바로 인식하고 변형시킬 수 있다는 사고가 팽배했고 직관이나 상상력은 지적 오류의 원인이 된다고 생각되었다. 스피노자와 파스칼은 상상력은 부도덕한 힘으로 정확한 인식을 방해하는 오류와 잘못의 지배자라고 보았고, 데카르트 학파도 상상력은 오류의 위험한 원인이 된다고 보았다. 이러한 학문적 풍토는 서구 사회에 물질적인 풍요는 가져왔지만 인간의 정신적 자유와 풍요로움은 앗아가는 결과를 낳았다. 그러나 1980년대 이후 인간의 직관을 통해 형성되는 원초적 심상과 상상력에 대한 관심이 높아지고 그 중요성이 새롭게 인식되기 시작했다.[25] 현상은 시간과 공간 안에 갇혀 있지만 상상의 세계는 현실의 세계를 넘어서고 이성적, 합리적, 과학적 사고를 창조적으로 통합할 수 있다. 이성과 상상력은 상반된 것이거나 경쟁관계에 있는 것이 아니라 인간의 경험과 지식의 온전성(wholeness)을 위해 상호적인 것이라는 이해가 대두되면서 교육에 있어서도 직관과 상상력의 중요성이 진지하게 논의되고 있다.

니콜라 슬리의 연구에서 여성들의 영적 자각의 경험은 이성적 · 추상적 사고에 의해 좌우되기보다는 직관과 몸의 인식에 의해 많은 영향을 받는 것으로 나타났다. 진리가 외부의 권위에 있다고 믿던 여성들이 자신의 내면의 목소리에 귀를 기울이고 자신에게 진실한 것이 무엇인지를 추구하는 과정에서 중요하게 작용하는 것이 바로 여성들의 직관적인 사고 능력이다.[26] 무비판적으로 수용해오던 가치와 신념, 이미지와 상징에 대한 비판적 자각은 자신의 경험에 의해 형성되는 직관과 상상력의 힘을 통해서 이루어진다. 여성의 직관과 상상력은 의식의 차원에서 억압되어 있던 과거의 한 부분이나 무의식의 차원을 다시 끌어낼 수 있도록 한다. 또한 현재의 삶에서 자신을 억압하고 무의미하게 만드는 것들을 비판하고 거부하면서 새로운 미래를 향한 희망을 가질 수 있도록 한다.

상상력은 단순한 공상을 의미하는 것이 아니다. 공상은 산재하는 소재들을 자유로이 결합시키는 것으로 현실 도피적이고 쾌락 지향적인 반

25 David Tracy, *The Analogical Imagination* (NY: Crossroad, 1981); Elliot Eisner, *The Educational Imagination* (NY: Macmillan, 1979); Lynn Ross Bryant, *Imagination and the Life of Spirit* (CA: Scholar Press, 1981); Maria Harris, *Teaching and Religious Imagination* (San Francisco: HarperSanFrancisco, 1987). 이 책들은 철학, 교육학, 예술, 신학 분야에서 활발하게 논의된 상상력의 중요성을 보여준다.

26 Slee, *Women's Faith Development*, p. 133.

면, 상상력(想像力)은 새로운 것을 형성하고 변형시키는 창조적인 힘을 의미한다. 상상력은 가능한 미래를 꿈꾸는 것에 머물지 않고 그 미래가 현실에서 실현될 수 있도록 하는 창조적 힘을 불러일으킨다.[27] 인간이 현상을 처음 대할 때 갖는 직접적이고 감각적인 영상을 원초적 심상(primitive image)이라고 하는데, 이것은 현실성이 배제되어 있어 정신적 응집성이 없다. 이러한 원초적 심상을 응집시켜 정신적인 긴밀성을 가지게 함으로써 하나의 역동적인 체계, 이미지로 만드는 힘이 상상력이다. 일반 지식은 역사성, 논리성, 이성적 사고를 통해 제한된 존재나 사물에 대한 숙고에 머무는 반면, 상상력은 갑작스럽게 거의 폭발적으로 지식을 확장시킬 수 있고 정신 세계를 역동적으로 만들어 존재를 확대시킬 수 있는 힘을 지닌 지식이다.[28] 상상력은 이성의 반대 개념이 아니라 복잡한 이성적 사고의 필수적인 구성 요소이며 인간의 사고를 더욱 풍요롭게 하는 능력이다. 또한 정서적인 요소를 포함해 인간 내면의 풍부한 감성을 일깨워주고 분석적이고 논리적인 사고의 한계를 넘어 인간의 의식을 자유롭게 하는 힘이다.

인간이 초월적인 신을 경험하고 진리의 심오한 차원에 다다를 수 있도록 하는 것은 상상력의 힘이다. 캐슬린 피셔(Kathleen R. Fischer)는 상상력을 '내면의 무지개(inner rainbow)'라고 했다. 창세기에서 무지개는 홍수 이후 신의 현존, 희망, 화해, 새로운 삶을 상징하는데, 내면의 무지개로서의 상상력은 하나님과 인간을 연결하고, 신성과 세속을 연결하며, 인간의 삶에 일치감을 제공한다. 기독교 신앙은 세상 밖의 하나님에 관한 것이 아니며, 세상 안으로 오신 하나님과의 관계에서 형성된다. 상

27 Kathleen R. Fischer, *The Inner Rainbow: The Imagination in Christian Life* (NY: Paulist Press, 1983), pp. 21-25.

28 김용선, 『상상력을 위한 교육학』(서울: 인간사랑, 1991), pp. 33-39.

상력은 유한한 실재를 통해 오는 궁극적 존재에 대한 경험을 가능하게 하고 일상적인 삶에서 하나님의 뜻을 깨닫고 이에 응답할 수 있도록 한다. 또한 상상력은 다양한 삶의 차원과 진리와 더불어 살 수 있게 하고 언약과 가능성에로 개방시키는 힘이 된다.[29] 종교적 상상력은 인간의 삶과 경험으로부터 동떨어진 초월적 하나님에 대해 이야기하는 것이 아니라 인간의 삶 속에서 함께 호흡하고 힘을 불어넣어 주는 하나님에 대한 다양한 이야기들을 가능하게 한다.

무지개가 새로운 언약과 가능성을 의미하는 것처럼 상상력은 과거의 이미지들을 통합해 미래에 이루고자 하는 세계를 향한 비전을 제시하고 현실을 변혁시킬 수 있는 힘을 제공한다. 인간들이 꿈꾸는 미래가 막연한 희망의 세계가 아니라 현실의 삶을 변혁시킬 수 있는 창조적 비전이 되기 위해서는 하나님의 통치의 비전에 근거해 현실을 비판하는 예언자적 상상력이 필요하다. 예언자적 상상력은 미래에 대한 급진적인 비전을 제공함으로써 그것을 통해 현재의 잘못된 지배질서와 사람들의 부도덕성, 종교의 비윤리성을 비판하고 도전하도록 한다. 예언자들과 예수가 꿈꾸고 가르친 하나님의 통치에 대한 비전은 불평등, 부정의, 불신, 폭력, 분노가 만연해 있는 현시대에 새로운 세상을 꿈꿀 수 있는 가능성을 제공한다. 예수와 함께 정의, 평화, 평등의 새로운 세상을 이루는 일이 미래의 희망으로만 남아 있지 않고 현실에서 실현될 수 있도록 하기 위해서는 여성들의 적극적인 결단과 실천이 필요하다.

현재 한국의 기독교인들은 그 어느 때보다도 예언자적 상상력이 필요한 시대에 살고 있다. 성장 제일주의와 물질 만능주의의 시대를 살면서 경제적 불평등의 심화로 인한 계층 간의 갈등, 정치인과 사회 지도자

29 Fischer, *The Inner Rainbow*, pp. 6-8.

들의 비도덕성으로 인한 불신 풍조, 세대 간의 몰이해로 인한 갈등, 급속한 다문화 사회로의 이행으로 인한 사회 갈등 등 수많은 문제를 안고 있다. 이러한 현실에서 가장 모범적으로 정의와 평등을 실천해야 할 교회는 오히려 비도덕적인 행태로 인해 사회적인 신뢰를 얻지 못하고 있다. 이러한 때에 현실의 부정의와 불평등이 하나님의 뜻이 아님을 선포하고 새로운 시대의 희망을 가질 수 있도록 하는 예언자적 상상력이 절실히 요구된다. 기존 질서를 날카롭게 비판한 예언자들은 비판에서 그치지 않고 현실을 변화시킬 수 있는 힘을 역사 안에서 활동하는 하나님에게서 발견했다. 그렇기 때문에 희망을 가질 수 없는 암담한 상황에서도 하나님이 통치하는 새로운 세상을 상상하고 희망을 가질 수 있었던 것이다. 여성들은 하나님의 통치가 이 땅에 실현되는 미래에 대한 비전을 가지고 현재의 한국 교회와 사회 현실을 명확하게 비판하고 변혁시키기 위해 예언자적 상상력을 발휘해야 한다.

그러므로 기독교교육은 여성들이 자신의 경험을 통해 직관적으로 얻을 수 있는 통찰력을 신뢰할 수 있도록 도와야 한다. 또한 대안적인 미래를 꿈꾸고 현실을 변혁시키는 데 힘이 되는 상상력을 발휘할 수 있도록 지지하고 격려하는 교육을 행해야 한다. 여성들의 직관적 능력과 상상력은 기존의 남성 중심의 사회질서와 가치체계에서 배제되어왔던 새로운 가치와 비전을 발견하는 데 창조적인 힘이 될 수 있을 것이다.

정서적 차원의 성숙을 위한 교육

기독교 신앙의 정서적인 차원에서 중요한 것은 타자에 대한 신뢰의 감정이다. 신앙을 뜻하는 영어 단어 faith는 라틴어 *fidere*, 즉 신뢰(trust)라는 뜻에서 유래한다. 제임스 파울러는 'faith'라는 영어 단어가 명사이기 때문에 신앙의 관계적 특성을 잘 드러내지 못한다고 지적했다. 그에 따르면, 신앙을 의미하는 그리스어 *pistuō*나 라틴어 *credo*는 타자에 대한 신뢰, 충성, 약속, 결단의 행위를 나타내는 동사형이기 때문에 신앙이 항상 타자와의 관계 속에서 형성된다는 사실을 잘 드러낸다. 인간은 타인과 관계를 형성하고 그 관계를 유지하는 가치와 능력을 배우는 과정을 통해 자아정체성과 신앙을 형성한다.[30] 그러므로 신앙은 근본적으로 타자와의 관계에서 타자를 정서적으로 신뢰하는 것을 의미한다. 토마스 그룸 역시 기독교 신앙의 정서적 차원을 강조했다. 그는 예수 그리스도 안에서 인간을 구원하는 인격적인 하나님에 대한 신뢰와 확신의 관계가 신앙을 형성한다고 보았다. 신뢰는 충성, 사랑, 애착으로 표현되는데, 하나님이 신실하기 때문에 인간은 확신과 신뢰를 형성할 수 있다. 그룸에 따르면 인간에 대한 하나님의 신실함과 무한한 신뢰관계로의 초대가 인간을 신뢰, 경외, 경이, 존경, 찬양, 감사, 간구 등으로 인도한다.[31] 그러므로 여성들이 영적으로 성숙해지기 위해서는 하나님과 타자와의 관계에서 신뢰와 충성과 사랑의 관계를 형성해야 한다.

에릭 에릭슨은 인생 초기(0-1세)의 신뢰와 불신의 경험이 인격 형성에 중요한 영향을 미친다고 했다. 영아는 자신을 보살펴주는 양육자가 자기의 생리적 욕구와 심리적 요구에 적절하게 대응해줄 때 신뢰감을 형성한다. 이 신뢰감은 타인에 대한 신뢰뿐 아니라 자기 자신을 신뢰할 수 있는 근본적인 의식을 형성시킨다. 그러므로 신뢰는 상호적 신뢰성(mutual trustworthiness)과 상호적 인정(mutual recognition)을 의미한다.[32] 기본적인 신뢰감이 형성된 영아는 다음 단계에서도 성공적으로 사회관

30 Fowler, *Stages of Faith*, pp. 16-23.

31 Groome, *Christian Religious Education*, p. 61.

32 Erikson, *Identity*, pp. 96-107.

계를 형성할 수 있다. 그러나 부모나 양육자가 필요와 요구에 적절하게 대응하지 못했을 경우 영아는 불신감을 더 많이 형성한다. 이렇게 삶의 초기에 형성되는 신뢰나 불신의 감정은 하나님과의 관계에서 신뢰나 불신을 형성하는 토대가 된다. 신앙발달 이론가들에 따르면 인생 초기에 경험하는 신뢰, 용기, 희망, 사랑 등의 정서적 감정이 신앙이 발달해가는 과정에 결정적으로 영향을 미친다.[33] 출생 후 1년 동안 자신을 돌보는 사람과의 상호적인 관계의 경험이 인격의 형성뿐 아니라 신앙의 정서적인 차원에 결정적인 영향을 미친다는 사실은 영아를 돌보는 부모나 양육자의 역할을 더욱 중요하게 부각시킨다.

낸시 초도로는 일반적으로 여성이 남성보다 신뢰와 애착의 관계를 더 중요하게 생각하는 이유를 부모와의 양육관계에서 오는 특성으로 설명했다. 초도로에 따르면, 대부분의 사회에서 여성이 일차적인 양육자의 역할을 하기 때문에 여아는 자신을 돌보는 어머니와의 관계에서 자연스럽게 동질성을 경험하고 어머니와의 관계성 안에서 자아에 대한 기본적인 개념을 형성한다. 반면, 남아는 신뢰와 애착의 첫 대상인 어머니와의 동일시에 실패하면서 관계성 대신에 확고한 자아경계와 분리의 정체성을 형성한다. 그러므로 초도로는 부모 모두 적극적으로 양육에 참여해야 한다고 주장했다. 아버지도 양육에 적극적으로 참여할 때 남아도 아버지와의 동일시의 경험을 통해 관계성 안에서 정체성을 긍정적으로 형성할 수 있다고 보았다.[34] 부모가 모두 균형 있게 양육에 참여할 때 여아와 남아 모두 동일시와 분리를 적절하게 경험하며 건강한 신뢰와 애착의 관계를 형성할 수 있게 되는 것이다.

---

33 Fowler, *Stages of Faith*, p. 121.

34 Chodorow, *The Reproduction of Mothering*, pp. 169-170.

인생 초기에 기본적인 생존을 위해 부모나 양육자에게 절대적으로 의존할 수밖에 없는 상태에서 형성된 신뢰의 감정은 점차 주체적이고 독립적인 존재로 성장하면서 변화하게 된다. 다양한 타자와의 관계에서 형성되는 신뢰는 상호적인 관계를 통해 유지된다. 인간관계에서 상호적인 신뢰가 깨질 경우 한쪽의 일방적인 신뢰는 유지되기 힘들다. 부모와 자녀 사이의 신뢰관계도 절대적인 의존에서 점차 상호적인 신뢰로 성장해가야 하는 것처럼 하나님에 대한 정서적인 신뢰도 상호적인 신뢰로 성장해가야 한다. 인간이 하나님을 신뢰하는 만큼 하나님도 인간을 신뢰할 수 있도록 책임 있는 신앙인으로 성장해야 한다. 하나님을 신뢰한다는 것이 인간의 책임이나 능동성을 축소시키는 것으로 오해해서는 안 된다.

과정신학자들이 제시하는 설득적(persuasive)이고 창조적인 사랑의 하나님에 대한 이해는 신앙의 정서적 측면에 새로운 이해의 가능성을 제공한다. 인간만이 하나님께 절대적으로 의존하는 존재가 아니라 하나님도 역사 창조 행위에 있어서 인간에게 의존하고 인간을 설득하는 상호의존적(interdependent) 존재이다. 인간에 대한 하나님의 신뢰는 하나님의 모험적인 사랑의 결과이다. 세상의 모든 사건을 완전하게 통제하거나 지배하지 않고 설득하는 방식으로 세상을 사랑하는 하나님의 활동은 위험을 감수한다. 하나님은 자신의 권력을 힘없는 존재들에 대한 통제의 힘으로 사용하는 분이 아니다. 하나님은 그들을 사랑으로 설득하고 인간의 즐거움을 기뻐하고 고통을 함께 느끼고 아파하는 응답적인 사랑을 지닌 존재이다.[35] 이것이 모험을 감행하는 사랑이다. 인간이 미래를 향

---

35 John B. Cobb Jr. and David R. Griffin, *Process Theology* (Philadelphia: The Westminster Press, 1976), pp. 43-72.

해 모험적인 선택을 할 수 있는 것은 하나님의 창조적인 사랑으로 인해 가능한 것이다. 하나님을 신뢰한다는 것은 인간의 창조성을 신뢰하고 역사의 미래를 인간의 손에 맡기는 모험적 선택을 한 하나님의 사랑을 의지하는 것이다.

기독교인들 중에는 하나님을 신뢰한다는 것이 자신의 삶의 모든 문제를 하나님께 맡기고 자신은 수동적이고 무책임하게 기다리는 것이라고 생각하는 사람들이 있다. 그러나 하나님을 신뢰한다는 것이 삶의 문제와 고통으로부터의 회피를 의미하는 것은 아니다. 하나님을 신뢰한다는 것은 인간의 고통을 외면하지 않고 그 고통 가운데 함께하고 힘을 주는 하나님을 의지해 고통을 극복하는 것을 의미한다. 하나님은 인간의 고통에 대해 무감각한 신이 아니라 인간의 고통을 함께 느끼고 공감하는 신이다. 인간의 고통을 함께 느끼고 아파하는 하나님의 연민(compassion)에 대한 신뢰로 그 고통을 이길 수 있는 힘을 얻게 되는 것이다. 하나님은 고통으로부터 인간을 해방시키기를 원하고 그 해방의 과정에 인간이 참여하기를 원한다.[36] 그러므로 하나님을 신뢰한다는 것은 고통 가운데 함께하는 하나님을 의지하며 삶의 어려운 문제들을 회피하지 않고 적극적으로 대면해 해결하는 것이다.

니콜라 슬리의 연구에 따르면, 여성들은 영적 성숙을 방해하고 신앙의 위기를 가져오는 요인으로 소외(alienation)의 경험을 중요하게 언급했다. 자기 자신, 타자, 하나님과의 진정한 관계를 형성하지 못하는 소외의 경험이 여성 자신을 무가치하고 무능력하게 느끼게 하고 자아의 상실과 영성의 결핍을 경험하게 하는 것으로 나타났다.[37] 여성들이 영적

36 Kathleen Fischer, *Reclaiming the Connections: A Contemporary Spirituality* (MO: Sheed & Ward, 1990), pp. 64-67.

37 Slee, *Women's Faith Development*, pp. 81-107, 121, 149-151.

으로 성숙해지는 과정에서 타인과 하나님과 맺는 신뢰와 사랑과 친밀의 관계는 소외와 단절을 극복하고 자신의 가치와 자존감을 형성하는 데 중요하다. 여성들은 이 신뢰의 감정이 상호적인 것임을 항상 인식해야 한다. 하나님과의 관계나 타인과의 관계가 상호적인 신뢰를 바탕으로 하지 않을 때 그 관계는 성숙한 관계가 될 수 없다. 그러므로 기독교교육은 여성들이 주체적이고 독립적으로 성장해갈수록 하나님과 타자와 진정한 상호 신뢰의 관계를 형성하는 책임적인 존재가 될 수 있도록 해야 한다.

행위적 차원의 성숙을 위한 교육

신앙의 삶에서 가장 어려운 차원이 바로 행위적 차원일 것이다. 그래서 기독교인들 사이에서는 '행함이 없는 믿음'에 대한 우려가 자주 언급된다. 존 웨스터호프 3세(John H. Westerhoff III)는 가장 성숙한 신앙은 말과 행동이 일치되어 삶의 행위를 통해 신앙을 증언하는 것이라고 강조했다. 말하는 것과 행하는 것 사이의 불일치를 없애기 위해 노력하는 것을 가장 성숙한 '자기 자신의 신앙(owned faith)'이라고 한다. 그는 이러한 신앙을 지닌 사람을 자아정체성이 분명하고 하나님에 대한 폭넓은 이해를 가지고 있으며 타인에게 개방적이고 말과 행동이 일치하는 사람이라고 표현했다.[38] 제임스 파울러의 신앙발달 이론에서도 가장 성숙한 신앙 행위는 하나님 나라가 실현되는 일에 참여하기를 결단하고 삶에서 하나님 나라의 가치를 실천하는 것이다. 신앙의 행위는 개인적인 차원에 머무는 것이 아니라 이 세계 안에 하나님의 통치가 이루어질 수 있도

38 John H. Westerhoff III, *Will Our Children Have Faith?* (San Francisco: Harper & Row Publishers, 1976), pp. 98-99.

록 결단하고 행동하는 차원으로 나아가는 것이다.[39] 그러므로 여성의 영적 성숙의 과정에서 중요한 것은 여성들이 자신이 지적으로 판단하고 정서적으로 신뢰하는 것을 행동으로 실천하기 위해 노력하는 것이다.

신앙의 행위적인 차원을 논할 때 그 기준이 되는 것은 예배, 기도, 전도, 봉사처럼 교회 안에서 이루어지는 활동에 국한되는 경우가 많다. 대부분의 교회 여성들도 이러한 이해를 가지고 자신이 속한 교회의 여러 활동을 위해 적극적으로 헌신하고 봉사하고 있다. 그런데 신앙의 행위적 차원을 자신이 속한 교회 안으로만 국한시킬 때, 개교회 이기주의를 양산하고 성장 제일주의에 편승해 교회의 물적 · 양적 증가에만 관심을 기울일 위험이 있다. 여성들은 교회 안의 활동으로 제한하는 신앙생활에서 벗어나 일상적인 삶의 모든 차원에서 자신의 종교적인 신념과 가치를 실천하기 위해 노력해야 한다. 영적 삶은 교회 안의 생활에만 국한되는 것이 아니라 삶의 모든 차원을 포함하기 때문에 세상 안에서 구체적인 실천을 통해 형성되는 것이다.

기독교인들 중에는 신앙의 삶과 세상을 분리하고 세상을 죄악시하는 사람들이 있다. 그러나 기독교 역사를 보면 세상을 죄악시하고 세상에 가치를 두지 않는다고 하면서도 세상의 부와 권력을 추구하고, 불평등한 구조와 지배질서를 정당화하는 오류를 범한 기독교인들이 수없이 많이 있다. 전통적인 신학에서 '기존 질서의 인증자(Sanctioner of the Status Quo)'로 이해된 하나님은 기존 질서에 대한 정치적 복종을 요구하는 신으로 이해되었다. 이 개념은 '지배하는 힘(Controlling Power)'의 개념과 연결되어 세상의 모든 일들을 지배하고 다스리는 하나님이 현재의 통치자들을 원하지 않았다면 그들이 권력을 가질 수 없었을 것이라고 믿도

39 Fowler, *Stages of Faith*, pp. 199-211.

록 한다. 그러나 하나님은 기존 질서에 대한 무조건적인 옹호자가 아니라 오히려 기존 질서의 변혁을 요청하고 있다. 현재의 지배질서가 사회 구성원들의 행복을 보장하지 않는다면 그것은 변화되어야 한다.[40] 예수가 불평등하고 부정의한 기존 질서를 변혁시키고자 노력했던 것처럼 하나님의 설득적 사랑에 순종하는 사람은 기존 질서가 사람들을 비인간화시킬 때 이러한 질서를 변혁하기 위해 헌신해야 한다.

많은 기독교인들이 세상의 악을 악마라는 존재의 탓으로 돌리고 악의 현실에 대한 인간의 책임을 외면한다. 마조리 수하키(Marjorie H. Suchocki)는 인간에 의해 세상에 축적된 악한 행위들을 악마적 요소로 이해하고 모든 인간이 이 악마적 요소들에 대해 공동의 책임을 지닌다고 말했다. 인간은 태어나는 순간부터 자신이 태어나기 이전에 존재하던 악마적 요소들의 파괴적 힘에 의해 영향을 받는다. 이런 의미에서 과거는 원죄와 악마적 힘의 전달자가 된다. 본래 객관적으로 존재하던 악마적 요소를 지닌 과거는 자아의 지속적인 형성 과정과 얽히면서 점차 개인의 주체적 실재로 들어온다. 이 과정에서 과거가 개인의 현재적 선택에 결정적인 힘으로 작용할 때 악한 힘은 더 강해진다. 이 악마적인 힘을 피하고 극복하는 것은 어렵지만 인간의 자유와 책임을 통해 새로운 선택의 실마리를 찾을 수 있다.[41] 그러므로 여성들은 세상의 죄악을 악마의 유혹으로 보고 세상으로부터 자신을 격리할 것이 아니라, 세상의 악마적인 요소들을 직시하고 이것이 자신의 현재적 선택을 지배하지 않도록 노력해야 한다. 또한 그 악마적 요소들이 세상에 영속하지 않도록 악을 소멸시키기 위한 창조적 선택을 해야 한다. 캐서린 켈러(Catherine

40 Cobb and Griffin, *Process Theology*, pp. 57-61.

41 Marjorie H. Suchocki, *God Christ Church: A Practical Guide to Process Theology* (NY: Crossroad, 1993), pp. 14-18.

Keller)의 주장처럼 "진리는 상황을 초월하는 것이 아니라 상황을 변화시키는 것이고, 진리의 길은 세상으로부터의 해방이 아니라 세상 안에서의 해방이다."[42]

현재의 세계는 그 이전에 세계를 창조적으로 변혁시키기 위해 노력했던 수많은 사람들에 의해 형성된 것이고 지금도 형성되어가고 있다. 그러므로 내일의 세계를 창조적으로 만들어야 할 책임 주체는 현재를 살고 있는 우리 자신이다. 기독교교육은 여성들이 역사의 미래를 하나님께 떠맡기고 뒤로 숨어버리는 무책임한 신앙인이 아니라 하나님과 함께 미래 세계를 창조적으로 변화시키고자 하는 명확한 역사의식과 책임의식을 가질 수 있도록 해야 한다. 현재의 삶을 살아가는 여성들이 하나님의 설득적인 사랑과 선함으로 인도하는 구원 행위에 이끌려 올바른 선택과 실천을 행할 때 그 선함은 미래의 세계에 영원히 존재하게 될 것이다. 교회의 구성원으로서 여성들이 헌신해온 역할도 중요하지만 하나님의 선교의 장을 교회로 국한시키는 것에서 벗어나 세상 안에서 세상을 변화시키는 일에 결단하고 헌신해야 한다. 세상 안에서 하나님의 뜻을 실현하기 위해 행동으로 실천하는 여성들에 의해서 하나님 나라는 더 가까이 우리에게 다가올 것이다.

성숙한 종교경험을 위한 교육

기독교의 영적 성숙의 과정에는 인격적 성숙의 과정처럼 지속적이고 점진적인 성숙의 차원이 있는가 하면 종교적 경험을 통한 역동적인 변

42 Catherine Keller, *On the Mystery: Discerning Divinity in Process* (Minneapolis: Fortress Press, 2008), p. 43.

화의 차원이 있다. 이러한 급진적이고 역동적인 변화의 경험을 회심이나 종교체험이라고 한다. 여성들의 회심체험, 기도, 방언, 성령의 은사체험 등은 교회에서 여성들의 신앙을 평가하는 척도가 되는 경우가 많다. 특히 개인의 영혼 구원을 강조하는 신앙 형태는 성령체험의 신앙을 강조함으로써 삶의 전 과정을 통해 지속적으로 이루어지는 신앙의 성숙보다는 극적인 종교체험을 강조하는 경향이 있다. 그러나 니콜라 슬리의 연구에 따르면, 대부분의 여성들이 경험하는 영적 각성(spiritual awakening)은 환상이나 신비적인 경험보다는 일상적이고 구체적인 삶의 경험과 인간관계에서 이루어졌다. 또한 일회적으로 끝나는 것이 아니라 지속적인 영적 자각의 과정을 통해 성장해가는 것으로 나타났다.[43]

인간의 다양한 종교경험을 연구한 윌리엄 제임스(William James)는 회심하는 것, 거듭나는 것, 은혜를 받는 것, 종교를 경험하는 것, 확신을 얻는다는 것은 이제까지 분열되고 의식적으로 잘못되고 열등하고 불행했던 자아가 종교적 실재와의 확실한 만남을 통해 통합되고 의식적으로 바르고 행복한 자아로 변화되는 점진적이거나 갑작스러운 과정을 의미한다고 말했다.[44] 그는 직접적인 신의 개입이 이러한 도덕적 변화를 가져오는 데 필요하다고 믿는지 여부와 상관없이 이러한 변화가 최소한 회심을 설명하는 일반적인 표현이라고 보았다. 회심체험에 대한 평가는 회심 이후의 삶을 통해 이루어질 수 있다. 회심의 경험은 인간의 성장과정을 촉진하기도 하고 때로는 퇴행시키거나 정신병리 현상을 나타내게도 한다. 지나치게 강렬한 신념은 강박적인 전도나 순교에 대한 절박성 등으로 나타나기도 하고 자신과 다른 종교적 신념이나 신앙 형태를

43 Slee, *Women's Faith Development*, pp. 113-133.

44 William James, *The Varieties of Religious Experience* (NY: New American Library, 1971), p. 157.

지닌 사람에 대한 증오나 경멸의 형태로 나타나기도 한다. 그러므로 회심이나 종교체험이 자동적으로 신앙의 성숙을 가져오는 것이 아니라 성장의 가능성이 될 수 있는 것이다.

바람직한 회심과 종교경험은 인격적인 성장을 촉진하고 분열된 자아를 통합하도록 돕는 것이어야 한다. 여성들에게 있어서 영적 자각의 경험은 파편화된 자아의 통합과 일치를 가능하게 한다. 자신이 이전에 부정했던 자신의 부분들을 인정함으로써 해방과 치유의 역동적 의식과 실재에 대한 심오한 의식에 이를 수 있게 된다.[45] 성장을 촉진하는 종교체험은 개인으로 하여금 자의식을 갖게 하고 타인에 대해 더 개방적인 자세로 관심을 기울이게 한다. 또한 현재의 삶의 방식과 윤리적인 문제들에 질문을 제기하면서 새로운 가치와 삶의 방식을 추구하게 한다. 성숙한 종교경험은 궁극적인 실재와의 만남을 통해 기존의 신념과 가치를 점검하고 인생 전체를 하나님과의 관계에서 재설정하는 것을 의미한다. 회심이나 종교체험이 하나님과의 성숙한 관계와 성숙한 삶의 방향으로 연결될 때 그 종교경험은 성숙한 경험이 될 수 있다.

신앙발달을 연구한 학자들은 신앙의 점진적인 성장의 과정에 관심을 기울였지만 회심과 같은 극적인 종교경험을 완전히 부정한 것은 아니다. 이들은 신앙의 발달적 차원과 회심의 차원이 상호 보완적이라고 강조한다. 파울러는 회심이 신앙발달의 과정을 부정하는 것이 아니라 오히려 발달을 완성시킨다고 보았다. 그에 따르면, 신앙에는 두 가지 중요한 성장과 변화의 과정이 있는데 하나는 신앙의 점진적인 성숙과 재창조이고, 다른 하나는 극적이고 급격한 회심이다. 극적인 회심의 경험은 신앙의 변형과 강화에로 이끌어주는 성장의 역동성을 지닌다. 파울러는

45 Slee, *Women's Faith Development,* p. 134.

신앙의 성숙은 점진적인 성장과 회심이 함께 어우러지는 변증법적 과정이자 그리스도 안에서 삶의 중심이 재설정되고 변형되는 춤의 과정이라고 생각했다.[46] 토마스 그룸 역시 삶의 과정에서 끊임없이 일어나는 회심을 강조했다. 그는 교육을 통해 회심과 성숙이 모두 이루어져야 한다고 생각했다. 그리고 과거의 경험과 현재의 삶을 기독교 공동체의 이야기와 비전에 비추어 비판적으로 성찰함으로써 진리를 발견하고 그 진리에 따라 살려고 결단하는 과정이 바로 회심의 촉매제라고 보았다. 그룸에 따르면, 회심은 개인적 차원의 지적, 도덕적, 종교적 회심에 한정되는 것이 아니라 사회문화적인 현실에 대한 비판의식과 더불어 변혁의 의지와 행위를 포함하는 사회적 차원의 회심을 포함한다.[47]

개인의 종교적 삶에서 차지하는 회심과 종교경험의 중요성 때문에 교회에서는 회심과 종교경험이 일어날 수 있도록 계획하고 제도화하는 경우가 많다. 그런데 이러한 계획된 회심이나 종교체험은 지나치게 획일적이고 감정적인 경험으로 치우칠 위험이 있다. 미국의 대각성운동에서부터 1907년 한국의 성령운동, 현재 복음주의 교회에서 나타나는 종교 현상은 마치 회심을 '하나님 나라로 가는 특별 통행증(via par excellence into the Kingdom of God)'으로 믿도록 하는 경향이 있다. 부흥집회나 특별 종교집회에서 일어나는 종교체험은 회심을 자극하는 집회의 분위기에 의한 계획되고 의도된 회심인 경우가 많다. 이러한 회심은 개인의 내면적 갈등을 하나님과의 관계에서 진지하게 대면하고 삶의 존

46 James W. Fowler, *Weaving the New Creation: Stages of Faith and the Public Church* (San Francisco: HarperSanFrancisco, 1991), p. 94.

47 Thomas H. Groome, *Sharing Faith: A Comprehensive Approach to Religious Education and Pastoral Ministry* (San Francisco: HarperSanFrancisco, 1991), pp. 129-131.

재 방식을 전환시키기에는 너무 획일적이고 일회적인 경향이 있다. 외적인 압력이나 분위기에 의해 인위적으로 만들어지는 회심은 내면적인 갈등이나 삶의 전환보다 교회의 물적 · 양적 성장에 치중하는 역기능을 낳기도 한다.[48] 이러한 종교적인 경험은 한국 교회 여성들에게도 익숙한 경험이다. 극적이고 집단적인 종교체험을 통해 여성들은 위로를 얻고 잠시나마 고통에서 벗어나는 해방감을 맛보지만 자신의 삶의 문제를 개인적 차원뿐 아니라 사회 구조적 차원에서 해석하고 변화시키는 데는 한계가 있다. 인간의 삶을 분열시키고 새로운 삶으로의 전환을 불가능하게 하는 사회 구조적 문제들이 해결되지 않고는 개인의 회심이나 종교체험을 통해 삶을 변화시키는 데는 한계가 있는 것이다. 많은 기독교인들이 극적인 종교체험을 한 이후 몇 개월이 지나지 않아 다시 예전의 삶의 방식으로 되돌아가는 경우가 바로 그런 예이다.

개인적이고 일회적이고 감정적인 회심에 대한 이해를 비판하면서 회심을 삶의 방식의 총체적 전환이라는 차원에서 급진적인 변화와 해방의 영성으로 이해하는 학자들이 있다. 이들에게 있어서 회심이란 서로를 분열시키고 억압하고 착취하는 비인간적인 삶으로부터 모든 사람이 해방되고 온전한 인간성을 회복하도록 노력하는 삶으로의 전환을 의미한다. 해방신학자 구스타보 구티에레즈(Gustavo Gutierrez)는 회심이란 가난하고 억압당하는 자들의 해방의 과정에 구체적이고 현실적으로 참여하고자 결단하는 것이라고 했다. 해방의 영성은 이웃에게로, 억압받고 착취당하는 자들에게로, 멸시당하고 억압당하는 인종과 나라에게로의 회심을 의미한다.[49] 회심이나 종교체험은 개인적 차원에서 단순한 위로

---

48 Wayne E. Oates, *The Psychology of Religion* (Waco, Texas: Word Books, 1973), p. 104.

49 Gustavo Gutierrez, "A Spirituality of Liberation," in *Conversion: Perspective on*

나 구원의 확신을 위해서만이 아니라, 하나님 나라에 합당하지 않은 삶의 방식을 총체적으로 변화시키기 위한 것이어야 한다.

그러므로 기독교교육은 여성들이 일시적이고 감정적인 종교경험에 머물지 않고 종교경험을 통해 기존의 가치관과 삶의 방식을 점검하고 하나님이 원하는 삶으로의 방향 전환이 이루어질 수 있도록 해야 한다. 여성들의 특별한 종교경험이 전 생애를 통해 이루어지는 지속적이고 점진적인 영적 성숙의 과정에 창조적이고 역동적인 힘이 되어 삶의 모든 차원을 변화시킬 수 있을 때 그 종교경험은 성숙하고 의미 있는 경험이 될 수 있다.

Personal and Social Transformation, ed. Walter E. Conn (NY: Alba House, 1978), pp. 309-310.

제2부

여성의 삶의 주기와 기독교교육

제4장

청소년기 여성들의 신앙과 교육

발달심리학적 측면에서 볼 때 청소년기는 신체적, 인지적, 사회적, 도덕적, 신앙적 측면에서 많은 변화와 발달을 경험하는 시기이다. 청소년기는 급격한 신체적 변화와 인지적 사고 능력의 발달이 이루어지는 때로, 자아정체성의 형성을 필요로 하게 되고 도덕적 가치 판단에 있어서도 보다 성숙한 발달이 요구된다. 심리적인 발달과 더불어 신앙에 있어서도 부모나 타인의 영향하에 형성된 신앙으로부터 보다 주체적이고 성숙한 신앙을 형성하기 위해 도전하고 탐색하는 시기이다. 이러한 다양한 변화와 발달은 청소년에게 새로운 도전과 가능성을 열어줌과 동시에 혼돈과 갈등을 제공한다. 청소년기는 소년과 소녀 모두에게 새로운 변화를 가져오는데, 그들의 신체적인 변화의 상이성과 더불어 사회적으로 요구되는 남성다움과 여성다움의 차이에서 오는 문화적인 영향으로 인해 발달 과정에 차이를 가져올 수 있다. 현재 한국 사회의 소녀들은 이전 세대의 여성들과 비교해서 양성 평등적인 문화에서 성장하고 있다. 사회 전반적으로 추구되고 있는 양성 평등 사상과 제도는 그들이 이분화된 성 역할 고정관념으로부터 벗어나 비교적 자유롭게 성장할 수 있도록 하고 있으며 사회 모든 분야에로의 진출을 가능하게 하고 있다. 그러나 여전히 한국 사회 안에 뿌리 깊게 남아 있는 가부장제 문화와 기독교 가정과 교회에서 내면화된 가부장적 가르침은 기독교 소녀들이 신체적 · 정신적으로 건강하고, 신앙적으로 성숙한 여성으로 성장하는 데 부정적인 영향을 미치고 있다. 그러므로 기독교교육은 청소년기 여성들이 자신의 사고 능력과 잠재력을 신뢰하고 다양한 변화와 도전에 개방적인 자세로 임함으로써 성숙한 신앙인으로 성장할 수 있도록 도와야 한다.

1. 전인적 성장을 위한 발달과제

신체의 발달과 성 정체성의 형성

청소년기 여성에게 있어 가장 큰 변화는 신체적인 변화이다. 청소년기에는 성 호르몬과 성장 호르몬의 분비로 남성과 여성의 신체적 차이가 분명하게 나타나기 시작하는데, 소녀들은 가슴이 발달하고 초경을 경험하는 등 2차 성징이 나타나기 시작한다. 신체적 변화에는 개인차가 있으므로 자신의 발육이 또래 친구들보다 빠르거나 늦은 경우 심리적인 불안이나 걱정을 초래하고, 심한 경우에는 우울증 증세를 나타내기도 한다. 성장폭발이라고 불리는 급격한 신체적 변화는 소녀들의 자아이미지(self-image)에 중요한 영향을 미친다. 몸의 변화는 감정적이고 심리적인 변화를 가져오는데, 이 시기의 여성들은 특별히 자신의 외모와 신체적인 매력에 많은 관심을 기울인다. 이 시기의 남성들은 남성적인 매력에 관심을 가지고 경쟁적인 운동이나 높은 성취 동기를 통해 자신의 남성다움을 드러내고 싶어 하는 반면, 여성들은 자신의 신체적 매력이 또래 사이에서의 인기를 결정한다고 생각하고 외모나 인기도에 따라 자신의 가치를 평가하고 자존감을 형성하는 경우가 많다.[1] 특히 지나치게 여성의 외모를 중시하고 외모에서 자기가치를 이끌어내도록 하는 사회적 분위기는 청소년기 여성들이 자존감과 내면의 가치와 힘을 형성하는 데 부정적으로 작용한다.

몸의 변화 중 가장 특별한 경험은 첫 월경인 초경이다. 이 경험을 시작으로 소녀들은 신체적 변화뿐 아니라 심리적 변화를 경험한다. 초경의 시작과 더불어 점차 성적 성숙이 이루어지고 성 정체성(sexual identity)을 형성하게 된다. 성적 성숙이 일어나면서 이성에 대한 관심이 증가하고 이성 교제를 원하게 되며 이성에게 성적 욕망 및 충동을 느끼게 된다. 그리고 성적 욕망에 눈을 뜨면서 그것에 동반되는 수치심이나 죄의식 등이 나타나기도 한다. 오늘날 한국 청소년들의 성에 관한 연구결과에 따르면, 청소년들의 성 의식은 또래 집단의 문화적 압력이나 대중매체의 영향으로 인해 급속히 달라지고 있다. 전통적인 성 문화가 많이 바뀌고 과거에 비해 성행위를 하는 시기도 빨라지고 있지만, 여전히 청소년들 사이에서도 여성의 성에 더 엄격한 이중적이고 차별적인 성 문화가 영향을 미치고 있는 것으로 나타났다. 남학생은 성 충동이나 호기심 때문에 성관계를 갖는다고 말하는 경우가 많고, 여학생은 사랑하거나 상대가 원했기 때문이라고 말하는 경우가 많아 성관계에 있어서도 남성은 능동적이고 여성은 수동적이어야 한다는 고정관념을 10대들도 수용하고 있는 것으로 나타났다.[2] 이처럼 청소년기 여성들의 몸과 성에

---

1 Forence Denmark, V. Rabiniwitz and J. Sechzer, *Engendering Psychology* (MA: Allyn & Bacon, 2000), pp. 161-163.

2 손승영 외, 『오늘, 청소년의 성을 읽다』(서울: 지식마당, 2002), pp. 15-26.

대한 이해는 개인의 신체적 변화에 대한 이해뿐 아니라, 사회적으로 구성된 의미와 규범에 의해 많은 영향을 받는다.

인지적이고 종교적인 사고 능력의 발달

인지발달 이론에 따르면 청소년기는 형식적 조작기(formal operational stage)에 해당된다. 형식적 조작기의 청소년들은 구체적이고 현실적인 것을 관찰하는 방식을 넘어서서 가설을 세우고 자료를 수집 · 분석하는 귀납적이고 연역적인 추론 방법으로 문제를 해결할 수 있게 된다.[3] 또한 추상적인 사고와 논리적인 사고가 가능해지면서 종교적인 사고 능력에도 큰 변화가 생기게 되어 상징, 은유, 비유가 많은 종교적 언어들을 이해하기 시작한다. 권위적인 문자주의나 성서무오설에서 벗어나 추상적이고 상징적인 종교적 사고를 시도하기 때문에 그동안 무비판적으로 수용해오던 종교적인 개념이나 가르침에 대해 질문을 제기하게 된다. 하나님에 대한 이해에 있어서도 신인동형론적 사고에서 벗어나 하나님을 상징적, 추상적, 영적 개념으로 이해하려고 시도하고, 하나님의 보편적인 사랑과 정의에 대해서도 생각하게 된다.[4]

이 시기의 청소년들은 아동기의 자아중심성과는 다른 형태의 자아중심적인 사고를 하는데, 자신의 생각과 관념을 중요하게 생각하며 자신을 세계의 중심에 놓고 특별한 존재로 생각하는 경향이 강하다. 이러한 자아 중심적인 사고는 자신이 타인의 집중적인 관심의 대상이라고

---

3 Jean Piaget and B. Inhelder, *The Psychology of the Child* (NY: Basic Books, 1969), pp. 130-132.

4 Ronald Goldman, *Religious Thinking from Childhood and Adolescence* (NY: Seabury Press, 1964), pp. 239-241.

믿는 상상 속의 청중(imaginary audience)과 자신을 특별하고 독특한 존재라고 믿는 개인적 우화(personal fable)로 나타난다. 자신이 특별한 존재라고 믿는 개인적 우화의 특징은 하나님과 개인적이고 인격적인 관계를 맺고 싶어 하는 형태로 나타나기도 한다. 하나님을 더 이상 선물을 요청하는 대상으로서가 아니라 자신의 사적인 비밀을 털어놓을 수 있는 신뢰의 대상이며 삶을 안내하고 지지해주는 존재로서 인식하고자 한다.[5]

여성의 인식 방식을 연구한 메리 벨렝키(Mary F. Belenky)와 동료들의 연구에 따르면, 여학생은 남학생에 비해 자신의 인식 능력에 대한 확신이 낮은 경향이 있다. 많은 여성들이 자신의 지적 능력에 대해 확신을 갖지 못하고, 외부의 권위 있는 사람들이 진리라고 믿는 것을 그대로 수용하려는 경향을 보였다. 특히 가정에서나 학교에서 지적 능력을 발달시키도록 격려받지 못하고, 순종과 수용을 여성다운 태도라고 학습한 경우 침묵(silence)이나 수용적 지식(received knowledge)의 단계에 머무는 경우가 많았다. 수용적 지식의 단계에 머무는 여성은 자신에 대한 이해에 있어서도 타인의 견해를 그대로 수용하고, 권위 있는 타자의 진리를 무비판적으로 수용함으로써 진정한 의미에서 자기 자신의 인식 능력을 개발하지 못한 상태이다.[6] 그러므로 인지적인 능력과 종교적인 사고 능력이 급격하게 발달할 수 있는 청소년 시기의 여성들이 지나치게 권위적인 교육과 양육으로 인해 지적 성장에 방해를 받지 않도록 주의를 기울이는 것이 필요하다.

---

5 D. Elkind, *Children and Adolescents* (NY: Oxford University Press, 1972), pp. 90-95.

6 Mary F. Belenky, Blythe M. Clinchy, Nancy R. Goldberger, and Jill M. Tarule, *Women's Ways of Knowing: The Development of Self, Voice, and Mind* (New York: Basic Books, 1986), pp. 157-167.

자아정체성의 형성

에릭 에릭슨(Erik H. Erikson)의 심리사회발달 이론에 따르면 청소년기는 자아정체성을 형성하는 시기이다. 청소년들은 급격한 신체적 변화를 겪고 내적 충동을 느끼면서, 그리고 사회에서 자신의 역할과 위치에 변화를 경험하면서 이전에 가지고 있던 자아의 동일성과 연속성에 질적 변화를 느끼게 된다. 그러면서 서서히 자기 자신이 느끼는 자신의 모습과 타인의 눈에 비치는 자신의 모습을 비교해보고 자아의 동일성과 연속성에 대한 새로운 의미를 찾고자 한다.[7] 이러한 새로운 가능성과 변화에 잘 적응하지 못하면 정체성의 혼란을 경험하게 된다. 사회의 고정관념을 강요하거나 행동을 통제하지 않고 자신의 선택과 결정을 존중해줄 때, 그들은 보다 독립적이고 자기주도적인 정체성을 형성할 수 있게 된다.

청소년기의 소녀들은 소년들에 비해 심리적인 위기를 더 심각하게 경험하는 것으로 나타나는데, 그 원인은 소녀들이 자아정체성 형성에 있어서 관계 지향적이기 때문이라는 분석이 지배적이다.[8] 그들은 자신의 정체성에 대해 정의할 때, 타인과의 친밀감과 관계성의 상황에서 정의하는 경우가 많았다. 그들에게 있어서 상호 연결성은 존재와 행위의 자연스러운 방식이며, 많은 소녀들이 자신을 관계성 안의 존재(being-

7 Erik H. Erikson, *Identity and the Life Cycle* (NY: W. W. Norton & Company, 1980), pp. 94-100.

8 이에 관해서는 다음의 책들을 참고하라. Judith V. Jordan, Alexandra G. Kaplan, Jean B. Miller, Irene P. Stiver, and Janet L. Surrey, eds., *Women's Growth in Connection* (New York: Guilford Press, 1991); Carol Gilligan, *In a Different Voice* (Cambridge: Harvard University Press, 1982); Nancy Chodorow, *The Reproduction of Mothering* (Berkely: University of California Press, 1978).

in-relationship)로 이해한다. 따라서 타인과 분리된 독립적인 정체성을 형성하는 것이 소녀들에게는 심리적인 혼란을 가져올 수 있다. 그런데 이 시기에 타인과의 관계성에 지나치게 집중하다 보면 자신의 신념, 사고, 감정의 중요성을 인식하지 못하게 된다. 그러므로 타인과의 친밀감과 관계성을 유지하면서도 타인과는 구별되는 자신의 주체적인 정체성을 형성해야 하는 것이 청소년기 여성들의 중요한 발달과제이다.

인습적 도덕성의 형성

로렌스 콜버그(Lawrence Kohlberg)의 연구에 의하면, 대부분의 청소년들은 인습적 수준(conventional level)의 도덕발달 단계에 있다. '인습적'이라는 용어는 그 사회 혹은 권위자의 규칙, 기대, 관습을 준수하고 그에 동조하는 것을 의미하는데, 콜버그의 도덕발달 이론의 제3, 4단계가 인습적 수준의 도덕성에 속한다. 제3단계에 해당하는 '착한 아이' 단계의 청소년은 자신과 타인의 눈에 선한 사람이 되려는 욕구가 강하다. 이들에게 있어 옳은 행동이란 타인을 기쁘게 하거나 도와주며 타인으로부터 인정을 받는 것이기 때문에 대다수의 사람들이 갖는 고정관념에 동조하고 그대로 따른다. 제4단계에 속한 사람들은 역할과 규칙을 규정하는 체제의 관점을 채택하고 법과 질서를 준수하며 권위, 고정된 규칙, 사회적 질서를 따르고자 한다.[9] 소녀들이 아동기의 전인습적 수준(pre-conventional level)에서 벗어나 자신이 속한 공동체의 규칙이나 관습을 배우고, 공동체의 한 구성원으로서 역할을 수행하고, 인정받고자 노력

9 Lawrence Kohlberg, 『도덕발달의 심리학』, 김민남 · 진미숙 역(서울: 교육과학사, 2000), pp. 163-165.

하는 것은 도덕성의 발달에 있어서 중요하다. 그러나 타인에게 인정받는 '착한 소녀'라는 이미지에 지나치게 얽매이게 되면 도덕성이 더 이상 발달하지 못하고 제3단계인 '착한 아이'의 단계에 머물게 될 위험성이 높다.

캐롤 길리건(Carol Gilligan)은 여성의 도덕적 판단 능력이 남성에 비해 낮은 것이 아니라 여성은 남성과는 다른 관점으로 도덕적 문제에 접근한다고 보았다. 그녀의 연구에 따르면, 여성들은 도덕적 판단을 내릴 때 정의의 원칙보다는 비폭력의 원칙에 근거한 보살핌의 문제에 더 비중을 두는 것으로 나타났다. 이 연구에서 길리건은 여성들이 타인에 대한 관심과 보살핌, 연민, 신뢰에 더 민감하고 도덕적인 결정을 내릴 때도 상호 인격적인 관계성을 중시한다는 결론을 내렸다.[10] 도덕적 딜레마의 상황에서 청소년기 여성들은 남성들보다 신뢰, 우정, 타인에 대한 관심을 더 많이 고려했다. 이 시기의 도덕발달은 타인의 영향을 많이 받게 되는데, 가장 중요하게 영향을 미치는 사람은 부모와 또래 집단이다. 필립 라이스(F. Philip Rice)와 킴 돌긴(Kim G. Dolgin)에 따르면, 부모와 자녀와의 관계가 서로 신뢰하고 존중하는 수용적 관계로 상호 간에 커뮤니케이션이 활발하게 이루어지고 부모가 자녀의 역할모델이 될 경우 자녀의 도덕성이 더 긍정적으로 발달할 수 있다. 부모 외에도 또래 집단의 행동이 도덕발달에 영향을 미치는데 청소년기 여성들은 또래 집단에서 긍정적이며 친사회적인 행동을 서로 격려할 수도 있고, 반대로 또래 집단의 압력에 의해 반사회적인 행동을 할 수도 있다.[11]

---

10 Gilligan, *In a Different Voice*, pp. 156-174.

11 F. Philip Rice and Kim G. Dolgin, *The Adolescent: Development, Relationships, and Culture* (Boston: Allyn and Bacon, 2008), pp. 332-334.

종합적이고 관습적인 신앙의 형성

신앙발달을 연구한 제임스 파울러(James W. Fowler)에 의하면 청소년기는 종합적-관습적 신앙(synthetic-conventional faith)의 시기이다. 이 시기에 신앙은 확대된 삶의 영역과 관계성에 일관된 방향을 제공하고 가치와 정보를 종합하고 자아정체성에 기반을 제공해야 한다. 청소년기는 자신의 정체성을 충분히 이해하거나 독립적인 관점을 구성하기 위한 주체적 판단을 하기에는 아직 힘든 때이므로 자신에게 중요한 타자의 기대나 판단을 따르고자 하는 '순응자 단계(conformist stage)'이다. 청소년들은 아동기에 무비판적으로 수용해오던 종교적인 신념, 가치, 이야기들에 대해 질문을 제기하고 모순을 일으키는 가치들에 대해 고려하기 시작하지만 아직 객관화시켜 성찰할 수 있는 능력이 부족하다. 이 시기에는 타인의 기대와 판단을 지나치게 내면화해 인간관계에서 경험하는 배신으로 허무주의적 절망에 빠지거나 일상적인 관계와 단절한 채 그 보상으로 하나님과의 친밀감을 형성하려는 위험한 경향이 나타나기도 한다.[12]

타인과의 상호 관계성을 중요하게 여기는 이 시기에 '착한 소녀'라는 이름으로 강요되는 일방적인 순종과 희생은 소녀들이 건강하고 성숙한 인격체로 성장하는 데 부정적인 영향을 미친다. 그러므로 캐롤 헤스(Carol L. Hess)는 사회의 여러 가부장적 제도들과 마찬가지로 교회 역시 '소녀를 부정하는(girl-denying)' 기관이라고 비판했다.[13] 소녀들은 무의식적 차원에서 자신의 목소리를 희생하더라도 타인의 감정에 상처를 주지

---

12 James W. Fowler, *Stages of Faith: The Psychology of Human Development and the Quest for Meaning* (San Francisco: Harper & Row, 1981), pp. 151-173.

13 Carol L. Hess, *Caretakers of Our Common House: Women's Development in Communities of Faith* (Nashville: Abingdon Press, 1997), p. 14.

않고 조화를 이루며 관계를 유지하도록 교육을 받는다. 신앙 형성에 있어서 타인의 신념과 가치에 대한 의존도가 높은 시기에 종교적 권위에 무조건 순종하도록 가르치는 것은 소녀들의 주체적인 신앙 형성에 방해가 된다. 소녀들은 자신의 신앙에 대한 새로운 질문들을 던지고 해답을 모색하는 과정을 통해 점차 주체적인 신앙을 형성하는 것이 필요하다.

2. 개방과 신뢰의 기독교교육

몸과 성(sexuality)의 주체가 되도록 돕는 교육

몸의 급격한 변화와 성에 대한 자각이 시작되는 청소년기의 여성들을 위한 중요한 교육적 과제는 그들이 자신의 몸과 성의 주체로서 자신의 몸을 돌보고 긍정하고 존중하도록 돕는 것이다. 이 시기의 여성들은 자신의 몸의 경험을 통해 자아이미지를 형성하고 자기가치를 결정한다. 청소년의 몸 이미지(body image)에 대한 연구에 따르면, 신체적인 매력과 몸 이미지가 청소년의 긍정적인 자기평가와 또래 집단에서의 인기와 관계 형성에 영향을 미친다. 또한 청소년의 인격발달, 사회적 관계성, 사회적 태도에도 영향을 미친다. 그런데 외모가 자아존중감에 미치는 영향은 소년보다 소녀에게 더 크고, 많은 소녀들이 자신의 몸에 대해 만족하지 못하는 것으로 나타났다.[14] TV 광고부터 잡지에 이르기까지 끊임없이 재생산되고 있는 여성의 아름다움에 대한 정형화된 이미지는 소녀들로 하여금 자신의 몸에 대해 부정적인 인식을 갖게 하고, 이러한 부

---

14 Rice and Dolgin, *The Adolescent*, pp. 98-100.

정적인 인식은 자신의 가치를 과소평가하고 자존감을 상실하게 한다. 부모와 교사는 소녀들에게 여성의 몸과 아름다움에 대해 사회적으로 전달되는 획일적인 메시지를 거부하고 비판할 수 있는 능력을 길러주어야 한다. 소녀들이 신체적인 매력에서 자존감을 찾거나 비현실적인 기준에 자신의 몸을 맞추려고 노력하기보다는 자신의 있는 그대로의 모습을 소중히 여기고, 자신의 가치를 존중하고, 자신의 재능에 확신을 가질 수 있도록 도와야 한다.

여성의 몸과 성을 긍정하기 위해서는 먼저 몸은 자신의 존재와 모든 경험의 기반이라는 사실을 인식하고 자신의 몸의 경험을 영적 성숙의 기회로 여기는 것이 필요하다. 청소년기에 여성들의 몸 경험에서 가장 중요한 경험은 초경이다. 월경은 여성의 몸의 신비와 창조성을 가장 잘 드러내주는 경험이다. 그런데 고대 유대교 전통에서 월경은 부정적으로 해석되어 월경 중인 여성은 성전에 들어가는 것이 금지되었다. 청소년기 여성들은 성서에 나타나는 월경에 대한 고대 사회의 부정적인 이해를 성서적 진리로 받아들이고 내면화하지 않도록 주의해야 한다. 월경은 하나님이 여성에게 주신 신성한 생명 창조의 잠재적 힘으로 이해해야 한다. 크리스틴 다우닝(Christine Downing)에 따르면, 월경은 생산 능력의 시작 그 이상의 의미를 지니는 것으로, 인종과 문화를 초월해 세계의 모든 여성들이 공감대를 형성하고 자매애를 형성할 수 있는 토대가 된다.[15] 기독교교육은 소녀들이 월경에 대한 편협한 종교적 해석을 극복하고 월경의 경험을 신성한 창조성을 경험하기 위한 하나의 가능성으로 이해하도록 도와야 한다.

---

15 Christine Downing, *Women's Mysteries* (NY: Crossroad Publishing, 1992), pp. 84-85.

성 정체성(sexual identity)을 자각하기 시작하는 소녀들을 위해 부모와 교사는 그들이 여성의 성에 대한 부정적인 이해를 내면화시키지 않도록 기존의 가부장적인 이해에 대한 비판적 성찰의 기회를 제공해야 한다. 기독교 청소년들은 성 자체에 대해 부정적으로 인식하는 경우가 있다. 특히 금욕주의적인 신앙을 강조하는 가정이나 교회에서 성장한 소녀들은 성에 관심을 갖는 것을 지나치게 두려워하고 성에 대해 혐오감이나 부정적인 감정과 태도를 지니는 경향이 있다. 그 이유는 기독교 전통에서 성은 영적인 성장에 장애가 되는 것으로 위험시되어왔기 때문이다. 그러나 기독교 역사에서 그 원인을 자세히 살펴보면 남성들이 그들 자신의 성적 욕망과 쾌락을 스스로 통제하지 못하는 것을 두려워해 인간의 쾌락과 성적 욕망의 책임을 여성의 육체에 전가해온 것임을 알 수 있다.[16] 남성 중심으로 형성된 기독교신학 전통에서 여성의 육체와 성은 항상 억압되어야 하는 위험한 것으로 간주되어왔다.

청소년기 여성들에게 필요한 기독교적인 성교육은 성을 조화와 일치, 그리고 신성한 경험의 근거로서 이해하도록 돕는 것이다. 기독교의 성 윤리는 인간의 성적 욕망과 쾌락을 무조건 억압하는 것이 아니라 인간 상호 간의 보살핌과 존중, 그리고 책임감을 바탕으로 하는 관계에서 일어나는 상호적인 쾌락과 관계의 성숙을 중시한다.[17] 캐슬린 피셔(Kathleen R. Fischer)는 인간의 성은 단지 성행위만을 의미하는 것이 아니라 인간들 사이의 상호적인 끌림을 형성하는 에너지로서 타인과 영향을 주고받는 삶의 모든 차원에서 작용한다고 말했다. 그러므로 성이 관계

---

16 Margaret R. Miles, *Practicing Christianity* (New York: Crossroad Publishing, 1990), p. 100.

17 Christine E. Gudorf, *Body, Sex, and Pleasure* (Cleveland: Pilgrim Press, 1994), pp. 116-139.

성의 의미와 진실성으로부터 단절되고 분열될 때 왜곡된다고 강조했다.[18] 기독교교육은 소녀들이 성 자체에 대한 부정적인 인식이나 두려움을 갖기보다는 성에 대한 올바른 기독교적 이해를 형성할 수 있도록 도와야 한다.

청소년기 여성들은 자신의 자유의지와 자기의식적인 사랑의 관계를 파괴하고 두 인격체 사이의 온전한 통합을 파괴하는 모든 성적 행위는 폭력이며 죄악이라는 사실을 배워야 한다. 성폭력의 형태는 다양한 방식으로 이루어지며 이는 단지 육체적인 폭력을 넘어서서 피해자들의 자기이해, 타인과 하나님과의 관계를 변화시킨다. 여성에 대한 전통적인 덕목인 순종, 인내, 수동성 등은 힘과 권력의 관계로부터 일어나는 성폭력의 상황에서 여성들을 쉽게 희생자로 만들 수 있다. 성폭력이 모르는 사람보다는 아는 사람, 특히 여성들이 평소에 존경하는 사람이나 권력관계에서 우위에 있는 사람, 남자친구에 의해서 더 많이 이루어진다는 사실을 고려할 때, 전통적인 덕목을 내면화하고 자신에 대한 빈약한 자아인식을 가지고 있으면 '학습된 무력감(learned helplessness)'을 형성할 위험성이 커진다.[19] 그러므로 여성들은 자신이 원하지 않는 어떠한 형태의 관계도 거부할 수 있는 자신감과 힘을 기르는 것이 중요하다. 기독교교육은 청소년기의 여성들이 자신의 몸과 성의 주체가 되어 자신의 몸을 사랑하고 돌볼 수 있도록 능력을 길러주고, 여성의 삶의 주기를 먼저 경험한 어머니나 선배 여성들이 삶의 중요한 순간에 안내자, 상담자의 역할을 할 수 있도록 기회를 제공해야 한다.

---

18 Kathleen Fischer, *Reclaiming the Connections: A Contemporary Spirituality* (MO: Sheed & Ward, 1990), pp. 75-76.

19 Linda T. Sanford and Ann Fetter, *In Defense of Ourselves* (NY: Doubleday, 1979), p. 38.

주체적 인식 능력과 종교적 사고발달을 격려하는 교육

한국의 청소년들은 대학입시의 중압감에 시달리며 입시지옥이라고 불리는 청소년기를 보낸다. 학력 중심의 사회 풍토에서 부모의 뜨거운 교육열의 영향을 받으며 자라고 있지만 그들이 주체적인 인식 능력을 형성하고 자기주도적인 학습 능력이 있는지에 대해서는 회의적이다. 입시 위주의 교육으로 인해 창의적이고 비판적인 사고 능력, 과학적 탐구 능력, 인간 중심의 도덕성, 사회에서 자신이 해야 할 일을 인식할 수 있는 시민 정신 등은 오히려 저하되고 있다는 견해가 제기되고 있다.[20] 흔히 부모나 교사는 자신이 믿고 있는 종교적인 원칙과 도덕적인 잣대를 가지고 청소년들을 가르치면 이들이 올바른 판단과 선택을 할 것이라고 믿고 있지만 일방적인 주입식 또는 전수식 가르침은 청소년들이 주체적인 인식 능력과 종교적인 사고 능력을 형성하는 데 오히려 부정적인 영향을 미친다.

콜버그는 도덕교육과 종교교육이 실패하는 이유는 자신이 만든 '덕 주머니(bag of virtues)'를 자녀나 학생에게 그대로 건네주면 그들이 도덕적으로 성장할 수 있다는 부모와 교사의 잘못된 믿음에서 비롯되었다고 지적했다. 복잡한 삶의 상황에서 항상 일관되게 적용할 수 있는 덕 주머니를 만드는 것은 불가능할 뿐 아니라 그러한 덕 주머니가 있다 해도 그 안에 있는 가치들은 일방적인 전달에 의해 습득되지 않기 때문이다. 그러므로 콜버그는 부모나 교사들이 일방적으로 도덕적인 교훈을 가르치거나 설교하지 말고 학생들이 문제 상황에 직접 참여해 해결 방안을 모

20 차경수, 「2020년, 청소년의 병리: 학업문제」, 『2020년, 우리 청소년의 모습은?』, 사회정신건강연구소 편(서울: 사회정신건강연구소, 1996), p. 192.

색할 수 있는 기회를 제공해야 한다고 했다. 콜버그는 학생들이 자신의 원리로는 해결할 수 없는 도덕적 갈등 상황에 대해 친구들과 서로 논박하고 갈등하는 과정에서 보다 성숙한 정의의 원리에 근거해 판단할 수 있도록 돕는 교육을 제안했다.[21] 청소년들이 자신이 직면한 삶의 상황에 대해 문제의식을 갖고 그 문제를 스스로 해결하기 위한 방안을 모색하도록 돕는 것이 주체적인 인식 능력과 도덕적 판단 능력을 형성하는 데 필요한 것이다.

문제의식과 주체적인 사고 능력을 발달시켜야 하는 청소년 시기에 여성들은 자칫 잘못하면 가정에서나 학교에서 자신의 내면의 목소리를 침묵 당하게 된다. 청소년기의 여성들이 인식 능력을 발달시키기 위해서는 그들의 생각에 귀를 기울여주고 공감해주는 성인들의 보살핌이 필요하다. 여성주의 심리학자들이 여성의 인식 능력을 '깨지기 쉬운(fragile)' 신생아에 비유한 것처럼 소녀들의 새로운 지적 능력은 외부의 압력에 의해 쉽게 파괴될 수 있다. 그러므로 소녀들의 문제의식과 사고 능력을 격려하고 지지하는 부모와 교사의 역할이 중요하다. 벨렝키의 연구에 따르면, 여성의 인식 능력과 가족 구성원 간의 커뮤니케이션과 관계성 사이에는 밀접한 상관관계가 있다. 가족 간의 의사소통이 상호적이고 부부 사이, 부모와 자녀 사이의 관계가 민주적인 가정에서 자란 여성들의 인식 능력이 그렇지 못한 가정에서 자란 여성들의 인식 능력보다 높게 나타나고 있다.[22] 부모가 가정에서 비폭력적이고 민주적인 커뮤니케이션 방식으로 대화하고 자신과 다른 의견에 대해서도 개방적으

21 Lawrence Kolhberg, 『도덕발달의 철학』, 김민남 · 진미숙 역(서울: 교육과학사, 2000), pp. 78-89.

22 Belenky, Clinchy, Goldberger, and Tarule, *Women's Ways of Knowing,* pp. 155-189.

로 경청할 수 있도록 가르치는 것이 자녀들의 인식 능력을 발달시키는 데 중요한 영향을 미친다.

청소년기에는 일반적인 사고 능력뿐 아니라 종교적인 사고 능력에도 획기적인 발달이 이루어진다. 청소년들은 무비판적으로 수용해오던 종교적인 주제들에 관해 의문을 가지기 시작하므로 그들이 종교적인 질문을 제기하도록 격려하고 스스로 사고하고 해석할 수 있는 능력을 길러주어야 한다. 종교적인 권위를 통해 그들의 질문을 억압하면 종교와 교회에 대해 부정적인 태도를 형성하게 된다. 로널드 골드만(Ronald Goldman)은 청소년기에는 성서에 대한 문자주의적이고 권위주의적인 접근에서 벗어나 비평적 관점을 가지고 성서의 본질과 의미에 대해 지속적으로 질문하고 탐구해야 한다고 강조했다. 지적 전환기를 맞이하는 청소년들은 자신의 지적 욕구를 충족시킬 수 있도록 종교적 개념을 자유롭게 표현하고 탐구하는 것이 필요하다.[23] 특히 소녀들이 여성을 차별하고 비하하는 성서 본문이나 가르침에 대해 의문을 갖고 질문할 수 있게 비판적이고 창조적인 사고 능력을 계발하도록 격려해야 한다. 소녀들이 진리는 자기 외부의 권위 있는 사람에게 속한 것이라고 믿는 수용적인 지식의 수준에서 벗어나 인식의 주체로서 보다 능동적이고 개방적으로 앎을 형성하도록 돕는 배움의 공동체가 필요하다. 그러므로 기독교교육은 청소년기 여성들이 자신의 경험을 존중하고 그러한 경험을 통해 성서와 기독교 교리를 새롭게 이해하고 해석할 수 있는 주체적 인식 능력과 종교적 사고 능력을 발달시킬 수 있도록 도와야 한다.

23 Goldman, *Religious Thinking from Childhood and Adolescence*, pp. 242-245.

건강한 관계성 안에서 정체성을 형성하도록 돕는 교육

전통적인 발달심리학자들이 청소년기의 특성으로 분리, 개체화, 독립 등에 주목한 반면, 여성주의 심리학자들은 소녀들이 추구하는 관계적인 자아이해에 주목했다. 소녀들은 관계 지향적인 욕구를 가지고 다양한 타인들과 관계를 형성하며 그 안에서 자아정체성을 형성해간다. 그들은 타인에게 인정받고 싶어 하는 욕구가 크며 자신이 친구들 사이에서 인기가 있는지에 대한 관심이 청소년기에 최고조에 달한다. 청소년기 여성에게는 친구들에게 거절당할 위험을 무릅쓰고 진정한 자기 자신의 모습을 지키는 것이 너무나 어려운 일이다. 그래서 관계성 안의 자아를 형성하는 과정에서 타자에 의해 쉽게 흡수되거나 타자에게 헌신함으로써 자아를 상실하는 경우가 많다. 타자와의 경계선이 없으면 타인의 견해, 요구, 욕망을 그대로 받아들이고 자신의 자아를 상실하게 된다. 그러므로 소녀들은 자아경계선이 전혀 없이 연결된 통합을 형성하는 것이 아니라 개별화되어 존재하지만 관계의 긴장성을 유지하는 유동적인 자아경계선을 형성하는 것이 필요하다.

청소년기 여성들이 건강한 관계성 안에서 정체성을 형성하는 데 방해가 되는 요인 중에 하나는 종교적이고 문화적으로 주입되어온 여성다움의 이미지이다. 이 '여성다움'의 이미지는 여성들로 하여금 '착한 소녀 콤플렉스(good girl complex)'나 '착한 소녀 신드롬(nice girl syndrome)'을 형성하게 한다. 이러한 콤플렉스를 연구한 베벌리 엥겔(Beverly Engel)에 따르면, 특히 보수적인 종교적 분위기의 가정에서 자란 여성일수록 이 현상이 두드러지게 나타난다.[24] 이러한 콤플렉스를 가진 여성은 자신의

---

24 Beverly Engel, *The Nice Girl Syndrome* (NJ: John Wiley & Sons, Inc., 2008), p. 29.

삶을 주체적으로 형성하지 못하고 타인과의 관계에서 자신의 기본적인 권리도 주장하지 못하는 경향이 있다. 자신이 원하는 것이나 자신의 생각에 초점을 맞추기보다는 타인이 원하는 것에 자신을 맞추려고 한다. 심한 경우에는 감정적 또는 신체적으로 폭력을 당할 때에도 저항하지 못하거나 인내하고 침묵하는 위험한 상황을 만들게 된다. 자신보다 남을 더 보살피는 희생적인 '착한 소녀'라는 이미지가 기독교의 중요한 가치인 '자기희생(self-sacrifice)'과 연결되어 소녀들에게 학습될 때, 소녀들은 자신에 대한 존중과 보살핌을 상실할 위험성을 갖게 된다. 예수의 "네 이웃을 네 몸과 같이 사랑하라"는 가르침은 자신에 대한 보살핌과 사랑을 전제하는 이웃 사랑이다. 자기 자신에 대한 보살핌과 자존감을 상실한 채 남을 위한 일방적이고 무조건적인 희생을 강요당할 때, 여성들은 불평등하고 부정의한 관계의 희생자가 될 수도 있다.

청소년기 여성들은 모든 존재의 본질적인 상호 관계성을 깨닫고 건강한 관계성 안에서 정체성을 형성해야 한다. 그들이 자신의 생성 과정과 타자의 생성 과정이 필연적으로 연결되어 있음을 깨닫게 될 때 자신의 온전함과 자존감을 희생시키는 관계는 자신과 타자 모두를 파괴시키는 것임을 알게 될 것이다. 그러므로 청소년기 여성들은 타자의 다양한 요구에 자신을 분산시키는 것이 아니라 자신 안의 통일성과 타자와의 차별성을 유지하면서 관계 안에서 정체성을 유지해나가야 한다. 이를 위해서는 자신이 지닌 창조적인 능력을 신뢰하고 자아의 탐색 과정을 통해 자신 안에 숨겨져 있는 다양한 잠재력과 가능성을 발견해야 한다. 또한 다양한 사람들과의 개방적인 관계에서 진실한 자아를 발견하고 그 모습을 실현해나가야 한다. 타자와의 관계에서 다양성을 자연스럽게 받아들이고 다양한 의견을 가진 사람들과 상호 작용을 함으로써 자신에 대한 이해를 확장시킬 수 있다. 그러므로 기독교교육은 청소년기 여성들이 진정한 의미의 관계성 안에서 자아를 형성하기 위해 자신을 존중하고, 자신의 목소리를 신뢰하고, 자신의 감정에 충실하며, 자신의 자아 경계를 분명히 하는 것을 배우도록 도와야 한다. 더불어 하나님에 대한 사랑과 신뢰를 바탕으로 타인과의 상호 의존적 존재 방식을 이해하고 타인과의 관계에서 자아의 지평을 확장해나갈 수 있도록 도와야 한다.

생(生)의 선물을 발견해 공동선을 실현하도록 돕는 교육

청소년기는 자신의 미래에 대해 꿈을 형성하는 시기로, 구체적인 현실을 넘어서 추상적인 것과 미래의 가능성에 대해 꿈꿀 수 있다. 이러한 능력으로 인해 청소년들은 자신의 미래를 상상해보고, 현실과 가능성을 분별해보고, 무엇이 가능한지에 대해 생각해볼 수 있다. 그런데 안타깝게도 한국의 청소년들은 이 시기의 대부분을 입시 준비로 보낸다. 하나님이 그들에게 주신 특별한 생의 선물이 무엇인지 생각할 여유도 없이 반복되는 시험에 지쳐가고 있다. 그들에게 삶의 명확한 목표나 의미가 있다면 공부를 하는 데 동기 부여가 되겠지만 대부분의 경우 일류대를 목표로 한 맹목적인 성적 위주의 공부를 하기 때문에 더욱 무기력해지고 있는 것이다. 한국 청소년들을 대상으로 한 연구 결과에 따르면, 자녀들에 대한 부모들의 기대는 상당히 구체적이고 목적 추구적인 데 반해, 청소년들의 희망은 추상적이며 목표가 뚜렷하지 않다.[25] 많은 청소년들이 열심히 공부하고 있지만 자신의 특별한 재능이 무엇인지, 어떤 사람이 되고 싶은지 모르며 자신의 미래에 대한 자신감이 없다.

그러므로 청소년기의 중요한 교육 과제는 하나님이 그들에게 주신

---

25 손승영 외, 『청소년의 일상과 가족』(서울: 미래인력연구센터, 2001), pp. 57-58.

특별한 생의 선물을 발견하도록 도와 진정한 자기다움을 찾고 궁극적으로 공동체의 선을 실현하도록 돕는 것이다. 청소년기 여성들이 자신이 지닌 잠재력을 발견하고 그것을 발전시키기 위해서는 도전과 실패를 두려워하지 않고 위험을 무릅쓰고 목표를 향해 나갈 수 있는 개방적인 자세가 필요하다. 그런데 부모는 딸들을 위험으로부터 보호해서 안전한 상황을 만들어주는 것이 그들을 위한 것이라고 생각하는 경우가 많다. 이러한 이유 때문에 여학생은 남학생에 비해 사회적인 활동에 더 많은 제약을 받고 남학생보다 모험과 도전을 두려워하는 경향이 크다. 부모는 위험한 상황으로부터 딸들을 무조건 과잉보호하는 것이 돌봄이 아니라 그들이 어려운 상황을 극복할 수 있는 능력과 용기를 얻도록 지지하는 것이 진정한 돌봄임을 깨달아야 한다. 목표를 향해 위험을 무릅쓰고 장애물을 극복하다 보면 점차 자신의 능력과 잠재력에 대해 자신감을 갖게 된다. 자신의 능력과 재능에 대한 확신과 자부심은 강한 자아의식의 기초가 된다. 위험을 감수하고 도전한 용기 있는 여성들에 의해 남성의 전유물이었던 사회 분야에 여성들의 진출이 점차 늘어나고 성 역할 고정관념이 서서히 극복되고 있다.

청소년들은 미래를 꿈꾸는 과정에서 자신이 닮고 싶은 역할모델을 설정하고 그와 자신을 동일시하려고 하기 때문에 이 시기에 역할모델이 누구인가는 매우 중요한 문제이다. 그런데 최근 한국 청소년들에게 중요한 영향을 미치는 사람들은 대부분 대중문화가 양산해내고 있는 대중스타들이다. 청소년들이 연예계 스타나 스포츠 스타를 향해 열광하고 스타를 모방하고 자신과 동일시하는 현상은 역할모델과 관련해 중요한 시사점을 지닌다. 한국청소년개발원의 연구에 따르면 발달심리학적 측면에서 볼 때 청소년들이 대중스타를 수용하는 방식은 긴장과 갈등 심리의 해소, 현실 도피적 기제, 대리만족과 대리체험의 대상, 역할모델의 대상이자 이상형의 모형으로 추구되고 있으며 나아가 자신과 동질의 사고와 행동을 구현하는 집단적 체험의 장으로 이용된다.[26] 대중스타에 대한 관심과 대중스타와 자신과의 동일시는 이 시기의 발달적 특성상 자연스러운 과정이라고 볼 수 있지만 대중문화의 무비판적인 수용은 청소년들로 하여금 소비 산업 사회의 상업성에 의해 포장되고 양산되는 문화의 피해자가 되도록 할 위험성이 있다.

기독교교육은 청소년기 여성들이 성서와 기독교 전통 안의 여성들에게서 역할모델을 찾을 수 있도록 도와야 한다. 아쉽게도 성서에는 여성보다 남성들의 이야기가 주를 이루고 있고 여성의 역할모델로 제시되는 여성들은 주로 에스더, 룻, 한나 등 남성들의 시각에서 평가되는 '착한 여성'들이다. 그러나 성서에는 보다 적극적이고 주체적으로 자신의 삶을 개척해나간 여성들이 나온다. 이스라엘 민족이 광야에서 헤맬 때 정신적인 지도자의 역할을 한 미리암, 민족의 구원자이자 예언자였던 드보라와 훌다, 예수의 진정한 제자였던 막달라 마리아, 유대와 사마리아 사이의 증오의 벽을 깨뜨린 사마리아 여인 등 자신의 삶을 적극적으로 개척하면서 공동체와 민족을 위해 큰 발자취를 남긴 여성들이 있다.[27] 또한 초대 기독교 공동체를 형성하고 탁월한 복음 전도자로 활동했던 프리스길라(Priscilla)와 테클라(Thecla), 박해를 무릅쓰고 기독교 신앙을 지키며 예언자적 비전을 가지고 복음을 전한 페르페투아(Perpetua) 등도 있다.[28] 성서와 기독교 전통뿐 아니라 한국의 역사에서도 철저한 남성

---

26 한국청소년개발원 편, 『청소년문화론』(서울: 교육과학사, 2005), pp. 128-131.

27 이경숙, 『구약성서의 여성들』(서울: 대한기독교서회, 1994); 최영실, 『신약성서의 여성들』(서울: 대한기독교서회, 1997).

28 Barbara J. MacHaffie, *Her Story: Women in Christian Tradition* (MN: Fortress Press, 2006), pp. 9-48.

중심의 문화에서 여성을 차별하는 시대의 벽을 넘어 의병장, 성리학자, 실학자, 수학자, 여행가 등으로 활동하면서 주체적이고 창조적으로 자신의 삶을 개척해나간 여성들이 있다.[29] 이러한 여성들은 가부장제 사회에서 여성의 역할이 제한되었음에도 불구하고 하나님이 주신 생의 선물을 최대한 발휘해 자신이 속한 공동체의 선을 실현시킨 여성들이다. 기독교교육은 청소년기 여성들이 이러한 선배 여성들을 역할모델로 삼아 하나님이 그들 각자에게 주신 특별한 생의 선물을 발견하고 그 선물을 자신만을 위해서가 아니라 공동선(common good)을 실현시키는 데 사용할 수 있도록 교육해야 한다.

종교적 상상력을 통한 대안적 문화 형성을 돕는 교육

한국의 청소년 문화에 관한 연구들을 보면 청소년들은 치열한 입시 경쟁하에서 문화적 여가 활동을 향유할 시간적 · 정신적 여유가 없는 것으로 나타났다. 이러한 청소년들에게 대중문화는 입시의 중압감에서 잠시라도 벗어나게 해주는 탈출구의 역할을 하고 있으며 그들의 가치관 형성에 결정적인 영향을 미치고 있다. 청소년들이 TV나 인터넷을 통해 주로 관심을 가지는 것은 연예계 소식, 연속극, 스포츠 등으로 나타났다. 특히 여학생들의 경우에는 연예계 소식이나 연속극을 선호하고 친구들과의 대화에 있어서 연예인과 대중문화에 대한 이야기가 중요한 부분을 차지하고 있다.[30] 이러한 특성 때문에 청소년들은 문화 산업의 최대 소비자로 여겨지고 있다. 청소년들은 또한 문화 형성에도 적극적으

29 이해진, 『청소년을 위한 양성평등 이야기』(서울: 파라주니어, 2009), pp. 121-150.

30 안귀덕 외, 『한국청소년문화』(서울: 한국정신문화연구원, 1998), pp. 333-337; 조성남 외, 『청소년의 하위문화와 정체성』(서울: 집문당, 2002), pp. 71-73.

로 참여하고 있다. 이제 청소년들은 그들이 좋아하는 대중스타를 무조건 추종하는 것에 머물지 않고 보다 적극적으로 팬클럽을 만들어 새로운 문화적 아이콘을 형성하고, 자신들만의 문화를 생산해내고, 공동체 의식을 형성하는 문화적 자생력을 보여주고 있다.[31]

청소년들이 선택할 수 있는 미디어의 종류와 양은 점차 증가하고 있지만 미디어가 생산하는 대중문화는 로맨스와 액션, 또는 외설과 폭력을 담고 있는 고정 메뉴를 넘어서지 못하고 있다. 청소년들을 주요한 소비층으로 보는 대중문화에서 청소년들은 소비 지향적인 문화를 무비판적으로 수용하게 되고 지나치게 쾌락 지향적, 오락 지향적 가치관을 형성하게 될 위험성이 있다. 또한 여러 연구 결과에 따르면, 대중문화에서 끝없이 반복되어 나타나는 폭력성은 청소년들로 하여금 현실의 폭력과 희생자의 고통에 둔감해지게 한다. 무자비한 살상과 고문, 극도의 증오와 난폭한 복수, 학원 폭력으로 점철된 영화들은 폭력 만능주의, 영웅숭배, 생명에 대한 경시 등의 문제들을 가져오고 있다.[32] 거대 자본의 힘이 청소년 시기의 열정적인 문화적 욕구를 악용해 청소년들의 건강한 자아정체성 형성과 문화 형성을 저해할 위험이 도처에 도사리고 있는 것이다.

대중문화가 청소년들의 삶에 미치는 거대한 영향에도 불구하고 기독교 내에서는 대중문화를 단지 세속적인 하위 문화로 규정해 폄하하거나 배척하려는 경향이 강하게 나타난다. 이러한 배타적인 자세는 청소년들로 하여금 오히려 교회를 멀리하게 하거나 이중적인 문화관을 형성하게 하는 부정적인 결과를 초래하고 있다.[33] 대중문화를 생산하고 소비하는

---

31 한국청소년개발원 편, 『청소년문화론』, pp. 127-128.

32 박진규, 『청소년문화』(서울: 학지사, 2002), p. 110.

33 대중문화에 대한 청소년 교육에 관해서는 다음의 글을 참고하라. 백은미, 「대중문화에

주체는 그 사회의 구성원이며 기독교인들도 예외일 수 없다. 대중문화에 대한 배타적이고 적대적인 자세는 결국 그 문화와 더불어 삶의 의미를 만들어가고 있는 청소년들과 우리 자신의 문화를 거부하고 적대시하는 것이다. 그러므로 청소년기 여성들을 대중문화로부터 격리하거나 보호하려는 소극적인 자세를 취하기보다는, 그들이 기독교의 진리와 가치에 근거해 대중문화를 주체적이고 비판적으로 이해하고, 해석하고, 창조해나갈 수 있도록 미디어 리터러시(media literacy) 교육을 하는 것이 필요하다.[34] 대중문화 안에 존재하는 심각한 윤리적인 문제들을 비판적으로 분석 · 평가하고, 이에 대한 기독교인의 사회적 책임을 자각할 수 있도록 돕는 것이 중요한 교육 과제이다.

기독교교육은 청소년기 여성들이 주체적이고 비판적으로 대중문화를 수용하고 대안적인 문화를 창조할 수 있도록 적극적으로 지원해야 한다. 대안적인 문화를 형성하기 위해서는 그들이 자신의 종교적 상상력을 발휘해 기독교의 진리와 가치, 아름다움을 다양한 방식으로 표현할 수 있도록 도와야 한다. 이 과정에서 중요한 것은 기독교의 진리와 가치를 일반적인 대중문화의 언어로 표현해내는 것이다. 기독교인들이

대한 미디어 리터러시를 위한 청소년 교육목회」, 『한국기독교신학논총』 58집(2008), pp. 157-179.

34 아트 실버블래트(Art Silverblatt)의 정의에 따르면, 미디어 리터러시(media literacy)란 미디어 수용자들이 미디어의 내용에 관해 독립적인 판단을 할 수 있는 비판적 사고 능력을 의미한다. 미디어의 수용자는 미디어를 통해 일어나는 커뮤니케이션의 생산, 전달, 해석의 과정을 이해하고 그 미디어가 개인과 사회에 미치는 영향에 대해 자각해야 한다. 미디어 리터러시는 미디어의 내용을 현시대의 문화와 인간의 삶에 통찰력을 제공하는 하나의 '텍스트'로서 인식하고 그 미디어가 제공하는 메시지를 비판적으로 분석해 보다 효과적이고 책임 있는 메시지를 생산하기 위한 능력을 의미한다. Art Silverblatt, *Media Literacy: Keys to Interpreting Media Messages* (CT: Praeger, 2001), pp. 2-3.

대중문화와 소통하지 못하는 이유 중 하나는 기독교의 진리를 비기독교인들과 소통할 수 있는 언어와 예술로 표현하지 못하기 때문이다. 비기독교인들과 소통할 수 없는 기독교의 진리는 자칫 잘못하면 폐쇄적이고 배타적인 교리와 신조로 고착화되기 쉽다. 청소년기 여성들에게 기독교의 진리를 일상의 언어와 예술로 표현할 수 있는 능력을 길러주어 새로운 글과 그림, 포스터, 애니메이션, 동영상 등의 제작을 통해 대안적인 메시지를 형성하도록 돕는 것이 필요하다. 기독교교육은 인터넷 문화의 확산과 더불어 청소년들의 문화 창조 가능성이 급속히 확대되고 있는 현시점에 그들이 풍부한 문화적 감수성과 종교적 상상력을 가지고 새롭고 다양한 문화를 형성할 수 있도록 교육해야 한다.

비폭력적 갈등해결 능력을 발달시키도록 돕는 교육

최근 한국 사회에서는 청소년기 소녀들의 폭력성이 심각하다는 보도가 자주 등장한다. 여학생들의 폭력성이 남학생들과 비교할 때 절대 간과할 수 없는 수위에 이르고 있다. 그러므로 이 시기에 갈등 상황을 지혜롭게 해결할 수 있는 능력을 길러주는 것이 중요하다. 특히 우울, 무기력, 자기파괴 욕구, 반사회적 심리 등을 느끼는 소녀들의 경우, 내면의 갈등과 분노를 건강한 방식으로 해결할 수 있도록 돕는 교육이 절실히 필요하다. 대부분의 청소년기 소녀들은 갈등 상황을 회피하거나 분노를 억압하려는 경향이 강한데, 그 이유는 갈등이나 분노를 표현함으로써 인간관계를 상실하게 될 것을 두려워하기 때문이다. 그들은 친구들과의 관계를 지속하기 위해 자신의 신념이나 가치, 욕망 등을 쉽게 포기하는 경향이 있다. 그러나 인간관계의 상실을 두려워해서 갈등의 상황을 회피하거나 쉽게 타협할 경우, 점차 자기 자신을 상실하게 될 위험성이 있다. 또한 억압된 분노와 갈등은 결국 폭발적이고 폭력적인 형태로 표현되어 인간관계를 더 심각하게 파괴할 수 있다.

특히 기독교 가정에서 자라고 교회에서 신앙교육을 받은 소녀들은 갈등의 상황을 다루거나 분노를 표현하는 방식에 있어서 소극적인 경우가 많다. 그들이 오랫동안 배워온 '착한 기독교 소녀(good Christian girl)'에 관한 메시지는 그들로 하여금 갈등과 분노는 억압하고, 용서, 화해, 희생을 중요한 가치로 여기도록 만든다. 착한 소녀는 화를 내지 않는다는 사회적 · 종교적 메시지는 소녀들로 하여금 정당한 분노조차 올바로 표현하지 못하도록 한다. 이러한 문제를 지닌 소녀들은 문제 상황에 대해 정면으로 도전하고 해결하려고 하기보다는 문제를 회피하거나 자신의 주장을 제대로 펴지 못하는 경우가 많다. 이렇게 자신의 감정과 요구를 끊임없이 희생하고 억압하게 되면 그것은 결국 무의식의 어두운 그림자가 된다.[35]

화가 난다는 감정 자체가 부정적이거나 파괴적인 것은 아니다. 중요한 것은 그 감정을 어떻게 다루느냐 하는 것이다. 분노에 적극적으로 대응하지 않고 이를 억압할 경우 억압된 분노는 때로 폭발적이고 파괴적인 형태로 표출되고 그 경험은 소녀들로 하여금 분노를 더 두려워하게 만드는 원인이 된다. 그러므로 우선적인 과제는 자신을 화나게 하고 괴롭히는 감정과 그 원인을 솔직하게 대면하고 인정하고 표현하는 것이다. 캐롤 헤스는 분노가 진정한 보살핌의 한 부분이 될 수 있다고 말했다. 인간관계에서 분노가 일어나는 상황은 그 관계가 정의롭지 못하거나 관계에 변화가 필요하다는 것을 의미한다. 그러므로 분노를 느끼거나 표현하는 것을 허용하지 않는 것은 정의를 위해 싸우는 길을 가로막

35 Engel, *The Nice Girl Syndrome*, pp. 18-19.

는 장애가 된다.[36] 진정한 관계의 회복과 정의로운 관계의 형성을 위해서는 분노를 억압하거나 회피하지 말고 정직하게 대면해 문제를 해결하려고 노력해야 한다. 이것이 건강한 관계를 회복할 수 있는 진정한 보살핌의 행위가 될 수 있다.

분노의 감정과 그 원인이 채 해결되지 않은 상태에서 용서를 가르치는 것은 오히려 파괴된 관계성이 온전하게 회복될 수 있는 가능성을 차단하는 것이다. 특히 폭력적인 갈등 상황에서 피해를 당한 사람에게 무조건 용서를 강요하는 것은 그 파괴적인 관계를 그대로 수용하라는 의미가 될 수 있다. 피해자의 정당한 분노가 표현되어야 진정한 용서의 마음이 생길 수 있다. 여성들은 부당한 일을 겪고도 정당한 분노를 제대로 표현하지 못하고 눈물을 흘리고 상처를 받거나, 비생산적인 자기비난으로 해결하는 경향이 있다. 청소년기 여성들은 자신이 억압하거나 표현하지 못했던 분노의 감정을 표현할 수 있도록 배워야 한다. 자신을 화나게 했던 사람이나 상황을 기억해내고, 정직하게 대면하고, 억압되었던 감정을 드러낼 때 치유가 시작될 수 있다. 베벌리 엥겔은 이를 위해 여성들이 비폭력적인 의사소통(nonviolent communication) 방식을 배워야 한다고 했다. 비폭력적인 의사소통이란 자신의 감정을 솔직하고 명료하게 표현함과 동시에 타인의 견해나 감정을 존중하고 공감하는 방식의 커뮤니케이션을 의미한다. 방어적이거나 공격적, 폭력적인 방식을 최대한 줄이면서 타인에 대한 존중과 공감 능력을 배우는 것이 중요하다.[37]

부모와 교사는 청소년기 여성들이 느끼는 부정적인 감정을 '착한 기독교 소녀'의 이름으로 억압하거나 무조건 용서와 화해를 강요하기 이

---

36 Hess, *Caretakers of Our Common House*, pp. 113–114.

37 Engel, *The Nice Girl Syndrome*, pp. 160–179, 191.

전에 그들이 자신의 감정과 솔직하게 대면하고 그 감정을 인정하고 원인을 찾아 해결할 수 있도록 지지하고 격려해야 한다. 청소년기 여성들이 내면의 분노와 우울함을 두려움 없이 솔직하게 표현할 수 있는 부모나 교사와의 공감적 경험을 가질 때 타인의 감정과 견해를 존중하고 공감하는 비폭력적인 의사소통 방식을 자연스럽게 배울 수 있다. 그리고 가족이나 친구와의 갈등 상황을 회피하는 방식이 아니라 용기 있게 대면하고 서로의 감정과 견해를 충분히 공감하고 존중하는 방식을 배울 때, 부정적인 감정이 내면에 억압되어 폭력적으로 표출되는 가능성을 줄일 수 있다. 또한 갈등 상황을 솔직하게 대면함으로써 관계성의 문제를 올바로 파악하게 될 때 파괴된 관계성을 회복할 수 있는 방법도 발견하게 된다. 파괴된 관계성이 올바로 회복되어야 갈등과 분노의 상황이 확실하게 해결될 수 있다. 그러므로 기독교교육은 청소년기 여성들이 분노를 파괴적인 힘으로서가 아니라 관계를 회복하는 건설적인 힘으로 사용할 수 있는 비폭력적이고 창조적인 갈등해결 능력을 발달시킬 수 있도록 도와야 한다.

상호 보살핌의 또래 공동체 형성을 돕는 교육

청소년기에 또래 집단의 영향은 절대적인 것으로 이 시기의 청소년들은 가족보다도 또래 집단 사이에서 인정받고 싶어 하고 또래 집단에 의지함으로써 정서적인 안정감을 제공받는다. 청소년기 소녀들은 다양한 친구들을 사귀어 안정된 대인관계를 유지하고 싶어 하는데, 이들의 친구관계는 동성과의 친밀감에서 시작되어 점차 이성과의 친밀감으로 이행하게 된다. 청소년기 남성들과 비교해볼 때 특히 여성들에게 친밀한 친구관계가 더 중요한데 그들은 비밀을 공유하고, 조언을 구하고, 친구의 인기를 서로 칭찬하면서 관계를 유지한다. 소녀들의 우정은 자아 인식의 형성과 변화, 적응에 정서적인 지지를 제공한다.[38] 그러므로 친구관계가 원만하지 않거나 집단 따돌림을 경험하는 소녀들의 경우 외로움 때문에 고통스러워하고 낮은 자아존중감을 형성하게 된다. 또한 우울증 증세를 나타내기도 하고 때로는 공격적이거나 충동적인 행동을 나타내기도 한다.

청소년기 또래와의 관계는 단순히 놀이 친구를 필요로 하는 아동기와는 달리, 상대방의 내면을 깊이 이해하고 싶은 욕구를 충족시킬 수 있는 관계를 의미한다. 이 관계는 부모와 가족의 품을 벗어나 폭넓은 사회적 접촉을 하는 데 있어 행동의 기준이 되고 또한 사회적 압력으로 작용하면서 사회성 및 성격의 발달에 있어 가장 중요한 매개자의 역할을 수행한다.[39] 그런데 현재 한국 사회에서 청소년들은 서로의 내면을 깊이 이해하고 진정한 의미의 우정을 형성하기가 힘들다. 학교 문화 자체가 공감이나 협동보다는 경쟁을 통해 생존해야 하는 체제이기 때문에 같은 또래의 친구들이 항상 경쟁 상대가 된다. 부모 세대가 공부와 사회에서의 성공이라는 결과적 측면의 경쟁에 많은 시간을 할애한 세대라면, 현재 청소년 세대는 '공부 경쟁' 외에도 '소비 경쟁'과 '외모 경쟁'뿐 아니라 새로운 문화 상식, 대중스타의 주변에서 일어나는 일, 대중매체나 정보화 공간에서 진행되는 변화를 더 빨리 받아들여야 하는 '상식 경쟁'에 노출되어 있다.[40] 특히 한국 문화에서는 남성들 사이의 우정을 강조하는 반면 여성들의 관계는 질투와 경쟁의 관계로 이해하는 경우가 많다. 서로의 외모를 질투하고 인기를 시기하는 여학생들의 모습이 대중매체에

---

38 Denmark, Rabiniwitz, and Sechzer, *Engendering Psychology*, p. 165.

39 박아청, 『사춘기의 이해』(서울: 교육과학사, 2000), p. 134.

40 손승영 외, 『청소년의 일상과 가족』, p. 67.

서도 반복적으로 나타난다. 그러므로 이러한 사회적 고정관념을 극복하고 청소년기 여성들이 경쟁적인 관계가 아니라 서로를 보살피고 배려하는 관계를 형성하도록 교육하는 것이 중요하다.

경쟁적인 문화를 상호 보살핌의 문화로 변화시키기 위해서는 '함께 성장하는 법'을 배우는 것이 필요하다. 상호 보살핌이란 서로에 대한 관심이나 배려를 넘어서 서로의 관계를 통해 함께 성장해가는 것을 의미한다. 경쟁적인 문화에서는 누군가의 희생과 실패가 있어야 자신이 성공한 것이라고 믿는 경향이 있다. 그러나 상호 보살핌의 문화에서는 인간 존재의 상호 의존성과 상호 관계성에 대한 깊은 통찰을 통해 타인의 희생과 실패는 타인의 고통만이 아니라 결국 자신의 고통이 된다는 사실을 깨닫게 된다. 의미 없는 경쟁의 연속은 타인뿐 아니라 자신을 파괴하고 공동체를 파괴한다. 그러므로 기독교 공동체는 청소년기 여성들이 서로에 대한 보살핌을 통해 함께 성장해가는 법을 배울 수 있는 중요한 배움의 공동체가 되어야 한다. 단순한 지식과 정보에 대한 경쟁적 축적이 아니라 진정한 삶의 지혜와 하나님의 진리를 함께 추구하는 방법을 배울 수 있도록 해야 한다. 또한 타인의 고통을 기꺼이 함께 나누는 선한 삶의 태도를 형성하고 타인과 더불어 조화롭게 공존하는 삶의 방식을 배우도록 교육해야 한다.

가정이나 교회에서 부모나 교사의 공감적 보살핌이 있을 때, 청소년기 소녀들은 공감 능력(empathic ability)을 기를 수 있다. 흔히 공감을 타인의 눈으로 세상을 보는 것으로 이해하는데, 헤스는 이러한 생각은 너무 순진한 생각이라고 말했다. 누구도 진정한 의미에서 타인의 상황이 될 수 없고 자신과 타자 사이에는 항상 경계가 존재한다. 그러므로 정확히 말해서 공감 능력은 자신과 타자의 공통점과 차이점을 이해하고 받아들이는 능력을 의미한다. 공감 능력을 가진 사람은 타인에 대해 개방적이고 적절하고 융통성 있게 반응하려고 노력한다. 또한 타인의 견해를 임의로 판단하거나 자신의 견해로 바꾸려고 하기보다는 타인과의 교류를 통해 서로 다른 생각에 대해 배우고 함께 변화되어가려고 노력한다.[41] 타인의 생각과 감정을 개방적인 자세로 이해한다는 것이 두려운 일이 될 수도 있으나 서로가 다르다는 것을 인식하는 과정을 통해 편협한 사고가 도전받고 인식의 폭이 확장될 수 있다. 상호적인 관계에서 서로를 개방하는 것은 그 관계를 통해 함께 변화되고 성장해갈 수 있다는 믿음을 통해 가능하다. 기독교교육은 청소년기 여성들이 기독교 공동체 안에서 공감적 보살핌의 경험을 통해 공감 능력과 보살핌의 능력을 발달시켜 자신이 속한 또래 집단 안에서 진정한 상호 보살핌의 관계를 형성할 수 있도록 도와야 한다.

'안전한 집'을 제공하는 신앙 공동체 형성

청소년들을 둘러싼 여러 가지 사회적인 문제 중 하나는 바로 그들을 위한 문화 공간과 시설이 부족하다는 것이다. 청소년들이 다닐 수 있는 시설이 극장이나 쇼핑몰, 오락실, PC방, 노래방 등으로 제한되어 있고 그러한 시설도 청소년들을 위한 공간이라기보다는 성인 전용 시설들과 뒤섞여 있는 것이 현실이다. 특히 청소년기 여성들의 경우 자신들만의 문화 공간을 비롯해 여가 시간을 의미 있게 보낼 수 있는 안전한 공간이 절대적으로 부족하다. 그러므로 소녀들이 삶의 의미를 추구하도록 격려하고 자신의 고통을 나누고 치유를 경험할 수 있도록 하는 기독교 공동체를 형성하는 것이 필요하다. 또한 종교적 상상력을 북돋아 주고

41 Hess, *Caretakers of Our Common House*, pp. 96-97.

문화적 · 예술적 감수성을 함양시킬 수 있는 공간을 마련하는 것 역시 필요하다.

청소년기 여성들은 삶의 주기 가운데 가장 불안정한 시기를 보내고 있다. 이러한 불안정한 시기에는 무엇보다도 애정을 가지고 그들을 지지하고 격려해주는 공동체가 필요하다. 소녀들의 소중한 목소리와 가치가 희생되거나 침묵 당하지 않도록 그들의 목소리에 귀를 기울여주고 그들의 가치를 존중해주어야 한다. 헤스는 이러한 공동체를 소녀들을 위한 '안전한 집(safe house)'이라고 불렀다.[42] 소녀들은 자신의 이야기가 진지하게 받아들여지지 않을 때, 자신의 견해는 가치가 없다고 느낀다. 그들이 자신의 생각과 느낌을 표현하고 그 생각과 느낌이 존중받고 있다는 것을 경험할 수 있는 안전한 공간이 필요하다. 여기서 안전한 공간이란 무조건 소녀들을 위험으로부터 차단해주는 공간을 의미하지는 않는다. 오히려 그들이 세상에서 위험을 감수하고 마음껏 도전하고 모험을 즐길 수 있도록 든든한 지지와 격려가 되는 공간을 의미한다. 도전을 통해 때로는 낙심하고 실패할 때도 다시 힘을 얻고 재도전할 수 있도록 지지하고 힘을 불어넣어 주는 곳이 있을 때, 그들은 계속 도전하고 성장할 수 있다.

청소년기 소녀들을 위해 안전한 공간을 제공하거나 심리적 지지자가 되어주는 것은 그들에게 물질적인 풍요나 물리적인 과보호를 제공하는 것과는 구분되어야 한다. 물질적이거나 외면적인 풍요와 과보호는 오히려 소녀들을 더 나약한 의존자가 되게 한다. 현실에 대한 문제해결 능력과 저항력이 없으면 학교에서나 사회에서 직면하는 문제들을 스스로 해결하지 못하고 쉽게 좌절하게 된다. 그들에게 필요한 것은 정서적 지지,

42 Ibid., p. 146.

공감과 신뢰, 따뜻한 애정 표현이다. 부모와 교사가 소녀들과 소통할 수 있는 안전한 대상이 되는 것이 가장 중요하며, 교회나 학교에서 소녀들이 삶의 든든한 지원자를 만날 수 있도록 하는 멘토링 프로그램을 제공하는 것도 중요하다. 기독교 공동체가 청소년기 여성들이 세상을 창조적이고 도전적으로 살아가는 데 든든한 정서적 · 영적 후원자가 되고, 그들이 언제든 찾아와 쉼과 용기를 얻을 수 있는 '안전한 집'이 될 때, 그들은 세상에서 두려움 없이 자신의 잠재력을 마음껏 펼쳐나갈 수 있을 것이다.

제5장

성인 초기 여성들의 신앙과 교육

성인의 삶의 주기에 대해 연구한 대니얼 레빈슨(Daniel J. Levinson)에 따르면, 성인 초기는 청소년기와 성인기가 연결되는 17-22세로부터 시작해 중년의 전환기가 시작되는 40-45세 이전까지에 해당한다. 이러한 20여 년의 시기 동안 여성들은 성인이라는 새로운 삶의 계절로 넘어가기 위한 과도기를 거쳐 성인 초기의 새로운 삶의 구조를 형성하게 되며, 30세를 전후해 삶의 구조를 점검하고 수정하는 30대 전환기를 맞이하게 된다. 30대 전환기를 성공적으로 지나게 되면 성인 초기의 절정기(33-40세)를 맞게 된다. 그러나 이러한 성인 초기의 절정기가 지나면 중년의 전환기를 맞아 새로운 변화와 발달의 과제에 직면하게 된다.[1] 이처럼 성인 초기에 해당하는 20여 년의 시간은 인생의 그 어느 시기보다 역동적인 창조와 변혁의 시기이다. 성인 초기에 여성은 청소년기와 구

---

1 Daniel J. Levinson, *The Seasons of a Woman's Life* (NY: Alfred A. Knopf, 1996), pp. 24-27.

분되는 새로운 발달과제에 직면하게 되고 인지적, 정서적, 도덕적, 신앙적인 측면에서 성숙한 삶을 살고자 노력하게 된다. 또한 직업과 새로운 가족을 형성하는 데 있어 책임 있는 선택과 결단이 필요하며 둘 사이의 균형을 맞추기 위해 부단한 노력이 요구된다. 그러므로 기독교교육은 새로운 삶의 구조를 형성하는 성인 초기 여성들이 성숙한 관계를 맺고 주체적이고 성찰적인 신앙인으로 성장할 수 있도록 도와야 한다.

1. 창조적 삶을 위한 발달과제

몸의 대상화와 성적 대상화에 대한 비판의식의 형성

인간은 모두 자신의 외모에 관심을 갖지만 남성에 비해 여성은 몸의 이미지가 자존감에 더 큰 영향을 미치는 것으로 나타난다. 물론 이것은 생물학적 차이라기보다는 여성의 몸을 끊임없이 대상화하고 상품화하는 가부장제 문화의 산물이다. 여성들은 평생 몸의 대상화(bodily objectification)와 성적 대상화(sexual objectification)를 경험하는데 사랑과 결혼을 선택하는 성인 초기에 이러한 대상화는 더 심각하게 영향을 미친다. 여성의 몸의 대상화는 긴 역사를 가지고 있다. 특히 의학, 사진 기술, 패션 문화 등이 크게 발달한 현대 사회에서 여성의 몸의 대상화 현상은 더욱 심각해지고 있다. 여러 가지 기술들이 여성의 아름다움을 더 인공적이고 비현실적으로 만들고 상품화하고 있기 때문이다. 최첨단 테크놀로지를 통해 창조되고 있는 여성의 아름다움에 대한 신화는 현실적으로 어떤 여성도 자신의 몸에 대해 만족감을 얻을 수 없게 한다. 이러한 허상에 대한 비판의식이 결여되면 점차 대상화된 의식을 내면화하는 자기대상화(self-objectification)가 일어나고, 자신의 몸을 비현실적인 기준에 맞추고자 계속적인 자기감시(self-surveillance)가 일어난다. 그 결과 에너지, 시간, 돈의 낭비와 함께 자신의 감정, 태도, 정신적 · 신체적 활동에 부정적인 영향을 미치게 되고 심한 경우에는 자기파괴적이 되기도 한다.[2] '몸이 곧 경쟁력'이라고 외치는 한국 사회에서 여성들은 끊임없이 다이어트, 성형, 헬스, 피부 관리, 메이크업, 헤어스타일로 자신의 몸을 '변화시켜야 할 몸'으로 여기며 살아가고 있다. 성인 초기 여성들은 타인의 관점에서 자신의 몸을 바라보는 대신 신체적, 심리적으로 자신의 몸에 대한 주체적인 의식을 형성하는 것이 필요하다.

성인 초기의 여성들은 성(sexuality), 사랑, 결혼과 관련해 새로운 몸의 경험을 한다. 성과 사랑은 자연적이고 본능적인 것처럼 보이지만 성과 낭만적인 사랑에 대한 이해도 사회적으로 형성되고 문화적인 영향을 받는다. 특히 남성과 여성의 성에 대한 이중적인 기준은 여성의 성을 대상화하고 통제한다. 여성은 자신의 성적 욕망과 쾌락에 대한 주체적인 이해보다는 사회적으로 개념화된 여성의 성에 대한 이해에 영향을 받는 경우가 많다.[3] 성인 초기는 또한 임신과 출산과 관련해서 여성들에게 중요한 선택과 위기의 시기가 된다. 큰 위기 없이 결혼, 임신, 출산의 과정을 거치는 여성들도 있지만 원하지 않은 임신으로 낙태를 고려해야 하는 여성들도 있고, 임신을 간절히 원하지만 불임으로 고통받는 여성들도 있다. 임신과 출산으로 인한 급격한 몸의 변화는 여러 가지 감정적인 변화와 관계의 변화를 가져온다. 그런가 하면 신생아와의 밀접한 신체적 접촉이 이루어지는 어머니 역할을 통해 특별한 사랑과 신뢰, 친밀감

2 Mary Crawford, *Transformations: Women, Gender, Psychology* (NY: McGraw-Hill, 2006), pp. 200-220.

3 Ibid., pp. 239, 264-271.

을 형성하기도 한다. 성인 초기의 여성들은 새롭고 다양한 몸의 경험을 통해 자의식, 자존감, 성 정체성 등을 형성하게 되는데, 이 과정에서 여성의 몸과 성을 대상화하고 상품화하는 현실에 대한 비판의식을 갖는 것이 필요하다.

성인으로서의 자아정체성 형성

에릭 에릭슨(Erik H. Erikson)에 따르면, 청소년기에 긍정적이고 독립적인 자아정체성을 형성한 사람이 성인 초기의 발달과제인 친밀감(intimacy)을 이룰 수 있다. 성인 초기의 자아정체성은 친밀감과 고립이라는 긍정적인 요인과 부정적인 요인이 함께 작용하며 삶에서 직면하는 위기를 극복해가는 과정에서 형성된다.[4] 주체적이고 독립적인 자아정체성을 형성하지 못한 사람은 자신감을 갖지 못하고 타자와의 관계에서 일방적으로 의존적인 관계를 형성하거나 타인으로부터 고립되어 자기 자신에게만 몰두하게 된다. 주체적이고 독립적으로 사고하고 행동하지 못하는 여성은 타인과 동등한 관계에서 친밀감을 형성하고 상호 개체적인 자아를 형성하는 데 어려움을 느낀다. 진정한 친밀감은 성인 초기에 주체적이고 독립적인 자아정체성을 기반으로 타인과 상호 의존적인 관계와 삶을 공유하고자 하는 노력을 통해 형성되어가는 것이다.

대부분의 사람들이 청소년기까지는 자신을 타자와의 관계에서 분리시켜 생각하지 못하고 자존감과 자기일관성을 결여한 채 타인의 권위에 의존하고 타인의 평가에 따라 자신의 의미를 구성하는 대인관계적 자아

---

4 Erik H. Erikson, *Childhood and Society* (NY: W. W. Norton & Company, 1963), pp. 263-266.

(interpersonal self)를 형성한다. 그러나 성인기가 되면 자신의 삶을 주도적으로 구성하고자 하는 제도적 자아(institutional self)를 형성하기 시작한다. 제도적 자아를 형성한 사람은 타인과 관계를 맺고 역할을 수행하지만 자신을 타인과의 관계에 의해서만 정의하지 않고 질적으로 새로운 자아의 권위와 자기소유권(self-ownership)을 갖는다. 또한 자신의 일을 주도적이고 창조적으로 만들어가면서 삶의 비전을 유지하고 삶을 위한 책임감을 수반한다. 이를 제도적 자아라고 부르는 이유는 다양한 관계와 역할로 정의되는 자아를 조정하고 성찰해 심리적 제도(psychic institution)를 형성함으로써 자아가 안정된 체계를 구성하고 유지하기 때문이다.[5] 제도적 자아를 형성한 사람은 문화적으로 규범화된 가치나 이데올로기, 공동체의 집단 지성을 무비판적으로 수용하지 않고 그것을 객관화시켜 성찰하고 평가하며 자신의 주체적인 사고와 의식을 형성한다.[6]

성인 초기에 명확한 자기인식과 내적인 자아와 권위에 대한 신뢰가 올바로 형성되지 못한 상태에서 타인과의 관계를 형성할 경우 정체성의 혼란을 경험하게 된다. 앤 윌슨 새프(Anne Wilson Shaef)는 자기이해에 있어서 지나치게 타인에게 의존하고 자신의 삶의 의미와 확실성, 안정성의 근거를 타인과의 관계에서 찾는 사람을 '관계성 중독(relationship addiction)'에 빠진 사람이라고 불렀다. 관계성 중독에 빠진 사람은 특정한 관계성으로 규정되지 않는 자신을 상상할 수 없고 그 관계성이 상실될 때 큰 위기감을 느낀다. 이러한 현상은 주로 자신의 정체성, 삶의 의미와 안정성을 남성과의 관계에서 이해하는 여성들에게서 많이 나타난

---

5 Robert Kegan, *The Evolving Self: Problem and Process in Human Development* (Cambridge: Harvard University Press, 1982), pp. 95-102, 247.

6 Robert Kegan, *In Over Our Heads: The Mental Demands of Modern Life* (Cambridge: Harvard University Press, 1994), pp. 134, 289-303.

다.[7] 그러므로 성인 초기의 여성들은 주체적이고 독립적인 자기이해를 기반으로 상호 관계성 안에서 자신을 인식해야 한다. 이와 동시에 지속적인 성찰과 자기변혁의 과정을 통해서 유연하고 창조적인 자아정체성을 형성하기 위해 노력해야 한다.

주관적 또는 절차적 인식의 형성

메리 벨렝키(Mary F. Belenky)와 동료들의 연구에 따르면, 성인 초기의 여성들은 주관적(subjective) 또는 절차적(procedural) 지식을 형성하는 것이 가능해진다. 대학에 입학하거나 사회생활을 시작하면서 여성들은 점차 자신의 내면의 목소리에 관심을 기울이고 자신에 대한 이해와 진리의 추구에 있어서 주관적인 사고에 의존하려고 노력한다. 성인 초기 주관적인 지식 형성의 단계에 이른 여성들은 전통적인 가치와 지식에 대해 회의를 느끼고 억압적으로 권위를 행사하는 사람이나 제도에 대해 불신하거나 분노하게 된다. 이러한 회의나 불신으로 인해 이전에는 신뢰하지 못했던 자기 내면의 목소리에 관심을 갖고 자신의 직관적인 사고를 신뢰하며 진리는 개인적이고 사적인 것이라고 믿는 경향이 강해진다. 그런데 자신의 경험에 지나치게 의존하다 보면 자신의 한계를 벗어나지 못하고 이분법적인 사고를 하는 경향이 생겨나기도 한다.[8] 그러므로 자기중심적이고 이분법적인 사고의 한계에서 벗어나 자신과 타인의 생각과 경험에 보다 깊이 있게 참여하고 지식이 형성되는 합리적인 절

---

7 Anne Wilson Schaef, *Escape from Intimacy: Untangling the "Love" Addictions: Sex, Romance, and Relationship* (San Francisco: Harper & Row, 1989), pp. 78-85.

8 Mary F. Belenky, Blythe M. Clinchy, Nancy R. Goldberger, and Jill M. Tarule, *Women's Ways of Knowing: The Development of Self, Voice, and Mind* (New York: Basic Books, 1986), pp. 52-62.

차에 관심을 갖는 것이 필요하다.

물론 성인기에 이르렀다고 해서 모든 여성이 자연스럽게 주관적 또는 절차적인 지식을 형성하는 것은 아니다. 성인기에도 여전히 타인의 권위나 지식에 의존하는 인식 방식을 가진 여성들이 있다. 여성의 인식 능력을 발달시키도록 격려하지 않는 가정이나 교육 환경에서 성장한 여성일수록 자신의 인식 능력을 신뢰하지 못하고 타인이나 외부에 의해 주어지는 지식을 수동적으로 받아들이는 경향이 강하게 나타난다. 자신을 둘러싼 환경이 지나치게 억압적이거나 폭력적인 경우에는 자신의 인식 능력을 완전히 포기한 채 침묵의 상태로 살아가는 여성들도 있다. 그러므로 성인 초기의 여성들은 자신의 내면의 목소리와 주관적인 인식 능력을 신뢰함과 동시에 합리적이고 이성적인 사고 능력을 발달시켜 끊임없이 새로운 진리를 추구하려는 자세가 필요하다.

성숙한 도덕적 판단 능력의 형성

성인 초기의 여성들은 삶의 어느 시기보다도 자신에 대한 보살핌과 타인에 대한 보살핌 사이에서 갈등하게 된다. 특히 결혼생활과 직장생활을 병행해야 하는 여성들은 이 시기에 가족에 대한 책임과 직장인으로서의 책임 사이에 균형을 이루어야 하는 긴장감을 항상 지니게 된다. 이 경우 어린 자녀에 대한 보살핌은 항상 여성의 희생이나 책임을 과중하게 요구하는 방식으로 나타난다. 이러한 현실에서 여성의 희생이 지나친 자기부정으로 이어질 때 이는 여성 자신의 발달을 방해할 뿐 아니라 가족과 공동체 안에서의 진정한 관계성도 파괴하게 된다.[9]

---

9 Carol L. Hess, *Caretakers of Our Common House: Women's Development in*

그러므로 성인 초기의 여성들은 일상의 삶에서 직면하는 다양한 도덕적 딜레마의 상황에서 자신과 타인에 대한 보살핌에 균형을 이루는 것이 필요하다. 자신을 소외시키고 일방적으로 타인만을 보살피는 경우에 여성들은 자아상실과 자기부정을 경험하게 되고, 이로 인한 우울증과 공허함을 경험하게 된다. 상담가들은 전업주부인 여성들이 남편과 자식들을 위한 보살핌에 집중하느라 자신의 삶을 상실할 경우, 여러 가지 정신적인 장애나 우울증을 호소한다는 것을 지적하고 있다.[10] 이러한 문제를 해결하고 올바른 판단을 내리기 위해서는 정의의 원리와 보살핌의 원리가 모두 고려되어야 한다. 여성들은 도덕적인 딜레마의 상황에서 자신의 관심과 이익, 요구를 타인의 요구와 관심을 위해 쉽게 포기하는 경향이 있다. 보살핌의 원리는 자신을 포함한 모든 인간이 동등한 권리를 지닌다는 정의의 원리가 함께 고려될 때 보다 성숙한 도덕적 판단의 원리로서 작용할 수 있다. 성인 초기 여성들은 보살핌의 관계에서 힘의 불균형을 최소화시키고 자신을 포함한 모든 사람은 동등하게 보살핌을 받을 권리가 있다는 정의와 평등의 원칙을 함께 고려하는 성숙한 도덕적 판단 능력을 기르는 것이 필요하다.

새로운 삶의 구조 형성

성인 초기는 여성들이 새로운 삶의 구조를 형성하고 이를 보다 안정된 삶의 구조로 향상시키기 위해 노력하는 시기이다. 이 시기의 여성들

Communities of Faith (Nashville: Abingdon Press, 1997), pp. 52-53.

10 Ruth Formanek and Anita Gurian, eds., *Women and Depression: A Lifespan Perspective* (NY: Springer Publication. Co., 1987); Christie Cozad Neuger, ed., *The Arts of Ministry: Feminist and Womanist Approaches* (Louisville: Westminster Press, 1996).

은 대학과 직업의 선택, 사랑, 결혼, 새로운 가족의 형성, 다양한 사회적 역할 등을 통해 새로운 삶의 구조를 형성하고자 그 어떤 시기보다 많은 위기와 갈등을 경험하고 성공과 실패를 반복하게 된다. 남성들에게도 성인 초기는 직업의 선택과 새로운 가족의 형성이라는 과제가 주어지는데 그들에게는 직업의 선택과 가족의 형성이 양자택일의 문제가 되는 경우가 거의 없는 반면, 여성들에게는 양자택일의 문제가 되는 경우가 있다. 많은 여성들이 자녀 출산과 양육으로 인해 경력단절을 경험하거나 가사노동, 출산과 양육, 직장일로 이중 삼중의 책임을 감당하는 경우가 많다. 또한 직장에서도 여성들의 위치와 여성들에 대한 대우는 여전히 차별적이고 불안정한 상태가 유지되고 있다.

대니얼 레빈슨은 성인 여성들의 삶을 연구하면서 전업주부와 직업을 가진 여성들을 나누어 연구했다. 성인 초기에 전업주부의 삶을 선택하는 것과 직업을 갖는 것은 삶의 구조에 많은 차이를 가져온다. 성인 초기에 결혼을 선택한 여성들은 전통적인 결혼 구조와 어머니 역할에서 오는 부담감과 과중한 책임감으로 인해 고통스러워한다. 또한 남편이 직업에 많은 시간과 열정을 쏟아 함께 공유하는 시간이 적어지면 결혼의 위기를 느끼기도 한다. 이러한 갈등으로 인해 여성들은 점차 가정에서의 역할을 축소시키고 직업이나 새로운 삶의 가능성에 관심을 갖기도 한다. 결혼을 인생의 목표로 생각하는 여성들 중에는 이 시기에 직업을 가지고는 있으나 좋은 사람을 만나면 언제라도 결혼해 전업주부가 되겠다고 생각하며 직업에는 전적으로 투자하지 않는 여성들도 있다.[11]

직업을 가진 성인 초기의 미혼 여성들의 경우 상대적으로 결혼과 출산을 늦추는 경향이 있으며, 사랑과 결혼, 가족관계에 있어서 비교적 독

11 Levinson, *The Seasons of a Woman's Life*, pp. 69-171.

립적인 상태를 유지하고자 하지만 결혼에 대해 완전히 자유로울 수 없기 때문에 결혼으로 안정된 삶을 유지하고 싶어 하기도 한다. 그러나 아내의 역할보다는 어머니의 역할이 직업과 상충되는 부분이 더 많기 때문에 아이의 출산은 여전히 큰 부담으로 여겨지고 내적인 혼란이나 두려움을 갖게 된다. 직장생활에 있어서도 남성들의 정치적 게임, 권위적인 구조, 여성들에게 상대적으로 불평등한 제도 때문에 고통을 받는다.[12] 성인 초기의 여성들은 결혼과 직업의 선택, 새로운 가족의 형성 등을 통해 지속적으로 삶의 구조를 변화시켜나가는데, 삶의 구조를 형성하는 요소들이 파편화되고 불안정하기도 하고 개인의 노력에 따라 보다 안정적으로 통합되기도 한다.

개체적이고 성찰적인 신앙의 형성

제임스 파울러(James W. Fowler)에 의하면 성인기에 접어든 사람들은 개체적-성찰적 신앙(individuative-reflective faith)을 형성할 수 있게 된다. 청소년기에 주체적인 인식 능력과 종교적인 사고 능력을 잘 발달시킨 사람들은 성인 초기에 기존의 가치체계나 신념에 대해 비판하고 주체적인 신앙을 형성하기 위해 노력한다. 이들은 기존의 종교적인 상징, 신화, 전설, 이념 등에 대해 비판적으로 성찰하고 자신의 결단이나 생활태도, 신조, 자세 등에 대해 진지하게 책임을 느낀다. 이 과정에서 자기 자신에게 새로운 권위를 부여하게 되고 자신의 의식과 사유에 대해 신뢰감을 느끼게 된다.[13] 샤론 팍스(Sharon D. Parks)는 성인 초기의 중요한

12 Ibid., pp. 227-368.

13 James W. Fowler, *Stages of Faith: The Psychology of Human Development and the Quest for Meaning* (San Francisco: Harper & Row, 1981), pp. 174-183.

과제는 자신의 신앙을 비판적으로 성찰해 버릴 것은 버리고, 되찾을 것은 되찾아 재구성하는 것이라고 했다. 팍스는 신앙의 성숙을 위한 과제는 외부에 의해 수동적으로 받아들였던 것에 대해 비판적으로 성찰하고, 자기의식적으로 진리를 추구하는 과정에 참여하고, 정의로운 방식으로 행동할 수 있는 능력을 발달시키는 것이라고 강조했다.[14]

그런데 이 시기에 지나치게 자신의 신념이나 세계관에 몰입할 경우 극단적인 자기확신이나 자기도취, 또는 도덕적인 모호함에 빠질 우려가 있다. 또한 특정의 이데올로기나 카리스마적인 지도자에게 권위의 초점을 맞추어 절대 충성을 맹세하기도 하고 신앙 공동체에 저항하는 극단적인 모습을 보일 수도 있다.[15] 그러므로 성인 초기는 공동체적인 관심과 교육적 돌봄이 특히 필요한 시기이다. 개인이 자신의 신앙을 주체적으로 성찰하고 확립해가는 시기에 지나친 자기확신이나 개인주의에 빠지지 않도록 삶의 가치와 의미를 공유하고 신뢰를 기반으로 한 상호 비판이 가능할 수 있도록 공동체적인 양육과 관심이 필요하다. 또한 종교적 권위의 이름으로 전통적인 가르침을 강요하기보다는 공동체 구성원들이 지닌 지적인 욕구를 격려하는 것이 필요하다.[16] 공동체의 지속적인 양육과 사랑이 뒷받침될 때 각 개인은 서로에 대한 신뢰를 기반으로 자신의 신앙을 보다 주체적이고 성찰적으로 형성시켜나갈 수 있게 된다.

---

14 Sharon Daloz Parks, *Big Questions, Worthy Dreams: Mentoring Young Adults in Their Search for Meaning, Purpose, and Faith* (NY: Jossey-Bass, 2000), pp. 6-7.

15 Fowler, *Stages of Faith*, pp. 182-183.

16 James W. Fowler, *Faith Development and Pastoral Care* (Philadelphia: Fortress Press, 1987), pp. 90-92.

2. 관계와 성찰의 기독교교육

꿈을 형성하고 소명을 찾도록 안내하는 교육

대니얼 레빈슨은 성인 초기의 중요한 과제는 꿈을 구체화하고 그에 따라 삶의 구조를 형성하는 것이라고 했다. 인생의 꿈은 아동기에 시작되지만 성인기에 더 분명한 형태를 갖추고 점차 삶의 구조와 통합되어 간다. 꿈에 기반을 둔 삶은 특별하고 활기가 넘치지만, 꿈이 없는 삶은 강렬함과 활기를 상실한다. 꿈은 고착되어 있는 것이 아니라 발달해가는 것이다. 구체적인 목표로 계획되지 못하고 지속적으로 발전하지 못한 꿈은 사라진다. 그러므로 성인 초기에는 구체적인 목표를 설정하고 성취를 통해 꿈을 실현해나가야 한다. 성인 초기에 전통적인 가정주부상을 내면에 가지고 있는 여성은 가족제도 안에서 어머니와 아내의 역할과 관련된 꿈을 가진다. 반면, 직업과 가정을 균형 있게 양립하고 독립적이고 평등한 삶을 살고자 하는 여성은 반전통적 꿈(anti-traditional dream)을 형성한다. 이러한 여성들의 꿈은 대학에서 전공을 선택하거나 직업을 선택하고 성취하는 과정에 영향을 미친다.[17] 꿈의 형성은 여성 자신이 진정으로 원하는 것이 무엇인지 알지 못해서 어려운 경우도 있고 꿈을 실현시킬 수 없도록 하는 주변 환경이나 사회적 현실 때문에 어려운 경우도 있다.

현재 한국 사회의 심각한 청년 실업 문제는 성인 초기 여성들이 꿈을 실현하는 데 큰 장애가 되고 있다. 뿐만 아니라 이 시기에 남성들은 결혼과 직업의 선택에 대해 동시적으로 사회적 지지를 받는 반면, 여성들

---

17 Levinson, *The Seasons of a Woman's Life*, pp. 238-239.

은 이 둘 사이에서 긴장을 경험하기도 한다. 요즘 한국 사회에서 성공한 현대적인 여성상은 아내와 어머니로서의 희생과 노력, 그리고 전문가로서의 능력을 겸비한 완벽한 인간이다. 이러한 여성상은 몇몇 여성들의 성공 신화로 포장되어 많은 여성들에게 용기와 격려보다는 상실감과 좌절감을 안겨주고, 일과 가정의 양립을 위해 노력하는 여성들에게 성취감보다는 심리적 부담감을 안겨준다. 일과 가정을 양립하는 것에 관한 사회적 관심이 높아지고 있지만 여전히 결혼과 양육으로 인한 경력단절과 재취업의 어려움이 있다.[18] 이러한 어려운 현실에도 불구하고 성인 초기 여성들은 자신의 전 생애의 방향을 결정하고 이끌어줄 꿈을 형성하는 것이 필요하다. 꿈이 없이는 인생의 구체적인 계획을 세우기 어렵고 삶의 의미를 찾기 어렵기 때문이다.

'소명(vocation)'이나 '부르심(calling)'이라는 말은 흔히 성직자들에게만 적용되는 단어라고 생각하는 경향이 있다. 영어 vocation은 라틴어 목소리(vox)와 연결된 단어로 하나님의 목소리 또는 하나님의 부르심을 의미한다. 하나님의 목소리를 듣는 것은 임무를 실행하도록 세상으로 보내지는 것이다. 하나님의 부르심은 모든 인류를 위한 그의 계획에 인간들이 참여하도록 한다. 가톨릭 전통에서 소명은 특별한 사제들을 위한 신성한 부르심으로 제한적으로 이해되었지만 종교개혁자들은 모든 인간이 하나님의 부르심을 받았음을 강조했다. 이러한 소명에 대한 이해가 개신교의 직업윤리와 연결되었다. 그러나 현대인들에게 직업은 더 이상 하나님의 부르심으로 이해되기보다는 자신의 정체성과 가치와 연

18 2013년 7월 서울시 여성능력개발원의 조사에 따르면, 개발원을 찾은 여성들 중 49.2%의 여성들이 가사나 양육을 위해 직장을 그만둔 경력단절 여성이고, 이들 중 84.7% 정도가 재취업을 희망하고 있으나 현실과 상당한 괴리가 있는 것으로 나타났다. 서울경제, 2013년 7월 3일 29면 기사.

결해 이해되고 있다. 그러므로 레티 러셀(Letty M. Russell)은 소명을 특별한 종교적 소명으로만 한정시켜 생각할 것이 아니라, 각각의 사람이 하나님의 창조 활동에 파트너로 참여한다는 책임의식을 가지고 일상의 삶에서 하나님의 뜻을 발견하고 그대로 따르기 위해 노력해야 한다고 강조했다.[19]

직업은 자신의 꿈의 성취라는 점에서 의미가 있는 동시에 그 일을 통해 하나님의 부르심에 응답하고 공동체에 기여한다는 점에서도 의미가 있다. 여성들은 자신의 꿈과 일을 통해 그리스도의 몸인 교회와 세계를 위해 어떤 역할을 할 수 있을지 진지하게 고민해야 한다. 교회는 그 구성원들을 그리스도의 몸의 지체라고 부른다. 몸(그리스어로 *soma*, 라틴어로 *corpus*)의 은유는 '그리스도 안의 존재(being in Christ)'라는 의미이다. 고대의 정치적 담론에서 사용되던 몸이라는 용어는, 서로 다르지만 상호 의존적인 구성원들로 형성된 도시를 상징하는 정치적 의미를 지녔다.[20] 그러므로 바울은 고린도전서 12장에서 그리스도의 몸인 교회는 하나이지만 그 안에 다양한 구성원들이 존재하고, 그 구성원들은 모두 한 성령에 의해 세례를 받았음을 상기시켰다. 그리고 인간의 몸 안에서 각 기관이 유기적으로 기능하는 것처럼 기독교인들도 공동체 전체를 위한 유기체적 존재임을 강조했다. 성령 안에서 사람들은 각기 다른 선물을 받았기 때문에 누군가의 우월성을 주장할 수 없으며 서로의 기능과 역할을 존중해야 한다. 그러므로 여성들은 공동체 구성원들이 경쟁의 대상이 아닌 상호 의존적 존재로서 한 몸의 지체라는 유기체적 의식을

19 Letty M. Russell, *The Future of Partnership* (Philadelphia: Westminster Press, 1979), pp. 124-126.

20 Elizabeth S. Fiorenza, *Sharing Her Word: Feminist Biblical Interpretation in Context* (Boston: Beacon Press, 1998), p. 117.

형성해야 한다.

그러나 현실의 직업 세계는 공감, 협동, 공동체 의식을 통해 유지되기보다는 경쟁, 이윤, 효율성으로 사람을 평가하고 사람들은 그 안에서 다양한 소외를 경험한다. 자신의 재능과 가치가 평가절하되고 오직 성과 위주의 시스템 안에서 자신이 점차 대체 가능한 소모품으로 전락하는 것 같은 위기감을 느끼게 된다. 성인 초기에 자신의 꿈을 실현하기 위해 선택한 직장에서 직면하게 되는 이러한 다양한 위기는 계속 그 직장에 머물러 있어야 하는지 아니면 꿈을 수정해야 하는지 고민하게 한다. 이 시점에 여성들은 자신의 일과 하나님의 창조적 활동과의 관계에 대한 올바른 의식을 정립하는 것이 필요하다. 인간이 하나님과 공동창조(co-creation)의 책임을 가지고 있다는 것은 하나님의 창조 행위가 과거에 일회적으로 완결된 상태가 아니라 지금도 진행 중에 있는 활동임을 강조하는 것이다.[21] 하나님의 지속적인 창조 행위에 인간은 공동 창조자로서의 역할을 수행해야 한다. 그러므로 자신이 하는 일이 하나님의 창조적이고 구원적인 활동에 참여하는 일인지 아니면 오히려 창조질서를 파괴하고 분열시키는 일인지 스스로 점검하고 성찰하는 것이 필요하다. 몸의 한 부분에 이상이 생겼을 때 신속하게 치료하지 않으면 온몸이 병들어간다. 이처럼 자신의 직장에서 생성되는 비윤리적인 기업 문화, 성차별적인 문화, 위계적인 권력 구조, 열악한 노동 환경 등에 대해 신속하게 대처하지 않으면 그 공동체는 전부 병들게 된다. 그러므로 자신이 속한 공동체를 살리기 위해 노력하는 것이 하나님의 창조 행위에 참여하는 길임을 인식해야 한다. 자신이 하고 있는 일이 행복을 가져다

21 Kathleen Fischer, *Reclaiming the Connections: A Contemporary Spirituality* (MO: Sheed & Ward, 1990), pp. 85-86.

주지 못하고 삶의 목표에 의미를 부여하지 못할 때, 또는 하나님의 창조적인 행위에 반하는 파괴적인 행위일 때는 과감하게 새로운 일을 찾아 나서는 용기도 필요하다.

성인 초기에 사회에서 자신의 직업을 통해 소명을 찾아가는 여성들도 있지만 결혼과 함께 전업주부의 삶을 선택하는 여성들도 있다. 그런데 가사노동은 그 노동의 가치에도 불구하고 사회적으로 정당하게 평가받지 못하는 경향이 있다. 주부의 육체적인 가사노동, 가족에 대한 사랑의 보살핌과 정서적 지지는 가족들의 신체적, 정서적, 영적 건강과 행복을 유지시키는 데 결정적인 역할을 한다. 여성들은 자신의 노동이 타인의 생명을 살리고 유지시키는 소중한 일임을 인식하고 자신감과 소명의식을 가질 필요가 있다. 레빈슨의 연구에 따르면, 모든 여성들은 전통적인 가정주부상(traditional homemaker figure)에 대한 수용과 거부 사이에서 평생 갈등한다. 전업주부인 여성들은 전통적인 결혼의 틀 안에서 살지만 내면적으로는 독립적이 되기를 원하고 공적 세계에 참여해 남성과 동등해지기 원하는 반전통적 여성상을 가지고 있는 경우가 많다.[22] 자신의 선택에 의해 전업주부의 삶을 사는 여성들은 자신이 가족을 위해 하는 창조적이고 생산적인 노동의 가치에 대해 확신을 가져야 하고 더불어 자신의 꿈에 대한 지속적인 물음을 통해 삶의 구조를 변화시키고 소명을 찾아야 할 것이다. 기독교교육은 성인 초기 여성들이 자신의 삶의 방향을 이끌어줄 수 있는 꿈을 형성하고 실현하는 과정에서 하나님이 주신 특별한 소명을 깨닫고 공동체를 위해 헌신할 수 있도록 도와야 한다.

---

22 Levinson, *The Seasons of a Woman's Life*, pp. 49-56, 413-421.

평등한 파트너십을 위한 교육

성인 초기에는 남녀 모두가 서로에 대한 친밀감(intimacy)을 형성하는 것이 중요한 발달과제이다. 이 시기에 대부분의 성인은 앞으로의 생을 함께할 동반자를 선택하고 결혼이라는 제도 안으로 들어간다. 사랑과 결혼은 지극히 사적인 관계성에 기초하는 일로 여겨지지만 실제로는 전통적인 가치, 사회적인 규범과 제도에 의해 많은 영향을 받는다. 결혼관계는 부부의 관계, 힘과 역할의 균형에 따라 다음의 세 가지로 나뉜다. 먼저 전통적 결혼(traditional marriage)관계는 남편이 가장으로서 권위와 힘을 가지고 경제적인 책임을 지는 반면, 아내는 가사와 양육을 책임지는 명확한 역할 분담이 이루어진다. 현대적 결혼(modern marriage)관계는 여성의 사회 진출이 늘어나면서 아내가 직장을 가지고 있지만 여전히 가사와 양육의 일차적 책임을 지거나 양육을 위해 직장을 그만두는 경력단절이 이루어지는 경우가 많다. 현대적 결혼관계는 전통적인 결혼관계에 비해 평등한 것처럼 보이지만 여전히 남성이 경제적인 책임을 더 지고 여성은 가정에 더 책임을 지는 형태이다. 마지막으로 평등한 결혼(egalitarian marriage)관계는 부부가 평등한 권위와 힘을 공유하는 것으로 성 역할 고정관념에서 벗어나 직장일, 가사, 양육에 있어서 평등하게 책임을 공유하는 것이다.[23] 현재 한국 사회에는 이 세 가지 형태가 공존하고 있으나 여전히 전통적인 가치와 규범이 부부관계에 영향을 미치고 있다.

평등한 결혼관계는 남녀 모두의 삶에 긍정적인 영향을 미친다. 남성은 전통적인 결혼에서 혼자 감당해야 했던 경제적인 부담의 짐을 나누

---

23 Rhoda Unger and Mary Crawford, *Women and Gender: A Feminist Psychology* (NY: The McGraw-Hill Companies, Inc., 1996), pp. 350-352.

고 자녀들의 성장과 발달에 더 참여할 수 있는 자유를 얻게 되며, 여성은 평등한 관계에서 오는 만족감을 보다 많이 가질 수 있다.[24] 인간 사이의 파트너십을 강조한 러셀에 따르면 파트너십은 고정적인 것이 아니라 유기적이고 상호 관계적인 것으로서 지속적인 결단과 공동의 노력에 의해 성장할 수도 있고 파괴될 수도 있다. 모든 관계성은 서로의 성장과 서로에 대한 신뢰와 보살핌을 위한 책임 있는 실천에 달려 있다. 러셀은 개방적이고 솔직한 대화, 상호 존중, 서로에 대한 따뜻한 감정과 깊은 애정은 평등한 상호 관계성 안에서만 일어날 수 있음을 강조했다. 또한 관계성이 성장하고 활력을 얻을수록 두 사람 사이에 시너지가 발생해 예상치 못했던 결과를 얻을 수도 있고 그 결과를 함께 공유하는 선물을 얻게 된다고 말했다.[25] 결혼관계를 잘 지속하기 위해서는 부부 사이의 평등한 관계성에 기초한 상호적인 신뢰와 책임을 통해 건강하고 성숙한 파트너십을 형성해가야 한다.

평등한 관계성에 기초하지 않은 사랑에 대한 강조는 자칫 한쪽의 일방적인 희생을 강요하게 된다. 엘리자베스 피오렌자(Elizabeth S. Fiorenza)는 현대 사회에서 사랑은 더 이상 개인적이고 사적인 것이 아니라 심각하게 젠더화되어 있다고 지적했다. 사랑에 관한 전통적인 기독교의 설교는 낭만적인 사랑, 여성적인 소명, 희생적인 봉사의 문화적 풍조를 강화하는 경향이 있다. 가장으로서의 남편과 순종적인 아내라는 전근대적 개념과 낭만적 사랑이라는 근대적 개념이 합해져 현대에도 여전히 가부장적이고 주종적인 남녀관계에 대한 이해가 유지되고 있다. 피오렌자는 불평등한 가족관계를 사랑의 이름으로 유지시키고 예수의

24 Ibid., p. 381.

25 Russell, *The Future of Partnership*, pp. 18-19, 54.

고통과 자기희생적 사랑을 약자에게만 강요할 때 폭력의 악순환이 일어난다고 지적했다.[26] 이렇게 정의롭지 못한 관계에서 이루어지는 사랑의 위험성 때문에 캐서린 켈러(Catherine Keller)는 정의로운 사랑의 중요성을 강조했다. 켈러에 따르면 인간이 타자와의 관계에서 사랑, 공감, 희망을 향해 자신을 개방할수록 다양한 욕망들 사이에는 모순이 발생할 수밖에 없다. 그러므로 이러한 확장의 과정에는 정의의 구조가 필요하다. 켈러는 정의의 구조가 너무 확고하면 사랑과 공감의 흐름이 막힐 수도 있지만, 정의의 구조가 없는 삶과 사랑의 흐름은 자칫 무절제하게 흩어질 수 있다고 지적했다.[27] 따라서 불평등하고 부정의한 관계를 사랑의 이름으로 지속시키기보다는, 정의로운 사랑의 힘으로 불평등한 관계를 평등한 파트너십으로 변화시키기 위해 노력하는 것이 필요하다.

성인 초기의 여성들은 평등한 파트너십에 기초한 성(sexuality)에 대해서도 진지하게 성찰해야 한다. 사람들은 성적 관계를 통해 자신뿐 아니라 타인의 관심과 욕구에 관심을 갖는다. 또한 서로를 만족시키고 행복하게 하기 위한 보살핌과 애정을 통해 관계를 성숙시켜나간다. 카터 헤이워드(Carter Heyward)는 인간으로 존재한다는 것은 자기의식적으로(self-consciously) 누군가를 사랑하고 사랑받을 수 있는 주체로 존재한다는 것을 의미한다고 했다.[28] 기독교의 성 윤리는 인간의 성적 쾌락을 억압하는 것이 아니며, 인간 상호 간의 진정한 받아들임과 친밀감의 관계 속에서 일어나는 상호적인 쾌락(mutual pleasure)을 중요시한다. 상호적

26 Fiorenza, *Sharing Her Word*, pp. 139-140, 148-152.

27 Catherine Keller, *On the Mystery: Discerning Divinity in Process* (Minneapolis: Fortress Press, 2008), p. 120.

28 Carter Heyward, *Our Passion for Justice: Images of Power, Sexuality, and Liberation* (NY: Pilgrim Press, 1984), p. 45.

인 성적 쾌락은 상대방에 대한 존중과 보살핌을 바탕으로 하며 서로의 쾌락을 극대화하는 과정에서 남에게 고통을 주지 않는 책임감을 요구한다. 그러므로 의도적이든지 의도적이 아니든지 상대방의 쾌락을 배제하는 성적 쾌락은 죄악이 된다.[29] 여성의 성적 수동성을 자연스럽게 받아들이는 남성 중심의 성 문화에서 여성들은 부부관계에서도 자기의식적인 사랑이나 친밀한 상호성을 결여하는 경우가 있다. 그러므로 여성들은 성에 대한 왜곡된 이해에서 벗어나 자신의 성적 쾌락을 두려워하고 억압하기보다는 자신의 몸과 성의 주체로서 타인과 상호 보살핌, 존중, 책임감이 바탕이 되는 관계를 형성해야 한다. 기독교교육은 성인 초기 여성들이 평등한 파트너십에 대한 올바른 이해를 토대로 남녀관계나 결혼관계를 형성하고 상호적인 신뢰와 책임, 보살핌을 통해 함께 성장해가는 삶을 살 수 있도록 교육해야 한다.

정의로운 돌봄을 위한 교육

모든 인간은 서로를 돌보며 살아간다. 돌봄에는 타인을 보살피는 행위, 타인으로부터 보살핌을 받는 행위, 자기 자신을 보살피는 행위가 포함된다. 타인을 보살피는 행위는 인간의 삶에서 매우 소중한 경험으로 타인의 보살핌 없이 홀로 성장하는 사람은 아무도 없다. 성인 초기의 기혼 여성들은 임신과 출산을 통해 새로운 형태의 돌봄을 경험하게 된다. 임신과 더불어 여성들은 자신에게 전적으로 의존할 수밖에 없는 생명을 돌봄으로써 타인을 보살피는 일의 가치와 소중함을 경험하게 된다. 자

29 Christine E. Gudorf, *Body, Sex, and Pleasure* (Cleveland: Pilgrim Press, 1994), p. 139.

신에게 절대적으로 의존하는 존재를 보살핀 경험은 인간의 신뢰와 사랑에 대한 특별한 경험을 제공한다. 인간은 영아기에 자신을 돌보는 타자와의 관계에서 신뢰 또는 불신을 경험하게 되는데, 이 시기는 영아에게만 의미 있는 시간이 아니라 보살핌을 제공하는 어머니에게도 중요한 경험이다. 마리아 해리스(Maria Harris)는 돌봄은 단지 보살핌을 받는 사람에게만 영향을 미치는 것이 아니라 보살피는 사람에게도 힘과 의지를 부여한다고 말했다. 타인을 돌보는 사람은 보살핌의 행위를 통해 인간관계를 배운다.[30] 그러므로 타인을 돌보는 행위를 통해 보살피는 자와 보살핌을 받는 사람은 모두 서로의 영적인 삶에 힘을 불어넣어 주는 일을 하게 된다.

돌봄의 가치와 중요성에도 불구하고 일방적인 자기희생적 돌봄이나 과도한 돌봄은 오히려 돌봄의 관계에 있는 사람들의 삶을 불행하게 하거나 미성숙하게 만들 수 있다. 현대 여성들은 가정에서 아내, 어머니, 딸, 며느리로서의 돌봄의 역할뿐 아니라 직장, 교회, 사회의 다양한 공동체에서 돌봄의 역할을 완벽히 수행하고자 노력하는 과정에서 결국 슈퍼우먼 콤플렉스(superwoman complex)로 고통받는 경우가 많다. 돌봄의 역할을 완벽하게 수행하기 위해 과도한 노동과 스트레스에 시달리게 되는 것이다. 이러한 여성들은 슈퍼우먼이라는 삶의 멍에를 떨쳐버리고 일상생활에서의 다양한 역할을 분담하고 공유하며 살아가는 지혜와 용기를 배우는 것이 필요하다. 또한 여성들은 돌봄의 대상에서 자기 자신이 소외되어 있는 경우, 육체적, 심리적, 영적인 자기돌봄(self-care)을 실천하는 것이 필요하다. 어슐라 킹(Ursula King)은 여성들이 자기 자신을

30 Maria Harris, *Dance of the Spirit: The Seven Steps of Women's Spirituality* (NY: Bantam Books, 1989), p. 39.

위해서도 어머니가 되어 자신의 생각, 꿈, 희망, 기도에 영양분을 제공할 때, 진정한 의미에서 다른 사람의 삶을 양육할 수 있다고 했다.[31] 자신을 돌보고 사랑하지 않으면서 타인만을 돌보는 경우, 결국 육체적으로 지치게 되고 영적으로 피폐해질 수 있다. 여성들은 정의가 결여된 자기희생으로는 진정한 의미의 사랑의 관계를 유지할 수 없다는 사실을 인식해야 한다.

과도한 돌봄의 책임은 여성들로 하여금 지속적인 죄책감으로 고통받게 한다. 여성들은 다양한 돌봄을 행하면서도 자신의 부족함에 대해 죄책감을 느끼는 경향이 있다. 특히 직장생활과 가정생활의 균형을 맞추기 위해 노력하는 여성들은 수많은 돌봄의 대상 중에서 선택을 해야 하는 순간에 직면하게 되고 자신의 선택에 따른 죄책감을 갖게 되는 경우가 많다. 바버라 모세스(Barbara Moses)는 여성들은 모든 잘못을 자신의 탓으로 돌리는 데에는 전문가라고 했다. 특히 자녀들에게 일어난 부정적인 일들을 자신의 탓으로 돌리고 죄책감을 갖는 경우가 많다는 것이다.[32] 어머니의 자기희생적 사랑이라는 모성의 신화 때문에 여성들은 엄청난 노동을 수행하면서도 항상 자신의 부족함에 대해 죄책감을 느낀다. 또한 타인을 위한 돌봄은 당연시하면서 자신을 돌보는 시간을 갖는 것에는 죄책감을 느끼기도 한다. 여성들은 자신이 돌볼 수 있는 대상과 사용할 수 있는 시간 및 에너지의 한계를 명확히 하고 그 이상의 것에 대해서는 불필요한 죄책감을 갖지 말아야 한다. 제한된 시간과 능력을 가진 인간이 모든 사람을 완벽하게 돌보고 모든 일을 완벽하게 할 수는 없다. 자신의 한계를 인정하고 받아들이는 것이 돌봄의 관계에서 중요하다.

---

31 Ursula King, *Women and Spirituality* (New York: New Amsterdam, 1989), p. 78.

32 Barbara Moses, *Women Confidential: Midlife Women Explode the Myths of Having It All* (NY: Marlowe & Company, 2006), pp. 61-72.

과도한 돌봄은 또한 타인의 성장을 방해하거나 서로를 불행하게 만들 수 있다. 가장 대표적인 예로, 어머니의 과도한 돌봄은 왜곡된 형태의 모성애로 표출되어 자녀를 불행하게 할 뿐 아니라 자녀의 성장을 방해하기도 한다. 캐롤 헤스(Carol L. Hess)에 따르면 왜곡된 자기희생적 모성애는 자녀가 진정으로 원하는 것에는 무관심한 채 자신이 이루지 못한 욕망을 대리만족하고자 하는 자기애적 양육(narcissistic parenting)으로 이어진다. 이러한 왜곡된 사랑은 자녀의 진정한 자아를 희생시키는 결과를 낳는다.[33] 최근 한국 어머니들의 과도하고 왜곡된 자녀 사랑과 돌봄은 심각한 사회 문제를 야기하고 있다. 흔히 헬리콥터 맘(helicopter mom)으로 불리는 여성들은 자녀가 유치원을 다닐 때부터 시작해서 좋은 직장을 얻기까지의 전 과정을 철저히 관리한다. 자녀가 하는 모든 일을 미래의 성공에 미치는 영향에 따라 도구적으로 평가하고 자녀의 성공 여부에 대해 강박적으로 두려움과 근심을 갖는다. 이러한 왜곡된 형태의 모성애로 인해 자녀들은 성인이 되어서도 여전히 부모에게 의존하는 어린아이 같은 모습을 지닌다.[34] 건강하지 못한 어머니 역할이 자녀들의 삶에 악영향을 미칠 뿐 아니라 미성숙한 어른들이 살아가는 미성숙한 사회를 만들게 되는 것이다.

어머니들의 과도한 돌봄은 자신의 가족이나 자신이 속한 집단의 이익만을 위하는 가족 이기주의나 집단 이기주의 양상을 띠는 경우가 많다. 헤스는 타자에 대한 진정한 공감적 돌봄을 실천하기 위해서는 자신과 자신의 가족을 위한 돌봄을 넘어서 사회적 약자와 억압당하는 자들까지 돌보는 적극적인 '탈중심화(decentering)'가 일어나야 한다고 강조했

---

33 Hess, *Caretakers of Our Common House*, pp. 100-101.

34 Moses, *Women Confidential*, pp. 180-191.

다. 이는 '공감적 자기비움(empathetic self-emptying)'의 행위로 사회에서 억압당하고 주변화된 약자들의 눈을 통해 자신과 지배 문화를 비판적으로 성찰하는 것이다.[35] 여성들은 자기 가족과 집단의 이익만을 생각하는 이기적인 돌봄으로 인해 누군가를 소외시키고 차별하고 있는 것은 아닌지 끊임없이 비판적으로 성찰할 수 있어야 한다. 또한 돌봄의 대상을 확대해나가고, 특히 사회적 약자를 위한 정의로운 돌봄을 실천하기 위해 노력해야 한다. 기독교교육은 여성들이 정의로운 관계에서 돌봄을 실천하고, 특히 사회적 약자에 대한 돌봄을 강조한 예수의 가르침을 삶에서 실천할 수 있도록 교육해야 한다.

삶의 위기에 종교적 의미를 추구하도록 돕는 교육

성인 초기는 수많은 삶의 위기와 도전에 직면하는 시기이다. 물론 남성들도 다양한 삶의 위기와 도전에 직면하지만 여성들의 경우는 취업과 결혼, 출산, 양육으로 이어지는 많은 변화를 통해 삶의 구조를 끊임없이 재형성하면서 그 변화의 과정을 성숙의 기회로 삼아야 하는 과제를 지닌다. 인간의 성숙을 계속되는 내적 · 외적 갈등과 위기의 연속으로 이해한 에릭 에릭슨에 따르면, 인생의 위기와 도전은 불행의 위협이 아니라 발달을 위한 도전이고 기회이며 개인이 지닌 잠재력을 발휘할 수 있는 인생의 전환점이다.[36] 그러므로 삶에서 맞게 되는 위기와 도전을 회피할 것이 아니라 위기와 도전에 효과적으로 대응하고 이를 적극적으로 해결하고자 하는 자세가 필요하다. 발달적 위기와 도전을 대면하지 않고

35 Hess, *Caretakers of Our Common House*, pp. 97-98.

36 Erik H. Erikson, *Identity: Youth and Crisis* (NY: W. W. Norton & Company, 1968), p. 96.

회피할 경우, 위기는 여전히 해결되어야 할 과제로 자신의 삶에 남아 있게 된다. 삶의 위기는 예측할 수 있게 점진적이고 자연스럽게 찾아오는 위기가 있는가 하면 예측할 수 없게 갑작스럽게 찾아오는 위기도 있다.

인생의 중요한 전환점에 직면해 많은 사람들이 혼란을 느끼게 되는 이유는 바로 자신이 상실한 것이 무엇인지를 명확히 인식하지 못하기 때문이다. 직업이나 결혼생활에서 위기를 맞게 되면 사람들은 자신의 인생에서 무엇이 잘못되어 있는지를 묻게 된다. 위기로 인해 직업과 결혼생활 자체를 포기하는 것이 아니라 그 안에 있는 버려야 할 문제들을 과감하게 버리는 것이 위기를 극복하고 성장하는 길이다.[37] 위기는 문제를 회피하거나, 상대방을 비난하거나, 자신을 자책하는 방식으로 해결되는 것이 아니라 문제를 대면하고 책임 있는 결단을 내리고 그리고 버려야 할 부분을 버리는 용기를 통해 해결될 수 있다. 위기의 극복은 상대방과의 화해만이 아니라 자기 자신과의 화해도 요구한다. 자기 자신 안에 있는 고통스럽고 혐오스러운 부분과의 화해가 필요하다. 심리적인 성장과 종교적인 성숙은 고통스러운 사건과 대면해 그것의 부정적이고 파괴적인 힘을 소멸시키고 상처를 치유하는 과정에서 이루어진다.

삶의 위기를 극복해가는 과정에서 신앙 공동체가 힘써야 할 일은 그 위기의 경험이 갖는 종교적 의미를 찾을 수 있도록 돕는 것이다. 제임스 파울러가 신앙을 인간의 보편적인 경험으로 이해한 것은 바로 신앙을 삶의 의미를 찾아가는 과정으로 이해했기 때문이다.[38] 인간은 누구나 자신의 존재 의미와 다양한 경험들의 의미를 찾고자 노력한다. 여성들

---

37 Evelyn E. Whitehead and James D. Whitehead, *Christian Life Patterns: The Psychological Challenges and Religious Invitations of Adult Life* (NY: Crossroad, 2001), pp. 53-54.

38 Fowler, *Stages of Faith*, p. 33.

은 성인 초기에 경험하는 다양한 위기와 갈등, 예기치 못한 혼란과 도전들을 회피할 것이 아니라 적극적으로 대면하고 이를 해결하기 위해 노력하며 그것이 지닌 삶의 의미와 종교적 의미를 추구해야 한다. 교사와 목회자는 여성들이 위기와 혼란을 피하는 길을 찾도록 도울 것이 아니라 위기와 정직하게 대면하고 그것을 해결하기 위해 노력하도록 격려해야 한다. 또한 성인 초기 여성들이 직면할 수 있는 위기들을 일깨워주고 그러한 위기들이 인생의 위협이 아니라 성숙을 위한 긍정적인 힘이 될 수 있음을 가르쳐주어야 한다.

기독교인들은 삶의 위기 가운데 하나님과의 관계를 다시금 성찰하고 재정립할 수 있으며 기존의 삶의 자세를 수정할 수 있게 된다. 또한 고통스러운 위기를 극복할 수 있는 힘과 새로운 삶을 살아갈 수 있는 가능성을 열어준 하나님의 은혜와 선물에 감사하며 보다 성숙한 신앙인으로 살아갈 수 있게 된다. 위기 가운데서 자신과 함께하는 하나님의 현존을 경험할 때, 성인기의 위기는 바로 종교적인 사건이 되는 것이다. 피할 수 없는 위기 가운데서 하나님의 현존을 경험하고 그 종교적인 의미를 찾아가는 과정이 바로 영적 순례의 길이 되는 것이다.[39] 위기 가운데 하나님의 현존을 기대하는 것은 하나님이 모든 일을 해결해줄 것이라는 수동적인 자세를 의미하는 것이 아니라 하나님이 위기를 극복해나갈 수 있는 힘과 지혜를 줄 것이라는 희망과 더불어 책임 있는 자세를 의미한다.

여성들이 삶의 위기와 도전에 직면할 때, 기독교 공동체는 다양한 방식으로 대응한다. 모든 일이 잘될 것이라는 희망을 주면서 위기 자체를 인정하지 않거나 위기를 잠시 잊도록 하는 공동체가 있다. 또는 위기에 직면한 사람의 잘못을 지적하면서 질책하거나 비관적인 결과를 예견하

---

39 Whitehead and Whitehead, *Christian Life Patterns*, pp. 58-70.

는 공동체도 있다. 이러한 공동체 안에서는 위기를 성장의 기회로 삼는데 어려움이 있다. 성숙한 공동체는 개인의 위기를 모두 해결해주는 공동체가 아니라 각각의 개인이 위기를 극복할 수 있는 능력이 있다는 사실을 신뢰하고 성공적인 해결의 실마리와 비전을 찾을 수 있도록 격려하고 지지하는 공동체이다.[40] 그러한 신뢰와 보살핌에 힘입어 여성들은 위기를 극복할 수 있는 자신의 잠재력과 가능성을 믿을 수 있게 되고 두려움 없이 위기에 직면할 수 있게 된다. 위기와 혼란은 새로운 배움과 꿈을 위한 가능성을 제공할 수 있으므로 기독교교육은 성인 초기 여성들이 삶의 위기를 통해 깊이 있는 종교적 의미와 진리를 깨닫고 새로운 삶의 가능성과 비전을 형성할 수 있도록 격려해야 한다.

주체적이고 성찰적인 신앙 형성을 위한 교육

성인기에 이르렀다고 모든 사람이 파울러 이론의 제4단계에 해당하는 개체적-성찰적 신앙(individuative-reflective faith)을 자연스럽게 형성하는 것은 아니다. 아동기 신앙의 특징인 신화적이고 문자적인 신앙에 그대로 머물러 있거나, 청소년기 신앙의 특징인 종합적이고 관습적인 신앙의 단계에 머물러 있는 사람들도 있다. 한국 교회의 구성원들 중에는 성서와 종교적 상징들을 문자적이고 자기중심적으로 해석하면서 자신의 신앙에 대한 비판적인 성찰 없이 전수된 교리나 신조를 그대로 수용하는 사람들이 여전히 많이 있다. 이것은 개인의 미성숙한 신앙의 문제만이 아니라 그러한 신앙 유형을 강요하는 교회의 가르침과 권위적인 제도의 문제이기도 하다. 파울러의 연구에 따르면, 여성들은 남성들에

40 Ibid., pp. 56-57.

비해 제3단계인 종합적-관습적 신앙(synthetic-conventional faith)에 머무는 경향이 상대적으로 더 높게 나타났다.[41] 여성들이 개체적이고 성찰적인 신앙을 형성하지 못하고 관습적이고 의존적인 신앙에 머문다는 것이다. 그러므로 성인 초기 여성들의 과제는 기존의 종교적 신념, 가치, 상징들에 대해 비판적으로 숙고하고 내면화된 권위와 진리를 찾아가는 주체적이고 성찰적인 신앙을 형성하는 것이다.

여성들이 관습적인 신앙에서 벗어나 주체적인 신앙을 형성하기 위해서는 보편적이고 절대적인 진리로 받아들여 왔던 관습적인 신념과 가치에 대해 질문을 던지는 것에서부터 출발해야 한다. 여성의 경험과 인식 방식으로는 더 이상 진리라고 받아들일 수 없는 종교적 신념, 가치, 상징에 대해 질문을 제기해야 한다. 이러한 질문은 성서와 교회의 권위에 도전하기 위한 것이 아니라 여성들이 자신의 경험을 통해 성서를 읽고 역사 안에서 하나님의 활동을 새롭게 바라보기 위한 것이다. 타인의 눈으로 바라보던 성서와 역사를 여성 자신의 눈으로 새롭게 바라보기 위해서는 '위험한' 질문들을 계속 던질 수밖에 없다. 이 위험한 질문들은 현재 한국 교회를 향한 중요한 예언자적 목소리가 될 수 있다. 또한 이 질문들은 인간, 세계, 하나님에 대한 새로운 이해와 진리 추구를 가능하게 하여 기독교의 진리를 더 풍부하고 심오하게 할 수 있다.

그러므로 기독교교육은 여성들에게 의미를 상실한 종교적 신념이나 가치를 일방적으로 전수할 것이 아니라 여성의 경험과 신학적 탐색을 통해 새로운 이야기, 상징, 이미지들을 창조할 수 있도록 격려해야 한다. 제인 리건(Jane E. Regan)은 교회의 책임은 성인들이 자신과 세계의 현실에 대해 비판적으로 성찰하고 변화의 대안을 모색하며 새롭고 변혁

41 Fowler, *Stages of Faith*, p. 321.

적인 비전을 향해 나갈 수 있도록 교육하는 것이라고 강조했다.[42] 기독교 공동체는 여성들이 제기하는 질문을 억압하지 않고 그들의 질문과 도전을 존중하고 질문에 대해 스스로 해답을 찾아가는 과정을 격려해야 한다. 그것이 기존 질서에 대한 위협으로 여겨질 수 있고 안정과 평화를 깨는 것으로 생각될 수도 있으나 도전과 변화를 성숙한 공동체로 나아가기 위한 과정으로서 받아들일 수 있는 개방적이고 포용적인 공동체가 되어야 한다. 기존 질서와 권위에 대한 어떠한 도전이나 질문도 허용하지 않는 폐쇄적인 공동체는 그 공동체 구성원의 성숙을 저해할 뿐 아니라 그 공동체 자체의 발전도 이룰 수 없도록 한다.

성인 초기에 주체적인 신앙을 형성하는 과정에서 여성들이 주의해야 할 점은 자신의 신념과 목소리에 대한 확신에 지나치게 몰입하면 극단적인 자기확신이나 흑백논리에 빠질 수 있다는 것이다. 비판적 성찰은 전통적인 종교적 가치체계와 신념체계에 대해서뿐 아니라 그것을 내면화시켜온 자신의 신념, 가치, 행위에 대해서도 진지하게 이루어져야 한다. 또한 자신의 경험을 토대로 새롭게 형성한 신념이나 가치, 종교적 상징에 대해서도 지속적인 성찰이 이루어져야 한다. 이러한 성찰이 개인적 차원에서뿐만 아니라 공동체적 차원에서도 이루어질 때 보다 다차원적이고 포용적인 관점에서 상호 비판이 가능해질 수 있다. 그러므로 기독교교육은 여성들의 다양한 질문과 목소리를 존중함과 동시에 그들의 개인적 경험과 인식이 개인주의적이고 편협한 사고로 빠지지 않도록 공동체적인 성찰과 배움의 기회를 제공해야 한다. 기독교 공동체 안에서 개인의 특수한 경험과 진리 추구가 격려될 뿐 아니라 공동체적인 성

42 Jane E. Regan, *Toward an Adult Church: A Vision of Faith Formation* (Chicago: Loyola Press, 2002), pp. 87-95.

찰의 과정을 통해 비판적 상호 작용이 일어날 때 성인 초기 여성들은 보다 성숙하고 창조적인 신앙을 형성할 수 있게 된다.

산파 또는 멘토관계의 형성을 돕는 교육

성인기를 연구한 많은 학자들은 이 시기의 중요한 교육적인 과제로 멘토(mentor)관계를 형성할 것을 제안한다. 부모로부터 독립해 사회의 구성원으로 독립적인 삶을 살기 시작하는 여성들이 취업이나 새로운 가족의 형성과 같은 많은 선택을 해야 하는 것은 힘들고 어려운 일이다. 대니얼 레빈슨에 따르면, 성인 초기의 여성들은 꿈을 형성하도록 안내하고 격려하며 삶의 위기에 직면했을 때 위로와 조언을 해줄 수 있는 스승이나 멘토를 필요로 하지만 아주 소수의 여성들만이 학교나 직장에서 이러한 스승이나 멘토를 만나게 된다. 특히 직업 세계에서는 여성 상사의 수가 제한되어 있어 적절한 역할모델이나 멘토를 만나기가 어렵거나 여성 상사와의 경험이 남성 상사보다 더 부정적인 경우도 많다. 반면 스승이나 멘토가 남성인 경우, 공감이나 동일시가 어려워 진정한 관계를 형성하는 일이 어려울 수 있다.[43] 또한 이 시기의 여성들은 독립적인 성인으로서 자신의 일은 스스로 판단하고 행동해야 한다는 부담감 때문에 자신의 문제를 타인과 쉽게 나누거나 서로 도움을 주고받기를 꺼린다. 직장에서나 교회에서 여성들이 서로의 문제를 함께 나눌 수 있는 기회나 관계가 쉽게 마련되지 않고 있는 것이다.

자신의 꿈을 찾아 실현시키고 당면한 위기를 극복해 성숙한 삶을 살고자 노력하는 여성들을 위해서 기독교 공동체는 그들의 삶을 격려하고

---

43 Levinson, *The Seasons of a Woman's Life*, pp. 237-241, 269-272.

지원하는 일에 관심을 기울여야 한다. 그런데 아동과 청소년의 교육에 관심을 쏟는 교회 안에서 성인 여성은 교육의 대상에서 제외되어 적절한 교육적 돌봄을 받지 못하고 있다. 샤론 팍스는 성인들의 신앙 성숙을 위해서는 가정, 학교, 종교 공동체들이 진정한 의미의 멘토링 공동체(mentoring community)가 되어야 한다고 제안했다.[44] 성인 초기에 새로운 정체성을 형성해가는 여성들에게 격려를 아끼지 않으며 무한한 잠재력을 발휘할 수 있도록 힘을 북돋아주고 역동적 · 창조적인 과정을 서로 공유할 수 있도록 돕는 멘토링 공동체를 형성하는 것이 필요하다.

멘토링 공동체는 그 안에서 좋은 멘토관계를 형성할 수 있는 기회를 제공해야 한다. 산파(midwife)와 멘토의 역할은 모두 상대방의 가능성과 잠재력을 신뢰하고 그 잠재력을 마음껏 발휘할 수 있도록 북돋아 주고 격려하는 삶의 후원자, 교육자, 상담가가 되어주는 것이다. 많은 여성주의 이론가들은 여성들이 서로를 위해 산파의 역할을 해주는 것이 여성교육의 중요한 과제라고 주장한다.[45] 산파의 역할이란 여성들이 지닌 잠재력과 지식을 끌어내어 정교하게 발전시킬 수 있도록 의식을 일깨워주고 목소리를 찾도록 격려하는 것이다. 신생아를 조심스럽게 다루는 산파처럼 쉽게 좌절되고 깨질 것 같은 여성들의 새로운 사고 능력을 조심스럽게 격려하고 발전시키는 것이다. 산파가 산모의 진통과 출산을 인위적으로 조절하거나 통제할 수 없고 다만 곁에서 격려하고 도와주는 것처럼, 산파의 역할은 자신의 지식이나 삶의 방식을 일방적으로 강요

44 Parks, Big Questions, *Worthy Dreams*, pp. 158-205.

45 이에 관해서는 다음의 책들을 참고하라. Belenky, Clinchy, Goldberger, and Tarule, *Women's Ways of Knowing*, pp. 217-219; Margaret Guenther, *Holy Listening: The Art of Spiritual Direction* (Boston: Cowley Publications, 1992), pp. 87-107; Maria Harris, *Women and Teaching* (NY: Paulist Press, 1988), pp. 81-86.

하는 것이 아니라 여성들의 힘과 능력을 신뢰하고 격려하는 것이다.

성인 초기는 수많은 가능성에 열려 있고 그 가능성을 이루기 위한 열정으로 가득 차 있는 시기이다. 그러나 어린 시절부터 가져온 다양한 꿈과 가능성을 모두 실현시키는 것은 현실적으로 불가능하다. 꿈을 갖는 것 못지않게 중요한 것은 과거에 대한 비판적 기억과 현실에 대한 명확한 인식, 그리고 미래를 위한 책임 있는 선택이다. 많은 가능성 가운데 특별한 선택을 한다는 것은 다른 가능성들을 상실하는 고통을 수반하겠지만 최선의 선택과 책임 있는 결단을 통해서만이 창조적이고 생산적인 삶을 살 수 있게 된다. 그러므로 성인 초기 여성들을 위한 멘토의 역할은 다양한 선택의 가능성에 직면한 동료와 후배들이 자신의 현실을 명확하게 인식함으로써 현명한 선택을 하고 그 선택에 책임을 지는 삶을 살아갈 수 있도록 깊은 관심을 가지고 돌보아주는 것이다.

성인 초기 여성들의 신앙 성숙을 위한 멘토의 역할은 바로 영혼을 보살피는 것이다. 팍스는 자신과 타자, 하나님에 대해 비판적으로 성찰하고 새로운 이미지와 해석을 추구하는 과정에서 서로 지지하고 때로는 도전하며 위로자, 옹호자, 후원자가 되어주는 것이 멘토의 역할이라고 했다. 좋은 멘토는 신뢰와 두려움, 소속감과 소외감, 힘과 무력감 사이에서 끊임없이 방황하는 여성들과 함께 대화하고 지혜를 나누는 사람이다.[46] 기독교교육은 성인 초기 여성들이 기독교 공동체 안에서 사랑과 신뢰의 관계를 형성해 서로의 삶을 격려하고 후원하는 멘토관계를 맺을 수 있도록 다양한 만남과 배움의 장을 마련해야 한다. 기독교 공동체가 성인 초기 여성들을 위한 멘토링 공동체가 될 때 여성들은 수많은 가능성을 현실화시키기 위해 자신의 잠재력을 마음껏 발휘할 수 있을 것이다.

46 Parks, *Big Questions, Worthy Dreams*, pp. 127-135.

제6장

중년기 여성들의 신앙과 교육

과거 중년기 여성에 대한 연구는 주로 청소년기 자녀와의 갈등, 빈둥지증후군, 심리적 위기, 이혼, 노화, 폐경, 우울증 등 부정적인 측면과 관련되어 논의되었다. 하지만 최근 여성들의 삶에 관한 자서전적 연구(autobiographical research)에 기초한 여성주의 심리학 이론들은 중년기 여성들의 긍정적인 측면에 관심을 기울이고 있다. 중년기는 자녀의 성장과 독립으로 인해 성취감을 느끼고 생활의 단순화로 인해 자기 자신과 일에 더 자유롭게 에너지를 쏟을 수 있는 시기이다. 또한 자신에 대한 신뢰와 확신이 가장 명확한 시기이기도 하다. 개인적인 차이는 있지만 현대 중년 여성들은 과거 세대에 비해 신체적으로 더 건강하고, 여성교육의 확대로 공적 영역에서 더욱 활발하게 활동하고 있으며 문화적인 혜택도 더 많이 받고 있다. 그러나 한국 사회에 여전히 존재하는 성 역할 고정관념과 현모양처 이데올로기로 인해 다양한 역할 부담과 가치의 혼란을 경험하기도 한다. 인생의 절반을 살아온 중년기 여성들은 지나온 삶을 진지하게 성찰하고 새로운 삶의 전환점을 맞이해야 한다. 신체적인 변화와 가족관계의 재편성, 다양한 역할과 책임 사이의 균형 등을 경험하게 되는 중년기에는 진정한 자아를 발견하고 삶의 의미 및 구조를 재형성해야 한다. 그러므로 기독교교육은 중년기 여성들이 가장 책임 있는 세대로서 가치 있는 삶을 만들고 자신을 포함해 가족, 이웃, 교회, 세계를 돌보는 성숙한 신앙인으로 살아갈 수 있도록 도와야 한다.

1. 삶의 전환기를 위한 발달과제

몸의 경험에 대한 재인식

중년기는 신체적인 노화가 시작되는 시기이다. 젊음의 상실은 남녀 모두에게 즐거운 일이 될 수 없지만, 특히 여성은 나이와 상관없이 젊은 외모를 유지해야 한다는 사회적인 압력에 의해 상실감과 불안을 경험하게 된다. 몸 이미지(body image)는 개인의 정체성에 기초가 되는데, 젊음과 아름다움을 동의어로 여기는 사회에서 체중 증가와 체형의 변화를 겪는 중년 여성들은 자신의 몸의 변화에 적응하기가 쉽지 않다. 긍정적인 몸 이미지가 중년 여성의 자아존중감과 심리적 안녕에 중요한 영향을 미친다는 사실이 다양한 연구 결과로 보고되고 있다.[1] 몸 이미지는 자신의 몸에 대한 스스로의 만족도와 관련되므로 사회적인 미의 기준에서 벗어나는 것을 걱정할수록 부정적으로 형성되고, 그러한 문화적 메시지에 저항하고 그로부터 자유로워져서 자신의 몸의 변화를 수용할 때

---

1 Varda Muhlbauer · Joan C. Chrisler, 『심리학으로 바라본 중년여성의 심리』, 김종남 역(서울: 학지사, 2011), pp. 31-37.

심리적으로 더 만족감을 느낄 수 있게 된다.

중년기 여성의 몸의 변화 가운데 중요한 신체적 · 심리적 변화를 가져오는 것은 바로 폐경이다. 폐경기의 연령이 점차 늦춰지면서 여성들은 40대 후반 또는 50대 초반에 폐경을 경험하게 된다. 폐경 전후로 여성들은 불안, 우울, 허무감을 경험하고, 두통, 근육통, 성욕 감퇴 등 갱년기 증상을 겪기도 한다. 그런데 이러한 증상이 단순한 생리적 요인보다는 심리적 요인이 크게 작용하는 것으로 밝혀지고 있다. 여성의 존재 의미를 출산과 연결시키는 가부장적 문화일수록 여성의 폐경을 더 민감하고 부정적인 경험으로 다루고 있다는 연구들이 보고되고 있다. 이 연구들은 폐경에 대한 문화적인 편견과는 달리 많은 여성들이 실제로 폐경을 자연스러운 과정으로 이해하고 폐경으로 얻게 되는 자유를 더 긍정적으로 생각한다고 보고하고 있다.[2] 여성들은 폐경이라는 생물학적인 변화 자체보다는 그 시기에 일어나는 가족관계의 재편성이나 역할 변화 등으로 심리적인 위기를 경험하게 된다. 그러므로 중년기 여성들은 변화하는 몸의 경험을 자연스러운 과정으로 이해하고 긍정적으로 받아들여 몸의 경험을 재정의하고 건강한 몸을 유지하기 위해 노력해야 한다.

합리적이고 공감적인 인식의 형성

한국 사회에서 중년 여성을 일컫는 '아줌마'라는 단어는 이성적이고 합리적인 사고를 하지 못하고, 주관적이고 비합리적이며 절차를 무시하

---

2 Rhoda Unger and Mary Crawford, *Women and Gender: A Feminist Psychology* (NY: The McGraw-Hill Companies, Inc., 1996), pp. 478-489.

는 사람이라는 부정적인 이미지로 폄하되고 있다. 실제로 중년기에 이르러서도 지나치게 주관적인 인식 방식을 가지고 타인과 적극적으로 지식을 공유하거나 소통하지 못하는 여성들이 있다. 또는 자신의 인식 능력과 이성적인 판단을 신뢰하지 못하고 남편이나 다른 권위 있는 사람의 판단과 결정에 의존하는 여성들도 있다. 특히 사회생활의 경험이 적은 전업주부의 경우 자신의 이성적 판단과 결정을 두려워하는 경향이 있다. 중년기에 이르기까지 합리적이고 이성적인 사고 능력을 형성하지 못한 여성들의 경우에는 지식을 형성하고 소통하는 합리적인 절차를 배우기 위해 노력하는 것이 필요하다.

주관적 지식(subjective knowledge)이 개인의 경험을 바탕으로 한 직관적이고 개인적인 지식에 권위를 부여해 형성되는 것이라면, 절차적 지식(procedural knowledge)은 이성적이고 합리적인 절차를 통해 형성되는 것이다. 절차적 지식은 타인의 견해에 귀를 기울이고, 다양한 진리 추구의 가능성에 대해 인식하는 것이다. 또한 지식의 형성 과정에 주목해 사람들이 각자의 렌즈를 통해서 세상을 보고 세상에 대해 서로 다른 해석을 할 수 있다는 사실을 깨달음과 동시에 진리는 공유될 수 있음을 깨닫는 것이다. 그러므로 주체적인 사고 능력을 발달시킨 여성은 자신의 주관적인 사고를 절대화해 주장하는 대신 합리적인 절차를 통해 의식적이고 체계적으로 분석하고, 비판하고, 논증하고자 노력한다. 인간은 비판적으로 논증하고 독립적으로 사고할 수 있는 능력이 있을 때, 타인과 소통하는 공적 언어를 사용할 수 있게 된다.[3]

합리적인 절차를 통한 지식의 형성을 강조하다 보면 자칫 타인에 대

---

3 Mary F. Belenky, Blythe M. Clinchy, Nancy R. Goldberger, and Jill M. Tarule, *Women's Ways of Knowing: The Development of Self, Voice, and Mind* (New York: Basic Books, 1986), pp. 92-108.

한 공감 능력을 배제시킨, 이성적인 사고만을 강조하는 것으로 이해할 수 있으나 여성들의 인식 방식에서는 관계성이 중요하다. 메리 벨렝키(Mary F. Belenky)와 동료들의 연구에 따르면, 여성들은 비판적인 논쟁보다는 타인이 다른 견해를 갖게 된 이유를 이해하고, 각자의 경험적 논리를 발견하고자 노력하는 경향이 있다. 지식은 경험을 통해 형성되기 때문에, 타인의 개념을 이해하기 위해서는 그 개념을 형성한 경험을 공유하고 공감할 수 있는 능력이 필요하다. 이러한 인식 방식은 타인과 대화하는 목적이 단순히 타인의 생각을 판단하기 위함이 아니라, 이해하기 위함임을 보여준다.[4] 이러한 공감적이고 관계적인 인식 활동을 통해 여성들은 서로의 지식을 확장시킬 수 있으며, 합리적인 사고 절차를 통해 인식의 지평을 넓힐 수 있다.

상호 개체적 자아와 상호 관계적 삶의 형성

중년은 자녀에 대한 책임과 부모에 대한 책임을 동시에 갖는 '샌드위치 세대'라고 불리는데, 중년기에는 인생의 어느 시기보다도 타자와의 관계에서 다양한 역할과 책임을 수행하게 된다.[5] 중년기까지의 삶에서 가족이나 타자와의 관계성을 중시해온 여성일수록 자아의 주체성과 특수성을 잘 형성하지 못하고 타자와의 명확한 자아경계가 없는 융합을 이룰 가능성이 크다. 중년 여성들은 개인의 개체성과 특수성을 존중하면서 동시에 타인과의 상호 의존성과 상호 관계성을 유지하는 상호 개체적 자아(interindividual self)를 형성하는 것이 필요하다. 로버트 키건

4 Ibid., pp. 113-116.

5 Muhlbauer · Chrisler, 『심리학으로 바라본 중년여성의 심리』, p. 263.

(Robert Kegan)에 따르면, 상호 개체적 자아는 인간 개개인이 가치, 제도, 역사를 구성해가고 있는 인격적 존재임을 인식하고, 인간들 사이의 다양성과 특수성을 존중하면서 동시에 타인과 친밀하고 상호적인 관계성을 유지해감으로써 형성된다. 이러한 사람은 항상 자신의 불완전성과 모호성을 인식하면서 자기성찰적인 노력과 자기변혁을 위한 노력을 기울인다.[6] 또한 사회적 이데올로기의 다양성과 모순을 단순한 갈등으로 생각하기보다 변증법적 사고를 통해 새로운 사상의 재구성을 모색하고, 타자와 함께 공동의 의미 형성을 창조적으로 수행한다. 키건은 이를 포스트모던 의식을 형성한 것으로 이해했다.[7] 중년기에 여성들이 상호 개체적 자아로 발전하기 위해서는 주체성과 독립성을 기르고, 자신의 삶의 방향성을 스스로 선택하고, 자아의 통합을 형성하는 것이 필요하다.

중년기는 가족, 친구, 직장 동료, 교회 구성원 등 자신의 삶을 구성해온 다양한 사람들과의 관계에서 역할 변화를 경험하게 되면서 상호 관계적 삶으로의 재조정이 필요한 시기이다. 자녀의 성장으로 양육의 책임이 줄어드는 데서 오는 자유로움과 여유를 경험하기도 하지만, 어머니로서의 역할에 큰 의미를 부여하며 살아온 여성은 상실감을 느끼기도 한다. 완벽한 어머니가 되고자 노력하면서 가졌던 죄책감이나 자녀를 통해 대리만족하고자 했던 건강하지 못한 욕망을 평가하고 자녀와의 관계를 새롭게 재조정하는 것이 필요하다. 과거에 중년 여성의 위기로 많이 언급되던 빈둥지증후군(empty-nest syndrome)도 여성의 존재 의미를 어머니 역할로 한정시켜 생각했던 전통적인 이해로 인해 크게 부각된

6 Robert Kegan, *The Evolving Self: Problem and Process in Human Development* (Cambridge: Harvard University Press, 1982), pp. 103-109, 246-254.

7 Robert Kegan, *In Over Our Heads: The Mental Demands of Modern Life* (Cambridge: Harvard University Press, 1994), pp. 307-334.

면이 있다. 오히려 현대 여성들은 자녀의 성장으로 인한 성취감과 양육으로부터의 해방에서 오는 자유로움을 더 크게 느끼는 경우도 있다.[8] 중년기는 자녀에 대한 책임이 줄어드는 반면 부모에 대한 책임이 증가하는 시기로, 신체적으로 약해지고 병든 부모를 돌봐야 하는 책임을 갖게 된다. 이 시기 여성들은 가족을 돌보느라 소원해졌던 친구들과의 관계를 회복하고, 친구들과 정서적 지지 및 공감을 형성하기를 원한다. 그러므로 중년 여성들은 다양한 관계성 속에서 친밀감의 상실이나 불균형적 의존관계 또는 자아경계선의 혼란을 경험하지 않고 상호 개체적 자아와 상호 관계적 삶을 형성하는 것이 필요하다.

삶의 구조의 재형성

대니얼 레빈슨(Daniel J. Levinson)의 연구에 따르면, 중년기 여성의 중요한 과제는 삶의 구조를 재형성하는 것이다. 피상적으로는 직장, 가정, 공동체 등에 있어서 성인 초기의 구조와 유사해 보일지라도 구조의 핵심 요소들을 형성하는 관계성에 있어서는 중요한 차이가 생긴다. 중년기 여성들은 가족관계를 형성하는 구조에 대한 재평가가 필요한데, 성인 초기에 가졌던 근본적인 개인의 한계나 관계의 불일치를 극복하고 가족 구성원들을 새로운 방식으로 이해하고 사랑, 열정, 친밀감 속에서 보다 평등하고 상호적인 관계를 형성하는 것이 중요하다. 또한 자녀의 성장으로 인해 성인 초기에 가졌던 보호적이고 권위적인 부모 역할로부터 상호적인 관계로의 변화가 필요하다. 이 시기에 여성들은 직업, 사랑과 부부관계, 어머니 역할 등의 본질과 의미에 관한 중요한 변화를 겪게

---

8 Unger and Crawford, *Women and Gender*, pp. 496-497.

되고 자기 자신과 삶에 대해 심오하고 광범위한 질문을 하게 된다. 즉, 직업이나 결혼생활에 문제가 생길 때 단순히 그 문제 자체를 해결하는 데 그치는 것이 아니라 자신이 진정으로 원하는 것이 무엇인지에 대한 보다 근본적인 질문을 던지게 되는 것이다.[9]

성인 초기에는 '성공적인 직업여성(successful career woman)'이라는 신화의 영향으로 직업, 결혼, 가정, 여가생활 등 모든 면에서 완벽을 추구하고, 이러한 신화적 기준에 미치지 못했을 때 그 이유를 자신의 능력이나 인격의 결함으로 느끼며 스스로를 자책한다. 반면, 중년기에 이르면 신화와 현실 사이의 불일치에 대해 질문하고 신화가 지닌 환상에 대해 진지하게 검토하면서 삶의 구조를 재평가하고 수정하게 된다. 또한 직업 그 자체나 사회적인 기준에 의한 성공보다는 직업과 자신의 관계, 그 관계에서 얻어지는 만족감과 자기실현에 더 많은 의미를 부여한다. 특히 여성들은 더 높은 지위로 올라갈수록 보이지 않는 '유리천장(glass ceiling)'에 의해 승진에 어려움을 겪기도 하고 한 차원의 문제를 해결하고 나면 또 다른 차원의 장벽이나 천장을 만나게 되기도 한다.[10] 직장과 가정에서 지속적으로 일어나는 사건들은 삶을 구성하고 있는 핵심 요소들의 수정과 변화를 불가피하게 하는데, 중년 여성들은 이 핵심 요소들을 평가하고 조정하면서 삶의 구조를 끊임없이 재형성해야 한다.

통합적인 신앙의 형성

성인 초기에 개체적-성찰적 신앙(individuative-reflective faith)을 형성

---

9 Daniel J. Levinson, *The Seasons of a Woman's Life* (NY: Alfred A. Knopf, 1996), p. 372.

10 Ibid., pp. 369-379.

한 여성은 중년기에 접어들면서 보다 성숙한 통합적 신앙(conjunctive faith)을 형성할 수 있다. 이 신앙 유형은 제임스 파울러(James W. Fowler)가 제시한 신앙발달 이론의 제5단계에 해당하는 것으로, 진리 추구에 있어서 이분법적 논리를 극복하고 모든 것이 유기적으로 연결되어 있음을 인식하는 것이다. 파울러는 이 시기의 인식 방식을 '대화적 인식(dialogical knowing)'이라고 불렀다. 대화적 인식은 인식자와 인식 대상 사이의 상호적인 관계를 전제로 하며 인식 대상을 인식자의 기존 범주 안에 적용시키려고 하기보다는 그 대상 자체가 드러내는 지혜를 존중한다. 이것이 가능하기 위해서는 인식자의 자기확신과 인식 대상에 대한 신뢰가 있어야 한다. 이 단계의 신앙을 가진 사람은 진리는 보다 다차원적이고 유기적으로 상호 의존적임을 깨닫는다. 또한 기독교 전통의 특정한 종교적인 상징, 이야기, 교리, 예전은 하나님에 대한 특정한 사람들의 경험에 의존한 것이므로 완전할 수 없다는 사실을 받아들인다. 그러므로 인간이 가지고 있는 의미 형성의 힘을 신뢰하면서도 자신이 추구하고 있는 의미와 진리의 한계성을 깨닫고 타인이 추구하는 진리도 존중하며 개방적인 자세를 갖는다. 자신의 무의식 속에 뿌리 깊게 작용하고 있는 신화, 이미지, 편견에 대해서도 비판적인 인식을 가지고 초월적 실재를 이해할 수 있는 인간 능력의 한계를 인정하는 겸허한 신앙을 가진다.[11]

신앙의 발달은 연령이 증가하면서 자연스럽게 이루어지는 과정이 아니므로 중년기 여성들이 통합적인 신앙을 형성하기 위해서는 많은 노력이 필요하다. 파울러의 실증조사 연구 결과를 보면 대부분의 사람들이 중년기에도 제3, 4단계의 신앙 유형을 가지고 있으며 제5단계로

---

11 James W. Fowler, *Stages of Faith: The Psychology of Human Development and the Quest for Meaning* (San Francisco: Harper & Row, 1981), pp. 184-198.

발전해가는 사람은 소수에 불과했다. 그러므로 중년 여성들은 자신의 고정관념을 통해 종교와 세상을 해석하는 태도에서 벗어나 열린 자세로 다양한 종교 전통, 타인, 세상을 마주 대하고 새롭게 드러나는 진리를 자신의 것으로 받아들이는 자세가 필요하다. 또한 신앙의 의식적 차원뿐 아니라 무의식적 차원까지도 객관적으로 성찰하고 다양한 진리에 계속 귀를 기울여 진리의 다차원적 측면을 인식하려는 자세, 그리고 이를 창조적으로 통합하고자 노력하는 성숙한 신앙인의 자세가 필요하다.

2. 책임과 돌봄의 기독교교육

중년의 진정한 자아를 찾도록 돕는 교육

중년기 여성의 삶을 연구한 바바라 모세스(Barbara Moses)는 중년 여성의 중요한 삶의 과제를 진정한 자아(authentic self)를 찾는 것이라고 했다. 중년의 위기는 바로 진정한 자신을 찾아가고자 하는 열망이다. 청소년기와 성인 초기에 이르기까지 타인에게 인정받고자 하는 욕구가 컸던 여성들은 자신이 진정으로 원하는 것과 자신에게 진실된 것이 무엇인지를 찾는 데 어려움을 느끼는 경향이 있다. 특히 '착한 여자'가 되고자 노력한 여성일수록 자신의 진정한 모습을 추구하기보다는 타인에게 인정받는 존재가 되고자 노력해왔기 때문이다. 성인 초기까지는 자신의 가치를 타인에게 증명하기 위해 삶의 에너지가 외부로 향해 있었다면, 중년기는 타인의 견해로부터 독립되어 삶의 에너지가 자신의 내면을 향하게 되고 이전에 시도하지 못했던 자신의 잠재적인 부분들을 시험해보는 모험적이고 창조적인 시기가 될 수 있다.[12] 타인과 세계와의 관계가 덜 중요해지는 것은 아니지만 관계의 연결과 분리의 균형을 맞추며 자신에게 중요한 것과 자신의 목표를 추구하는 데 더 많은 노력을 기울일 수 있는 때가 중년의 시기이다.

중년기는 이제 인생의 반을 지나 새로운 반을 시작하는 중요한 시점이다. 이 시기에 진정한 자신의 모습을 찾고자 노력하는 것은 삶을 재점검하고 삶의 방향을 찾아가는 데 중요하다. 이러한 의미에서 마리아 해리스(Maria Harris)는 중년을 희년(Jubilee)의 시간이라고 했다. 희년 전통은 하나님이 이스라엘에게 오십 년마다 쉼과 재창조의 시간을 가지라고 명령한 것이다. 중년기에 이전의 절반의 인생과는 다른 새로운 삶을 시작하라는 의미에서 해리스는 '희년'을 은유적으로 사용했다. 그리고 중년기의 과제를 과거의 한계를 넘어서서 삶을 보다 거룩하게 하고, 땅의 모든 생명들의 자유를 선포하고, 조상들의 유산을 존중하고, 자신의 경험의 의미를 찾고, 삶을 긍정하고 감사하는 것이라고 제시했다.[13] 이것이 실패할 경우 여성들은 삶의 무의미성이나 공허함, 허탈감, 절망 등 중년의 위기를 경험할 수 있다.

희년명령은 이스라엘이 가나안이라는 새로운 땅으로 들어가기 직전에 이루어졌다. 중년 여성들에게 희년의 의미는 기존의 삶의 경계와 한계를 넘어서 새롭게 출발하는 것을 의미한다. 해리스는 경계를 넘어서는 일은 흥분되고 위험한 일이 될 수 있으나 창조의 하나님이 이 경계를 넘어서 진정한 자신을 찾도록 이끈다고 했다.[14] 이스라엘이 가나안을 향

---

12 Barbara Moses, *Women Confidential: Midlife Women Explode the Myths of Having It All* (NY: Marlowe & Company, 2006), pp. 16-18, 45-46, 94.

13 Maria Harris, *Jubilee Time: Celebrating Women, Spirit, and the Advent of Age* (NY: Bantam Books, 1995), p. xvii.

해 가는 길이 모험의 길이었듯이 진정한 자아를 찾아가는 과정은 안전한 길이라기보다는 모호함과 불확실성을 견디고 극복하는 길이 될 것이다. 위험을 감수하고 모호함과 불확실성을 껴안고 씨름할 때에만 창조적 에너지가 발휘될 수 있다. 과정신학자인 존 캅(John B. Cobb)과 데이비드 그리핀(David R. Griffin)은 하나님의 창조 활동은 강압적인 것이 아니라 인간을 설득하는 것이기에 위험을 감수하는 사랑이고, 그 사랑은 모험적이라고 말했다.[15] 위험을 감수하면서도 인간에게 자유를 허락하는 하나님의 사랑과 믿음으로 인해 인간은 실패에도 불구하고 끊임없이 자신의 한계와 경계를 넘어서서 새로운 가능성에 자신을 개방하고 온전한 자아를 창조해나갈 수 있는 것이다. 자신의 창조성을 신뢰하지 못하는 여성은 하나님의 형상대로 지음 받은 창조적인 존재로서의 자기이해를 확고하게 형성할 필요가 있다.

새로움을 찾기 위해서는 삶의 낡은 방식을 과감하게 버리는 용기가 필요하다. 린다 에델스타인(Linda N. Edelstein)은 삶의 낡은 방식을 포기할 때 자신을 얽매고 있던 에너지들이 자유로워지고, 그 에너지들이 삶에 더 책임을 갖도록 하고 자신의 경험에 기초한 확신을 갖도록 돕는다고 했다. 변화나 상실에 대한 두려움에서 벗어나 포기하거나 버려야 할 것들을 과감하게 떠나보내는 것이 바로 새로운 기회를 창조할 여지를 만드는 것이다. 떠나보내는 과정은 혼돈, 두려움, 분노, 수치심, 죄책감, 공허, 우울함 등 복잡한 감정 상태를 만들 수 있는데, 이러한 감정을 억압할 것이 아니라 그 감정을 있는 그대로 인정하고 허용해야 한다. 중년기에는 더 이상 자신에게 적합하지 않은 역할, 관계성, 태도, 자아이미

---

14 Ibid., p. 2.

15 John B. Cobb Jr. and David R. Griffin, *Process Theology* (Philadelphia: The Westminster Press, 1976), p. 57.

지, 삶의 방식으로부터 자유로워져서 내면의 목소리에 귀를 기울이고, 자신에게 의미 있고 가치 있는 일을 찾아 새로운 가능성을 창조적으로 모색하는 것이 필요하다.[16]

진정한 자아를 찾아가는 과정은 자신에게 진실한 질문을 던지고 그 답을 찾아가는 과정이다. 의식적인 질문과 비판적인 자각이 없이는 진정한 자기다움을 형성하기 힘들다. 자신이 진정으로 원하는 것, 자신이 느끼는 삶의 만족과 행복감, 삶에서 이루고자 하는 꿈과 소망, 자신이 가장 잘할 수 있고 행복한 일들에 대해 의식적이고 지속적으로 질문을 던지는 과정을 통해 여성들은 진정한 자신의 모습을 찾아갈 수 있다. 중년기의 여성들은 자신이 느끼는 감정에 솔직하고 자신의 가치 판단을 신뢰하고 자기결정권을 실행하는 것이 필요하다. 자기 자신을 진지하게 성찰하고 자신에 대한 지식을 확장시킬 때 진정한 자기수용이 가능해진다. 진정한 자기수용은 자신이 완벽해서 받아들일 수 있는 것이 아니라, 자신의 한계와 실패에도 불구하고 다시 위험을 감수하고 새로움을 추구하려는 창조성에 의해 가능한 것이다.

이러한 질문들은 의식의 차원에서뿐 아니라 무의식의 차원에서도 이루어져야 한다. 자아의 다양한 가능성을 억압하며 살아온 여성들의 경우 이 억압된 자아의 부분들은 부정적이거나 파괴적인 힘으로 자아의 통합에 영향을 미치게 된다. 진정한 자아의 통합은 자아의 부분들을 함께 모으고 억압되거나 상실되었던 부분들을 찾아 화해하는 긴 여정이 될 수 있다. 중년기에 자신의 내면 세계에 더 집중하고 내면을 성찰하게 될 때, 억압된 부분이 자유로워지고 창조적 에너지를 얻게 되어 자아의

16 Linda N. Edelstein, *The Art of Midlife: Courage and Creative Living for Women* (Westport, CT: Bergin & Garvey, 1999), pp. 7-15, 22-23.

온전성을 향해 나아갈 수 있게 된다. 앤 울라노프(Ann Ulanov)와 배리 울라노프(Barry Ulanov)에 따르면, 통합을 이루는 존재란 통합으로 인한 갈등과 고통을 감수하는 존재를 의미한다. 자아의 모든 부분을 받아들이는 것은 자신 안의 모순을 견디는 것이고 가치가 있어 보이든지 아니든지 자신의 일부분으로 받아들이고 책임을 지는 것을 의미한다. 통합이란 모든 경험을 받아들이고 그것을 자신의 일부분으로 삼으면서 살아가는 것을 의미한다. 자아의 다양한 부분들을 통합하며 살아가는 것이 바로 영적인 삶이 추구하는 것이다.[17] 억압되었거나 상실되었거나 감추어져 있던 자아의 부분들을 찾아내고 대면함으로써 자신의 온전성을 이루어가고 진정한 자아를 형성해가는 것이 중년의 중요한 과제가 된다. 리타 브록(Rita N. Brock)은 인간이 창조적인 존재라는 사실은 우리의 삶에 주어진 복잡성과 다양성을 두려움 없는 사랑으로 긍정하고 그 거대한 다중성을 껴안을 수 있도록 한다고 말했다.[18] 새로움과 다름을 거부하거나 억압하는 것이 아니라 창조적인 통합과 완성에 대한 비전을 상실하지 않고 갈등의 요소들 사이에 균형을 맞추어 새로운 삶의 가능성에 끊임없이 열려 있는 자세를 갖는 것이 필요하다.

자신이 살아온 방식에 익숙한 중년의 여성들이 새로움에 유연하게 대응하는 삶의 개방성을 유지하는 것은 쉬운 일이 아니다. 개방성은 자아정체성의 새로운 가능성, 개인의 잠재력을 실현시킬 수 있는 가능성, 다른 사람과의 관계에 있어서 고정관념이나 역할에 얽매이지 않고 인격

---

17 Ann Ulanov and Barry Ulanov, *The Healing Imagination: The Meeting of Psyche and Soul* (Canada: Daimon, 1991), pp. 53-56.

18 Rita N. Brock, "The Greening of the Soul: A Feminist Theological Paradigm of the Web of Life," in *Setting the Table: Women in Theological Conversation,* ed. Rita N. Brock (Missouri: Chalice Press, 1995), pp. 136-138.

적으로 관계를 맺을 수 있는 가능성 등을 의미한다. 이러한 개방성은 또한 인간 존재의 경계를 보다 확대하는 새로움을 의미한다.[19] 진정한 자아를 찾기 위해 위험을 감수하고 용기를 내는 중년 여성들을 위해서 가족뿐 아니라 공동체의 따뜻한 격려와 지지가 필요하다. 기독교교육은 중년 여성들이 과거의 경험, 환경, 사회적인 고정관념이나 편견에 사로잡혀 새로운 경험과 관계에 열려 있지 못하고 폐쇄적이고 고정된 자아 정체성 안에 머무르지 않도록 여성들의 창조성과 잠재력을 격려하는 교육을 제공해야 한다. 이러한 교육을 통해 중년 여성들은 자신 안에 감추어진 다양성을 끌어내어 진정한 자아를 찾을 수 있을 것이다.

공감적 관계 형성을 위한 교육

여성들은 자아를 인식하는 데에서부터 영적 삶을 성숙하게 하는 데 이르기까지 관계성을 중심으로 살아간다. 어머니, 딸, 아내, 며느리, 친구, 동료 등 다양한 이름으로 살아가고 있는 중년의 여성들은 이러한 다양한 역할로 인해 다중적이고 관계적인 자아를 형성하게 된다. 다양한 역할은 여성들로 하여금 관계적으로 민감한 존재가 되도록 하고 자신의 잠재력을 더 끌어낼 수 있도록 하는 장점이 있지만, 다양한 관계에서 자아의 경계를 상실하거나 타인을 위해 존재하는 방식을 선택하도록 할 위험성도 있다. 전통적인 여성다움이나 이상적인 어머니 역할을 내면화하고 살아온 중년 여성일수록 자신의 주체성을 유지하지 못한 채 타자와의 관계만을 중시하는 대인관계적 자아(interpersonal self)를 형성할 가

19 Marjorie H. Suchocki, "Openness and Mutuality in Process Thought and Feminist Action," in *Feminism and Process Thought*, ed. Sheila G. Davaney (Lewinston/Queenston: The Edwin Mellen Press, 1981), p. 66.

능성이 크다. 대인관계적 자아의 문제는 내적 일관성이 결핍되어 자신의 삶을 스스로 정의하지 못하고 객관적 자기성찰의 능력을 발전시키지 못하는 것이다.[20] 그러므로 중년 여성들은 타자의 요구에 완전히 매몰되어 자신을 상실하는 것에 대해서 경계해야 하고, 반대로 자신에게 함몰되어 타자와 완전히 분리되는 고립에 대해서도 경계해야 한다. 중년기에는 이 두 가지 극단적인 관계성에 빠지지 않기 위해 복잡하게 얽혀 있는 관계의 그물망을 새롭게 조망하고 관계성을 재구성해야 한다.

중년기 여성들 중에는 가족을 위해 돌봄의 대상에서 철저히 자신을 소외시키고 자기희생적 돌봄의 행위에 만족하며 살아온 여성들이 많다. 이러한 여성들은 자녀가 성장한 이후 돌봄의 대상이 사라지게 되면 역할 상실로 인한 자아의 위기를 경험하기도 한다. 자기소외(self-alienation)의 경험은 공허함을 느끼게 하거나 우울증을 수반할 수도 있다. 그러므로 진정한 상호 관계성은 한쪽이 절대화되거나 타자에 흡수되는 것이 아니라 서로의 주체성을 존중하고 개별성을 유지하면서 동시에 관계성의 내재화를 이루어 타인의 경험을 자신의 것으로 받아들이는 공감(empathy)을 통해 유지될 수 있다. 마조리 수하키(Majorie H. Suchocki)는 자기 자신을 철저히 타인을 위한 존재로만 여기는 것은 죄악이라고 했다. 반대로 인간관계에서 누군가 세계의 절대적 중심이 되고자 하고 모든 관계성의 최종 목표가 되고자 하는 이기심을 갖는다면 이것 역시 죄악이라고 했다.[21] 이 두 가지 모두 인간 존재의 상호 관계적 본질을 왜곡하고 부정하는 것이다. 타인에 대한 공감 능력과 더불어 자신에 대한 확신과 자신의

---

20 Carol L. Hess, *Caretakers of Our Common House: Women's Development in Communities of Faith* (Nashville: Abingdon Press, 1997), pp. 62-63.

21 Marjorie H. Suchocki, *God Christ Church: A Practical Guide to Process Theology* (NY: Crossroad, 1993), pp. 25-26.

권위를 유지할 때 존재의 관계성과 상호 의존성을 더욱 깊이 인식하는 삶을 살 수 있게 되는 것이다.

자녀들이 성장해 가족과 가사에 대한 책임이 줄어들고 더 많은 여가 시간을 보낼 수 있게 되면서 중년기를 여성 우정의 황금기라고 한다. 여성들 사이의 우정에 대해서 과소평가하는 사회적 분위기가 있지만, 친구들과의 우정은 정서적 지지와 삶의 공유, 자발적인 도움 등으로 인해 중년 여성들의 삶을 행복하게 하는 데 결정적 요소로 작용한다. 친구들 사이의 유사성은 서로의 정체성을 인정하고, 추억을 이야기하고, 조언을 하고, 사교적 모임을 제공하고, 여가 활동을 함께하고, 비전문적인 과제를 서로 도우면서 나이가 들어감에 따른 상실과 변화를 감당하는 데 필요한 동료애와 정서적 지지를 제공할 수 있다.[22] 그러나 때로는 공감과 지지의 관계를 형성해야 할 친구 사이가 자칫 서로 경쟁하는 사이가 될 수도 있다. 어머니들의 경쟁적 관계로 인해 생겨난 신조어가 있는데, 바로 모든 것에 완벽해서 항상 부족한 자신과 비교 대상이 되는 '엄친아(엄마 친구 아들)'이다. 능력(competence)과 경쟁(competition)이라는 두 단어로 집약되는 시대를 살면서 경쟁을 통해 자신의 유능함을 입증해야만 살아남을 수 있기 때문에 어머니들은 자녀들이 경쟁에서 살아남아 피라미드식 사회 구조의 가장 위에 올라서기를 바란다. 이러한 경쟁의 과정에서는 타인의 마음을 이해하거나 공감할 여유가 없다.

어머니가 공감 능력이 부족한 경우 이는 자녀들에게도 그대로 영향을 미쳐서 타인의 감정에 무감각하고 타인의 이야기에 귀 기울이지 못하는 사람으로 성장하도록 할 수 있다. 제임스 리(James M. Lee)는 공감과 연민은 인간이 본능적으로 타고난 능력이기보다는 교육을 통해 형성

---

22 Muhlbauer · Chrisler, 『심리학으로 바라본 중년여성의 심리』, pp. 200-205.

된다고 보았다. 그는 타인과 함께 느끼고 타인의 감정에 통합되는 공감(empathy)보다 더 구체적인 도움 행위로 이어지는 것이 연민(compassion)이라고 생각했다. 그에 따르면, 연민은 감정적 차원만이 아니라 인간의 신체적 행동, 인지적 사고, 삶의 스타일의 모든 차원을 포함하기 때문에 각 차원에서의 학습이 이루어져야 한다. 그러므로 타인을 더 배려하고 타인에게 공감하는 비언어적 행위들에 대한 교육, 도움이 필요한 사람들에 대한 인지적 자각 능력을 높이는 교육, 타인과의 상호 작용에서 정서적 감수성을 높이는 교육, 구체적인 도움 행위들을 실천하는 교육 등이 모두 필요하다.[23] 중년기 여성들은 자신과 자녀들의 공감과 연민의 능력을 발달시키기 위한 의식적인 자각과 적극적인 노력이 필요하다.

가정에서 공감 능력을 발달시키기 위해서는 부모가 적극적으로 '반영적 경청(reflective listening)'을 하는 것이 필요하다. 반영적 경청이란 자녀가 하는 말을 주의 깊게 들어주고 그 말의 메시지를 반영해주는 언어적 반응을 하는 것을 의미한다. 부모가 적극적으로 경청하고 성급한 판단을 하지 않으며 자녀의 말 이면의 숨은 의미를 확인시켜줄 때, 자녀는 자신의 감정이 수용되고 있다는 것을 느끼고 자신의 문제를 좀 더 분명하게 볼 수 있게 되며 문제를 스스로 해결할 수 있다는 믿음을 갖게 된다.[24] 이러한 부모와의 관계를 통해 자녀는 긍정적인 감정뿐 아니라 부정적인 감정도 솔직하게 표현할 수 있게 되고 공감 능력과 문제해결 능력을 발달시킬 수 있게 된다. 기독교교육은 중년 여성들이 가족, 친구, 직장 동료, 신앙 공동체 구성원과의 관계에서 서로의 마음에 공감하고

---

23 James M. Lee, "Compassion in Religious Instruction," in *Compassionate Ministry*, ed. Gary L. Sapp (Al: Religious Education Press, 1993), pp. 175-213.

24 박성연 외, 『부모교육』(서울: 교육과학사, 2003), pp. 140-141.

고통과 상처에 대해 연민의 마음으로 돌볼 수 있는 따뜻한 마음과 영혼을 가질 수 있도록 도와야 한다.

예언자적 돌봄과 선포를 위한 교육

에릭 에릭슨(Erik H. Erikson)은 중년기의 건강한 인격 형성을 위한 과제는 '생산성(generativity)'을 향상시키는 것이라고 보았다. 중년기에는 미래 세대와 미래 사회에 대한 책임감을 가지고 생산적이고 창조적인 삶을 살아야 한다. 이러한 과제를 잘 수행하지 못하면 삶이 침체되고 위축된다. 중년기의 과제인 생산적인 책임을 잘 수행할 때 나타나는 덕목 또는 강점이 바로 돌봄(care)이다.[25] 그러므로 가정, 사회, 신앙 공동체에서 핵심적인 역할을 하며 공동체의 가치와 방향을 결정하는 중요한 위치에 서게 되는 중년 여성들은 자신이 속한 공동체를 위한 '예언자적 돌봄(prophetic caring)'을 수행해야 할 책임을 가지게 된다. 캐롤 헤스(Carol L. Hess)에 따르면, 예언자적 돌봄은 인간관계나 사회 공동체에서 발생하는 문제 상황에 도전해 문제를 해결하는 적극적인 돌봄을 의미한다.[26] 공동체를 위한 예언자적 돌봄의 행위를 적극적으로 수행하기 위해서는 공동체가 가지고 있는 문제들을 회피하지 않고 정면으로 대면하는 용기가 필요하다. 중년기의 여성들은 자신이 속한 신앙 공동체뿐 아니라 사회적, 국가적, 세계적 부정의와 불평등의 문제를 적극적으로 해결하려는 책임의식을 형성해야 한다.

성서와 기독교 전통에서 예언자들은 그들의 시대를 올바로 읽고 하

25 Erik H. Erikson, *Childhood and Society* (NY: W. W. Norton & Company, 1963), pp. 266-268.

26 Hess, *Caretakers of Our Common House*, pp. 111-112.

나님을 대신해서 하나님의 지혜를 선포한 사람들이다. 로즈마리 류터(Rosemary R. Ruether)는 성서의 예언자적 해방 전통의 핵심 주제를 다음의 네 가지로 요약했다. 즉, 억압당하는 자들에 대한 하나님의 보호와 옹호, 권력자들의 지배 체제에 대한 비판, 부정의한 현재의 체제가 전복되고 하나님의 평화와 정의의 통치가 역사 속에 실현되는 새 시대에 대한 비전, 그리고 종교와 종교적 이데올로기에 대한 비판이다.[27] 이것이 예언자들의 선포와 예수의 선교의 핵심 주제였다. 예수는 가난하고 굶주리고 배척당하는 사람들에게 하나님 나라의 비전을 선포하고 기적과 치유 행위를 통해 그 나라를 경험하도록 했다. 예수와 예언자들은 부정의한 경제적 · 정치적 지배 체제를 비판했을 뿐 아니라 종교가 부정의한 권력을 신성화하고 정의를 향한 하나님의 뜻을 무시할 때 종교 역시 비판했다. 예수의 성전 정화는 억압적인 정치권력의 오른팔 노릇을 하는 거짓 종교로 변질된 종교에 대한 비판이었다. 예수는 자신들의 위치를 신성화하기 위한 목적으로 종교를 이용하는 서기관과 제사장들에게 정면으로 도전했다.[28] 예수와 예언자들은 종교가 예언자적 기능을 상실하고 부정의한 사회질서를 정당화할 때 종교를 비판하고 하나님 나라의 통치를 선포하고 실현시키는 사명을 회복할 것을 촉구했다.

예수의 이러한 예언자적 선포와 활동은 그의 어머니 마리아의 찬가(Magnificat)에서 예견된다. 마리아는 예수가 이 땅에 정의롭고 평등한 공동체를 실현시킬 자가 되기를 꿈꾸었다. 어린 소녀의 몸으로 생명을 잉태하고 두려움에 사로잡힌 여인이 자신의 자녀에 대해 가진 비전은 놀랍게도 이스라엘의 오랜 예언자 전통에 근거한다. 교만하고 권세 있는

---

27 Rosemary R. Ruether, *Sexism and God-Talk: Toward a Feminist Theology* (Boston: Beacon Press, 1983), p. 24.

28 Ibid., pp. 25-27.

자들이 내리쳐지고, 억압당하는 자들이 해방되고, 굶주린 자들이 배부르게 되고, 비천한 자들이 높아지고, 슬피 우는 자들이 위로를 받는 세상에 대한 마리아의 비전은 해방을 꿈꾸는 많은 이들에게 희망의 선포가 되었다. 그러나 마리아의 예언자적 자각과 선포의 중요성은 마리아를 순종적이고 비천하고 희생적인 여성성의 모델로 이상화시킨 가부장적 신학에 의해 점차 퇴색되었다. 엘리자베스 피오렌자(Elizabeth S. Fiorenza)는 로마의 식민지 지배하에서 생존과 존엄성을 위해 싸운 어머니 마리아의 예언자적 선포가 있었기에 그녀의 아들 예수는 모든 인간이 억압과 차별로부터 해방되는 정의롭고 행복한 세상에 대한 소식을 전하는 자가 된 것이라고 강조했다.[29] 식민지 지배하에서 공동체가 파괴되고 정치적, 경제적, 사회적, 종교적 부정의와 불평등이 판을 치는 시대에 예언자적 전통을 이어가고자 노력한 마리아의 지혜는 어머니의 진정한 돌봄에 대한 중요한 가르침을 제공한다.

기독교 전통은 성서 안의 여성 예언자들의 선포와 활동에 대해 주목하지 않았지만 여성신학자들은 성서와 기독교 전통에 나타나는 여성 예언자들에게 주목해왔다. 구약성서에는 미리암(출 15:20), 드보라(삿 4:4), 훌다(왕하 22:14; 대하 34:22), 이사야 부인(사 8:3), 노아드야(느 6:14) 등과 같은 여성 예언자들이 나온다. 비록 성서에서 남성 예언자들과 비교해 비중 있게 다루어지지 않았지만, 성서 안의 여성에 대한 전반적인 배제와 침묵을 고려할 때 여성 예언자들이 언급되고 있다는 것은 그만큼 그들이 중요한 인물이었음을 짐작할 수 있다. 이들은 민족의 위기 상황에서 하나님의 특별한 영을 받아 하나님의 뜻을 선포하고 민족을 이끈 지도

29 Elizabeth S. Fiorenza, *Jesus: Miriam's Child, Sophia's Prophet* (NY: Continuum, 1995), pp. 163-190.

자들이었다. 또한 초대 기독교 전통에서 활동한 여성들은 예수의 예언자적 선포를 기억하며 새롭게 경험한 성령의 체험을 통해 새 시대를 선포했다.

예언자들은 자신이 처한 상황을 비판하는 데 머문 것이 아니라 고통의 현실을 내면화하고 연민의 마음을 가지고 상처받은 자들과 함께 그들의 현실을 애통해 하고 슬퍼했다. 월터 브루그만(Walter Brueggemann)은 물질적 풍요는 고통을 인식하지 못하게 하고, 억압의 정치는 고통당하는 자들의 울부짖음을 듣지 못하게 하고 하나님의 마음의 고통을 깨닫지 못하게 한다고 말했다. 브루그만에 따르면, 지배질서는 사람들을 '무감각(numbness)'하게, 특히 죽음에 대해 무감각하게 만들고 보살핌의 능력을 상실하도록 한다. 그러므로 예언자적 목회는 사람들로 하여금 죽음에 이르게 하는 고통의 경험과 연결되도록 하고 무감각을 뚫고 자기기만을 통찰하도록 도와야 한다.[30] 예수는 전쟁으로 인한 희생에 무감각한 로마의 제국주의, 가난과 착취에 눈감는 경제질서, 억압의 정치에 무감각한 사람들을 그의 연민으로 깨어나게 하고자 했다. 예수는 상처받는 사람들의 고통을 자신의 몸에 깊이 체화시켰고 그들의 고통에 함께 슬퍼하면서 애통해 하는 자들이 위로를 받을 것이라고 선포했다(마 5:4). 죽음의 현실을 애통해 하는 자만이 위로를 받고 새로운 생명을 얻을 수 있다.[31] 예수의 연민은 단순히 개인적이고 감정적인 반응이 아니라 사회에 만연한 무감각에 대항해 행동하는 정치적 비판이었고 상처받고 고통당하는 사회적 약자들의 고통을 자신의 내면으로 끌어안는 적극적 돌봄이었다.

---

30 Walter Brueggemann, *The Prophetic Imagination* (Philadelphia: Fortress Press, 1978), pp. 41-42, 46-49.

31 Ibid., pp. 60, 85-86

예언자적 돌봄과 선포는 가부장적 리더십이 아닌 여성주의 리더십을 통해 이루어질 수 있다. 가부장적 리더십이 약자 위에 군림하는 힘과 권위를 통해 유지되는 지배의 리더십이라면, 여성주의 리더십은 공동체 안에서 힘과 권위를 공유하는 파트너십을 통해 이루어진다.[32] 그러므로 여성들은 여성주의 리더십을 발휘해 교회와 사회에서 소외와 차별을 당하는 약자들에게 힘을 불어넣어 주는 예언자적 돌봄을 실천해야 한다. 출애굽 이후 광야에서 생존을 위해 싸우는 이스라엘 사람들에게 희망을 주고 새로운 땅을 꿈꾸도록 돌본 미리암처럼 여성들은 사회적 약자들이 생존을 위해 싸우는 삶의 현장에 관심을 기울이고 그들의 목소리를 대변하는 예언자적 선포와 돌봄의 역할을 감당해야 한다. 예언자적 돌봄은 바로 약자를 위한 역량강화(empowerment)를 통해 적극적으로 실천할 수 있다. 사회적 약자들은 스스로의 힘과 권위에 대해서 신뢰하지 못하는 경향이 강하다. 그러므로 중년기 여성들은 약자들이 자신의 잠재력을 신뢰하고 자존감을 형성해 자기실현과 사회 변혁의 힘을 자각할 수 있도록 돕는 역할을 해야 한다.

중년기의 여성들은 가정, 직장, 교회, 사회에서 미래 사회를 창조하기 위한 책임적인 존재로서 예언자들이 지녔던 하나님 나라의 비전을 올바로 인식하고 실천하기 위해 노력해야 한다. 하나님 나라를 상징하는 정의, 평화, 평등, 자유가 상실되고 파괴된 현실을 직시하고 그것이 하나님의 뜻이 아님을 선포하는 것이 예언자적 사명이며 그 파괴된 현실을 회복시키는 것이 예언자적 돌봄이다. 한국 사회에는 부정의와 불평등이 만연해 있고 그로 인해 냉소주의와 기회주의가 판을 치고 있다. 또한 계

---

32 Letty M. Russell, *Church in the Round: Feminist Interpretation of the Church* (Kentucky: Westminster/John Knox Press, 1993), pp. 56-57.

층 간 불균형이 심화되어감에 따라 상대적 빈곤감이 극대화되고 있고 정치인들에 대한 극도의 불신이 정치에 대한 무관심으로 이어지고 있다. 이와 더불어 급속한 다문화 사회로의 진입으로 인해 인종적 편견이나 차별이 사회 갈등의 요인으로 작용하고 있다. 이러한 현실에서 기독교교육은 중년기 여성들이 현실의 고통에 무감각해진 삶을 살지 않도록 그들의 의식을 깨우고, 다음 세대에게 평등하고 정의로운 공동체를 물려줄 수 있도록 적극적인 예언자적 돌봄과 선포를 실천하도록 교육해야 한다.

지구의 생명을 살리기 위한 교육

치열한 경쟁 사회에서 약자와 자연을 지배하고 착취해서라도 자신과 자신의 후손을 위해 물질적 풍요를 이루는 것이 성공한 삶이라고 믿는 사람들이 늘어나고 있다. 그 결과 생태계는 파괴되고 빈부의 격차로 인한 사회 갈등, 불균형적인 세계 경제 발전, 전쟁과 테러로 인한 인류의 어두운 미래를 걱정하게 되었다. 중년기 여성들은 미래 세대에게 더 이상 경쟁적이고 파괴적인 죽임의 문화가 아닌 창조적인 생명의 문화를 물려주기 위한 길이 무엇인지 진지하게 고민해야 한다. 전통적으로 여성들이 담당해온 '살림'은 이런 의미에서 중요하다. 생명을 살리고 돌보는 일을 해온 여성들은 자기 가족의 생명이 사회 전반에 만연한 생명 파괴와 무관하지 않음을 깨달아야 한다. 전 세계적으로 나타나는 삼림의 훼손, 환경 오염, 종들의 소멸, 지구온난화, 식량 부족, 빈곤의 증가, 그리고 새로운 질병 등은 인류의 미래를 위협하고 있다. 생명을 파괴하는 거대한 힘 앞에서 하루하루 생명을 살리는 일을 위해 노력해야 하는 것이 중년 여성들의 과제이다.

중년기 여성의 삶을 희년의 시작으로 이해한 마리아 해리스는 희년의 의미 가운데 특히 모든 존재의 쉼과 해방에 대해 강조했다. 희년은 인간만을 위한 것이 아니라 땅과 모든 동식물의 쉼과 해방을 위한 것이다. 이 해방은 인간 사이의 부정의한 소유와 착취로부터의 해방을 의미한다. 그리고 이것은 모든 인간의 정치적인 자유뿐 아니라 도덕적이고 영적인 자유를 의미한다.[33] 착취하는 자와 착취당하는 자가 부정의한 사회제도와 질서로부터 온전하게 해방되어 참자유를 누리게 되는 것이다. 중년기의 생산성은 무한 경쟁과 착취를 통해 이룩하는 물질적 풍요의 생산성이 아니라, 함께 더불어 살아가는 공존 속에서 서로의 생명을 살리는 창조적인 생산성이 되어야 한다.

생태여성주의자들(ecofeminist)은 여성의 억압과 자연의 파괴 사이의 상호 연관성과, 인간과 자연의 상호 의존적 관계를 인식함으로써 '땅에 기반을 둔 영성(earth-based spirituality)'을 발전시키기 위해 노력하고 있다. 샐리 맥페이그(Sallie McFague)는 '하나님의 몸으로서의 세계'라는 은유를 통해 하나님과 인간, 세계 사이의 유기체적 관계성과 상호 의존성을 강조했다. 하나님의 초월성을 강조해온 전통적인 신학의 한계를 비판하면서 맥페이그는 또한 하나님의 몸인 세상의 모든 존재들의 해방과 행복을 위해, 세상 안에 존재하면서 힘을 불어넣어 주는 신의 내재성을 강조했다.[34] 그녀는 위계적, 인간 중심적, 개인주의적, 소비 지향적인 사고로 인해 생태계가 파괴되고 있음을 경고하면서 모든 생명의 힘과 근원이 되는 하나님에 대한 이해와 존재들의 상호 관계성에 대한 자각을 통해 생태계의 치유에 동참할 것을 제안했다. 엘리자베스 존슨(Elizabeth A. Johnson) 역시 창조주 하나님은 자연과 밀접하게 연결된 '생명의 공여

33 Harris, *Jubilee Time*, pp. 59-60.

34 Sallie McFague, *The Body of God* (Minneapolis: Fortress Press, 1993), p. 192.

자(Lifegiver)'임을 강조했다. 성령은 모든 생명체의 창조적 근원이고 우주를 지탱해주는 역동적이고 신성한 힘의 흐름이다. 모든 피조물은 세상 안에 임재하여 그들을 새롭게 하는 창조자 성령의 힘을 통해 서로에게 연결되어 있다.[35] 하나님이 창조하고 돌보는 지구는 더 이상 인간들에 의해 정복되어야 할 대상이 아니라 함께 더불어 생존해야 하는 공동 운명체인 것이다.

생태계 위기는 단순한 과학 기술적인 차원을 통해 치유될 수 있는 문제가 아니라 생태 정의(eco-justice)를 위한 인간의 의식과 삶의 방식의 전환을 통해 이루어질 수 있다. 그러므로 생태 정의를 위한 실천은 사회정치적인 활동일 뿐 아니라 종교적이고 영적인 변화의 과정이다. 류터는 이를 생명을 지속시키는 삶으로의 진정한 '회개(*metanonia*)'라고 했다. 인간이 세계의 중심이라는 오만한 인간 중심적 사고에서 벗어나 지배와 착취의 연속인 파괴적 삶의 방식에 저항하면서 모든 존재의 상호의존성을 깊이 인식하는 것, 지구에 지속 가능한 생명 공동체를 실현시키기 위해 노력하는 삶을 사는 것이 진정한 회개인 것이다.[36] 인간들의 탐욕과 무한 성장논리에 의해 상처받은 지구를 살리는 길은 파괴적인 삶을 살아온 죄를 깊이 회개하고 지구의 생명을 살리고 돌보는 청지기의 삶으로의 전환을 통해 가능해진다. 특히 생태계 파괴 구조의 가장 밑바닥에서 심각한 고통을 당하고 있는 지구상의 가난한 사람들에 대한 특별한 사랑과 관심이 필요하다. 맥페이그는 지구를 하나님의 집, 즉 '하나님의 오이코스(*oikos*)'로 상상하고 가정에서 모든 사람이 환대받으

---

35 Elizabeth A. Johnson, *Women, Earth, and Creator Spirit* (New York: Paulist Press, 1993), pp. 42-43.

36 Rosemary R. Ruether, *Gaia & God: An Ecofeminist Theology of Earth Healing* (NY: HarperSanFrancisco, 1992), pp. 86, 111.

며 만찬에 참여하는 것처럼 자연의 모든 생명에 대한 존중과 자원의 공정한 분배를 통해 하나님의 집을 올바르게 관리해야 한다고 강조했다. 그리고 자기한계를 설정해 모든 사람들, 특히 연약하고 상처 입기 쉬운 사람들에게도 공정한 분배가 이루어질 수 있도록 노력해야 한다고 말했다.[37] 전 지구적 생태 위기 속에서 빈곤과 질병으로 기본적인 생존권을 위협받는 약자들의 생명을 보호하기 위해 공동의 책임을 지는 것이 하나님의 오이코스에 거주하는 기독교인들의 책임인 것이다.

중년기 여성들은 자연에 대한 착취와 파괴를 멈추고 모든 살아 있는 존재들이 생명을 유지할 수 있도록 자연을 치유하기 위한 지혜를 모으고 실천의 가능성을 모색해야 한다. 또한 다양한 네트워크를 형성해 다른 여성들과 협력하고 연대를 만들어감으로써 생명을 살리는 공동체를 확대해나가야 한다. 현재 한국 사회에서 많은 중년 여성들이 생명을 살리는 일에 앞장서고 있다. 다양한 사회봉사 활동, 환경운동, 지역사회운동에 참여함으로써 자신의 잠재적 힘을 발휘함과 동시에 사회 전체의 공동의 선을 위해 노력하고 있는 것이다. 여성들로 이루어진 지역자치단체나 사회운동 단체들은 환경과 생명을 살리는 생활 공동체를 만들어 대안적인 삶을 모색하고 있다. 그런데 교회 여성들은 풍부한 물적 · 인적 자원과 훌륭한 조직력이 있음에도 불구하고 그 자원과 힘을 교회 안에만 한정시켜 사용하는 경향이 있다. 기독교교육은 중년기의 여성들이 하나님의 선교를 자신이 속한 가정과 교회에 한정시켜 이해하지 않고 이 세상의 모든 생명을 살리기 원하는 하나님의 선교 활동에 적극적으로 동참할 수 있도록 도와야 한다.

---

37 Sallie McFague, *Life Abundant: Rethinking Theology and Economy for a Planet in Peril* (Minneapolis: Fortress Press, 2001), p. 36.

창조적이고 통합적인 신앙 형성을 위한 교육

중년기의 삶의 과제가 지나온 인생에 대한 전반적인 점검과 새로운 미래를 향한 전환이라면 삶의 토대가 되어온 신앙에 대해서도 비판적인 성찰과 새로운 방향 설정이 필요하다. 중년기에는 창조적이고 통합적인 신앙을 형성하는 것이 필요한데, 이를 위해서는 먼저 자신의 삶에 더 이상 의미를 부여하지 못하는 종교적인 신념, 가치, 상징과 이미지들에 대해 질문하고 이들을 떠나보내야 한다. 에델스타인의 지적처럼 옛것을 과감하게 떠나보낼 때 자신을 얽매여왔던 낡은 사고와 신념으로부터 자유로워져서 새로운 것을 모색할 수 있는 창조적 에너지를 얻을 수 있다.[38] 중년기 여성들은 정형화된 사고와 관습적 신념의 틀에 갇혀 변화에 저항하고 이를 두려워하기보다 낡은 것을 새롭게 변화시키고 창조적으로 통합하는 것이 성숙한 신앙임을 깨달아야 한다.

창조적이고 통합적인 신앙을 형성하기 위해서는 먼저, 자신의 삶에 궁극적인 가치와 힘을 제공하는 것이 무엇인지 점검해보아야 한다. 파울러는 모든 인간은 삶의 의미를 추구하고 다양한 가치와 신념을 형성하면서 살아가는데, 모든 가치와 힘을 초월하는 보다 궁극적인 가치와 힘에 대한 절대적 신뢰와 충성이 신앙이라고 이해했다.[39] 삶의 다양한 관계와 역할 속에서 가치들이 충돌하고 힘의 균형이 깨어질 때, 초월적이고 궁극적인 가치와 힘을 제공하는 것이 신앙이다. 중년기 여성들은 자신이 삶에서 집중하고 있는 가치와 신념이 무엇인지 점검하고 그것이 부적절하고 제한적이며 궁극적인 가치를 결여하고 있는 것은 아닌지 비

---

38 Edelstein, *The Art of Midlife*, pp. 7-15.

39 Fowler, *Stages of Faith,* pp. 19-23.

판적으로 성찰해야 한다. 기독교 신앙을 가지고 있으면서도 삶의 중요한 가치가 권력, 돈, 특정 이데올로기나 정치적 입장인 사람들이 있다. 특히 중년 여성들에게서 많이 나타나는 기복적인 신앙은 종교 행위의 많은 부분이 가족의 안녕과 물질적 축복, 사회적 성공과 연결되는 경우가 많다. 자신, 가족, 자신이 속한 집단과 교회만을 위한 이기적이고 배타적이고 기복적인 신앙을 극복하고 보다 포괄적이고 궁극적인 가치와 의미를 추구할 때 성숙한 신앙인으로 성장할 수 있다. 인간이 서로 사랑과 정의와 평화의 관계를 형성하기 원하는 하나님에게서 궁극적인 가치와 힘을 발견하고 그 가치와 힘에 근거해서 삶의 다양한 차원들이 균형과 통합을 이룰 때 성숙한 신앙인의 삶을 살 수 있는 것이다.

여성의 신앙발달을 연구한 니콜라 슬리(Nicola Slee)는 타자에 대한 개방성과 자신과 타자의 요구 사이에서 균형을 이루고자 하는 정의(justice)에 대한 인식이 여성의 신앙 형성에 중요하다고 말했다.[40] 자신이 믿고 의지하는 사랑의 하나님이 자신만의 하나님이 아니라 모든 피조물의 하나님이며 그 하나님은 세계에 정의를 실현하고자 하는 정의의 하나님임을 깨닫게 될 때, 인간은 비로소 자신의 욕구를 충족시키기 위한 개인주의적이고 기복적인 신앙으로부터 벗어날 수 있게 된다. 슬리는 하나님과의 관계성이 타자와의 관계성과 상호 연결되어 있음을 인식하게 될 때, 사랑과 정의의 관계를 보다 넓게 확장시킬 수 있다고 했다. 이러한 관계의 확장은 문화적, 성적, 인종적, 종교적 장벽으로 인해 단절되고 소외된 관계를 회복하고 특히 깨어진 관계 속에서 고통받고 억압당하는 사람들에 대한 공감적인 사랑과 치유를 위해 노력할 수 있도록 한다.[41]

---

40 Nicola Slee, *Women's Faith Development: Patterns and Processes* (VT: Ashgate Publishing Company, 2004), p. 143.

41 Ibid., pp. 146-149.

고통당하는 자들과 함께 아파하는 사랑과 구원의 하나님을 발견할 때 중년 여성들은 자신의 이익과 행복만을 추구하기 위한 신앙에서 벗어나 하나님의 모든 피조물이 함께 행복해질 수 있는 공동선을 추구하는 성숙한 신앙인으로 성장해갈 수 있다.

중년기 여성들이 그동안 축적해온 삶의 경험과 지혜는 창조적이고 통합적인 신앙을 형성할 수 있는 잠재적인 힘이 된다. 파울러의 이론에서 통합적 신앙(conjunctive faith)은 축적된 경험과 지혜를 창조적으로 통합하는 과정을 통해 형성된다. 중년기에는 성인 초기의 지배적인 이분법적 논리에서 벗어나 변증법적 사고와 대화적 사고를 발달시켜야 한다. 다양한 사람들과의 대화를 통해 세계의 다중적 구조를 인식하고 진리의 다차원적이고 상호 의존적인 특성을 깨닫는 것이 필요하다.[42] 기독교 여성들 중에는 자신이 속한 교단이나 교회의 교리에 대한 절대적 신념을 바탕으로 자신과 다른 신학적 입장이나 타 종교에 대해서는 배타적인 자세를 갖는 경우가 많다. 이러한 배타적인 자세는 진리의 다중성과 상황성을 인식하지 못하는 미성숙한 태도이다. 다양한 진리에 대한 개방적 자세는 무조건적인 수용을 의미하는 것이 아니라 창조적이고 변증법적인 통합을 통해 새로운 진리를 구성해가는 것이다. 기독교교육은 중년기 여성들이 다양한 삶의 경험을 통해 형성한 지혜를 토대로 자신의 신앙을 재정립하고, 다양한 진리에 개방적인 자세를 취함으로써 보다 창조적이고 통합적인 신앙을 형성할 수 있도록 도와야 한다.

42 Fowler, *Stages of Faith*, pp. 185-186.

제7장

노년기 여성들의 신앙과 교육

의료 기술이 발달하고 건강 수준이 향상함에 따라 한국인의 평균 수명은 계속 늘어가고 있으며 이에 따라 노년기의 건강하고 행복하고 의미 있는 삶에 대한 관심도 높아지고 있다. 일반적으로 노년기의 시작을 60-65세로 볼 때, 남성보다 평균 기대수명이 더 긴 여성의 경우 인생에서 노년기가 차지하는 비중이 더 커지고 있다.[1] 노년기 여성들은 신체적인 노화, 정서적인 고독, 경제적인 빈곤, 사회적인 소외 등 여러 가지 당면 문제들을 지니고 있다. 특히 현재 한국의 노년기 여성들은 역사의 소용돌이 속에서 많은 아픔을 겪었고 어려운 사회적 상황에서 가족을 지키기 위해 많은 희생과 헌신을 한 세대이다. 자신의 노년기를 준비하기보다는 가족을 위해 모든 것을 희생한 여성들이 많기 때문에 더 힘든 노년기를 보낼 가능성도 크다. 그러나 위기와 상실의 경험에 집중하다 보

---

1 통계청 자료에 의하면 2012년 기준 한국 여성의 평균 기대수명은 84.64세로 평균 기대수명이 77.95세인 남성보다 6.69년 정도 더 길다. (http://www.index.go.kr)

면 노년기에 이룰 수 있는 인격적이고 영적인 성숙의 기회를 놓칠 위험이 있다. 노년기에도 여전히 인간은 성숙해지고 발달해가는 과정에 있으며 삶의 전 과정을 통합적으로 완성해야 하는 과제가 있다. 그러므로 기독교교육은 노년기 여성들이 전 생애를 통해 축적해온 삶의 지혜를 바탕으로 의미 있고 행복한 통합과 완성을 이루는 은혜의 시간을 보낼 수 있도록 도와야 한다.

1. 삶의 통합을 위한 발달과제

신체의 노화 현상에 대한 긍정적인 몸 이미지 형성

노년기 여성들은 자연스럽게 몸의 노화 현상을 경험하게 된다. 신체적 노화는 자연스러운 현상임에도 불구하고 많은 여성들이 젊음과 아름다움을 상실한다고 느끼고 초조해하고 이로 인해 자아존중감에 위기가 오기도 한다. 여성의 몸의 이미지는 자신에 의해 주체적으로 형성된 아름다움보다는 문화적으로 형성된 아름다움에 의해 영향을 받는다. 젊음과 아름다움을 일치시키는 사회적 메시지들 때문에 여성들은 노화되어가는 자신의 몸에 대해 수치심, 불안, 당혹감, 혐오감 등을 느끼게 된다. 노년기 남성들이 자신이 평생 쌓아온 사회적 지위와 능력으로 평가받고 존중받는 것과는 달리 노년기 여성들은 여전히 외모와 자아존중감과의 상관관계에서 자유롭지 못하다. 노화라는 자연 현상 자체를 부정하는 안티에이징(anti-aging) 문화는 노화 방지 화장품과 의약품, 성형, 다이어트 산업을 끊임없이 발달시키고 여성들로 하여금 신체적 나이를 젊게 유지하도록 강요한다.

자연스러운 노화의 과정을 거부하고 젊음에만 가치를 부여하는 사회에서 노인들은 소외와 차별을 경험할 수밖에 없다. 노인에 대한 편견과 차별적 행위들을 정당화하고 그들의 존엄성을 무시하는 노인차별(ageism) 문화의 형성과 확대는 여성의 몸과 성을 차별하고 억압하는 성차별(sexism) 문화와 결합되어 노년기 여성이 자신의 몸 경험을 이해하고 해석하는 데 부정적인 영향을 미친다.[2] 자신의 몸에 대한 주체적인 인식 없이는 남성 중심적으로 규정되어온 '나이 든 여성의 몸'에 대한 부정적 이해에서 자유로울 수 없다. 여성 스스로 자신의 몸 경험을 이해하고 인식하기 위해서는 그 경험과 인식이 형성되고 해석되는 사회문화적 상황을 비판적으로 성찰하는 것이 필요하다. 또한 사회적인 고정관념과 현실 사이의 차이를 명확히 하고, 사회적 편견과는 다른 차원의 자존감을 형성하는 것이 필요하다.

노년기 여성들은 나이가 들어감에 따라 질병이나 장애로 인해 신체적으로 타인에게 의존해야 하는 부담감이 생긴다. 노화는 여러 신체 기능들의 약화와 제약을 가져오고 이러한 신체적 장애는 장애에 대한 사회적 편견과 무관심에 의해 또 다른 위기를 경험하게 한다. 적절한 간호와 보살핌을 받을 수 있는 여성들이 있는가 하면, 경제적인 문제나 가정적인 문제로 인해 기본적인 보살핌을 받기 힘든 여성들도 있다. 노화 및 신체적인 기능의 약화, 부정적인 몸의 이미지로 인한 자아존중감 상실, 심리적 소외감과 고독 등을 극복하고 보다 건강한 신체와 정신을 유지하고 긍정적인 몸의 이미지를 형성하는 것이 노년기 여성들이 이루어야 할 중요한 과제이다.

---

2 Laura H. Clarke, *Facing Age: Women Growing Older in Anti-Aging Culture* (MD: Rowman & Littlefield Publishers, 2011), pp. 28-36.

통합적이고 구성적인 인식의 형성

여성의 인식 방식을 연구한 메리 벨렝키(Mary F. Belenky)와 동료들에 따르면, 가장 성숙한 인식 방식은 통합적이고 구성적인 지식(constructed knowledge)을 형성하는 것이다. 구성적 인식 방식의 특징은 직관적 지식, 타인으로부터 배운 지식, 이성적 사고와 감성적 사고, 객관적 사고와 주관적 사고를 통합하는 과정을 통해 자기 자신의 지식을 구성하는 것이다. 이 단계의 여성들은 단순한 흑백논리로 세상을 보는 것이 아니라 세상에는 피할 수 없는 많은 갈등과 모순이 존재한다는 사실을 인식한다. 그래서 내적 모순과 모호함을 견디고 끊임없이 질문하고 성찰하는 과정을 통해서 앎을 구성해나가기 위해 노력한다. 인생의 복잡성을 이해하는 여성들은 누군가를 희생하거나 억압해 얻게 되는 단순한 해결책이 아니라 타인과 끊임없이 소통하면서 보다 통합적인 방안을 모색하고자 한다.[3] 인생을 통해 복잡하게 얽힌 문제들과 씨름하면서 해답을 찾기 위해 노력해온 노년기 여성들은 상황을 단순하게 판단하기보다는 다양한 관점에서 이해하고 통합할 수 있게 되는 경우가 많다.

노년기 여성들은 오랜 시간 동안의 경험을 통해 여전히 이해하거나 해결할 수 없는 인생의 많은 문제들이 있음을 인식하면서, 진리를 추구하는 것은 영원히 계속되어야 하는 과정임을 깨닫는다. 구성적 지식의 단계에 이른 여성들은 삶의 특수성에서 오는 다름을 인정하고 개방적인 자세로 타인의 진리 추구 과정을 존중하면서 서로 문제를 제기하고 성찰하는 과정을 함께한다. 옳고 그름을 판단할 때도 상황을 일반화하거

---

3 Mary F. Belenky, Blythe M. Clinchy, Nancy R. Goldberger, and Jill M. Tarule, *Women's Ways of Knowing: The Development of Self, Voice, and Mind* (New York: Basic Books. 1986), pp. 133–137.

나 추상적인 정의의 개념을 적용하지 않고 상황의 특수성을 고려하고 그 상황에 놓인 사람들의 갈등을 먼저 이해하고 책임 있는 도덕적 결단을 하기 위해 노력한다.[4] 이러한 성숙한 인식 방식은 노년기가 되었다고 자동적으로 발달되는 것은 아니다. 성숙한 인식 방식으로 발달하기 위해서는 타인의 지식을 수동적으로 받아들이는 수용적 지식의 단계에서 벗어나 주체적인 인식 능력을 발달시켜야 하고 합리적이고 이성적인 인식 능력도 발달시켜야 한다. 이러한 인식 능력의 발달이 선행되어야 가장 성숙한 인식의 단계인 통합적이고 구성적인 지식의 단계로 나아갈 수 있다.

자아통합과 성숙의 과제

에릭 에릭슨(Erik H. Erikson)은 노년기 자아발달의 과제로 자아통합을 제시했다. 에릭슨이 연구한 자아발달 과정에서 가장 마지막 단계에 해당하는 제8단계의 자아통합(self-integrity)은 그 이전의 7단계를 거치며 성장해온 자아와 의미 있는 타자에 대한 수용의 과정에서 생기는 열매라고 할 수 있다. 자신의 삶의 양식에 대해 자존감과 책임감을 지님과 동시에 다양한 삶의 양식이 지닌 상대성을 인정하고 모든 인간의 존엄성을 바탕으로 타자를 수용하는 것이 가능할 때 긍정적인 자아통합이 이루어질 수 있다. 자아의 통합이 이루어지지 않으면 절망에 이르게 되고 죽음에 대한 무의식적 두려움을 갖게 된다. 이러한 절망감을 느끼는 사람은 새로운 삶을 살기에는 시간이 너무 짧다고 느끼고 특정인이나 특정 기관에 대한 혐오감이나 모욕적인 불쾌감을 표출하기도 한다. 그

4 Ibid., pp. 144-149.

러나 그것은 결국 자기 자신에 대한 혐오감과 불쾌감이다.[5]

자아발달의 과정을 연구한 로버트 키건(Robert Kegan)은 가장 성숙한 자아로서 상호 개체적 자아(interindividual self)를 제시했다. 상호 개체적 자아를 형성한 사람은 주체적인 자아를 상실한 관계성이나 타인으로부터 소외된 독립성을 극복하고 자신과 타인의 특수성을 존중하면서 동시에 타인과의 관계성을 유지한다. 이러한 자아를 형성한 사람은 자신의 독립성을 유지하면서도 타인과 공감하는 능력이 뛰어나 진정한 의미의 상호 의존성과 상호 관계성을 형성한다. 또한 모든 인간이 가치와 체계를 형성하고 역사를 구성해가는 인격적인 존재라는 사실과 모든 존재의 상호 의존적인 본질을 깊이 인식하는 성숙한 모습을 갖는다.[6] 이러한 자아를 형성한 사람은 더 이상 업적이나 성과에 연연하지 않으며 업적이 더 이상 궁극적인 것이 아님을 깨닫고 실패에 대해서도 두려워하지 않는다. 또한 정서적 갈등과 부정적인 비판을 수용해 스스로의 변화를 모색할 수 있다. 이전에는 자아의 평온한 상태가 위협받는 것에 대한 두려움이 있었으나, 이제는 내면의 대화를 통해 정서적 갈등을 해결하고자 노력하기 때문에 정서적 갈등에 더 개방적이다.

통합적이고 보편적인 신앙의 형성

노년기에는 제임스 파울러(James W. Fowler)의 신앙발달 이론에서 가장 성숙한 단계인 제6단계의 신앙을 형성하는 것이 가장 이상적이다.

---

5 Erik H. Erikson, *Identity and the Life Cycle* (NY: W. W. Norton & Company, 1980), pp. 104-105.

6 Robert Kegan, *The Evolving Self: Problem and Process in Human Development* (Cambridge: Harvard University Press, 1982), pp. 103-106.

제6단계는 보편적 신앙(universalizing faith)의 특성을 가진다. 물론 파울러의 실증조사 연구에서도 제6단계에 이르는 사람들은 소수에 불과하기 때문에 노년기 여성들이 자연스럽게 이 단계에 이른다고 할 수는 없다. 노년기 이전에 자신의 신념과 태도, 삶의 양식에 집중하는 개체적-성찰적 신앙(individuative-reflective faith)을 형성하고, 더 나아가 다양한 관점들 사이의 긴장을 유지하면서 대화를 통해 진리를 추구하고자 노력하는 통합적 신앙(conjunctive faith)을 형성한 사람이 노년기에 가장 성숙한 보편적 신앙에 이를 수 있다.

보편적 신앙을 형성한 사람들은 자신의 삶에서 정의와 사랑을 실천해 현재의 불완전한 세상을 하나님이 원하는 공동체로 변혁하기 위해 노력한다. 이 단계의 사람들은 보편적인 인권과 사회 정의를 구현하기 위해 기존 질서의 불완전함을 변혁하는 데 열정을 가지고 희생적으로 기여한다는 측면에서 성숙한 신앙인으로 평가된다. 이 단계의 신앙인은 어떤 특정 이데올로기나 기존 질서, 제도, 집단의 굴레에서 벗어나 인류 공동의 선을 위해 헌신하고 하나님 나라가 이 세상에 실현될 수 있도록 삶에서 정의와 사랑을 실천하는 사람이다. 파울러는 이 단계에 속한 사람들의 예로 마하트마 간디, 마틴 루터 킹, 디트리히 본회퍼, 토마스 머튼 등을 들었으며 여성으로서는 유일하게 테레사 수녀를 예로 들었다.[7] 파울러가 연구한 여섯 단계로의 신앙발달이 잘 이루어진다면 성숙한 신앙인으로 노년기의 삶을 의미 있게 살아갈 수 있지만, 많은 여성들이 신화적이고 문자적인 해석에 의존해 미성숙하고 편협한 신앙(제2단계)을 가지고 있거나 공동체의 권위와 관습에 의해 주어진 신앙을 수동적으로

---

7 James W. Fowler, *Stages of Faith: The Psychology of Human Development and the Quest for Meaning* (San Francisco: Harper & Row, 1981), pp. 199-211.

받아들이는 단계(제3단계)에 머문 상태로 노년기를 보내는 경우가 많다.

2. 지혜와 은혜의 기독교교육

내면의 풍요로움을 추구하도록 돕는 교육

노년기의 여성들은 점차적으로 진행되는 노화와 신체 기능의 상실, 질병 등으로 인해 육체적인 연약함을 경험하기 시작한다. 의학의 발달로 많은 육체적 질병이 치료되고 있지만 노화로 인한 가족이나 사랑하는 사람들로부터의 분리, 역할 상실, 몸의 기능이나 인지 능력의 저하, 고통에 대한 두려움은 우울증, 내적 공허감, 부정적인 사고 등 정신적인 질병을 동반하기도 한다. 또한 예기치 못한 질병이나 신체 기능의 상실로 인해 사랑의 하나님이라는 믿음에 대한 의심과 하나님을 향한 분노, 하나님으로부터 버림받은 것 같은 공포와 절망감을 느끼기도 한다.[8] 직장을 다니다 은퇴를 맞이한 여성들은 자신의 삶의 의미를 제공해주던 일로부터 분리를 경험하게 되고 이러한 분리와 단절로 인해 슬픔의 차원을 넘어 자아의 상실에 대한 위협을 느끼게 된다. 그러므로 노화의 과정에서 두려움이나 상실감, 죽음에 대한 공포, 영적 위기를 경험하지 않고 오히려 영적으로 보다 깊이 있고 풍요로워질 수 있도록 노년기 여성들의 상실의 경험에 공감하고 그들을 지지하는 가족과 친구, 신앙 공동체가 필요하다.

---

8 Harold G. Koening, *Aging and God: Spiritual Pathways to Mental Health in Midlife and Later Years* (NY: The Haworth Pastoral Press, 1994), pp. 141, 162, 446-449.

종교와 노년의 정신 건강에 관해 연구한 해럴드 코닝(Harold G. Koening)에 따르면, 우울증과 자살의 가장 중요한 요인 중 하나가 바로 희망의 상실인데, 종교는 노년기의 사람들에게 희망의 근거를 제공한다. 삶의 수많은 문제들과 고통의 경험을 하나님께 의지하며 잘 극복해왔다고 믿는 신앙은 미래에 있을 어려움도 극복할 수 있을 것이라는 희망을 제공한다. 또한 하나님의 형상대로 창조되고 하나님의 사랑을 받는 소중한 존재라는 종교적 정체성이 자존감과 자신의 가치의 기초가 될 때, 노화로 인해 경험하는 변화와 상실에 상처를 덜 받고 위협을 덜 느끼게 된다. 종교적 신앙은 죽음에 대한 두려움까지도 약화시키며 죽음 이후의 삶에 대한 희망을 갖게 한다.[9] 신체적 · 정신적 기능의 쇠퇴와 상실, 사회적 역할의 축소와 소외로 인해 인간적 존엄성이 위협받기 쉬운 노년의 시기에 자신의 존재 가치를 종교적 의미에서 찾는 여성들은 존엄성을 유지하면서 정신적으로나 영적으로 더 건강하고 성숙한 삶을 살 수 있게 된다.

노년기 여성들은 다양한 상실의 경험으로 인해 불행함을 느끼지 않도록 상실 가운데 희망을 찾기 위한 의식적인 노력이 필요하다. 캐슬린 피셔(Kathleen R. Fischer)는 상실 가운데서 새로운 비전을 찾는 법을 바빌론 포로기 예언자들에게서 배우라고 했다. 예루살렘과 성전이 파괴되고, 하나님이 그들에게 약속했던 땅을 상실하고, 바빌론의 포로가 된 절망의 상황에서 이스라엘 사람들은 생존을 위해 새로운 비전과 정체성을 추구하게 되었다. 예언자 에스겔은 마른 뼈들에 생명을 불어넣은 하나님의 영을 이야기하며 모든 것을 상실한 채 절망한 이스라엘 사람들에게 과거와는 다른 방식으로 하나님의 현존을 새롭게 경험하도록 해서

9 Ibid., pp. 133, 240.

희망을 찾게 했다.[10] 약속의 땅과 성전을 상실하고 절망했던 이스라엘 사람들이 새로운 땅에서 하나님을 새롭게 경험했던 것처럼, 젊은 날에 지녔던 많은 것들을 점차 상실해가는 노년기에 여성들은 상실한 것을 새로움으로 변화시키는 하나님의 영을 새로운 방식으로 경험해야 한다. 상실해가는 것들 속에서 새롭게 얻어지는 것에 주목하다 보면 새로운 삶의 희망이 보이기 시작한다. 노년기 여성들은 사회적인 고정관념으로부터 더 자유로워질 수 있고 자신의 경험에서 오는 확신을 더 신뢰할 수 있으며 더 용감한 선택을 할 수 있고 더 깊이 사고하고 내면의 목소리를 들을 수 있는 여유를 가질 수 있다. 그러므로 인생의 그 어떤 시기보다 인격적이고 영적으로 성숙한 삶을 살 수 있다.

육체적으로는 연약해지고 다양한 상실을 경험하게 되지만 외부로 향하는 에너지를 내면의 삶으로 향하게 하면 영적으로 보다 풍요로운 삶을 살 수 있다. 피셔는 노년기를 '겨울의 은혜(winter grace)'라고 했다. 겨울에는 꽃과 잎이 모두 사라진 나뭇가지만 남는데, 이를 통해 다른 계절에서 보지 못한 더 멀고 분명한 시야가 확보된다. 그러므로 사라진 것들을 아쉬워하기보다는 사라진 것들 속에서 새로운 은혜를 경험하는 것이 필요하다. 피셔는 몸의 움직임이 느려짐으로 인해 새롭게 발견하게 되는 세상의 아름다움, 삶을 통해 더 넓고 깊어진 사랑, 자비, 연민, 용기, 생명 긍정의 마음이 모두 노년기에 감사해야 할 은혜임을 강조했다.[11] 노년기에는 누구나 죽음에 민감하고 삶의 유한성을 자각하게 되지만, 그 유한성 속에서 주어진 현재의 시간을 더 의미 있게 보낼 수 있다. 죽음에 가까워지는 시간을 살게 되면 그 시간 안에 존재하는 생명의 소중

---

10 Kathleen Fischer, *Winter Grace: Spirituality and Aging* (Nashville: Upper Room Books, 1998), pp. 146-148.

11 Ibid., pp. 9-12.

함이 더 간절해지고 생명에 대한 경외심이 더 커진다.

노년기는 젊은 날의 분주한 생활에서 놓쳐버린 일상의 소중한 순간들과 스쳐 지나갔던 사람들, 그리고 자연의 아름다움을 보다 느린 속도로 느끼고 그 안에 임재하는 하나님을 인식하는 은혜의 시간이 될 수 있다. 토마스 그룸(Thomas H. Groome)은 영성을 양육하기 위한 방법으로 일상의 삶에서 '초월의 신호들(signals of transcendence)'을 발견할 것을 제안했다. 일상에서 시간을 내어 관심을 기울이면 경험할 수 있는 자연의 장관, 예술의 아름다움, 문화 업적들, 사랑과 우정, 열정과 관대함, 평화와 정의, 그리고 수없이 많은 삶의 작은 사건들 속에서 초월의 신호들을 발견할 수 있다.[12] 노년기에는 주변을 돌아보고 무상으로 주어진 자연의 아름다움에 감사하고 일상의 만남과 사건 속에서 항상 하나님의 현존을 느끼는 의식적인 노력을 통해 영적으로 성숙해질 수 있다.

일상의 삶에서 거룩함을 발견하기 위한 영적인 실천은 노년기 여성들이 경험하기 쉬운 소외와 고독을 극복하는 데도 도움이 된다. 노년기 여성들은 배우자나 친구들의 죽음, 자녀와의 관계의 소원, 육체적 연약함으로 인한 사회 활동의 제약 등의 이유로 정서적인 소외와 고독을 느낀다. 피셔는 고독과 홀로됨의 차이를 강조했다. 고독(loneliness)은 타인과의 관계의 결핍으로 인한 고통스러운 소외 경험이다. 그러나 홀로됨(solitude)은 영적 수련으로 자신의 깊은 내면을 발견하고 타자와 자연과의 진정한 일치를 경험하기 위해 특정한 시간과 공간을 일시적으로 분리시키는 것이다. 홀로됨을 통해 고요한 가운데 하나님의 음성을 들을 수 있고 명상을 통해 공허한 침묵을 하나님의 현존으로 채울 수 있다.

---

12 Thomas H. Groome, *Educating for Life* (NY: The Crossroad Publishing Company, 1998), p. 346.

또한 기도를 통해 하나님과 자신에 대한 신뢰를 성장시키고 하나님이 원하는 것을 들을 수 있는 심오한 능력을 얻을 수 있다. 타인을 위해 기도하는 시간을 통해 고독은 홀로됨의 경험으로 바뀔 수 있다.[13] 노년기 여성들은 홀로 있는 시간을 명상과 기도의 시간으로 채움으로써 고독이나 소외의 경험을 내면의 풍요로움으로 변화시킬 수 있다.

그러므로 노년기 여성들을 위한 중요한 교육 과제는 여성들이 육체적 연약함으로 인해 정신적이고 영적인 위기를 경험하지 않고 내면의 가치와 영적 풍요로움을 형성하도록 돕는 것이다. 노년기에는 젊은 나이에 체화하기 힘든 지혜, 평화, 인내, 수용, 자비, 사랑과 같은 성령의 열매들이 더 풍성해질 수 있다. 기독교교육은 노년기 여성들이 상실과 두려움 속에서도 믿음과 희망을 잃지 않고 일상의 삶에서 하나님의 현존을 경험하고 영적으로 풍요로운 삶을 살 수 있도록 도와야 한다.

기억과 종교적 의미 형성을 돕는 교육

노년기에는 점차 기억력이 감퇴해가지만 과거의 경험들을 적극적으로 기억해내고 그 경험들의 종교적 의미를 형성하는 것이 필요하다. 삶의 여러 사건들이 하나의 이야기로 엮어지지 않으면 삶의 경험들은 의미 없는 파편화된 조각들로 남겨진다. 에릭슨이 지적한 바와 같이 노년기에 삶의 의미 형성을 통해 자아를 통합하지 못하면 절망에 이르게 된다. 인생의 다양한 경험을 가진 노년기 여성들은 자신의 존재 의미를 규정하고, 자기 자신에게 자신을 설명하고, 긍정적이고 부정적인 삶의 사

---

13 Fischer, *Winter Grace*, pp. 32–36; Kathleen Fischer, *Moving On: A Spiritual Journey for Women of Maturity* (London: Society for Promoting Christian Knowledge, 1996), pp. 46–48.

건들을 인생의 내러티브 안으로 통합하는 과정이 필요하다. 특히 배우자와의 사별, 은퇴, 역할 변화 등과 같은 상실의 경험은 개인의 정체성에 위기를 가져오기 때문에 삶의 더 큰 내러티브 안으로 통합되어야 한다. 또한 노화의 과정을 부정적으로 해석하고 노년기 여성의 가치를 폄하하는 사회적 내러티브를 해체하고 희망과 가능성의 내러티브로 재구성하는 것도 필요하다.[14] 여성들이 자신에 대한 긍정적 이미지와 미래에 희망하는 이야기들에 초점을 맞추어 자신의 삶의 내러티브를 재구성할 때, 건강한 자아통합과 종교적인 의미 형성이 이루어질 수 있다.

기억은 과거의 조각들을 연결해 개인의 정체성을 형성하도록 한다. 현재 자신의 존재는 과거의 수많은 경험들이 축적된 결과이다. 후손들을 위해 자서전을 쓰거나 오래된 편지를 읽는 것, 추억의 장소들을 여행하는 것, 오랜 친구들과 이야기를 나누는 과정은 모두 과거의 기억들을 떠올릴 수 있는 좋은 시간이 될 수 있다. 과거의 의미 있는 경험들은 자신의 삶의 가치를 인정하는 중요한 계기가 될 수 있다. 기독교인은 과거의 이야기들을 통해 단순히 사건을 기억하는 것을 넘어 하나님 앞에서 삶을 회상하며 자신의 이야기를 더 큰 구원 역사의 한 부분으로 인식하고 새로운 삶의 의미를 찾게 된다. 이스라엘 사람들이 그들의 삶 속에서 하나님의 현존과 행함의 이야기를 기억함으로써 종교적 정체성을 형성한 것처럼, 여성들도 자신의 삶을 기억하고 이야기함으로써 자신의 삶의 여정에 함께한 하나님에 대한 신앙고백을 할 수 있다.[15] 인생의 행복했던 순간들에 대해 기억하는 시간은 그러한 순간들을 가능하게 한 하나님의 은혜와 사랑에 감사하는 의미 있는 시간이 될 수 있다.

---

14 Christie Cozad Neuger, *Counseling Women: A Narrative, Pastoral Approach* (MN: Fortress Press, 2001), pp. 221-222.

15 Fischer, *Winter Grace*, pp. 48-49.

물론 삶의 기억을 떠올리는 것은 행복한 순간의 기억만을 떠올리는 것을 의미하지는 않는다. 대부분의 사람들은 자신의 삶을 회고할 때 좌절, 후회, 상처의 순간을 떠올리게 된다. 자신의 삶을 타인의 삶과 비교하면서 더 실망하게 되는 경우도 있다. 피셔는 노년기 여성들에게 자신의 삶을 연민(compassion)의 눈으로 바라보라고 제안했다. 예수가 간음한 여인을 하나님의 연민의 마음으로 바라본 것처럼, 여성들도 자신의 삶을 연민의 마음으로 바라보라는 것이다. 자아의 어두운 면까지도 껴안는 것이 하나님의 사랑에 우리 자신을 여는 것이 될 수 있으며 치유의 시작이 될 수 있다.[16] 슬픔, 후회, 분노, 좌절의 순간까지 기억하고 받아들일 때 여성들은 자신의 삶을 전체로서 바라볼 수 있게 되고 자신의 삶의 전 과정에 함께한 하나님의 현존을 깨달을 수 있게 된다. 아픈 기억일수록 그 고통의 사건들을 기억하고 의미를 부여하는 과정이 필요하며, 새로운 의미를 발견하는 과정이 치유의 시작이 될 수 있다. 노년기에는 과거의 아픈 기억까지도 보다 긴 삶의 조망을 통해 바라볼 수 있는 여유와 지혜를 가지게 되며, 그 비극적인 사건을 통해서 잃은 것만 있는 것이 아니라 얻은 것도 있다는 사실을 깨닫게 된다.

노년기 여성들은 과거의 경험에 대해 의미를 형성할 때 개인적 차원뿐 아니라 사회적 · 역사적 차원에서 그 의미를 해석하는 것이 필요하다. 사회적 · 역사적 차원에서 자신의 삶을 이해할 때 후회하고 있는 과거의 결정을 이해하게 되고, 그러한 이해를 통해 과거를 수용하게 되며 사회적 제약에도 불구하고 다른 미래를 만들 수 있는 힘과 권리가 있음을 깨달을 수 있게 된다.[17] 노년기 여성들이 자신의 이야기를 사회적 ·

16 Kathleen Fischer, *Autumn Gospel: Women in the Second Half of Life* (NY: Paulist Press, 1995), pp. 125-126.

17 Jenny Onyx, Rosemary Leonard, and Rosslyn Reed, eds., *Revisioning Aging*:

역사적 차원에서 해석하기 위해서는 공동체 안에서 함께 이야기를 공유하고 해석하는 과정이 필요하다. 그룸이 제시하고 있는 공유적 기독교 프락시스(shared Christian praxis) 방법은 노년기 여성들이 삶의 사건들을 해석하고 공동체적으로 성찰하고 기독교 공동체의 이야기와 비전 속에서 해석하도록 돕는 효과적인 교육 방법이 될 수 있다.[18] 노년기 여성들은 삶의 경험을 이야기하고 깊이 있게 성찰함으로써 그 경험의 종교적 의미와 사회적 함의를 발견할 수 있다. 또한 자신의 이야기를 기독교 공동체의 이야기와 통합하는 과정을 통해 자신의 삶을 의미 있게 재구성할 수 있다.

과거에 대한 기억과 경험에 대한 공동체적 해석은 현실을 이해하도록 할 뿐 아니라 미래의 삶을 위해 새로운 결단을 하도록 인도한다. 특히 고통과 억압의 경험을 기억하고 그 사회적 함의를 발견할 경우 그 고통이 자신뿐 아니라 타인에게도 다시는 반복되지 않도록 현실을 변화시키고자 노력하게 된다. 그래서 그룸은 이러한 기억을 '위험한 기억(dangerous memory)'이라고 했다. 고통과 억압의 경험을 기억해낸다는 것은 정의를 위한 열정을 가질 수 있는 가능성이 열리는 것이다. 위험한 기억은 편안하게 현실에 안주하고 싶어 하는 자기만족에 도전하고 정의를 위해 새롭게 결단할 수 있도록 한다.[19] 자신이 겪은 고통과 억압의 경험을 사회적 차원에서 이해하게 될 때 노년기 여성들은 상처의 치유를 경험할 뿐 아니라 자신과 같은 고통과 억압을 당하는 사람들에게 공감할 수 있게 된다. 또한 고통받고 억압당하는 자들 편에서 돌보는 하나님

Empowerment of Older Women (NY: Peter Lang Publishing, 1999), p. 205.

18 Thomas H. Groome, *Christian Religious Education: Sharing Our Story and Vision* (San Francisco: HarperSanFrancisco, 1980), pp. 207-223.

19 Groome, *Educating for Life*, pp. 359-361.

의 사랑과 정의를 깨달을 수 있게 된다. 그러므로 기독교교육은 노년기 여성들이 과거의 파편화된 기억들을 통합해 종교적 의미를 발견하고 개인적 기억을 통해 타인과 세계를 더 잘 이해할 수 있도록 도와야 한다. 또한 자신의 아픈 기억을 통해 타인의 고통에 공감하고 그 고통의 원인을 개인적 차원만이 아니라 사회적 차원에서 해석하여 문제해결을 위해 노력하도록 도와야 한다.

개인의 삶의 지혜를 신앙 공동체의 지혜로 통합하는 교육

지혜는 나이가 들어가면서 삶의 경험이 축적되어 얻어지는 인생의 선물이다. 에릭슨은 자아의 통합을 이루어가는 노년기에 중요한 덕목이 지혜(wisdom)라고 말했다. 지혜나 통합이 상당히 이상적이고 고차원적인 것이라 생각되지만 인생을 살아가면서 존재하는 모든 사람과 사물을 진심으로 대하고 만나는 과정에서 지혜가 축적되는 것이고, 이 축적된 지혜를 일상의 다양한 활동에서 의식적이고 창조적으로 통합하는 것이 노년기의 과제인 것이다.[20] 노년기 여성들은 자신이 삶을 통해 축적해온 지혜와 신앙의 유산을 다음 세대에 전수해주어야 할 책임이 있다. 전통 사회에서 노년기 여성들의 중요한 역할은 그 문화에서 구전으로 전해져온 수많은 신화, 민담, 이야기들을 다음 세대에 전해줌으로써 공동체의 지혜를 전수하는 것이었다. 대가족제도에서 할머니의 옛날이야기를 자연스럽게 듣고 자란 세대와 비교하면 요즘 세대는 이전 세대가 지닌 풍부한 영적 유산과 지혜로부터 점차 소외되고 있는 경향이 있다. 노

20 Erik H. Erikson, *The Life Cycle Completed* (NY: W.W. Norton & Company, 1997), pp. 5-9.

년기 여성은 손자녀에게 자신이 일생 동안 쌓아온 지혜와 경험을 제공함으로써 생의 의미 형성과 생산감의 성취라는 만족을 얻을 수 있고, 손자녀 역시 조모를 통해 인격 성장을 위해 지도받고 지혜를 전수받으며 심리적인 안정을 유지할 수 있다.[21] 신앙 공동체의 구성원으로서 노년기 여성들은 삶의 경험으로부터 얻은 지혜를 자신의 손자녀뿐 아니라 공동체 구성원들과도 공유해 공동체의 지혜로 통합하는 것이 필요하다. 공동체 구성원들의 삶의 지혜가 공유되고 축적되지 않는 기독교 공동체는 그만큼 영적으로 빈곤한 공동체가 된다.

성서 전통은 지혜의 중요성을 강조하고 하나님께 지혜를 구하라고 가르친다. 그룸에 따르면 지혜는 삶의 경험에 대한 성찰을 통해 얻게 되고(욥 12:12), 전통을 통해 배우며(잠 19:20), 지혜로운 사람들을 통해 배운다(사 19:11). 지혜는 통전적인 것으로 자신의 책임 상황에 대한 철저한 자각, 파트너십을 통해 일하고자 하는 자발성, 그리고 진리와 선을 위한 헌신을 요구한다. 자신의 관점에 대한 인식과 성찰과 더불어 타인에 대한 개방적인 태도로 대화에 참여하고 파트너십을 이루어 대화 공동체를 만들 때 지혜의 공동체가 형성될 수 있다.[22] 노년기 여성들을 위한 교육은 여성들이 먼저 자신의 삶의 경험으로부터 배울 수 있도록 도와야 한다. 자신의 과거의 경험을 돌아보고 성찰하고 현실을 올바로 인식하고 깨닫는 과정을 통해 여성들은 자신의 삶을 통해 축적해온 지혜를 발견할 수 있게 된다.

노년기 여성들은 또한 전통의 지혜에 주목함으로써 자신 안에 숨겨진 지혜를 발견할 수 있다. 성서와 기독교 전통 안의 여성들은 남성들에

---

21 홍숙자, 『노인학 개론』(서울: 도서출판 하우, 2001), p. 174.

22 Groome, *Educating for Life*, pp. 278–280, 290–292.

비해 작은 목소리로 말하고 있지만 그 여성들의 삶에 주목할 때 그동안 발견하지 못한 여성들의 훌륭한 지혜를 새롭게 발견할 수 있다. 가부장제 전통 안에서 살았던 여성들의 지혜는 기존의 지배질서를 전복시키거나 해체시키는 지혜일 수도 있고 억압과 착취 가운데 살아남기 위한 생존의 지혜일 수도 있다. 캐슬린 피셔는 노년기 여성의 영적 잠재력과 참된 지혜의 모델을 누가복음 2장에 간단하게 언급되는 여선지자 안나에게서 발견했다. 84세의 과부였던 안나는 자기 백성의 구원을 위해 성전에서 기도하기를 쉬지 않았고, 마침내 예수의 오심을 선포했다. 그녀는 예수가 세상에 온 의미를 예루살렘의 구원을 희망하는 모든 이에게 전했다. 그 당시 과부는 이방인, 고아, 가난한 자들과 더불어 가장 억압받고 차별받는 존재로 하나님의 특별한 관심의 대상이었다. 힘없는 과부였던 안나가 예수에 의해 시작되는 하나님의 통치를 선포했다는 사실은 예수의 오심이 기존의 가치에 도전하고 이를 변화시키는 것임을 상징적으로 드러낸다. 안나는 미리암, 드보라, 훌다처럼 하나님의 부름을 받은 예언자로서, 시대적 사건들의 의미와 하나님의 감추어진 계시를 깨닫고 백성들에게 하나님의 뜻대로 살도록 촉구하는 역할을 했다.[23] 이와 같이 성서와 기독교 전통에 나타나는 여성들의 지혜에 주목할 때 노년기 여성들은 자신의 삶을 통해 축적해온 지혜를 다시금 기억하고 재구성할 수 있게 된다. 그리고 이를 통해서 기독교 공동체의 지혜 전통과 영적 유산은 더 풍요로워질 수 있다.

여성주의 예전서를 펴낸 로즈마리 류터(Rosemary R. Ruether)와 다이앤 뉴(Diann L. Neu)는 '노년 여성을 위한 예전(croning liturgy)'를 제안했다. 역사적으로 노파(crone)는 지혜롭고 영적인 노인으로 인생사에 대해

---

23 Fischer, *Moving On*, pp. 21-22.

충분히 성찰할 수 있는 현명한 멘토였다. '노년 여성을 위한 예전'은 나이 든 여성에 대한 사회의 부정적인 이미지를 긍정적인 힘으로 변화시키기 위한 것이다. 나이가 든다는 것은 오랜 경험의 열매들을 심오한 이해로 통합해 지혜로운 사람이 되는 것이므로 이 과정을 존중하고 축하하는 의식이 필요하다. 이 예전은 노년기 여성들이 자신의 삶의 지혜를 긍정하도록 격려하고, 자신의 아름다움, 사회를 위한 공헌, 그리고 지속적인 사회 변화의 과정을 인식하고 여성 노인에 대한 가부장적 억압과 차별에 도전할 수 있도록 돕는 의식이다. 또한 이 예전은 노년기 여성들이 가난하고 억압받는 여성들과 힘없는 사람들의 정의를 위해 살았던 예수의 비전을 다시금 기억함으로써 노인을 차별하는 문화에 대해 비판하고 대항할 수 있는 힘을 얻을 수 있도록 돕는다.[24] 노년기 여성들을 위한 예전은 그들에게 자신의 경험과 지혜가 공유되고 노년의 삶이 곧 축제가 되는 경험을 할 수 있는 기회를 제공해야 한다.

기독교 공동체는 노년기 여성들이 한평생 살아오면서 경험한 삶의 지혜와 신앙의 고백을 공동체의 지혜와 신앙고백으로 통합하고 보존해야 한다. 또한 그들이 다양한 삶의 사건들을 통해 경험한 하나님의 현존, 예수의 가르침, 성령의 역사, 성서의 인물들에 대한 이해를 공동체의 지혜와 신앙의 유산으로 남겨야 한다. 이를 위해 기독교교육은 노년기 여성들이 자신의 삶의 이야기와 지혜를 공동체 구성원들과 공유할 수 있는 다양한 장을 제공하고, 다음 세대에 전수해줄 수 있는 세대 공동체 교육 프로그램을 개발하는 것이 필요하다. 이러한 교육을 통해 서로 다른 세대가 소통하고 신앙의 유산과 지혜를 공유함으로써 공동

24 Rosemary R. Ruether, *Women-Church* (NY: Harper & Row Publishers, 1986), pp. 206-209; Diann L. Neu, *Women's Rites: Feminist Liturgies for Life's Journey* (Cleveland: Pilgrim Press, 2003), pp. 171-179.

체의 지혜 전통을 더 풍요롭게 하고 공동체 의식과 연대감을 형성할 수 있게 된다.

자기돌봄과 상호 보살핌을 위한 교육

남성보다 가족 지향적인 삶을 살아온 노년기 여성들은 직업의 유무와 상관없이 자녀의 양육을 책임지고 가족과 깊은 애착관계를 유지하며 살아왔다. 그런데 핵가족화로 인해 노인 단독 세대가 증가하면서 가족에 대한 보살핌을 자신의 존재 이유로 여기며 살아온 여성들은 역할 상실과 애착관계의 상실로 심리적인 어려움을 겪게 된다. 또한 건강의 약화와 경제적 빈곤 등으로 자녀들에게 점차 의존하게 되고 보살핌의 대상이 되어간다. 신체적 · 경제적인 의존은 자신의 가치가 상실되어간다고 느끼게 하며 인간의 존엄성을 위협하기도 한다. 이 과정에서 자녀와 좋은 관계를 유지하는 여성들도 있지만, 건강이 나쁠수록, 경제적인 의존도가 높을수록 자녀와 갈등이 심하고 고독감과 소외를 느끼는 부모들의 비율이 더 높다는 연구 결과들이 있다.[25] 주로 보살핌을 담당했던 여성들이 점차 역할을 상실해가고 보살핌의 대상이 되어가는 것은 여성들의 자존감과 정체성에 위기를 가져오게 되므로 이 시기에 보살핌의 의미에 대해 재고하고 상호 보살핌의 가능성을 모색하는 것이 필요하다.

많은 여성들에게 있어서 보살핌은 자신의 존재 의미와 자존감을 형성하는 데 중요한 요소로 작용해왔다. 그런데 문제는 보살핌이 종종 무조건적인 자기희생과 동일시되어왔다는 사실이다. 타인을 위한 돌봄에만 가치를 두고 가족이나 타인을 위해 자기희생적인 삶을 산 여성들 중

25 한국여성개발원 편, 『여성노인』(서울: 한국여성개발원, 1993), p. 19.

에는 보살핌의 대상이 없어질 때 자기소외나 자아상실을 경험하고 공허함이나 우울증을 경험하는 여성들이 있다.[26] 반면 자녀들의 사회생활을 돕기 위해 손자녀를 돌보거나 병든 배우자를 돌보는 등 노년기에도 여전히 돌봄의 책임을 감당해야 하는 여성들도 있다. 평균적으로 남성보다 여성의 수명이 더 길기 때문에 여성들 중에는 장기간 배우자의 병간호를 담당하는 경우가 많다. 자신의 육체적 한계에도 불구하고 여성들은 돌봄의 행위를 충실히 감당하고자 노력하고, 최선을 다하지 못한다고 여길 때 죄책감을 갖는 경우도 많다. 자녀가 어렸을 때 자녀를 돌보는 일을 위해 모든 것을 희생하고 자신을 위해 시간과 에너지를 쓰는 것에는 죄책감을 가졌듯이 노년기에도 손자녀나 배우자에 대한 돌봄으로 인해 자신을 돌보는 일에 대해서는 죄책감을 갖는 여성들이 있다. 이러한 감정이 지속되면 오히려 분노가 생기고 돌보는 대상을 미워하는 마음이 생기게 된다. 분노의 감정은 보살핌의 균형이 필요하다는 신호가 될 수 있다.

보살핌은 인간들 사이의 상호 의존적 관계성을 깨닫는 것에서부터 출발해야 한다. 자신의 정체성과 주체성을 상실한 채 타인을 보살피는 것은 성숙한 자아 형성을 방해할 뿐 아니라 건강한 관계성을 유지할 수 없도록 한다. 그러므로 노년기 여성들은 자신의 관심과 요구를 돌보는 시간을 갖고 자신의 편안함과 즐거움을 위해 여유를 갖는 '자기돌봄(self-care)'이 필요하다. 또한 타인의 감정을 함께 느끼는 공감 능력만을 키울 것이 아니라 '자기공감(self-empathy)' 능력을 키우는 것이 필요하다. 자기공감이란 자신의 감정을 타인의 감정과 분리시켜 자신이 느끼

---

26 Carol L. Hess, *Caretakers of Our Common House: Women's Development in Communities of Faith* (Nashville: Abingdon Press, 1997), pp. 101-103.

는 감정에 솔직하게 귀를 기울이는 것이다.[27] 여성들은 타인의 감정에는 민감하면서도 자신의 감정에 대해서는 무관심한 경향이 있다. 자기공감 능력은 자아경계를 설정하고 자신의 감정에 충실함으로써 자신에 대한 이해와 자신의 삶에 대한 책임을 갖게 한다. 노년기 여성들은 자신의 삶에 더 많은 애정과 관심을 갖고 자신의 육체와 정신과 영혼을 보살피는 자기돌봄의 시간을 많이 갖는 것이 필요하다. 자기 자신을 충분히 돌볼 수 있을 때 타인을 돌볼 수 있는 에너지와 사랑의 마음을 가질 수 있게 된다. 그러므로 자신을 돌보는 일이 이기적인 행위라고 여길 것이 아니라 타인을 돌보기 위한 최선의 방법 중 하나라는 사실을 깨달아야 한다.

또한 노년기 여성들은 가족이나 타인에게 의존하고 돌봄을 받게 되는 것을 자연스러운 인생의 과정으로 이해하는 것이 필요하다. 인생의 시기마다 독립과 의존의 관계에는 변화가 생기지만 기본적으로 모든 인간이 서로 의존하며 사는 것은 삶의 자연스러운 방식이다. 노년기 여성들은 젊었을 때 자신에게 절대적으로 의존했던 존재들이 있었음을 기억하고 이제는 자신이 도움을 청하고 돌봄을 요청하는 일을 자연스럽게 받아들일 필요가 있다. 피셔는 바울이 기독교 공동체를 그리스도의 몸에 비유한 것을 인용하면서 몸은 독립과 의존이 다차원적임을 상기시킨다고 지적했다. 공동체 구성원들은 각자의 약한 부분을 서로 도울 수 있도록 의지하면서 진정한 의미의 한 몸을 이룰 수 있다. 피셔는 또한 예수 자신이 자유로운 존재였지만 누구보다도 하나님께 자신의 삶의 방향을 전적으로 의존했으며 제자들의 도움도 요청했음을 지적했다.[28] 인생을 보다 큰 틀에서 보면 노년기에 자녀와 친척, 친구, 신앙 공동체 구성원들

27 Fischer, *Autumn Gospel*, pp. 149-150.
28 Fischer, *Winter Grace*, pp. 68-70.

에게 점차 의존해가는 것은 열등해지거나 존엄성을 상실해가는 것이 아니라 자연스러운 삶의 과정임을 받아들이는 것이 필요하다. 가족과 기독교 공동체는 신체적, 경제적으로 점차 약해지는 지체들을 돌보아야 할 책임이 있으며 약한 지체들이 존엄성을 유지할 수 있도록 도와야 한다.

기독교 공동체는 교회의 여성 조직을 활용해서 노년기 여성들이 자신의 삶을 돌보는 일에 함께 참여할 수 있도록 해야 한다. 여선교회나 여전도회와 같은 조직은 노년기 여성들이 자기돌봄의 방법을 배우고 서로를 다양한 방식으로 보살필 수 있는 좋은 공동체가 될 수 있다. 이와 같은 공동체는 특히 친구관계나 사회적 네트워크를 형성할 수 있도록 하여 서로의 위기와 고통의 경험을 나누고 치유하는 데 중요한 역할을 할 수 있다. 그리고 노년기 여성들이 관심을 가지고 있는 주제들을 함께 토론하고 서로의 영적 삶을 지지하고 보살피는 중요한 공동체적 역할을 감당할 수 있다. 캐롤 헤스(Carol L. Hess)는 이러한 보살핌을 '대화적 보살핌(conversational caring)'이라고 했다. 공적 담화에서 소외를 경험해왔던 여성들이 함께 모여 서로의 이야기와 지혜를 공유하고 삶의 고통과 기쁨을 서로 나누고 격려하고 축하하는 대화 공동체는 서로를 위해 소중한 보살핌을 제공할 수 있다.[29]

기독교 공동체는 노년기 여성들을 보살핌의 대상으로만 여길 것이 아니라 이들이 보다 적극적으로 공동체 안에서 보살핌의 역할을 수행할 수 있도록 도와야 한다. 노년기 여성들이 타인에게 가치 있는 존재로 여겨지는 느낌을 갖는 것은 정체성과 자존감의 발달 및 유지에 중요한 영향을 미친다.[30] 자신이 공동체 구성원들에게 베풀 수 있는 것이 있다는

---

29 Hess, *Caretakers of Our Common House*, p. 104.

30 Onyx, Leonard, and Reed, eds., *Revisioning Aging*, p. 162.

사실이 노년기 여성들에게는 가장 의미 있고 가치 있는 일이 될 것이다. 교회는 다양한 세대가 함께하는 공동체로서 세대 간 교류와 소통이 가장 활발히 일어날 수 있는 제도 중 하나이고 각 세대가 지닌 장점을 공동체를 위해 다양하게 활용할 수 있는 장이다. 크리스티 뉴거(Christie C. Neuger)가 지적했듯이 풍부한 경험과 삶의 통찰력을 지닌 노년기 여성들이 적절한 교육을 받게 되면 교회 안에서 매우 효과적인 목회적 돌봄을 수행할 수 있다.[31] 오늘날 현대인들은 자신의 이야기를 듣고 공감해줄 사람이 없어 소외와 고독을 경험한다. 노년기 여성들은 젊은 세대들의 이야기를 들어주고 연민을 가지고 공감해주는 보살핌의 멘토 역할을 할 수 있다. 또한 젊은이들이 잠재력을 끌어낼 수 있도록 격려하고 진리를 깨닫고 실천할 수 있도록 힘을 북돋아 주는 산파의 역할을 훌륭하게 수행할 수 있다. 기독교교육은 노년기 여성들이 자신의 몸과 감정, 생각을 돌보는 자기돌봄을 실천함과 동시에 가족과 친구, 신앙 공동체 구성원들과 의미 있는 관계를 형성하고 서로를 지지하고 격려하는 상호 보살핌의 관계를 형성할 수 있도록 도와야 한다.

애도, 치유, 화해의 과정을 돕는 교육

노년기 여성들은 긴 인생 여정을 지나오면서 다양한 인간관계를 통해 상처를 받기도 하고 주기도 했다. 타인으로부터 받은 과거의 상처가 여전히 분노와 원한의 감정으로 쌓여 있는 경우도 있고, 누군가에게 상처를 준 경험으로 죄책감을 지니고 사는 경우도 있다. 상처를 주고받은 대상도 가족이나 친구, 공동체 구성원일 수도 있고 전혀 낯선 타인일 수

---

31 Neuger, *Counseling Women*, p. 224.

도 있다. 해럴드 코닝에 따르면, 노년기에 용서를 하고 용서를 받는 것은 억압된 에너지를 해방시켜 정신 건강뿐 아니라 신체적 질병의 치유나 회복에도 도움이 된다.[32] 그런데 유교적 가부장제 전통이 강했던 한국 사회에서 살아온 이 시대의 노년기 여성들은 자신의 고통과 아픔을 표현하기보다는 억눌러온 경우가 많다. 부정적인 감정과 슬픔을 억누르고 살아온 것이 화가 되고 화병에 이르게 된다. 그러므로 노년기 여성들에게는 자신의 삶을 통해 가슴에 새겨왔던 상처와 슬픔을 충분히 애도하고 치유하고 타인을 용서하고 타인과 화해하는 과정이 필요하다.

노년기 여성들은 먼저 가슴 깊이 쌓아두었던 감정들을 솔직하게 드러내고 충분히 애도하는 시간을 가져야 한다. 애도(mourning)는 자연적인 치유의 과정이다. 자신의 모든 감정을 솔직하게 대면하고 표현하는 과정을 통해 부정하고 싶은 현실을 점차 인정하게 되고 새로운 삶의 가능성을 찾게 된다. 애도의 과정에서 중요한 것은 어떠한 감정을 표현해도 그대로 이해하고 받아줄 수 있는 가족이나 친구의 존재이다. 감당하기 힘든 슬픔의 경험일수록 하나님의 존재에 대해 의문을 가지게 되고 신앙에 회의를 느끼게 된다. 깊은 고통과 절망으로 인해 하나님께 분노를 느끼게 될 때, 그 분노까지도 솔직하게 표현하는 것이 필요하다. 피셔에 의하면, 분노와 슬픔의 에너지가 충분히 표출된 후에 평화의 에너지가 찾아오고 고통 가운데 함께하는 연민의 하나님의 위로를 경험하게 된다.[33] 노년기 여성들은 슬픔을 억누르기보다는 사랑하는 사람들과 함께 충분히 애도하고 가족과 친구들의 보살핌과 격려 가운데 하나님의 위로와 자비를 경험해야 한다. 이 과정에서 여성들은 새로운 평화를 얻어 삶의 여정

32 Koening, *Aging and God*, p. 293.

33 Fischer, *Autumn Gospel*, pp. 104-117; *Moving On*, pp. 108-116.

을 지속할 수 있으며 고통의 치유를 경험하게 된다.

노년기 여성들이 그동안 자유롭게 표현하지 못하고 억압해왔던 감정이나 기억들을 창조적으로 표현할 수 있는 방법에는 언어뿐 아니라 그림, 춤, 음악 등 다양한 예술 방법이 있다. 예술적인 방법은 경험을 자연스럽게 표현할 수 있는 통로를 제공해 억압되었던 기억과 감정들을 표현하는 데 도움을 줄 수 있다. 예술적인 방법이라고 해서 전문적인 기술이 필요한 것은 아니다. 자유롭게 감정을 드러낼 수 있는 그림 그리기, 지점토를 사용한 만들기, 몸이나 음악으로 표현하기 등의 방법을 사용하면 언어로는 충분히 나타낼 수 없는 감정들을 표현할 수 있다. 특히 심리적 부적응이나 우울증 증상을 경험하는 여성들을 위해서는 여러 가지 예술적인 방법을 사용해 감정을 자유롭게 표현하고 이를 통해 창조적인 힘을 얻을 수 있도록 돕는 것이 필요하다.

마음의 상처는 사람과의 관계에서 생기기 때문에 상처의 치유는 사람 사이의 용서와 화해를 통해 이루어질 수 있다. 갈등의 상황을 회피하는 표면적인 용서는 진정한 용서가 아니다. 진정한 용서는 상처를 주고받은 현실을 정직하게 대면하고 가해자의 진정한 뉘우침과 용서를 구하는 행위가 선행되어야 한다.[34] 피해자의 상처와 분노를 억압하면서 무조건 용서와 화해를 강요하는 것은 피해자에게 또 다른 폭력이 된다. 피해자의 정당한 분노와 상처에 대한 올바른 인식이 있을 때 용서의 과정이 시작될 수 있다. 용서가 반드시 서로 얼굴을 마주하고 이루어져야 하는 것은 아니다. 특히 폭력적인 상황에 노출되었던 여성이 자신에게 폭력을 가한 사람과 얼굴을 마주하고서 그를 용서하고 그와의 관계를 회복할 책임과 필요가 있는 것은 아니다. 기독교인들 중에는 자신이 상처

34 Hess, *Caretakers of Our Common House*, p. 115.

와 고통을 준 피해자에게 진정한 용서를 구하지 않은 채 하나님께만 용서를 구하고 자신의 죄를 용서받았다고 생각하는 사람들이 있다. 상처를 받은 사람은 여전히 고통 속에 있는데 자신은 용서를 받았다고 믿으며 자유로움을 느끼는 것이다. 용서와 화해는 먼저 인간관계에서 이루어져야 하는 것이므로 깨어진 인간관계를 회복해야만 하나님과의 관계도 회복될 수 있다.

타인을 용서하는 행위와 타인으로부터 용서를 구하는 행위는 모두 어려운 일이다. 그럼에도 불구하고 타인을 용서하는 것은 자신을 자유롭게 하는 행위가 될 수 있다. 자신의 삶에 부정적인 영향을 미치고 있는 용서할 수 없는 대상으로부터 자유로워지는 것이다. 자신의 에너지가 증오와 분노에 휩싸여 있는 한 다른 일을 할 수가 없다. 용서는 짐을 덜어내고 다시 에너지가 흐르게 하는 것이다. 상처로 인해 막혀 있던 자신의 부분들을 되찾고 자기의식과 삶의 가능성을 확장시키는 것이다.[35] 그러므로 용서는 타인을 위해서만이 아니라 자신을 위해서도 필요하다. 용서는 강요에 의해서가 아니라 자발적으로 이루어져야 하므로 노년기 여성들이 스스로 용서하고 화해하는 과정을 통해 증오와 분노의 부정적 에너지로부터 해방될 수 있도록 지지하고 격려해야 한다. 기독교교육은 노년기 여성들이 삶의 여정에서 축적된 상처, 분노, 억울함, 슬픔의 감정을 솔직하게 표현하고 그 아픔을 충분히 애도하고 용서가 필요한 사람을 용서하고 화해가 필요한 사람과 화해함으로써 삶의 부정적인 에너지로부터 자유로워질 수 있도록 격려해야 한다.

35 Fischer, *Moving On*, p. 128.

보편적 신앙과 공감적 연민을 형성하도록 돕는 교육

한국 기독교 여성들의 신앙은 주로 사적인 영역과 관련되어 있는 경향이 강하다. 가족의 안녕과 건강, 남편과 자식의 성공, 경제적 안정 등이 신앙의 내용과 행위에 밀접하게 관련되어 있다. 신앙의 사유화 문제는 여성들만의 문제는 아니지만 전통적으로 한국 여성들의 기복적인 신앙은 그들의 종교생활에 중요한 부분을 차지하고 있다. 그러므로 노년기 여성들의 중요한 과제는 신앙의 사유화를 넘어서 보다 공적이고 보편적인 신앙을 발달시켜 세대를 아우르는 공감적 연민을 형성하는 것이다. 피셔는 나이가 들어가면서 삶의 지평을 확장해 더 보편적인 사랑과 공감적인 연민을 가질 수 있다고 했다. 연민(compassion)은 타인의 관심에 귀를 기울이고 자신의 일처럼 반응하는 것이다. 그러므로 피셔는 나이가 들어가는 과정을 '자기비움(self-emptying)'의 과정으로 이해했다. 예수가 고통으로부터 인류를 해방시키기 위해 인간과 동일시하는 자기비움을 선택한 것처럼 노년기에는 예수의 자기비움을 닮기 위해 노력해야 한다.[36] 노년기 여성들의 자기비움은 자신과 가족만을 위해 쏟던 에너지와 시간을 타인과 공동체를 위해 사용하는 것으로 나타날 수 있다. 자신과 가족의 물질적 풍요, 육체적 건강, 사회적 성공에 대한 관심을 넘어서 전 세대를 아우르는 문제들에 관심을 기울이고, 그 고통의 원인이 되는 사회적인 부정의, 불평등의 문제에 대해 진지하게 고민하고, 그 해결을 위해 작은 일이라도 실천하는 사랑의 행위가 필요하다.

노년기 여성들은 신앙 공동체 안에서 영적 순례의 길을 먼저 걷고 있는 사람으로서 그 공동체를 향한 하나님의 구체적인 뜻을 분별하고 선

---

36 Fischer, *Winter Grace*, pp. 99-100.

포함할 수 있는 능력을 길러야 한다. 성서에서 언약 백성을 향한 하나님의 뜻을 구체적으로 분별해 선포한 사람들은 예언자들이었다. 특히 그들은 이스라엘이 언약의 신의를 저버렸을 때 과거 하나님의 은혜를 기억하게 하고 다시 하나님의 백성으로 살아가도록 촉구했다. 예언자들은 하나님의 뜻을 분별함에 있어서 공동체가 놓인 구체적인 사회적 상황, 사건, 선택에 대해 신학적으로 해석하고자 노력했다. 리처드 오스머(Richard R. Osmer)는 예언자적 분별력은 단지 하나님의 뜻을 깨닫고 선포하는 차원에 머무는 것이 아니라 피조물들의 죄와 고통에 대해 아파하고 그 고통에 참여해 구원하고자 하는 하나님의 연민의 마음을 닮고자 결단하는 것을 통해 이루어진다고 말했다.[37] 노년기 여성들은 자신이 속한 교회와 사회 안에서 예언자적 사명을 깨닫고 하나님의 뜻을 분별하고 선포하며 그 뜻에 따라 사는 모범을 보여야 할 책임이 있다. 헤스는 구약성서에 나오는 드보라의 삶을 여성들의 신앙의 모범으로 제시했다. 드보라는 하나님의 정의에 대한 비전을 갖고 억압당하는 자기 민족을 위해 용감하게 싸웠으며 고통받는 자들을 따뜻하게 돌보았고 공동체의 평화와 정의를 위해 지혜로운 판단을 내려주는 역할을 했다.[38] 노년기 여성들은 드보라처럼 정의를 향한 열정과 타인을 위한 공감 능력을 가지고 지혜로운 판단을 내릴 수 있는 영적 지도자가 되도록 노력해야 한다.

노년기 여성들이 현재의 불완전한 세상을 하나님이 원하는 공동체로 변화시키기 위해 노력하고 결단하는 일은 자신의 능력과 에너지가 허락하는 한도에서 다양하게 실천할 수 있다. 노년기 여성의 삶의 질은 계층적 불평등이 더 심화되어 나타날 가능성이 크기 때문에 사회적인 정의

37 Richard R. Osmer, *Practical Theology* (UK: Cambridge, 2008), pp. 132-137.

38 Hess, *Caretakers of Our Common House,* pp. 215-223.

와 평등의 문제에 많은 관심을 가지고 사회 문제를 해결하기 위해 노력할 필요가 있다. 노인을 위한 가족부양 기능이 점차 약화되고 노인 인구 중 절대 빈곤층이 늘어가는 현실에서 노년기 여성들 스스로가 노인 복지 문제에 관심을 기울이고 자신의 삶의 질을 공동의 노력으로 향상시킬 수 있는 방법을 모색해야 한다. 또한 노인들을 경시하고 차별하는 노인차별 문화와 여성들을 억압하는 성차별 문화를 방관할 것이 아니라 여성들이 먼저 잘못된 고정관념에 도전하고 변화를 위해 앞장서야 한다. 노년기 여성들은 교회와 지역사회에 기여할 수 있는 다양한 자원봉사 활동에 참여함으로써 자신의 존재 가치를 확인함과 동시에 공동체의 선을 이루는 데 도움을 줄 수 있다. 기독교교육은 노년기 여성들이 사적 영역에만 머무는 신앙에서 벗어나 하나님의 보편적인 사랑과 정의에 대한 깨달음을 통해 불완전한 세상을 변화시키고 전 세대를 아우르는 공감적인 연민을 형성할 수 있도록 도와야 한다.

제3부

여성주의 기독교교육 방법론

제8장

스토리텔링 교육 방법

“여자 셋이 모이면 접시가 깨진다”는 속담은 전통적으로 여성들의 이야기를 비생산적이고 무가치한 것으로 여기는 사회 통념을 잘 드러내준다. 여성들의 이야기를 단순한 ‘수다’나 ‘입방아’ 정도로 평가절하하는 사회적인 분위기는 여성들로 하여금 공적인 자리에서 침묵하게 하거나 사적인 자리에서도 자신의 경험을 이야기하고 그 경험으로부터 얻은 진리와 지혜를 공유하는 것을 주저하게 만든다. 특히 기독교 공동체 안에서 이야기를 하는 역할보다는 듣는 역할에 충실하도록 교육받아온 여성들은 자신의 경험을 말하고 서로의 생각과 감정을 공감할 수 있는 기회를 갖지 못하는 경우가 많다. 개인의 삶의 경험을 이야기하고 그 경험의 의미를 찾아가는 과정은 인간의 삶과 신앙의 성숙에 있어서 중요하다. 그러므로 여성들이 자신의 목소리를 찾아 서로의 삶에 대한 이야기를 나누고 성서의 이야기와 신앙의 선배들의 이야기를 서로 연결하면서 새로운 지혜와 앎을 형성할 수 있도록 다양한 스토리텔링 교육 방법이 개발되어야 한다.

1. 스토리텔링의 역사와 교육적 의미

스토리텔링의 역사

기독교교육의 역사에서 가장 오래된 교육 방법인 스토리텔링(storytelling)은 매체 환경의 변화에 따라 다양한 방식으로 변화하고 발전되어왔다. 구술 시대에는 주로 교사나 현자들이 구전으로 전해진 격언이나 경구들을 사용해 스토리텔링이 이루어졌고, 문자 시대에는 학생들과 교사들이 함께 읽을 수 있는 문서들을 통해 스토리텔링이 이루어졌다. 매스미디어 시대에는 다양한 매체들을 이용해 보다 효과적인 스토리텔링이 이루어졌다. 컴퓨터와 같은 매체의 등장으로 새로운 형태의 스토리텔링 방식이 개발되고 있으며 다양한 이야기들을 상호 연결해 새로운 이야기들을 창조적으로 형성하고 있다. 매체의 변화는 이야기를 하는 사람과 듣는 사람의 역할과 상호 작용, 이야기의 재구성과 의미 형성 등에 영향을 미친다.

성서는 문서화되기 이전에 오랫동안 사람들의 입에서 입으로 전해지는 스토리텔링의 방식을 통해 그 내용이 전해져왔다. 유대교 전통에서 스토리텔링은 신앙을 전수하고 해석하기 위한 중요한 방법이었다. 구약성서가 문서화되기 이전에 이스라엘 사람들은 구전 전승을 통해 전해진 인물들의 삶을 보다 자유롭고 역동적으로 반복해서 이야기하고 재해석했으며 영웅들과 일반인들에 관한 이야기와 전설들을 자유롭게 받아들였다. 신약성서에 나오는 예수의 가르침 역시 오랫동안 공동체 내에서 구전 형식으로 전해지다가 문서화되었다. 공관복음서에 나타나는 예수에 관한 이야기들의 상이성은 예수의 삶이 구전 전승을 통해 전해지면서 공동체의 특성에 따라 다양하게 해석된 결과임을 보여준다.[1] 그러므로 성서에 나오는 이야기들은 특정한 사건에 대한 객관적인 기록이나 역사적인 정확성에 관심을 기울인 것이라기보다는 역사 안에서 활동하는 하나님의 구원 행위에 대한 신앙 공동체의 고백과 경험적 해석과 종교적 진실을 담고 있는 것으로 보아야 한다.

초대 기독교 공동체 안에서 사람들은 박해와 순교의 고통을 담은 이야기들을 전하며 서로에게 용기와 희망을 주고 복음을 지켜나갔다. 순교자들 중에는 여성들이 많았고 여성 순교자들의 이야기는 많은 사람들에게 감동과 용기를 주었다. 예를 들어, 기독교인으로서의 새로운 정체성을 형성하고 강한 신앙과 영적 체험으로 임신 중에도 배교를 거부하고 출산 직후 순교당한 페르페투아(Perpetua)와 그녀의 노예였던 펠리시타스(Felicitas)의 이야기는, 다양한 박해를 겪었던 위기의 공동체 안에서 조용하게 번져나가며 초대 교인들이 신앙을 지킬 수 있는 용기를 주었고 초대 교회가 살아남을 수 있는 힘을 제공했다.[2] 초대 교회에서는 주로 암송된 격언이나 이야기, 비유, 교훈, 민담, 설화들을 교사들이 말로 전하는 방식으로 교육이 이루어졌다.[3] 조안나 듀이(Joanna Dewey)에 따르면, 초대 기독교 공동체는 구술 의사소통(oral communication)의 세계였고, 여성들은 수동적으로 말씀을 듣는 위치에 머무르지 않고 활동적인 말씀의 선포자로 이야기를 전하는 일에 온전하게 참여했다. 그러나 필사본에 권위가 부여되는 전통이 확대되면서 구술 이야기와 여성들의 이야기는 축소되고 왜곡되기 시작했다. 필사본에 근거한 권위는 로마제

1 Susan M. Shaw, *Storytelling in Religious Education* (AL: Religious Education Press, 1999), pp. 38–44.

2 Barbara J. MacHaffie, *Her Story: Women in Christian Tradition* (MN: Fortress Press, 2006), pp. 26–28.

3 Ronald A. Sarno, *Using Media in Religious Education* (AL: Religious Education Press, 1987), pp. 6–7.

국과 같은 가부장제 문화에서 소수의 지식층과 상류층 남성들에게 한정되었다.[4]

중세에는 성자들의 삶을 담은 전설적인 이야기들이 스토리텔링의 중요한 부분을 차지했다. 그들의 삶에서 드러나는 회심, 갈등, 영웅심, 기적과 경이로움 등이 사람들의 마음을 사로잡았다. 성자들의 이야기와 더불어 동물들의 이야기도 중세에 스토리텔링의 중요한 소재가 되었다. 사납고 기괴하고 영악한 동물들은 모든 종류의 무의식적 사고의 상징이 되었고 성서적 지혜와 통찰력의 제공자가 되었다.[5] 15세기 인쇄술의 발달은 스토리텔링에 큰 변화를 가져왔다. 대다수 문맹이던 사람들을 위해 구술 형태로 전해지던 이야기들은 점차 인쇄된 문서로 읽히기 시작했고 사람들은 인쇄된 이야기에 더 진정성을 부여하게 되었다. 인쇄된 성서와 교리문답서들이 교회의 삶의 상징적인 중심이 되었고 사람들은 신학적인 개념이나 정의에 관심을 기울였다. 기록된 문서들을 통해 전해지는 성서 해석과 교리들은 기독교교육의 중요한 내용이 되었다.

기독교교육에서 스토리텔링이 더 중요하게 부각된 배경에는 주일학교운동이 있었다. 19세기 말 미국의 주일학교들은 대부분 성서의 주제를 담고 있는 이야기책들을 가지고 있었다. 20세기 초에는 기독교교육학 분야에서 스토리텔링에 관한 책들이 출판되기 시작했다. 특히 1900년부터 1940년 사이에는 수많은 책들이 출판되었고, 스토리텔링은 종교적 진리를 전달하는 최상의 방법이자 아동의 학습에 가장 적절한 방법으로 여겨졌다. 1940년에서 1970년 사이에는 스토리텔링에 대한 관

---

4 Joanna Dewey, "From Storytelling to Written Text: The Loss of Early Christian Women's Voices," *Biblical Theology Bulletin* 26 (1996), pp. 71-74.

5 William J. Bausch, *Storytelling: Imagination and Faith* (CT: Twenty-Third Publications, 1984), pp. 86-92.

심이 약간 저조해지면서 교훈적이고 도덕적인 목적을 위한 책들에 더 의존하는 경향이 나타났다. 그러나 1970년대에 들어서면서 관심이 다시 부각되었고 구술 이야기와 문서화된 이야기 모두에 관심을 가지게 되었다. 이러한 새로운 관심과 더불어 또 다른 변화는 주로 아동을 위한 교육 방법으로 여겨지던 스토리텔링이 아동뿐 아니라 성인을 위한 효과적인 교육 방법으로 인식되기 시작한 것이다.[6] 또한 다양한 시청각매체들의 생산과 더불어 이야기의 효과적인 전달을 위해 시각, 청각, 촉각을 모두 자극하는 새로운 형태의 이야기 기술들이 개발되기 시작했다. 교사들은 사진, 텔레비전, 녹음기, 비디오, 영화, 슬라이드 등을 통해 다양한 스토리텔링의 방식을 개발했다.[7]

기독교교육학 분야에서 이야기와 스토리텔링에 대한 관심이 다시 부각된 이유는 다양하지만 내러티브신학(narrative theology)의 등장은 이야기로서의 성서의 특징과 기독교 내에서 이야기의 중요성에 다시 주목하게 되는 계기가 되었다. 내러티브신학의 출현은 지나치게 추상적이고 논리적, 개념적인 조직신학적 논의들에 의해 간과되어왔던 인간의 감수성과 상상력, 그리고 이미지, 신화, 상징, 은유에 대한 관심이 부각된 것과 관련이 있다. 신화, 상징, 은유, 상상력은 바로 스토리텔링을 통해 가장 잘 표현될 수 있기 때문이다. 또한 교리와 신학적 명제로 정의된 신적 예수뿐 아니라 생생한 이야기들로 사람들의 마음을 움직이고 그들의 삶을 변화시킨 역사적 예수에 대한 관심이 부각된 것과도 연결된다.[8] 이야기와 스토리텔링에 대한 관심은 성서의 이야기와 기독교 전통의 이야기뿐 아니라 현재를 살아가고 있는 신앙 공동체 구성원들의 삶의 이야

6 Shaw, *Storytelling in Religious Education*, pp. 49-50.

7 Sarno, *Using Media in Religious Education*, pp. 195-210.

8 Bausch, *Storytelling*, pp. 15-28.

기에 초점을 맞추는 계기가 되었다. 토마스 그룸(Thomas H. Groome)은 공유적 프락시스(shared praxis) 방법에서 그 출발점을 공동체 구성원들의 현재적 삶의 이야기들을 나누는 것으로 구성했다.[9] 또한 여성신학, 흑인신학, 해방신학, 민중신학, 아시아신학 등의 교육에서와 같이 인간의 경험과 신학의 상황성이 중시되는 해방적인 기독교교육에서도 현재의 억압과 차별의 경험을 이야기하는 과정을 통해서 현실을 명확히 분석해 변혁시키고자 하는 방법이 모색되었다. 특히 사회에서 주변화되어왔던 사람들이 억압되었던 자신의 목소리를 회복하고, 삶의 경험에 대해 스스로 의미를 부여하는 과정을 가능하게 하는 스토리텔링이 다양한 교육 현장에서 중요한 교육 방법으로 사용되고 있다.

스토리텔링의 교육적 의미

스토리텔링이 기독교교육의 오랜 역사에서 중요한 교육 방법으로 사용되어온 것은 이야기가 가지고 있는 고유의 힘과 교육적 의미 때문이다. 제임스 파울러(James W. Fowler)는 인간의 정체성, 자아인식, 개인적 · 집단적 의미의 지평, 신앙의 확신적 근거는 종교적이고 문화적인 이야기들을 공유함으로써 형성된다고 했다.[10] 존 웨스터호프 3세(John H. Westerhoff III) 역시 기독교 공동체는 이야기로 형성된 공동체로서 이야기는 공동체의 신앙과 삶을 형성하고 변화시키고 유지시킨다고 말했다.[11] 이러한 의미에서 스토리텔링 방법은 여성들이 보다 적극적으로 신

---

9 Thomas H. Groome, *Christian Religious Education: Sharing Our Story and Vision* (San Francisco: HarperSanFrancisco, 1980), pp. 208-211.

10 James W. Fowler, *Weaving the New Creation: Stages of Faith and the Public Church* (San Francisco: HarperSanFrancisco, 1991), p. 11.

앙의 삶을 성찰하고, 자신의 경험의 종교적 의미를 찾아가고, 신앙 공동체의 이야기와의 만남을 통해 보다 성숙한 신앙을 형성시킬 수 있도록 도울 수 있다. 이것은 스토리텔링 방법이 가지고 있는 다음과 같은 특징들 때문에 가능한 것이다.

침묵을 깨고 자신의 목소리 찾기

스토리텔링은 여성들로 하여금 침묵을 깨고 자신의 목소리로 삶의 경험을 말할 수 있도록 한다. 여성들은 신앙 공동체 안에서 자신의 경험을 공유할 기회를 좀처럼 얻지 못한다. 남성들의 이야기가 주된 이야기가 되는 성서와 기독교 공동체 안에서 여성들이 자신의 목소리를 가지고 자신의 경험에 이름을 붙이고, 그 경험을 구체화시키고 표현하는 것은 영적 성숙의 출발점이 된다. 니콜라 슬리(Nicola Slee)는 여성의 신앙 발달을 연구하는 과정에서 여성들이 자기 자신과 삶의 현실, 신앙에 관해 자신의 목소리로 말하도록 초대받는 것이 그들의 삶에 힘을 불어넣어 주는 의미 있는 행위라는 사실을 발견했다.[12] 여성들이 자신의 목소리를 찾고 이야기로 표현하는 것은 그들의 의식고양(consciousness-raising)에 필수적이다. 의식을 고양하는 것은 여성 자신의 구체적인 삶의 현실과 주체성과 역사를 인식하도록 일깨우는 것이다. 의식화란 침묵과 고립 속에서 개인적으로 경험한 사건이 실제로는 공적이고 사회 구조적인 현실을 반영하고 있다는 사실을 인식하는 것이다.[13] 침묵을 깨

---

11 John H. Westerhoff III, *Living the Faith Community: The Church that Makes a Difference* (Minneapolis: Winston Press, 1985), p. 27.

12 Nicola Slee, *Women's Faith Development: Patterns and Processes* (VT: Ashgate Publishing Company, 2004), p. 63.

13 Beverly W. Harrison, *Making the Connections* (Boston: Beacon Press, 1985), p. 243.

고 입을 열어 말하는 것은 고통스러운 경험이 될 수도 있다. 그러나 자신의 경험에 눈을 뜨고, 개인의 경험을 둘러싼 사회 현실에 눈을 뜨고, 자신의 목소리로 그 현실을 이야기하는 것은 여성들의 인격적이고 영적인 성숙을 위해 반드시 필요한 과정이다.

삶의 의미 형성

스토리텔링은 여성들로 하여금 삶의 의미를 형성하도록 돕는다. 삶의 경험의 다양성, 복잡성, 역동성으로 인해 삶의 의미 형성은 고정적이거나 안정적일 수 없다. 그러므로 의미와 무의미, 질서와 혼돈 사이를 끊임없이 오가며 새로운 의미 형성을 추구하는 것이 인생의 과제이다. 여성들은 자신의 삶의 여정을 기억하고 그 속에서 하나님의 현존을 깨달음으로써 삶의 영적 의미를 발견할 수 있다. 여성들이 신앙의 경험을 이야기할 때, 그들의 신앙은 살아 있는 신앙이 되고 하나님의 형상대로 창조된 존귀함을 회복하게 된다.[14] 캐롤 크라이스트(Carol P. Christ)는 여성의 영적 성숙을 위한 스토리텔링의 중요성을 다음과 같이 강조했다.

> 이야기 없이 여성은 자신을 이해할 수 없다. 이야기 없이 여성은 영적 또는 종교적이라고 불리는 자신과 세상에 대한 심오한 경험으로부터 소외되고 침묵 속에 갇히게 된다. 여성들의 영성 추구에 대한 표현은 여성들의 이야기를 말하는 것과 필수적으로 연결된다. 만약 여성들의 이야기가 말해지지 않는다면, 그들의 영혼의 깊이는 알려지지 않을 것이다.[15]

---

14 Sam Amirtham, *Stories Make People* (Geneva: WCC Publications, 1989), p. viii.

15 Carol P. Christ, *Diving Deep and Surfacing* (Boston: Beacon Press, 1980), p. 1.

이야기를 통해 여성들은 과거의 단편적인 사건들을 기억하고 조직하고 해석하게 되며, 그 사건들의 의미를 구성하는 과정에서 자신의 존재 의미와 정체성을 형성하고, 깊은 종교적 의미를 추구하게 된다,

억압된 감정 표현과 치유

스토리텔링은 여성들로 하여금 가슴 깊이 새겨둔 감정들을 들추어내고 다른 여성들과 공유할 수 있도록 돕는다. 정신분석학과 목회상담학에서 스토리텔링은 과거로부터의 깊은 상처와 기억을 치유하는 방법으로 사용된다. 고통스러운 경험을 이야기하는 것은 억압되어 있던 상처받은 과거로부터 자유로워지기 위함이다. 많은 여성들이 깊은 고통, 두려움, 소외감, 좌절 등의 감정을 자유롭게 공유할 대상과 기회를 갖지 못해 내면의 상처를 억압하고 숨기며 살아간다. 여성들은 서로의 마음을 공유할 수 있는 공동체 안에서 자신의 고통을 드러낼 기회를 가져야 한다. 이 과정에서 치유를 경험하고 미래의 희망을 성취할 수 있다.[16]

이야기를 나누는 과정에서 여성들은 고통이나 슬픔의 감정뿐 아니라 억압된 분노를 표현할 수 있다. 여성들은 분노를 표출하지 말고 인내하도록 교육받아왔기 때문에 부당한 상황에서도 쉽게 화를 표현하지 못한다. 분노를 계속 억누르면 좌절과 무기력을 느끼게 된다. 여성학자들은 분노의 힘(power of anger)을 강조해왔는데 부당하고 불공정한 일에 대해 분노하는 것은 평등, 해방, 자유를 위해 투쟁할 수 있는 힘이 된다. 베벌리 해리슨(Beverly W. Harrison)은 분노의 창조적 힘에 대해 말했다. 그녀는 여성들이 부당한 일에 대한 분노로부터 실천을 위한 힘을 이끌어내

---

16 Carol Goldman, "Creating Sacred Emotional Space," in *Sacred Dimensions of Women's Experience*, ed. Elizabeth D. Gray (Wellesley, Mass.: Roundtable Press, 1988), p. 21.

야 하며, 개인적이고 사회적인 변혁을 위해 그 힘을 사용해야 한다고 강조했다.[17] 여성들이 억압되어 있던 감정을 들추어내어 고통을 용감하게 이야기하고 그 고통의 원인을 분석할 때, 상처가 치유되기 시작하고 새로운 미래를 꿈꿀 수 있게 된다.

직관적, 인지적, 정서적, 행위적 차원의 영향

스토리텔링은 전인적인 차원에서 인간에게 영향을 미칠 수 있는데 경험적, 직관적, 상상적인 차원뿐 아니라 이성적이고 분석적인 차원, 정서적이고 행위적인 차원까지 변화시킬 수 있는 특징을 가지고 있다. 다양한 이야기들을 통해 사람들은 가치와 태도, 삶의 방식, 의사소통 기술, 상상력, 비판적 사고 등을 발달시킬 수 있다. 이야기는 상상력을 자극해 창조적인 사고를 하도록 격려한다. 이야기를 통해 논리와 분석을 중시하는 좌뇌 중심적 교육에서 억압되어왔던 우뇌의 상상력이 깨어나고 보다 균형 잡힌 사고를 할 수 있게 된다.[18] 그리고 이야기는 다양한 정보 습득을 통해 지식을 형성할 수 있도록 하고, 경험을 해석하고 이해하고 전달하도록 함으로써 인지 능력을 향상시키고, 추상적인 개념들을 구체적인 상황에 적용시킬 수 있는 능력 또한 향상시키며, 다양한 개념과 요소들을 분석하고 종합하고 평가할 수 있도록 돕는다.[19]

또한 이야기는 직접적인 경험을 반영하거나 상대방의 입장에서 경험하도록 하기 때문에 정서적인 반응을 불러일으키는 데 중요한 매개가 된다. 사람들은 이야기를 통해 자신의 억압되었던 감정들을 느끼기도 하고, 이전에 무관심했거나 적대적으로 여겼던 대상에 대한 공감적인

17 Harrison, *Making the Connections*, p. 7.

18 Bausch, *Storytelling*, pp. 47-54.

19 Shaw, *Storytelling in Religious Education*, pp. 127-134.

반응을 갖게 되기도 한다. 또한 이야기를 통해 적절한 감정 표현을 위한 모델을 찾아 자신의 감정을 표현하기도 한다. 이와 더불어 이야기는 가치를 담지하고 있기 때문에 가치를 창조하고 발견하고 탐색하고 실천하도록 돕는 데 중요한 역할을 한다. 이야기를 통해서 새로운 가치에 직면하게 되기도 하고, 기존의 가치와 충돌하면서 다시 성찰할 수 있는 기회를 얻기도 한다. 이야기에 나타나는 세계관과 삶의 철학을 기반으로 자신의 가치관을 점검하고 발달시킬 수 있으며, 이러한 가치 형성을 통해 삶의 태도와 행위를 결정하게 된다.[20] 이야기가 지니고 있는 이러한 전인적인 차원의 영향력으로 인해 스토리텔링은 중요한 교육 방법이 된다.

과거, 현재, 미래의 연속성 발견

스토리텔링은 여성들로 하여금 과거, 현재, 미래의 연속성을 발견할 수 있도록 돕는다. 버트램 콜러(Bertram J. Cohler)에 의하면, 한 개인의 이야기는 현재에 이해된 과거, 경험되는 현재, 기대되는 미래에 대한 내면적으로 가장 일치된 해석이다.[21] 자신의 삶을 이야기함으로써 여성들은 과거의 경험에 의미를 부여하고, 현재의 상황을 표현하며, 미래에 대한 희망을 얻을 수 있다. 과거와 현재를 비판적으로 성찰함으로써 여성들은 과거와 현재보다 더 나은 미래를 꿈꾸게 된다. 메리 엘리자베스 무어(Mary Elizabeth Moore)에 따르면 이야기는 현 사회질서를 유지하는 가치들이 무엇인지 인식할 수 있도록 하며 새로운 사회질서를 상상할 수

---

20 Ibid., pp. 121-127.

21 Bertram J. Cohler, "Personal Narrative and Life Course," in *Life-Span Development and Behavior*, eds. Paul B. Baltes and Orville G. Brim, Vol. 4 (NY: Academic Press, 1982), p. 207.

있도록 도울 수 있다. 또한 이야기는 현재의 질서를 전복시키거나 사회를 새롭게 조직하거나 조정하는 방식을 소개함으로써 새로운 가치를 제공할 수 있다.[22] 이야기를 통해 현실을 유지하는 가치와 질서를 올바로 직시하고 비판적으로 성찰할 때, 더 이상 과거와 현재의 삶을 무의미하게 반복하지 않고 대안적인 가치와 창조적인 미래를 꿈꿀 수 있게 된다.

현재 여성들의 삶의 이야기는 개인의 과거뿐 아니라 공동체의 역사적 과거와도 분리되어 이해될 수 없다. 현재 자신의 이야기를 이해하기 위해서는 과거의 역사를 올바로 인식하고 비판적으로 성찰해야 한다. 가부장제 사회에서 역사(his-story)는 말 그대로 남성들의 이야기로 구성되어왔고 여성들의 이야기는 침묵당하거나 왜곡되어왔다. 마리아 해리스(Maria Harris)는 잊힌 선배 여성들의 삶을 다시 이야기함으로써 여성들이 잊혔던 과거의 일부분을 현재의 삶으로 받아들여 재통합해야 한다고 강조했다.[23] 여성들은 역사 속에 묻혀 있던 선배 여성들의 삶의 지혜를 통해 세상을 새롭게 바라보고 새로운 문화를 창조하기 위한 비전을 얻을 수 있다. 선배 여성들이 가부장제 사회에 저항하며 대안적인 세상을 꿈꾸었던 이야기들을 공유함으로써 부정의한 현실을 변화시킬 수 있는 지혜와 힘을 얻을 수 있는 것이다.

경험의 특수성과 보편성 발견

스토리텔링은 여성들로 하여금 이야기를 나누는 과정에서 자신의 이

22 Mary Elizabeth Moore, *Teaching from the Heart* (Minneapolis: Fortress Press, 1991), p. 151.

23 Maria Harris, *Dance of the Spirit: The Seven Steps of Women's Spirituality* (NY: Bantam Books, 1989), pp. 34-35.

야기의 독특성과 더불어 다른 여성들과의 공통점을 발견할 수 있도록 돕는다. 한 개인의 이야기는 특별한 역사적 · 문화적 상황에서 경험되고 해석된 구성물이기에 독특할 수밖에 없다. 개인의 특수한 경험은 여성들의 경험을 쉽게 일반화시키거나 미화시키는 것을 경계하도록 한다. 그리고 개인의 삶의 다양성과 복잡성은 여성들로 하여금 다양한 목소리에 귀를 기울이고 공감하도록 한다. 다양한 삶의 자리에 있는 여성들의 경험을 나누는 과정을 통해 다양한 삶의 가치를 인정하고 다름과 차이를 존중하는 것을 배울 수 있게 된다. 다양한 이야기를 통해 다양한 가치와 진리가 공유될 때, 그 공동체는 더 지혜롭고 풍요로운 공동체가 될 수 있다.

그런데 여성들의 이야기는 다양성에도 불구하고 함께 공유할 수 있는 공통점이 있다. 가부장제 사회에서 여성으로 살아가면서 경험한 차별과 억압의 경험은 여성들 사이에 공감대를 형성하게 한다. 타인의 이야기를 듣는 과정에서 자신의 삶의 부분을 재경험하기도 하고 스스로 자각하지 못했던 자신의 일부분을 재발견하기도 한다. 이와 같이 이야기는 신앙의 여정을 함께하는 사람들을 연결하는 다리의 역할을 한다. 어슐라 킹(Ursular King)은 고통, 억압, 기쁨의 이야기들을 공유하는 것과 새롭게 발견된 역사를 공유하는 것은 '자매애(sisterhood)'로 표현되는 여성들 사이의 새로운 연대감을 창조한다고 말했다. 자매애는 고통과 억압, 생명과 삶의 창조, 양육과 보살핌, 기쁨과 환희 속에서 여성들 사이의 연결과 연합을 의미하는 감동적인 경험이고 힘 있는 상징이 될 수 있다.[24] 여성들은 이야기를 공유하는 과정에서 각 개인의 특수성을 존중함과 동시에 여성들 사이의 보편적인 경험을 통해 자매애를 형성할 수 있다.

---

24 Ursula King, *Women and Spirituality* (NY: New Amsterdam, 1989), pp. 19-20.

개인의 이야기와 공동체의 이야기 사이의 변증법적 관계 발견

스토리텔링은 여성들로 하여금 개인의 이야기와 공동체의 이야기 사이의 변증법적 관계를 발견하도록 도울 수 있다. 공동체가 공유하는 이야기들은 개인의 경험을 이해하고 해석하는 데 영향을 미치고, 개인의 이야기는 공동체의 이야기를 지속적으로 확장시키고 재형성하는 데 영향을 미친다. 공동체의 이야기는 사회화 기능을 통해 개인의 이야기 속에 내면화된다. 무어는 문화적 신념과 가치, 행동 양식은 실제로 이야기를 통해 형성되고 변형된다고 했다.[25] 공동체의 이야기는 공동체의 문화와 가치를 보전함으로써 공동체 자체를 유지시킨다. 그러므로 기존의 사회질서와 가치를 유지시키는 공동체의 이야기는 개인의 이야기를 통해 끊임없이 변증법적으로 해석되고 창조적으로 재형성되어야 한다.

이야기를 공유하는 과정에서 여성들은 자신의 이야기가 내포하고 있는 사적인 차원뿐 아니라 사회 구조적인 차원을 발견하게 된다. 이야기를 공유하는 과정에서 여성들은 "개인적인 것이 정치적인 것이다"라는 말의 의미를 명확하게 깨닫게 된다. 가부장적 사회 구조는 개인의 삶의 모든 방식에 걸쳐 영향을 미치고 있다. 성차별적인 대중매체, 가족제도, 교육 기관, 법, 종교적 신념 등이 복합적으로 여성들을 사회문화적, 종교적으로 소외시킨다. 사회 구조적인 차원에서 개인의 경험을 분석할 때, 여성들은 자신의 삶에 부정적으로 영향을 미친 제도화된 종교와 가부장제 문화를 비판적으로 성찰할 수 있게 된다. 그러므로 개인의 이야기와 공동체의 이야기는 지속적으로 변증법적 긴장관계를 유지하면서 상호 비판적 관계를 통해 발전되어야 한다.

---

25 Moore, *Teaching from the Heart*, p. 144.

2. 여성의 목소리와 스토리텔링

삶의 의미와 정체성 형성을 위한 자전적 스토리텔링

자서전(autobiography)이나 전기(biography)라고 하면 흔히 역사적인 인물이나 사회적으로 성공한 인물 또는 특별한 종교체험을 한 사람들의 전유물로 생각한다. 그러나 모든 사람은 자신만의 독특한 경험 세계가 있으며 의미 있는 이야기들을 가지고 있다. 사람들은 자신의 이야기를 하는 과정을 통해 과거의 경험을 기억해내고, 현재의 경험을 진지하게 성찰하며, 그 경험들에 의미를 부여하게 된다. 특히 수동적인 자세로 살아가는 사람들이나 사회에서 주변화된 사람들에게 있어서 자신의 삶을 이야기하는 것은 자신의 목소리를 찾는 과정이 될 수 있으며 주체성을 회복하는 과정이 될 수 있다. 앤드류 그릴리(Andrew Greeley)는 "스토리텔링은 인간의 가장 중요한 의미 부여 활동"이라고 말했다.[26] 이야기를 하기 위해 사람들은 타인에게 자신과 자신의 삶을 설명해야 하는데 이를 위해서는 먼저 자기 자신에게 그 이야기가 의미 있고 설득력이 있어야 한다. 그러므로 스토리텔링은 단지 듣는 사람들에게 새로운 깨달음을 주는 것만이 아니라 이야기하는 사람에게 자신의 경험에 대한 새로운 의미 부여와 깨달음을 주는 활동이 된다.

여성들이 삶의 의미와 주체적인 정체성을 형성시킬 수 있는 효과적인 방법으로는 자전적 스토리텔링을 들 수 있다. 자전적 스토리텔링은 일기, 편지, 저널, 시, 기도문 등의 형식으로 이야기할 수 있으며 신앙 공동체 안에서 이야기 나눔의 형식을 취할 수도 있다. 자전적 이야기는

---

26 Andrew Greeley, *Religion as Poetry* (NJ: Transaction Pub., 1995), p. 38.

‘자기발견(self-discovery)의 과정’ 또는 ‘자기창조(self-creation)의 여행’이라고 불린다.[27] 자신의 이야기를 통해 스스로를 보다 잘 이해하게 되고 자신이 지향하고 있는 삶의 방향과 가치를 명료화하고 성찰할 수 있기 때문이다. 자전적 스토리텔링을 통해 사람들은 과거의 경험을 회상하고 그것을 하나의 통일된 양식으로 재정립함으로써 자아를 새롭게 재구성한다. 과거와 현재의 파편화된 경험의 조각들에 의미가 부여될 때 개인은 자신을 보다 통합적으로 인식하게 된다. 개인의 정체성은 고정적인 것이 아니라 끊임없이 변화하는 과정에 있으므로 이야기는 복잡하고 때로는 모순되고 변화되는 정체성을 성찰하도록 하는 중요한 수단이 된다.[28] 과거의 경험을 이야기하는 것은 과거를 단지 아름답게 회상하거나 미화시키기 위한 것이 아니라 과거의 경험이 담고 있는 개인의 신념, 가치, 태도에 대해 비판적으로 성찰하기 위한 것이다. 그러므로 의미를 형성하는 과정에서 과거 해석의 불완전성을 인식하고 변화의 가능성에 대한 열린 자세를 통해 자아의 지평을 확장해야 한다.

기독교인들에게 자전적 스토리텔링은 자신의 삶에서 하나님의 활동과 현존을 자각하고 하나님의 부름에 응답하는 과정이 될 수 있다. 분주한 일상의 삶 속에서 하나님의 현존을 인식하는 것은 의식적인 노력과 지속적인 학습을 통해 가능하다. 개인의 이야기는 자신과 하나님에 대한 새로운 발견의 이야기, 신비로운 종교경험의 이야기, 계시적 이야기, 회심의 이야기 등 다양한 이야기가 될 수 있다. 하나님은 끊임없이 자신을 세계 안에서 드러낸다. 아브라함, 모세, 이사야, 마리아와 같은 성서의 인물들은 자신을 스스로 계시하는 하나님에 대한 깨달음과 통찰력을

---

27 Bausch, *Storytelling*, p. 174; Shaw, *Storytelling in Religious Education*, pp. 377-380.

28 Shaw, *Storytelling in Religious Education*, p. 103.

가지고 있었다.[29] 신비적인 경험이나 계시적인 이야기는 초자연적인 경험만을 의미하는 것이 아니다. 세계 안에서 인간에게 자신을 스스로 계시하고 있는 하나님을 일상의 삶에서 자각하고 이야기하는 과정을 통해 여성들은 삶의 종교적 의미와 자신의 정체성을 형성시켜나갈 수 있게 된다. 회심의 이야기도 일회적이고 극적인 경험만을 의미하는 것이 아니라 인지적, 정서적, 도덕적, 종교적 삶 전체의 변화를 포함하는 경험을 의미한다. 자기중심적인 사고와 감정을 극복해 가치 있는 삶을 살고자 하고, 하나님이 삶의 중심이 되어 삶의 방향에 재조정이 일어나는 것이 회심의 이야기이다. 회심의 이야기를 통해 사람들은 회심의 경험에서 느꼈던 감정들을 되살리고 종교적인 태도와 가치를 발달시킬 수 있다. 인생을 변화시킨 경험의 이야기들은 사람들이 자신의 삶을 새로운 방향으로 향하게 하는 데 촉매 역할을 한다.[30]

기독교 공동체 안에서 자전적 스토리텔링을 공유하는 것은 직관적, 인지적, 정서적, 행위적 차원을 모두 포함하는 전인적 차원에서 학습을 촉진시킬 수 있다. 삶의 이야기를 공유하는 것은 구성원들로 하여금 다양한 대리경험을 하도록 하거나, 강력한 감정을 불러일으키거나, 모범적인 행동 양식을 제공하거나, 관습적인 태도나 사고방식에 도전할 수 있도록 한다. 타인의 자전적 내러티브를 읽거나 들음으로써 자신의 삶을 성찰하고 종교적 · 신학적 주제를 탐색할 수 있다. 또한 비슷한 감정을 느꼈을 때나 비슷한 가치를 창조했거나 자신의 가치에 도전받았을 때를 기억하도록 할 수 있다. 특히 사회적으로 소외나 억압을 경험한 사람들의 자전적 이야기들은 규범적인 관념, 태도, 가치, 행동을 비판적

29 Ibid., pp. 211-220.

30 Ibid., pp. 216-219.

으로 점검할 수 있도록 한다.[31] 자서전이나 전기는 사람들이 서로의 삶에 공감하고 서로의 삶이 상호 연결되어 있음을 인식하도록 돕는다. 이러한 이야기들은 자신의 삶뿐 아니라 타인과 공동체의 삶에서 활동하는 하나님에 대한 자각을 통해 종교적인 삶의 다양성을 깨닫고, 타인의 삶을 열린 마음으로 공감하며, 연민의 마음으로 타인의 삶에 참여할 수 있도록 한다.

기독교 공동체는 여성들이 자전적 이야기들을 함께 나누고 공감할 수 있는 기회와 장을 제공해 여성들이 자신의 삶을 이야기로 풀어내고 그 경험에 의미를 형성할 수 있도록 지지하고 격려해야 한다. 서로의 이야기를 공유한다는 것은 단지 수동적으로 이야기를 듣는 것을 의미하지 않는다. 공동체에서 이야기를 공유하고 의미 형성의 과정을 공유하는 것은 비판적이고 분석적인 성찰의 과정을 통해 의미 형성이 지나치게 주관적이거나 편파적이 되는 것을 방지한다. 또한 신앙 공동체가 함께 공유해온 의미의 틀 안에서 수용될 수 있는 의미인지 점검해볼 수 있다. 자전적 스토리텔링은 여성들이 자신의 삶을 이야기로 엮는 과정에서 자신의 정체성에 대해 지속적으로 탐색하고, 일상의 삶의 종교적 의미를 발견하고, 공동체의 큰 틀 안에서 자신의 경험의 의미를 발견할 수 있도록 도울 수 있는 중요한 교육 방법이다.

성서, 신앙의 선배들, 현재의 이야기를 연결하는 스토리텔링

여성들은 성서 인물들의 이야기, 신앙의 선배나 조상들의 이야기, 현재를 살아가는 자신의 이야기를 서로 연결해 해석하는 과정에서 삶의

31 Ibid., pp. 200-205.

지혜와 새로운 진리를 깨달을 수 있다. 전통적으로 여성은 공동체의 중요한 이야기 전수자로서의 역할을 담당했다. 주로 할머니들을 통해 전해 내려오는 옛날이야기는 그 문화에서 후손들에게 전수하고자 하는 삶의 지혜를 담고 있었다. 성서의 이야기들 역시 이스라엘 공동체가 그들의 후손들에게 전해주고자 했던 지혜와 진리를 담고 있다. 한국 교회 안에서 성서는 살아 있는 삶의 이야기로서보다는 문서화된 권위 있는 말씀으로 해석되는 경향이 강하다. 성서의 이야기들이 문자적인 형태로서만이 아니라 다양한 스토리텔링 방식으로 이야기될 때 다양하고 풍부한 해석의 가능성이 열리고, 현재의 삶에서 하나님의 뜻과 역사를 깨닫고 삶을 변화시킬 수 있는 가능성이 열리게 된다. 그러므로 성서 인물들의 생생한 삶의 이야기와 역사 속 신앙의 선배들의 이야기, 그리고 현재를 살아가는 여성들의 이야기가 역동적으로 연결될 수 있는 교육 방법이 모색되어야 한다.

흑인 여성 기독교교육학자인 앤 윔벌리(Anne S. Wimberly)는 그녀의 책 『영혼의 이야기들: 아프리카계 미국인의 기독교교육(*Soul Stories: African American Christian Education*)』에서 여성들의 일상의 이야기와 성서의 이야기, 그리고 신앙의 유산을 연결시키는 '이야기 연결 과정(story-linking process)'을 제시했다. 윔벌리는 네 단계의 이야기 연결 과정을 통해 흑인들이 그들 자신의 아프리카 문화유산과 현재적 삶, 그리고 성서의 이야기를 연결시킬 수 있는 방법을 개발했다. 이야기 연결 과정에서 성서는 흑인들이 억압과 차별로부터의 해방과 소명을 비판적으로 성찰하는 거울로서의 역할을 하며, 이 연결 과정을 통해 다양한 이야기들을 연결하고 성찰함으로써 해방과 소명을 깨닫고 윤리적인 결단을 하도록 한다.[32]

---

32 Anne E. Streaty Wimberly, *Soul Stories: African American Christian Education*

이야기 연결의 첫 번째 과정은 각 개인의 일상적인 이야기들을 나누고 비판적으로 성찰하는 것이다. 사람들은 의식적이든 무의식적이든 자신의 이야기라는 삶의 렌즈를 통해 성서를 해석하고 공동체의 이야기를 이해한다. 그러므로 자아정체성, 사회적인 상황, 상호 인격적 관계성, 삶의 사건, 삶의 의미와 관련된 이야기가 그 시작이 될 수 있다. 처음부터 개인의 이야기로 시작하는 것이 힘들 경우에는 사례 연구들에 나타나는 이야기를 소개하고 그 이야기 속 인물들의 경험과 개인의 경험을 동일시하고 비판적으로 성찰하도록 하는 것도 좋은 방법이 될 수 있다.[33] 삶의 이야기로부터 출발하는 것은 사람들로 하여금 상상력이 풍부한 성찰을 할 수 있도록 하며, 자신의 이야기에 비추어 하나님의 이야기의 본질과 의미를 숙고하고 하나님의 이야기에 응답하고 참여하도록 돕는다.[34]

두 번째 과정은 성서 인물들의 이야기를 자신의 이야기를 비추는 거울로서 마주 대하고 성서의 인물들과 대화의 파트너로서 이야기를 나누는 것이다. 이는 성서에 나오는 신앙의 이야기들을 자신의 삶의 이야기와 연결시켜 현재 자신의 삶을 이해하고, 그 안에서 하나님의 계획과 활동을 깨닫는 과정이다. 이야기 선택의 기준은 억압과 차별로부터의 해방과 소명을 위해 흑인들의 참여와 협력을 요청하는 하나님의 행위의 본질을 구체적으로 드러내는지에 따라 결정된다.[35]

세 번째 과정은 흑인들의 문화적 전통에서 찾을 수 있는 신앙의 유산

(Nashville: Abingdon Press, 1994), p. 13.

33 Ibid., pp. 40-43.

34 Anne E. Streaty Wimberly, *Nurturing Faith and Hope: Black Worship as a Model for Christian Education* (Cleveland: Pilgrim Press, 2004), p. 47.

35 Wimberly, *Soul Stories*, pp. 43-45.

을 발견해 그로부터 해방의 정신을 읽어내는 것이다. 이 과정에서 아프리카계 미국인들은 자신의 정체성을 발견하고 고유한 아프리카 전통에서 영감을 얻을 수 있는 기회를 얻게 된다. 이야기, 음악, 설교, 시, 기도, 예술작품 등에 담겨 있는 조상들의 신앙의 유산을 찾아가는 과정을 통해 통찰력과 용기를 얻고 해방의 정신과 소명을 발견하게 된다.[36]

마지막 네 번째 과정은 현재의 삶에서 하나님의 구체적인 부름에 응답하고 윤리적인 결단을 내리는 것이다. 이야기 연결 과정은 현재의 삶에서 자신의 선택에 대해 구체적인 결단을 내리고 사회적인 해방을 지향하는 구체적인 행동을 촉구하는 것으로 완성된다.[37] 이야기 연결 과정에서는 어떤 하나의 이야기가 일방적으로 또는 상대적으로 권위를 가지는 것이 아니다. 모든 이야기들을 함께 연결시킴으로써 다양한 이야기들 속에서 영감을 얻고, 지혜를 얻고, 삶을 격려받을 수 있으며, 자신의 삶을 비판적으로 성찰해 변화시킬 수 있는 것이다.

이야기 연결 과정에서 가장 힘든 것은 바로 성서와 신앙의 유산 안에 있는 이야기를 선택하는 것이다. 윔벌리는 이야기를 선택하는 방법 가운데 하나는 바로 역사적 · 문화적으로 접근하는 것이라고 했다. 이 방법은 오랫동안 흑인들에 의해 선택되어온 이야기들인 흑인 영가, 복음송, 설교, 시, 민속 격언 등과 같은 문화적 표현들을 선택하는 것이다. 예를 들어 노예 상태였던 흑인들이 시련과 환란 속에서 괴로워하며 도움을 찾던 해방과 자유의 이야기를 선택하는 것이 바로 문화적 접근이다. 물론 성서에는 해방과 자유의 이야기만 있는 것이 아니라 반해방적 · 반자유적 이야기들도 있다. 윔벌리는 이러한 반해방적 · 반자유적

36 Ibid., pp. 45-46.

37 Ibid., pp. 46-47.

인 이야기들도 흑인들이 자신의 비인간화된 현실과 상처받은 경험을 이야기하는 데 도움이 될 수 있다고 보았다.[38] 그러므로 이야기 연결 과정은 행복하고 낭만적인 이야기들이나 해방과 자유의 이야기들만을 연결하는 것이 아니다. 노예 시절부터 현재까지 흑인들이 끝없이 경험하고 있는 인종차별과 모욕, 불평등한 대우와 폭력, 빈곤과 질병 등의 이야기들을 들추어냄과 동시에 과거 해방의 역사에 관한 희망적인 이야기들을 함으로써 희망과 목적을 상실한 흑인들에게 다시금 희망과 해방의 이야기를 찾도록 하는 것이다. 이러한 윔벌리의 이야기 연결 과정은 흑인들로 하여금 동시대를 살아가는 흑인들 사이의 연대만이 아니라 해방과 자유를 위해 투쟁해온 조상들과 성서의 인물들과의 연대를 통해 자신의 삶의 방향을 결정하고 그 선택을 구체적인 행동으로 실천하도록 하는 방법이다.

이러한 이야기 연결 과정은 아시아신학과 민중신학에서도 중요한 방법으로 제시되고 있다. 성서의 이야기와 아시아와 한국의 민중들의 이야기가 만나 해방의 메시지로 읽힐 수 있도록 하는 방법이다.[39] 아시아

38 Ibid., pp. 116-121. 윔벌리는 문화적 접근을 설명하면서 흥미로운 이야기를 소개했다. 자신의 할머니가 들려준 흑인들의 민속 격언에 따르면, 흑인들은 하갈과 이스마엘을 보다 친근하고 애정 어린 호칭으로 부르는데 하갈을 '하갈 이모(Aunt Haggie)'로, 이스마엘을 '하갈 이모의 아이(Aunt Haggie's child)'로 부른다. 'Aunt Haggie'에 관한 격언은 흑인들에게 "사람들이 너를 하갈 이모나 하갈 이모의 아들에게 했던 것처럼 대해도 결코 너 자신을 수치스러워하거나 평가절하할 필요가 없다. 그들의 행동이 네가 누구임을 의미하지 않는다. 네가 반드시 기억해야 하는 것은 네가 하나님의 자녀 가운데 하나라는 사실이다"라고 가르치고 있다.

39 C. S. Song, *Theology from the Womb of Asia* (New York: Orbis Books, 1986); Virginia Fabella, Peter K. H. Lee and David Kwang-sun Suh, eds. *Asian Christian Spirituality* (New York: Orbis Books, 1992); 안병무, 『민중신학이야기』(서울: 한국신학연구소, 1988); 김성재, 『분단현실과 기독교 민중교육』(서울: 한국신학연구소, 1988).

의 풍부한 이야기 전통을 통해 성서의 이야기와 만날 수 있도록 노력한 송천성(C. S. Song)은 인간의 삶에는 인종이나 성별, 문화, 종교와 관계없이 공유할 수 있는 것들이 있는데 그것은 주로 이야기로 표현되어왔다고 했다. 그는 예수가 하나님 나라에 대해 가르칠 때 어려운 개념으로 설명한 것이 아니라 이해하기 쉬운 비유나 이야기들을 통해 그러한 이야기 속에 참여하도록 사람들을 초대했음을 강조했다. 송천성은 아시아인들도 그들의 삶에 뿌리를 두고 있는 이야기들을 통해 삶의 한복판에서 하나님을 경험하고 그들의 삶을 변화시켜야 한다고 말했다.[40]

민중신학자 서남동은 신학의 과제는 기독교의 민중 전통과 한국의 민중 전통이 현재 한국 교회의 '신의 선교' 활동에서 합류되고 있음을 증언하는 것이라고 생각했다. 그는 '두 이야기의 합류'라는 방법론을 제시했는데, 하나님의 민중 구원의 핵심적인 사건인 출애굽 사건과 십자가형 사건으로 대표되는 성서적 전거와 교회사적 전거, 그리고 한국의 민중운동사적 전거가 현재 기독교인들에게서 합류되도록 하는 것이 역사적 소명이라고 강조했다.[41] 문동환 역시 한국 민중들이 겪은 아리랑 고개의 한의 이야기와 히브리인들의 한의 이야기를 통해 억눌린 민중의 투쟁 가운데서 역사를 이끌고 진리를 계시하는 하나님의 발자취를 찾고자 했다. 문동환은 이야기야말로 진리를 총체적이고 생명력 있게 전달할 수 있는 통로라고 했다. 민중들의 이야기는 한의 이야기일 뿐 아니라 한 맺힌 사람들의 삶에 대한 애착과 꿈의 이야기이며 민중들과 함께 역사를 새롭게 하는 하나님의 이야기이다.[42]

---

40 Song, *Theology from the Womb of Asia*, pp. 43-53.

41 서남동, 『민중신학의 탐구』(서울: 한길사, 1983), pp. 45-82.

42 문동환, 『아리랑 고개의 교육』(서울: 한국신학연구소, 1985); 『생명공동체와 기화교육』(서울: 한국신학연구소, 1997).

한국 여성신학자들은 성서의 여성들에 대한 전통적인 해석을 비판하면서 여성신학적인 해석과 더불어 성서 속의 여성과 한국 역사 속의 여성들의 이야기를 연결시키는 작업을 하고 있다. 한국여신학자협의회에서 교회 여성들을 위해 펴낸 자료를 예로 들면, 하나님의 구원 계획을 적극적으로 이끈 리브가와 3·1 운동과 여학생 만세운동을 주도한 독립운동가 김마리아를 연결하고, 해방을 노래한 예언자 미리암과 유관순을 연결하고, 예수의 진정한 제자였던 막달라 마리아와 개신교 선교 초기 전도부인 중 한 명이었던 주눌루 부인을 연결해 새로운 해석을 시도하고 있다.[43] 구약학자 박혜경은 최근 신양식비평학을 사용해서 잠언 8장의 여성 지혜와 안병무의 어머니 선천댁 이야기의 합류를 통해 성서와 한국 여성의 이야기의 만남을 시도하고 그로부터 여성들의 지혜로운 삶의 모범을 발견했다.[44] 성서의 문자적 권위를 강조하는 교육은 성서가 살아 있는 하나님과 인간들의 이야기로서 생생하게 들려지고 말해지는 것을 제한하고 억압할 위험성이 있다. 성서의 이야기 전통에 주목하는 학자들은 성서를 보다 생생한 이야기로 만나고 해석할 것을 제안한다. 구술적 학습 과정은 삶의 경험과의 관계 속에서 지속적으로 상황적인 해석을 할 수 있도록 한다. 성서의 이야기와 신앙의 선배들의 역사적 이야기, 그리고 현재를 살아가는 여성들의 이야기를 서로 연결하고 해석하는 과정을 통해 기독교 공동체는 더 다양하고 풍부한 진리와 지혜를 창조해갈 수 있을 것이다.

---

43 한국여신학자협의회 편, 『새롭게 읽는 성서의 여성들』(서울: 대한기독교서회, 1994), pp. 46-57, 99-109, 349-360.

44 박혜경, 「잠언 8장의 여성 지혜와 안병무의 『선천댁』에 대한 해석학적 대화」, 『신학사상』 63집(2013), pp. 9-45.

내면의 치유와 통합을 위한 스토리텔링

현대 심리학은 깊은 내면의 상처나 과거의 기억들로부터 고통당하는 사람들을 치유하기 위한 방법으로 스토리텔링을 사용하고 있다. 과거의 기억을 의식의 차원으로 끌어내지 않으면 과거의 고통스러운 기억은 무의식의 차원으로 억압되어 현재의 삶에 어두운 그림자로 작용한다. 상처와 고통을 주었던 과거의 시간으로 돌아가 오래 전 이야기를 다시 하는 것은, 그 과거의 순간들을 바꿀 수는 없지만 기억에 대한 의식적인 성찰의 과정을 제공해 고통의 원인과 의미에 대해서 새롭게 해석하고 그 고통을 넘어설 수 있는 대안을 모색할 수 있게 한다. 기독교적인 치유의 과정은 바로 그 고통의 시간으로의 여행이 혼자 하는 여행이 아니라 하나님이 여행의 동반자가 되어 그 고통의 기억을 이겨낼 수 있는 힘을 제공한다고 믿는 신앙의 여정이다.

여성들은 신앙 공동체 안에서 동일한 신념체계를 공유하고 있지만 각 개인의 삶의 경험과 내면의 상처는 다양하다. 따라서 그 상처를 치유하기 위해서는 보편적인 해답이 아닌 각 개인이 지니고 있는 이야기로부터 출발해 해답을 찾아가야 한다. 칼 융(Karl G. Jung)은 인간 개개인이 경험한 삶의 다양성에 주목했으며 그 다양성으로 인해 개인의 문제는 개인이 기억해낼 수 있는 삶의 모든 중요한 경험들에 대한 이야기와 그에 대한 분석을 통해 해결될 수 있다고 보았다. 이와 더불어 문제를 해결하기 위해서는 무의식과의 대면이 이루어져야 한다고 했다. 융은 정신발달의 원동력이 이미 개인의 무의식 안에 존재하고 있다고 믿고 그 능력의 원천과 교류하도록 하여 개인이 자신의 문제를 깨닫고 통찰력을 얻어 올바른 결정을 내릴 수 있도록 도와주는 것에 관심을 가졌다.[45] 융은 프로이트와 마찬가지로 자기인식에 접근할 수 있고 삶의 진리를 표현해주는 하나의 통로로서 꿈에 대해 관심을 가졌다. 꿈은 과거에 깊이 파고들어 낡은 기억을 되살아나게 함으로써 외면적으로 드러난 자아와는 다른 억압된 그림자, 분열된 자신의 양면성 등을 대면하게 한다. 그림자가 억압되고 미분화된 상태에 있으면 자아가 약해진 틈을 타서 자아를 압도하거나 파괴할 수 있다. 그러므로 인간은 무의식적인 것을 의식화함으로써 자신의 본성과 보다 조화로운 생활을 하게 된다.[46] 꿈 외에도 융은 그림이나 창조적인 활동을 통해 적극적인 상상의 행위를 도와서 무의식이 완전한 이야기를 만들 수 있도록 해야 한다고 강조했다.[47] 무의식과 의식 사이의 대화를 통해 새로운 이야기를 형성해나감으로써 사람들은 자신의 이야기에 대한 의식적인 자각과 더불어 억압되었던 내적 자아와 화해하게 되어 진정한 자기 자신으로 존재할 수 있게 된다.

무의식과 의식의 통합적인 연결은 꿈 상징을 통해 일어날 수 있는데, 과학과 기술에 의존해 세계를 이해하는 현대인들은 상징과 신화들을 의식적으로 거부하고 세계를 비신화화함으로써 삶을 분열시키고 있다. 개인의 무의식뿐 아니라 집단 무의식을 강조한 융은 집단 무의식 안에 자리 잡고 있는 상징과 신화를 통해 삶을 통합하고 치유할 수 있다고 강조했다. 수잔 쇼(Susan M. Shaw)는 고등 비평이나 근본주의적 문자주의 모두 성서를 비신화화하고 성서 이야기의 신화적 특성과 가치를 박탈했다고 보았다. 그녀는 성서 이야기들의 신화적 성격을 탐색하는 것은 개인의 삶에서 일어나는 동일한 형태의 경험을 이해할 수 있는 틀을 제공하

45 W. B. 클리프트(Wallace B. Clift), 『융의 심리학과 기독교』, 이기춘 · 김성민 역(서울: 대한기독교출판사, 1984), pp. 53-58.

46 C. S. 홀(Calvin S. Hall) 편, 『융 심리학 입문』, 최현 역(서울: 범우사, 1985), pp. 63-70.

47 클리프트, 『융의 심리학과 기독교』, pp. 62-63.

고, 개인의 종교적 경험을 시공을 초월하는 더 큰 틀 안에서 해석하고, 무의식적 활동들을 성찰하며, 개인의 삶을 전 인류의 풍부한 유산과 연결할 수 있도록 돕는다고 강조했다.[48] 그러므로 성서에 나타나는 신화적 · 원형적 형태의 이야기들을 고찰하고 재신화화하는 것은 기독교교육의 중요한 과제이다. 성서의 이야기들에서 원형적 형태를 발견하고 자신의 이야기와 연결시키는 과정을 통해 여성들은 그 원형적 형태가 자신의 삶에서 작용하는 방식을 이해하고, 자신의 삶과 기독교의 유산을 연결시켜 삶을 보다 의미 있고 통합적으로 인식할 수 있게 된다.

성서에는 사랑과 용서, 구원의 이야기뿐 아니라 배신과 폭력, 분노의 이야기들이 공존해 있다. 하나님께 선택받은 사람들도 인생의 수많은 위기와 고통을 피하지 못한다. 특히 여성들의 이야기는 폭력적이고 고통스러운 이야기들이 많다. 어린 자식과 광야로 쫓겨나 생존을 위해 울부짖는 하갈의 이야기, 이복오빠에게 강간당하고 버려진 다말의 이야기, 강간당하고 몸이 갈기갈기 찢긴 레위인의 첩 이야기, 전쟁의 승리를 축하하기 위해 나왔다가 희생 제물이 된 입다의 딸 이야기 등은 역사 속에서 폭력에 의해 희생당한 수많은 여성들의 고통을 기억하게 한다.[49] 이러한 이야기들은 현재를 살아가는 여성들이 자신의 삶의 고통과 위기를 해석하고 재구성하는 데 도움을 준다. 삶의 고통과 위기 가운데 있는 여성들은 성서의 여성들이 경험한 고통의 과정과 그 과정에서 느꼈을 외로움, 절망, 불안, 분노, 공포 등의 감정에 공감하고 자신의 무의식에 억압되어 있던 상처를 보다 분명하게 대면할 수 있게 된다. 이 과정에서

---

48 Shaw, *Storytelling in Religious Education*, pp. 93-97.

49 구약성서에 나타난 고통받는 여성들의 이야기들을 엮어 책으로 펴낸 필리스 트리블은 책의 제목을 '테러의 문서들(Texts of Terror)'이라고 붙였다. Phyllis Trible, *Texts of Terror* (Philadelphia: Fortress Press, 1984).

여성들은 과거와 현재에 여성들에게 가해지는 파괴적이고 폭력적인 행위들은 결코 하나님의 뜻이 될 수 없음을 깨닫게 되고 고통과 치유의 과정에 함께하는 하나님의 사랑과 연민, 도우심을 경험할 수 있게 된다.

스토리텔링 방법은 여성들이 고통의 순간을 이야기로 풀어내는 과정을 통해 자신의 내적 자아와 화해하고, 고통 가운데 함께하고 자비와 사랑, 치유의 역사를 이끌어가는 하나님의 현존을 깨닫도록 도울 수 있다. 여성 개인의 이야기와 성서 여성들의 이야기가 기독교 공동체 안에서 지속적으로 공유될수록 여성들은 무의식에 자리 잡고 있는 상처와 대면해 이를 극복할 수 있는 용기를 갖게 되고, 타인의 고통에 민감한 존재가 될 수 있으며, 기독교의 오랜 전통과의 연결 속에서 치유와 통합의 이야기를 엮어갈 수 있게 될 것이다.

도덕적 민감성과 상상력을 향상시키는 스토리텔링

스토리텔링은 교사의 특별한 훈계나 설명 없이도 이야기 자체로 사람들의 도덕적인 사고와 감정에 영향을 미치고, 이야기가 담고 있는 가치들을 내면화해 도덕적인 행위로 나타날 수 있도록 돕는다. 성서와 기독교 전통의 이야기들은 종교적이고 윤리적인 가치를 담지하고 있기 때문에 여성들의 도덕적 민감성(moral sensitivity)과 상상력을 자극하고, 여성들이 종교적이고 도덕적인 가치를 탐구하고 내면화해 실천적인 행동으로 옮길 수 있도록 돕는다. 또한 이야기 속에서 전개되는 인간의 복잡한 삶에서 도덕적인 문제 상황을 인식하고, 그 딜레마의 상황에서 어떠한 행동을 할 수 있으며 그 행동이 사람들에게 미치는 영향을 상상할 수 있도록 한다. 이야기 속의 진리는 논리적인 설득에 의해서가 아니라 이야기를 듣는 사람의 경험적 참여와 도덕적 상상력에 의해 형성된다.

도덕적인 규칙이나 명제는 단순화시킬 수 있지만 인간의 삶의 문제들은 항상 복잡하게 얽혀 있어서 특정한 규칙이나 명제를 적용해서 쉽게 판단할 수 없는 상황들이 많다. 이러한 도덕적 딜레마의 상황에서 기독교인들은 성서를 통해 답을 얻기 원하지만 때로는 직접적인 답을 얻기 힘든 상황도 있다. 성서의 내용을 지나치게 문자적으로 해석하거나 적용하는 것은 오히려 성서의 의미를 단순화시키거나 왜곡하기도 한다. 성서는 도덕적인 규칙이나 명제보다는 이야기의 형식으로 도덕적인 권면을 하고 있다. 성서의 이야기들을 통해 여성들은 이야기의 세계 안으로 들어가 이야기의 인물들과 자신을 동일시하고 자신을 향해 질문을 던지게 된다. 캐슬린 피셔(Kathleen R. Fischer)에 따르면, 사람들은 성서의 이야기를 들을 때 단순하게 선이 승리하고 악이 멸망한다는 사실을 통해서가 아니라 그 인물들이 겪는 내적이고 외적인 고군분투 과정과의 동일시를 통해서 도덕적인 영향을 받는다. 이야기 속 주인공이 겪는 삶의 갈등과 극적인 사건에 상상을 통해 들어감으로써 도덕적인 승리와 재앙의 원인과 결과를 경험하게 되는 것이다. 피셔는 사람들이 이야기를 들으며 "나는 누구처럼 행동하기를 원하는가?"라는 질문을 스스로에게 던지고, 그 질문에 대한 답을 얻는 과정을 통해 도덕적인 삶 속에서 비전과 삶의 방향을 설정해간다고 했다.[50]

캐롤 위더렐(Carol S. Witherell)은 좋은 이야기는 삶에서 경험하는 상황의 도덕적 복잡성을 이해하도록 도와주며 도덕적 상상력을 확장해주는 이야기라고 말했다.[51] 예수는 이러한 좋은 이야기가 지니고 있는 힘

---

50 Kathleen R. Fischer, *The Inner Rainbow: The Imagination in Christian Life* (NJ: Paulist Press, 1983), pp. 143-146.

51 Carol S. Witherell, "Narrative Landscapes and the Moral Imagination," in *Narrative in Teaching, Learning, and Research,* eds. Hunter McEwan and Kieran Egan (NY:

을 알았으며 스토리텔링을 통해 윤리적인 규범을 새롭게 해석하고 삶의 희망과 변화를 요구했다. 예수의 비유들에 등장하는 다양한 인물들의 이야기는 하라, 하지 말라는 목록이 아니라 하나님의 현존 가운데 살았던 일상적인 삶의 이야기이다. 이러한 이야기는 사람들이 일상에서 경험하는 타인과의 상호적인 관계성을 보여준다. 사람들은 이야기와 유사한 상황에서 자신의 동기와 행동을 하나님의 관점으로 바라보게 된다. 이러한 관점이 도덕적 비전을 형성해주고 희망을 유지해줄 수 있다.[52] 예수의 비유들은 이야기를 표면적으로 읽을 때 얻어지는 의미 외에도 다양한 의미들로 사람들을 초대한다. 예수의 비유들은 사람들의 상황과 삶의 경험에 따라 다양한 방식으로 읽히며 사람들의 도덕적 민감성과 상상력을 자극한다.

사람들은 이야기를 통해 관습적인 사고와 은연중에 가졌던 도덕적 가정들에 대해 의문을 갖게 되기도 한다. 이야기 속에 담긴 모순과 복잡성은 관습적인 태도를 뒤흔들고 삶의 경험에서 오는 갈등적인 해석들을 표현하도록 한다. 이야기는 하나 이상의 도덕적 사고방식이 가능할 수 있음을 깨닫도록 한다. 예수가 사용했던 많은 비유들은 당시의 관습적 · 종교적인 사고에 도전하고 새로운 양식의 도덕적 사고를 형성하도록 했다. 예수는 이웃에 대한 사랑을 이야기하는 착한 사마리아인의 비유를 통해 당시에 열등하다고 경멸당하던 사마리아인을 선한 이웃으로 내세움으로써 누가 이웃인가에 대한 편협하고 정형화된 사고에 도전했다. 비유는 단일한 관점이나 추상적인 개념으로 축소되거나 해석될 수 없고 항상 새로운 의미를 생성한다. 비유는 기존의 사고와 존재 방식에

Teachers College Press, 1995), p. 40

52 Fischer, *The Inner Rainbow*, p. 135.

도전하고 때로는 기존 질서를 전복시키는 기능을 한다.[53] 여성들은 이야기에 등장하는 다양한 인물들의 행동이나 감정과 자신의 행동이나 감정을 동일시하는 과정에서 자신의 고정관념, 편견, 삶의 방식에 대해 성찰해 도덕적이고 진실한 삶의 가능성을 모색할 수 있게 된다.

비유는 관습적인 사고에 도전할 뿐 아니라 새로운 삶의 방식을 선택하도록 한다. 수잔 쇼에 따르면, 비유는 즉각적인 자기방어 대신 자기대면(self-confrontation)을 가능하게 한다. 비유를 들으면서 사람들은 자신의 행동에 대해 직접적인 공격을 당하기보다 내러티브적인 표현을 통해 덜 위협적인 방식으로 도전을 받기 때문에 새로운 행동과 삶의 방식을 추구하게 된다. 비유는 기존 질서의 편안함에 안주하고 싶어 하는 사람들에게 하나님의 방식대로 살도록 요청한다. 예수가 사용한 비유의 교육적 목적은 사람들에게 하나님 나라의 의미와 삶의 방식을 가르치기 위함이었다.[54] 예수의 비유들은 현재의 여성들에게도 하나님 나라의 질서에 합당한 삶을 선택하고 행동하도록 요청하고 있다. 예수의 비유들은 여성들이 관습적이고 안일한 삶의 방식을 반성하고 자신의 삶의 방식을 하나님 나라의 빛에 비추어 비판적으로 성찰할 수 있도록 돕는다. 이러한 성찰은 사고와 가치의 전환과 더불어 구체적인 행동의 변화와 결단을 수반해야 한다.

성서의 비유나 이야기뿐 아니라 삶에서 실제로 경험하게 되는 다양한 도덕적 딜레마의 상황에 대해 서로 이야기를 나누는 방법도 도덕적 민감성과 판단 능력을 발달시키는 데 도움이 된다. 도덕발달을 연구한 로렌스 콜버그(Lawrence Kohlberg)가 여러 가지 가설적인 딜레마를 통해

---

53 Shaw, *Storytelling in Religious Education*, pp. 162–166, 372.

54 Ibid., pp. 165–167.

도덕발달 이론을 형성한 것과는 달리, 캐롤 길리건(Carol Gilligan)은 원하지 않는 임신을 한 여성들이 낙태를 고려하는 실제적 상황에 대한 조사 연구를 통해 여성들의 도덕발달을 연구했다. 길리건의 연구에 따르면 여성들은 낙태를 고려할 수밖에 없는 자신의 상황에 대해 이야기하는 과정을 통해 점차 자신의 상황을 이해하고 수용하며 보다 성숙한 도덕적 판단을 내리기 위해 노력하는 것으로 나타났다. 연구에 참여한 여성들은 이야기를 하는 과정에서 자신과 태아, 그리고 주변 사람들의 상황을 이해하고 모든 사람들이 가장 덜 상처받는 방법을 찾고자 노력했다.[55] 그들은 자신이 처한 구체적인 상황을 이야기하는 과정을 통해 객관적인 원칙이나 종교적인 규범에 의존한 판단보다는 그 상황에서 모든 사람들을 가장 잘 배려하고 보살필 수 있는 선택을 하게 되었다.

인간의 도덕발달은 종교적인 가치와 규범을 일방적으로 주입하거나 문자적으로 적용해서 쉽게 이루어지는 것이 아니다. 그보다는 현실 속에서 경험하는 다양한 문제들에 대해 서로 이야기하며 상황에 대한 도덕적 민감성을 키우고 그 상황을 정의롭게 해결할 수 있는 도덕적 상상력을 기르는 과정에서 이루어지는 것이다. 그러므로 여성들은 현재 한국 사회와 교회가 직면한 여러 가지 도덕적인 문제들과 관련된 다양한 이야기들을 공유할 필요가 있다. 교회와 사회의 여러 가지 윤리 문제들, 종교 간의 분쟁, 빈부의 격차, 정치적 문제들과 관련된 실제 경험의 이야기들을 통해 객관적인 자료에서 얻을 수 없었던 도덕적 민감성과 상상력을 얻을 수 있다. 생태계 위기에 관한 과학적 통계 자료보다 생태계 파괴로 인해 하루하루 생존을 위협받는 아동들의 비참한 삶의 이야기가

55 Carol Gilligan, *In a Different Voice* (Cambridge: Harvard University Press, 1982), pp. 64-105.

더 생생하게 도덕적 민감성을 일깨우고, 이러한 위기를 극복하고 해결할 수 있는 도덕적 상상력을 북돋아 주고 도덕적 판단과 행위를 이끌어 낼 수 있을 것이다. 스토리텔링은 도덕적 민감성이 사라져 가는 현대 사회에서 자신을 둘러싼 세계의 부도덕하고 비인간적인 현실을 대면해 대안적 가치를 모색하고 올바른 도덕적 선택과 행동을 할 수 있도록 돕는 중요한 교육 방법이다.

제9장

영성교육 방법

현대인들은 치열한 경쟁 사회에서 성공 지향적인 삶을 살아가며 끝없이 물질적 풍요로움을 추구하지만 이러한 삶 속에서 영혼은 점차 피폐해지고 내적인 공허와 정서적 불안을 경험하게 된다. 따라서 내면의 평온함과 영혼의 쉼을 얻기 원하고 다양한 종교 전통의 명상이나 수련 방법 등에 관심을 갖는다. 한국 교회에서도 영성에 대한 관심이 증가하면서 여러 형태의 영성 훈련이나 영성 수련 프로그램이 개발되고 영성 캠프 등이 열리고 있다. 그런데 이러한 영성 훈련이나 수련은 대부분 단기 과정을 통한 집중 훈련으로 개인의 영혼의 평안이나 구원에 집중하는 경향이 있다. 영적 성숙은 극적이고 신비적인 체험을 통해 최고의 경지에 도달해 그 상태에 평생 머물게 되는 것이 아니라 일상의 삶에서 지속적인 노력을 통해 이루어지는 것이다. 그리고 영적 삶은 개인적 차원의 노력뿐 아니라 기독교의 오랜 영성 전통에 기반을 둔 교육과 공동체적 양육에 의해 성숙해질 수 있다.

1. 영성교육의 올바른 이해

올바른 영성교육을 위해서는 영성 수련이나 영성교육과 관련된 몇 가지 왜곡된 이해를 바로잡는 것이 필요하다. 첫 번째로 들 수 있는 것은 개인주의적이고 이원론적 영성 이해의 문제점이다. 이원론적 영성 이해는 영혼과 육체, 교회와 세상, 기도와 정치, 개인적인 것과 사회적인 것, 내세와 현세를 분리하고, 영성은 오직 개인의 영혼의 문제와 관련되고 교회 안에서 기도와 예배를 통해 양육되는 것이며 내세의 구원을 목표로 한다고 이해하는 것이다. 로버트 브라운(Robert M. Brown)은 이러한 이원론적 영성 이해를 기독교의 '대오류(Great Fallacy)'라고 지적했다.[1] 영성 수련은 세상과 격리되어 특정한 시간과 장소에서 집중적인 훈련 프로그램을 통해 이루어지는 것이 아니라 일상의 다양한 삶의 방식 안에서 지속적으로 이루어지는 것이다. 영적 삶의 일상성이 실현될 때 그 삶은 성숙한 삶이 될 수 있다. 그러므로 영성 수련은 일상의 삶에서 가족과 친구와 이웃들과의 관계 속에서 실천되어야 한다. 영성은 개인의 영혼 구원뿐 아니라 사회 정의, 해방을 위한 구체적인 행위 모두를 포함하는 것이다. 기독교의 영성은 인간의 삶 속에서 이루어지는 성령의 활동으로 우리의 삶 전체가 성령에 의해 인도되는 것이다. 그러므로 기독교의 영성교육은 세상과 거리를 두도록 하는 것이 아니라, 세상 안에서 세상을 향한 하나님의 목적과 조화된 삶을 살아가도록 도와야 한다.

두 번째 왜곡된 이해는 영성교육이나 수련의 목적이 완전한 성취를 이루는 것이고 이를 위해 반복적인 훈련이 필요하다고 믿는 것이다. 훈련이란 용어는 보통 일정한 기술을 모방이나 반복적인 연습을 통해 습

---

1 Robert M. Brown, *Spirituality and Liberation* (Louisville: The Westminster Press, 1988), pp. 25-26.

득하는 경우에 사용된다. 사람들의 다양한 삶의 경험과 상황이 고려되지 않는 획일적이고 반복적인 영성 훈련이나 수련은 사람들로 하여금 성취욕을 갖게 하거나 죄의식을 갖게 할 수 있다. 영적 삶에서 완전한 성취를 이루기 위해 노력하다 보면 오히려 영성 수련이 자아도취적 자기실현이나 위선적인 거짓으로 인도하는 경우가 있다. 영성 수련의 목적은 기술의 습득을 통해 완전성을 성취하는 것이 아니라 하나님과 타자와 세계와의 관계에서 조화와 일치의 경험을 통해 자신의 삶을 변화시켜나가는 것이다. 토마스 머튼(Thomas Merton)은 '경건한 영혼(pious soul)'이라는 말로 영적 삶을 지나치게 심각하게 여기고 자기 자신의 영적 삶에 과도한 관심을 기울이거나 영적 성장을 위한 자신의 노력을 끊임없이 관찰하는 것은 잘못된 태도라고 지적했다. 머튼은 인간이 영적 삶에서 심각하게 관심을 기울여야 하는 것은 오직 하나님을 추구하는 것이라고 강조했다.[2] 리처드 포스터(Richard J. Foster) 역시 영성 수련은 하나님이 자신을 변화시키도록 하나님 앞에 자신을 내어놓는 것으로 필요조건은 오직 하나님을 향한 열망이라고 했다. 영성 수련의 목적은 내적 변화를 통한 영적 성장으로 억압적인 노예 상태와 자신에 대한 관심과 두려움으로부터 해방되는 것이다.[3] 영성 수련을 율법적인 개념으로 이해하게 되면 하나님을 가혹한 법 제정자 혹은 인간의 사고와 마음에는 관심도 없이 예정된 계획대로 독재적으로 명령하고 강요하는 분으로 생각하게 된다. 그러나 하나님은 인간의 영혼을 하나님을 닮도록 창조하고 이 세상에 하나님 나라를 완성하기 위해서 인간을 동역자로 부른

---

2 Thomas Merton, *Spiritual Direction & Meditation* (MI: Liturgical Press, 1960), p. 30.

3 Richard J. Foster, *Celebration of Discipline: The Path to Spiritual Growth* (NY: Harper & Row, 1978), pp. 1-8.

다. 그리고 인간이 자신의 자유의지를 통해 하나님을 도울 수 있기를 원한다. 즉, 하나님은 수동적이거나 기계적인 도구로 인간을 부르지 않고 인간이 자신의 자유, 사랑, 자발성을 가지고 응답하기를 원한다.[4] 그러므로 영성교육은 반복적인 훈련을 통해 성취감을 얻도록 하는 것이 아니라 하나님을 향한 자유롭고 자발적인 열망을 통해 하나님과의 조화와 일치를 경험할 수 있도록 돕는 것이다.

세 번째로는 영성 수련을 수도원의 성직자들이나 특별한 종교적 소명을 받은 사람들의 전유물로 이해하고 영적 대가들의 지도를 일방적으로 받는 것으로 잘못 이해하는 것이다. 머튼은 성령의 은혜로 말미암아 특별한 소명과 하나님과의 일치를 경험할 수 있도록 지속적으로 안내하는 과정을 영성 지도(spiritual direction)라고 했다. 그는 영성 지도는 초자연적인 것이라는 편견을 극복해야 하고, 오히려 초자연적인 원칙들을 전적으로 따르라고 하는 지도자들은 개인의 필요와 약함을 무시하거나 간과하는 독재적인 사람들이라고 강조했다.[5] 여성들은 전통적인 영성 수련에서 많이 사용되어온 '영적 지도자(spiritual director)'라는 용어보다는 '영적 안내자(spiritual guide)' 또는 '영적 동반자(spiritual companion)'라는 용어를 선호한다. 아이리스 컬리(Iris V. Cully)는 '영적 지도자'는 한 사람이 다른 사람에게 하나님과의 관계 형성 방법을 알려주는 것이라는 인상을 주기 때문에 이것은 부적절한 용어라고 지적했다. 컬리는 영적 도움을 청하는 사람을 안내하는 안내자 또는 영적 순례의 길을 함께 가는 동반자라는 용어가 더 적절하다고 말했다.[6] 마거릿 구엔서(Margaret

---

4 Merton, *Spiritual Direction & Meditation*, pp. 35-36.

5 Ibid., pp. 13-19.

6 Iris V. Cully, *Education for Spiritual Growth* (San Francisco: Harper & Row Publishers, 1984), p. 160.

Guenther)는 영적 안내자의 역할이 정신분석 상담가들의 역할과 유사해 보이지만 차이가 존재하는데, 가장 큰 차이는 영적 안내자는 자신을 영적 순례의 길을 함께 가는 여행자로 이해한다는 것이다. 그러므로 상호 신뢰의 관계에서 서로의 깊은 내면을 드러내고, 서로 공감하고 연민의 감정을 갖고, 자신의 한계와 취약점까지도 상대방에게 알려지는 것을 감수해야 한다고 말했다.[7] 영적인 삶은 특별한 사람들의 전유물이 아니라 모든 인간이 추구해야 할 영적 순례의 과정이다. 그러므로 영성교육은 모든 인간이 영적 순례의 길을 함께 가고 있는 영적 동반자라는 의식을 가지고 그 길을 앞서 걷고 있는 사람들이 뒤에 오는 사람들을 이끌어 주고 안내해주며 함께 가도록 돕는 것이다.

여성들은 영성에 대한 왜곡된 이해를 극복하고 하나님과 타자, 세계와의 관계 속에서 영적으로 성숙한 삶을 살기 위해 지속적으로 노력해야 한다. 영성교육은 여성들이 일상의 삶 속에서 현존하고 활동하는 하나님께 자신을 개방하고 성령의 활동에 참여하는 행위를 통해 영적으로 성숙한 삶을 살아갈 수 있도록 안내하고 양육해야 한다. 또한 영적 순례의 길을 앞서 걸어간 신앙의 선배들과 현재 함께 가고 있는 동반자들이 서로의 영적 삶을 안내하고 격려해줄 수 있도록 도와야 한다.

2. 일상의 영성 수련과 방법

여성들이 영적으로 성숙한 삶을 살기 위해 배우고 실천할 수 있는 방법은 여러 가지가 있지만 이 장에서는 명상과 묵상, 홀로됨과 쉼, 단순

7 Margaret Guenther, *Holy Listening: The Art of Spiritual Direction* (Boston: Cowley Publications, 1992), pp. 35-46.

하고 소박한 삶 살기, 살림의 영성 추구하기, 여성 전통 전수하기, 영적 산파(spiritual midwife) 되기 등 일상의 생활에서 개인 또는 공동체가 함께 배우고 실천할 수 있는 몇 가지 방법을 제시하고자 한다.

명상과 묵상

기독교 전통에서 명상(meditation)이나 묵상(contemplation)은 중요한 영성 수련 방법이다. 명상은 넓은 의미로는 '진지한 성찰로 정신을 훈련시키는 것'으로 정의될 수 있다. 여기서 성찰은 단순히 지적 활동만을 의미하는 것이 아니라 정신, 마음, 인간 전 존재를 포함하는 활동이다. 명상을 '진리를 위한 탐색(quest for truth)'이라고 정의하는데, 이 탐색은 삶과 하나님에 관한 단지 객관적이고 개념적인 지식을 얻기 위한 것이 아니다. 하나님과 진리 자체와의 친밀한 대면을 통해 그 진리를 실행함으로써 삶의 심오한 실재를 경험하기 위한 것이다.[8] 토마스 그룸(Thomas H. Groome)은 명상과 묵상의 차이를 구분해 설명했다. 명상은 하나님과의 대화에 있어서 적극적인 방법으로 성서 본문이나 삶의 경험과 문제들에 대해 하나님께 먼저 말을 걸고 하나님의 응답을 깨닫기 위해 자신의 마음의 움직임을 분별하는 것이다. 묵상은 특별한 대화 없이 조용한 가운데 하나님과 함께 평화로이 존재하는 것이다.[9] 그러므로 기독교의 명상과 묵상은 하나님을 위한 마음의 성소를 만들기 위해 정서적 · 영적 공간을 만드는 것이다.

리처드 포스터는 동양 종교의 명상이 마음을 비우고 삶의 짐과 고통

---

8 Merton, *Spiritual Direction & Meditation*, pp. 52-53.

9 Thomas H. Groome, *Educating for Life* (NY: The Crossroad Publishing Company, 1998), pp. 338, 347-349.

으로부터 자유로워지기를 열망하는 것이라면, 기독교의 명상은 하나님께 자신을 자유롭게 내어줄 수 있도록 내면을 온전하게 하기 위한 것이라고 말했다.[10] 기독교의 명상은 하나님의 임재와 계시를 수용할 수 있도록 준비하는 경건의 시간이다. 물론 명상을 통해 진리를 깨닫거나 영적 문제를 해결하거나 특별한 은혜를 받을 수도 있지만, 기독교적 명상의 궁극적인 목적은 하나님과의 친밀한 영적 교제이다.[11] 인간이 하나님과 친밀한 영적 교제를 나눌 수 있는 것은 하나님이 권위적이고 강압적인 힘으로 인간을 지배하지 않고 창조적이고 응답적인 사랑으로 인간을 끊임없이 설득하고 있기 때문이다. 하나님은 인간을 완전한 진리와 선과 아름다움으로 인도하기 위해 설득하고 있다.[12] 명상은 이러한 하나님의 설득적인 사랑과 초대에 귀를 기울이는 것이고, 삶의 모든 차원에서 하나님의 현존을 자각하기 위해 우리의 영혼을 깨어 있게 하는 것이다. 여성들은 명상과 묵상의 시간을 통해 의식적으로 깨어서 하나님의 현존을 자각하고 하나님의 뜻에 귀를 기울이지 않으면 하나님의 창조적 사랑과 설득에 응답할 수 없다.

대부분의 기독교인들에게는 명상이나 묵상보다는 기도가 더 친숙한 종교 행위이다. 그런데 개인주의적이고 기복적인 신앙을 가진 사람들에게 기도는 소원 성취를 비는 행위에 집중되는 경향이 있다. 하나님과의 친밀한 영적 교제보다는 자신이 원하는 소원의 성취에 더 관심이 쏠려 있는 기도생활에서 벗어나기 위해서는 조용한 가운데 하나님의 현존을 자각하고 하나님의 뜻에 마음을 집중하는 명상적 기도를 해야 한다. 머

---

10 Foster, *Celebration of Discipline,* p. 21.

11 Merton, *Spiritual Direction & Meditation*, pp. 70-73.

12 John B. Cobb Jr. & David R. Griffin, *Process Theology* (Philadelphia: The Westminster Press, 1976), pp. 43-52.

튼은 명상적 기도를 통해 자신의 소원 성취나 욕망의 투영으로서의 일방적 대화가 아니라 하나님이 자신에게 다가오기를 기다리는 상호적 커뮤니케이션이 가능하다고 했다. 그는 명상적 기도를 통해 하나님과의 온전한 영적 교제가 가능하고, 현실에 대한 진지한 자각을 통해 분명한 비전을 깨달을 수 있으며, 그 비전을 통해 선한 행위를 실천하기 위한 열망을 갖게 된다고 말했다.[13]

머튼은 명상이 정교한 기술을 요구하는 것은 아니지만 이를 온전하게 실천하기 위해서는 보편적인 원칙이 있다고 했다. 먼저 하나님과의 만남을 방해하는 것들로부터 벗어나 자신의 모든 감각을 다시 모으는 것이다. 현대 사회는 불필요한 것들이 인간의 감각을 끊임없이 유혹해 만족감을 얻지 못하게 한다. 따라서 이런 것들의 노예가 되지 않고 자기 통제를 통해 정신을 재정비하는 것이 필요하다. 명상은 자신의 영적 빈곤과 결핍에 대한 자각으로부터 시작되어야 한다. 습관적인 자기만족은 영적으로 침체되어 있다는 증거이다. 명상을 위한 특별한 장소나 자세가 있는 것은 아니지만 고요한 명상을 방해하는 외적 요소들로부터 자유로울 수 있는 공간이나 자세가 필요하다. 명상을 할 때 가장 중요한 것은 침묵, 고요, 회상, 평화를 추구하는 것이다.[14] 쫓기듯 살아가는 현대인들의 바쁜 일상에서 특별히 시간을 내어 고요한 가운데 하나님과 평화로이 머무는 시간은 포스터의 표현처럼 '거룩한 여가(holy leisure)'가 될 수 있다.[15] 여성들은 이러한 거룩한 여가를 통해 내면의 평화와 풍요로움을 경험하고, 피폐해진 영혼을 치유하고, 삶에 새로운 희망과 힘을 얻을 수 있게 된다.

---

13 Merton, *Spiritual Direction & Meditation*, p. 101.

14 Ibid., pp. 77-84.

15 Foster, *Celebration of Discipline*, p. 27.

명상이나 묵상은 하나님과의 영적 교제뿐 아니라 내면의 성찰을 통한 자기인식(self-knowledge)과 내적 진리를 발견하도록 한다. 명상은 개인의 경험 안에서 신앙의 근본적인 진리를 깨닫고 현실화하도록 돕는다. 기도와 명상은 여성으로 하여금 자신의 경험에 집중하고 내면의 진실한 목소리에 귀를 기울여 내적인 지혜를 깨닫도록 한다.[16] 자신의 진실한 목소리와 내면의 지혜에 집중하게 되면 사회적 · 종교적으로 규정되어온 여성에 대한 편견과 거짓들에 대해 자각할 수 있게 된다. 명상을 통해 여성들은 있는 그대로의 자신의 모습을 받아들이게 되고 자신의 경험을 존중하게 된다. 또한 강요된 침묵이 아니라 긍정적이고 선택적인 침묵의 시간 속에서 참된 자아의 모습을 발견하고, 자신의 지혜와 진리와 힘을 온전히 자신의 것으로 사용할 수 있게 된다.

여성들이 자신의 경험과 내면의 목소리에 집중하는 방법으로 모든 인간의 경험의 토대가 되는 몸의 경험에 집중하는 명상도 좋은 시작이 될 수 있다. 특히 육체를 부정하고 억압하는 것이 영성 수련에 필수적이라고 믿고 있는 여성들에게 몸의 감각에 집중하는 명상은 중요한 경험이 될 수 있다. 마리아 해리스(Maria Harris)는 여성의 영성이 깨어나도록 하는 방법 중 하나로 몸의 리듬과 감각에 집중할 것을 제안했다. 해리스에 따르면 이를 실천함으로써 여성들은 사회적으로 규정되고 평가되는 몸이 아니라 있는 그대로의 자신의 몸을 받아들이고 감사하고 사랑하게 될 수 있다. 해리스는 눈, 귀, 입, 코, 손가락, 발가락에 차례로 집중하는 명상 방법을 제시했다. 먼저 눈에 집중해서 눈을 통해 타인과 세상의 표면적인 모습만이 아니라 내면의 모습을 보는 것이다. 다음으로 귀에 집

16 Kathleen Fischer, *Women at the Well: Feminist Perspective on Spiritual Direction* (NY: Paulist Press, 1988), pp. 114-117; Maria Harris, *Dance of the Spirit: The Seven Steps of Women's Spirituality* (NY: Bantam Books, 1989), pp. 3-20.

중해서 자신이 듣는 언어, 소리, 침묵의 표면뿐 아니라 내면의 소리를 들어보는 것이다. 또한 입에 집중해서 자신에게 영양분을 공급해준 음식과 그것을 가능하게 한 땅의 열매에 대해 자각하고, 코에 집중해 호흡을 자각하며 자신을 살아 숨 쉬게 하는 공기를 느껴본다. 마지막으로 손가락과 발가락에 집중해서 자신이 만지는 사물들과 사람들에 대한 감촉을 느끼며 모든 존재하는 것들을 경건하게 다룬다.[17] 이렇게 여성들은 자신의 몸의 감각에 집중하는 명상을 함으로써 일상의 경험이 몸을 통해 이루어지고 있음을 깨닫게 되고 일상의 경험에서 신성함을 발견하기 위한 노력을 시작할 수 있다.

영성교육은 기독교 전통에서 행해졌던 명상과 묵상의 전통을 재발견해 여성들이 일상에서 실천할 수 있는 다양한 방법들을 개발해야 한다. 명상과 묵상의 생활화를 통해 여성들은 하나님과의 영적 교제와 일치를 경험할 수 있을 뿐 아니라 자신의 내면을 성찰할 수 있게 된다.

홀로됨과 쉼

전통적인 영성 수련에는 홀로됨(solitude)의 실천이 있다. 홀로됨은 외로움(loneliness)이나 내적 공허를 의미하지 않는다. 인간은 자신의 이익과 성공을 위해 경쟁하고 싸우면서도 홀로됨을 두려워해 불필요한 관계를 맺거나 군중 속으로 들어가는 경향이 있다. 포스터는 외로움과 두려움으로부터 자신을 자유롭게 하는 내면의 홀로됨과 침묵을 발달시키라고 권했다. 외로움은 내적 공허를 가져오지만 혼자될 수 있는 자유를 의미하는 홀로됨은 내적 충만을 가져온다. 인간은 진정으로 홀로됨을 경

17 Harris, *Dance of the Spirit*, pp. 10-11, 27.

험할 때 진정한 공동체의 구성원이 될 수 있다.[18] 기독교인의 홀로됨은 공동체로부터 도피하거나 공동체의 문제를 외면하기 위함이 아니다. 홀로됨을 통해 자신뿐 아니라 타인을 보다 깊이 이해하고 존중하기 위함이다. 토마스 머튼에 따르면, 홀로됨의 시간이 행복해지기 위해서는 타인의 선함에 대한 연민과 모든 피조물의 선함에 대한 경외심이 있어야 한다. 또한 자신의 몸과 영혼의 선함에 대한 겸손한 지식을 가져야 한다.[19] 타인과 의식적으로 거리를 두고 홀로됨의 시간을 갖는 것은 자신과 타인과 모든 존재의 선함을 자각하는 의미 있는 시간이 될 수 있다. 또한 홀로됨의 시간을 통해 사람과 사건에 매몰되어 있을 때는 자각하지 못했던 새로운 관점을 갖게 되고 삶의 목표와 방향에 대한 새로운 전망과 확신을 가질 수도 있다.

인간은 홀로되는 순간에 자신의 내면을 바라볼 수 있게 된다. 예수는 사역을 하는 동안 규칙적으로 홀로됨의 시간을 가졌다. 복음서는 예수가 공생애를 시작하기 전에 40일 동안 광야에 홀로 머물렀고 사역을 하는 동안에도 홀로 머물기 위해 지속적으로 광야, 동산, 산으로 떠났음을 보여준다(마 14:13, 14:23, 17:1-19, 26:36-46; 막 1:35; 눅 5:16, 6:12). 항상 군중들 속에서 선포하고 가르치고 치유를 행하던 예수는 잠시 홀로됨의 시간을 가졌을 뿐 아니라, 설교와 치유를 행하고 돌아온 제자들에게도 잠시 홀로됨의 시간을 가지라고 말했다(막 6:31).[20] 분주한 일상에서 잠시 혼자 머물며 침묵하고 보고 듣는 것은 일상의 삶에 거리를 두고 바라볼 수 있는 성찰의 시간이 될 수 있으며 새로운 시작을 위한 에너지를 얻는

---

18 Foster, *Celebration of Discipline*, pp. 96-98.

19 Thomas Merton, *Thoughts in Solitude* (NY: Farrar, Straus and Giroux, 1999), p. 124.

20 Foster, *Celebration of Discipline*, p. 97.

시간이 될 수 있다.

현대 여성들은 가정과 직장에서 과중한 업무와 책임을 수행하느라 항상 바쁘게 생활하기 때문에 혼자만의 시간을 갖기 힘들다. 육체적 · 정신적 쉼을 사치처럼 느끼고 자신을 위한 쉼을 얻는 것에 대해서는 죄책감마저 갖는 경우가 많다. 육체적으로 지치고 영적으로 피폐해지는 경험을 하면서도 타인의 삶을 돌보느라 자신을 돌보는 일에는 소홀하다. 그러나 자신이 육체적으로 영적으로 피폐해지면 결국 타인과도 건강한 관계를 형성할 수 없게 된다. 건강하고 성숙한 관계를 형성하기 위해서는 친밀한 관계성만이 아니라 독립적이고 주체적인 분리의 순간 역시 필요하다. 홀로됨은 여성들이 의도적으로 타자와 거리를 두고 자신의 요구와 필요에 온전히 집중할 수 있는 시간이 될 수 있다. 타자와의 경계 없이 타자의 요구와 필요에 자신을 분해시키지 않기 위해서는 일정한 거리를 두고 자신과 타자를 객관적으로 바라볼 수 있는 분리의 시간이 필요하다. 이러한 분리의 시간을 통해서 자신과 타인들, 그 사이의 복잡한 관계성을 명확히 이해하게 될 때 보다 건강한 관계성 안으로 들어갈 수 있다.

여성들에게 홀로됨의 시간은 온전한 쉼의 시간이 될 수 있다. 쉼은 사치가 아니라 땀 흘려 노동한 인간이 반드시 가져야 하는 생명 회복의 시간이다. 쉼은 하나님이 하셨던 거룩한 행위이다. 하나님은 세상을 창조한 후 쉼으로 창조를 완성했다. 쉼은 그 자체로 중요한 것이면서 동시에 새로운 노동을 위해 영양분을 얻는 시간이기도 하다. 쉼을 통해 우리의 생각과 행동이 새로워지기 때문에 쉼은 창조와 연결되어 있다. 쉼은 가만히 있는데 저절로 얻어지는 것이 아니다. 한국인들은 쉰다는 것을 TV를 보는 것과 자는 것, 두 가지 정도로 생각한다. 쉬는 것도 배워야 하고 연습해야 하고 실천해야 한다. 쉼은 몸과 정신과 영혼에 영양분을 공급하는 시간이다. 쉼의 시간은 자신의 내면의 목소리에 귀를 기울이는 명상의 시간이 될 수도 있고, 사랑하는 사람과 따뜻한 차 한잔을 나누는 시간이 될 수도 있다. 또한 자연과 호흡하는 시간이 될 수도 있고, 하나님과 대면하는 조용한 기도의 시간이 될 수도 있다. 위르겐 몰트만(Jürgen Moltman)은 노동과 휴식의 반복 속에서 우리는 생명의 맥박을 발견할 수 있는데, 이것이 바로 살아 있는 생명의 영성이라고 말했다.[21] 여성들은 노동과 쉼의 자연스러운 리듬을 일상 속에서 배우고 실천하면서 매일의 삶이 창조적이고 생명력 넘치는 삶이 되도록 노력해야 한다. 그러기 위해서는 가장 자기다운 본연의 모습으로 돌아갈 수 있는 장소와 시간을 정하고 그 시간만큼은 누구의 방해도 받지 않는 온전한 쉼의 시간이 되도록 해야 할 것이다.

분주한 일상 속에서 규칙적인 홀로됨과 쉼의 시간을 갖는 것은 여성들로 하여금 자신의 삶을 평가하고 삶의 목표와 방향을 점검하고 재조정할 수 있도록 한다. 성인 여성들의 경우 다양한 관계에서 형성된 여러 역할들을 수행하다 보면 삶의 방향을 상실하거나 꿈을 포기해야 하는 경우가 생긴다. 이러한 여성들에게 필요한 것은 꿈을 포기하지 않고 수정하고 재조정하면서 삶을 항상 새롭게 재창조하는 것이다. 지속적인 재창조가 가능하기 위해서는 자신의 삶에 온전히 집중해 창조적 에너지를 얻을 수 있는 홀로됨과 쉼의 시간을 갖는 것이 필요하다. 영성교육은 여성들이 홀로됨의 시간을 통해서 자신의 분주한 일상과 복잡한 인간관계를 일정한 거리를 두고 바라보고 성찰할 수 있는 시간, 그리고 온전히 자신에게 집중할 수 있는 시간을 가질 수 있도록 도와야 한다.

21 J. 몰트만, 『생명의 샘: 성령과 생명신학』, 이신건 역(서울: 대한기독교서회, 2000), p. 112.

또한 쉼의 시간을 통해서 다시 생명의 에너지를 얻어 삶의 방향을 창조적으로 재조정할 수 있도록 도와야 한다.

단순하고 소박한 삶 살기

현재 한국 사회는 남녀노소를 막론하고 돈에 절대 가치를 부여하고 돈을 벌기 위해 모든 가치를 희생시키고 있다. 큰 집, 좋은 차, 명품을 지니는 것이 행복을 가져다줄 것이라는 막연한 기대를 가지고 열심히 돈을 벌기 위해 노력한다. 특히 명품에 대한 비정상적인 선호와 넘쳐나는 홈쇼핑 광고들은 여성들의 소비 욕구를 끝없이 부추기고 그들을 소비의 노예가 되게 한다. 그러나 부를 숭배하고 돈의 노예가 되어갈수록 채워지지 않는 욕망으로 인해 좌절하게 되고 불행해진다. 영성교육은 여성들이 물질적인 욕망으로부터 자유로워져서 단순하고 소박한 삶을 살려는 노력을 자발적으로 기울일 수 있도록 교육해야 한다. 단순하고 소박한 삶은 소유와 소비를 삶의 이상으로 여기며 살도록 만드는 소비문화에 저항하며 지혜롭고 영적인 삶을 사는 것이다.

성서는 부자를 어리석고 지혜가 부족한 사람이라고 말한다. 부를 축적할수록 행복해지는 것이 아니라 더 많은 욕심이 생겨나고 이러한 욕심은 분열과 갈등을 불러오며 공동체의 파괴와 파멸을 초래하기 때문이다. 자신의 부를 지키기 위해서는 타인을 부로부터 소외시켜야 하기 때문에 가난한 자들과의 연대는 불가능하게 되고 하나님 나라와 공존할 수 없는 삶을 살게 된다. 이스라엘 희년 전통은 부의 정기적인 재분배를 통해 부자가 더 부를 축적하고 가난한 자가 더 가난해지는 문제를 극복해서 소유와 착취로 인해 생기는 비인간화를 극복하고자 했다. 예수는 당시 부를 상징하는 '맘몬'에 대해 언급하면서 하나님과 맘몬을 동시에 섬길 수 없다고 강조했다. 그리고 가난한 자들을 축복하고 하나님 나라가 가난한 자들의 것이라고 말했다. 또한 부자들을 향해서는 그들이 하나님 나라에 들어가는 것은 낙타가 바늘귀를 통과하는 것보다 어렵다고 했다. 이 밖에도 예수는 여러 비유를 통해 물질적 탐욕에 사로잡혀 있는 부자들의 어리석음을 지적했다. 예수는 단지 마음의 가난을 가르친 것이 아니라 물질적 소유를 나누라고 적극적으로 요청했다.[22] 예수를 만난 사람들은 물질적인 욕망을 버리고 이웃과 물질을 나누는 과정을 통해 나눔의 기쁨을 맛보았고 그들 안에 임하는 하나님 나라를 경험하게 되었다.

청빈한 삶을 예언자적 신학으로 해석한 펠리시시모 디에스(Felicisimo M. Diez) 신부는 청빈을 가난한 이들과의 연대성이라는 공동체적 측면에서 해석했다. 그는 가난을 신성시하는 것과 복음을 위해 자발적으로 가난을 선택하는 것 사이에는 큰 차이가 있음을 강조했다. 그에 따르면 물질적 가난은 인간의 존엄성을 파괴하는 불행으로 하나님이 원하는 것이 아니다. 그런데 다수의 사람들이 가난한 것은 극소수의 사람들이 너무 많은 부를 축적했기 때문이다. 그러므로 예수가 선택한 자발적이고 자유로운 가난한 삶은 물질 자체에 대한 부정적 태도에서 기인한 것이 아니라 하나님 나라의 실현이라는 맥락에서 기인한 것이다. 가난한 자들을 비참하게 내버려두고 그들과 연대하지 않는 것은 하나님 나라를 거부하는 것이다. 디에스 신부는 청빈의 의미가 물질을 포기하고 소비하지 않고 자본을 축적하는 데 있는 것이 아니라 가진 것을 가난한 이들과 함께 나누는 연대성과 정의에 있음을 강조했다.[23] 청빈한 삶을 살라고 가르치는 것은 가난한 삶을 낭만화하기 위한 것이 아니라 가진 자들

---

22 Foster, *Celebrating of Discipline*, pp. 82-83.

23 펠리시시모 마르티네스 디에스(Felicisimo Martinez Diez), 『수도생활의 재발견』, 안소근 역(서울: 분도출판사, 2008), pp. 153-169.

에게 적극적인 나눔을 실천하고 가난한 자들과 연대할 것을 요청하는 것이다.

단순하고 소박한 삶을 살기 위해서는 소유하고 있는 것을 비우고 더 소유하고 싶은 욕망을 덜어내야 한다. 인간의 소유욕은 불확실한 미래에 대한 두려움에서 오기도 한다. 그러나 현재 소유하고 있는 것이 하나님의 은혜의 선물임을 깨닫게 될 때 미래에 대한 불필요한 근심으로부터 자유로워질 수 있다.[24] 자신의 미래를 위해 축적하는 부가 가난한 사람들의 현재의 삶을 고통스럽게 만들 수 있다는 사실을 기억해야 한다. 리처드 포스터는 단순한 삶에서 오는 해방의 정신을 경험하라고 권했다. 자원이 한정되어 있는 상황에서 더 많이 소유하고자 하면 결국 누군가를 억압하거나 착취하게 된다. 그러므로 소박한 삶을 살기 위해 노력하면 타인을 억압하거나 착취하지 않게 된다.[25] 삶을 단순하고 소박하게 만들어갈수록 물질의 축적을 위한 타인과의 갈등으로부터 해방될 수 있으며, 소유하고 있는 것을 비우는 과정에서 나눔의 기쁨을 맛보게 된다.

소박한 삶을 살다 보면 우리에게 무상으로 주어진 자연에 대해 깊은 감사를 느끼게 되고 자연을 파괴하면서 얻으려고 했던 불필요한 탐욕을 반성하게 된다. 샐리 맥페이그(Sallie McFague)는 검소한 삶이 지구의 자원을 공정하고 지속 가능하게 공유할 수 있는 방법 중 하나라고 했다. 검소한 삶은 자신의 소유가 '충분하다는 생각'을 가지고 다른 사람도 충분히 가질 수 있도록 기꺼이 물질적 제한 안에서 생활하는 것이다. 맥페이그는 이것이 바로 연대성에 대한 응답이며 모든 생명이 상호 의존적이라는 생태적 모델의 진리에 대한 긍정이라고 말했다.[26] 여성들은 생

---

24 Foster, *Celebrating of Discipline*, pp. 88-89.

25 Ibid., pp. 91-95.

26 Sallie McFague, *Life Abundant: Rethinking Theology and Economy for a Planet in*

태계 파괴는 결국 무책임한 인간들의 탐욕의 결과였음을 반성하고 단순하고 소박한 삶을 선택하는 것만이 지속 가능한 지구를 만드는 길임을 깨달아야 한다.

단순하고 소박한 삶은 물질적인 욕망으로부터의 해방을 통해서만이 아니라 일상의 삶을 지배하는 잘못된 습관이나 불필요한 일들로부터의 해방을 통해서도 이루어질 수 있다. 단순한 삶을 위한 실천의 하나로 전통적인 영성 수련에서는 금식(fasting)을 실천했다. 금식은 넓게 보아 음식을 끊는 것뿐만이 아니라 일상생활에서 무의식적으로 반복하는 일이나 중독적인 습관을 끊는 것도 될 수 있다. 해리스는 금식을 통해 규칙적인 식사의 패턴을 끊는 경험을 할 때 일상적으로 삶을 지배하는 것들, 음식을 통해 무의식적으로 몸을 학대하는 잘못된 식습관, 굶주림에 고통당하는 이웃에 대한 자각 등을 경험할 수 있다고 했다. 그러므로 음식에 대한 금식으로부터 시작해 무의식적으로 반복하는 TV 시청, 인터넷 사용, 쇼핑 등 일상적인 습관들을 일정 시간 멈추고 생활을 단순하게 하는 경험이 삶을 영적으로 풍요롭게 할 수 있다.[27]

컴퓨터, 휴대폰, TV 없이 생활하는 것이 힘든 현대인들이 단 하루라도 '테크놀로지 금식(technology fasting)'을 실천하면서 조용하게 말씀 묵상이나 기도를 하거나 내면을 성찰하는 시간을 갖는다면 영적 삶은 더욱 풍요로워질 것이다. 테크놀로지가 우리의 삶에 가져다준 여러 가지 편리함과 유용성에도 불구하고 삶에 대한 깊은 성찰, 따뜻한 인간관계를 맺을 수 있는 시간, 자연과 함께하는 시간을 빼앗아간 것이 사실이다. 이메일과 휴대폰 문자 메시지는 의사소통을 더 활발하게 해주었지

Peril (Minneapolis: Fortress Press, 2001), pp. 115-117.

27 Harris, *Dance of the Spirit*, p. 121.

만 이로 인해 얼굴을 마주하고 서로에게 공감하며 사랑을 나누는 시간과 공간은 많이 사라졌다. 정기적인 테크놀로지 금식을 통해 내면의 성찰과 타인과의 관계성 회복, 자연과의 하나됨을 경험하는 것은 중요한 영성 수련의 방법이 될 수 있다. 일상적으로 반복하는 불필요한 습관들을 끊어버리고자 하는 의식적인 노력을 통해 단순한 삶을 사는 기쁨과 여유를 맛볼 수 있으며, 그 시간을 영성 수련의 시간으로 삼을 때 보다 성숙한 영적 삶을 살게 될 것이다.

영성교육은 여성들이 물질 중심주의와 소비주의의 노예로 살아가지 않고 자신의 삶을 단순하고 소박하게 만들고 공동체 지향적인 삶을 살도록 교육해야 한다. 여성들은 불필요한 탐욕에서 벗어나 가난한 이들과의 연대를 위해 기꺼이 나누는 삶을 살아야 한다. 또한 무한 성장논리에 빠져 교회의 외적 대형화를 추구하고 가난한 자들을 외면하는 한국교회를 변혁하기 위해 노력해야 한다. 여성들은 한국 교회가 자본의 논리로부터 해방되어 가난과 부에 대한 예수의 가르침을 다시 기억해 참된 신앙 공동체가 될 수 있도록 함께 힘을 모아야 한다.

살림의 영성 추구하기

생명 파괴 현상이 심각한 현대 사회에서 여성들은 생명을 긍정하고 살리는 영성을 통해 죽임의 문화를 살림의 문화로 바꾸어야 한다. 죽음은 인생의 한 과정이지만, 죽임은 인간들에 의해 의도적으로 행해지는 생명 파괴 행위이다. 치열한 경쟁 사회에서 자신의 생명을 스스로 지키지 못하고 자살을 선택하는 사람들이 늘어가고 있으며 학교폭력과 가정폭력으로 힘없는 아동과 여성들이 생명의 위협을 받고 있다. 탐욕적이고 파괴적인 문화는 인간의 생명뿐 아니라 자연의 생명을 파괴하고 그 결과 전 지구적 생태계가 생존의 위협을 받고 있다. 이러한 생명 파괴의 현실에 직면해 여성들은 살림의 영성을 추구하는 것이 필요하다.

기독교 영성의 핵심에는 모든 생명의 근원인 하나님과 모든 생명을 살리고 풍성하게 하는 성령의 활동이 있다. 세상의 모든 죽임의 세력들을 이기고 부활한 예수는 우리에게 그가 행했던 생명운동에 동참할 것을 요청한다. 위르겐 몰트만은 성령은 '생명의 샘'이기 때문에 이 세상 안으로 온전한 생명, 충만한 생명, 상처받지 않고 파괴되지 않는 영원한 생명을 가져온다고 말했다. 또한 성령의 보내심은 꺾일 수 없는 하나님의 생명 사랑과 놀라운 생명 희열이 드러난 것이라고 말했다.[28] 생명이 상처받고 파괴되는 현실을 묵과하지 않고 생명을 살리는 일에 헌신하는 것이 생명으로 임재하는 성령을 우리의 삶에서 경험하는 길이다. 그러므로 영적 성숙의 길은 성령의 임재 안에서 모든 존재의 생명을 살리고 온전하게 하는 일에 참여하는 것이다.

살림의 영성을 추구하는 길은 첫 번째로, 자신의 생명을 지키고 살리는 것이다. 무한 경쟁과 성공 지상주의 사회에서 여성들은 진정한 자기됨을 실현하지 못하고 살아간다. 성공을 위해서라면 자기 몸, 의식, 가치, 행동 양식까지 모두 사회가 요구하는 기준에 맞추기 위해 노력한다. 스스로 느끼고 생각하고 행동하는 능력을 상실한 채 생명력 없는 기계처럼 매일매일 바쁘게 살아가고 있는 것이다. 한국 생명 사상의 중심에 있는 함석헌은 생명의 근본 원리를 '스스로 함'이라고 말했다. 그는 하늘과 땅 사이에 "나는 나다"라고 서야만 사람이라고 했다. 스스로 자기 안에 있는 높음, 깊음, 맑음, 거룩함, 끝없음을 느끼고 자신의 살림을 바로 하는 것이 민족적인 생명력을 회복하는 것이다. 함석헌은 인간의 불행

---

28 몰트만, 『생명의 샘: 성령과 생명신학』, p. 34.

의 근본 원인은 스스로를 업신여기는 데 있다고 말했다.[29] 그리고 결정론적 운명론과 체념적인 패배주의를 극복하고 스스로 사는 삶의 꿋꿋함을 강조했다. 그가 말하는 '스스로 하는 나'는 자신의 삶에 자신이 주인 노릇을 하는 주체적인 삶을 사는 사람이다. 인간은 자신 안에 생명의 힘과 가능성을 지닌 존재로서 자발적 생명의 표본이며 주체적이고 창조적인 생명의 본성을 지닌 존재이다.[30] 여성들이 자신의 생명을 살리는 길은 자기 안의 창조적 생명력을 인식하고 그 생명력을 가꾸고 발휘하는 것이다. 자신의 몸과 마음의 주체가 되어 직접 느끼고 생각하고 행동하며 살아야만 삶의 의미를 가지고 생명의 존엄성을 유지할 수 있다. 또한 자신의 스스로 함을 억압하고 통제하는 외부의 폭력과 압력에 대해 거부하고 저항할 때 자신의 생명을 살리고 지킬 수 있다.

두 번째로, 살림의 영성을 추구하는 길은 타인의 생명을 존중하고 서로의 생명을 함께 지켜나가기 위해 공생의 노력을 하는 것이다. 무한 경쟁 체제에서는 친구나 동료도 자신의 성취에 방해가 되면 적대적인 분노의 대상이 된다. 함석헌이 말한 '스스로 함'은 개인주의나 배타주의적인 삶의 자세를 의미하지 않는다. '나'의 스스로 함을 지키고 존중하듯이 '남'의 스스로 함도 지키고 존중해야 한다. 그러므로 스스로 사는 삶은 더불어 사는 삶이고 다른 생명들이 함께 어울려서 서로를 살리는 생명세계를 이루는 것이다. 이것이 바로 '서로 살림'을 실천하는 것이다.[31] 모든 인간 안에서 하나님의 형상을 인식하고 모든 인간 존재의 상호 의존성을 깨닫게 될 때 타인의 생명을 살리는 것이 곧 자신의 생명을 살리는 길임을 깨닫게 된다. 타인의 생명에 대한 존중은 타인에게 공감과 연민

29 함석헌, 『들사람 얼』(서울: 한길사, 2009), pp. 77-82.
30 이경숙 외, 『한국 생명 사상의 뿌리』(서울: 이화여자대학교출판부, 2001), pp. 115-122.
31 Ibid., p. 152.

의 마음을 가짐으로써 이루어진다. 생명 파괴의 현실로 인해 애통해 하는 성령의 탄식에 귀 기울여 생명이 파괴되는 현실에 무감각해진 우리의 마음을 깨워야 한다. 세계 곳곳에서 일어나는 테러나 인간의 비도덕성, 불법과 부주의로 발생하는 끔찍한 참사들로 인해서 점차 폭력과 죽음에 무감각해지는 우리의 영적 마비를 깨우기 위해 노력해야 한다. 자신의 생명만을 지키려는 이기주의와 자기 집단의 생명만을 지키려는 집단 이기주의를 극복하고 존재하는 모든 생명체들의 생명을 살리기 위해 노력해야 한다.

살림의 영성을 추구하는 길은 세 번째로, 인간의 생명을 위협하는 가난과 기아, 차별과 인권 침해, 착취와 억압, 폭력과 전쟁을 죽임의 세력으로 규정하고 이에 저항하고 세상을 변혁하기 위해 공동체적 연대를 형성하는 것이다. 힘과 경쟁의 논리가 지배하는 사회에서 약자는 착취와 소외의 대상이 되고 생명의 위협을 받는 일차적인 대상이 된다. 가난으로 생존을 위협받는 사람들, 부모나 남편의 폭력에 희생당하는 아동과 여성들, 언어적 · 문화적 이질감, 노동력 착취로 이중 삼중의 고통을 겪고 있는 외국인 근로자들, 가난에서 벗어나고자 국제결혼이라는 탈출구를 선택한 이주 여성들을 비롯해 수많은 사회적 약자들이 생명을 지켜나갈 수 있도록 여성들이 함께 연대해야 한다. 생명을 살리는 삶을 위해 여성들은 살림 문화의 주체가 되어 우리 사회에 팽배해 있는 죽임의 세력을 근절하고 약자들의 생명을 위협하는 부정의한 사회질서를 변혁하는 일에 함께 연대해야 한다. 또한 자국의 안보를 명분으로 행해지는 군비 확장과 핵무기 개발 등 전 지구 공동체를 죽음으로 몰아가는 모든 군사주의 문화에 저항해야 한다. 생명의 영인 성령이 임재하는 공동체 안에서는 죽어가는 생명을 살리기 위한 공동체적 연대가 필요하다.

네 번째로, 살림의 영성을 추구하는 길은 인간뿐 아니라 자연의 모든 생명체와 더불어 생명친화적인 삶을 살기 위해 노력하는 것이다. 생태계 전체의 존립이 위협받을 만큼 지구는 생명의 위기를 경험하고 있다. 함석헌은 자연을 파괴한 문명의 병을 치유하기 위해서는 자연적 삶의 원리를 배우라고 말했다. 자연의 생명 세계는 햇빛과 바람과 흙과 물이 서로 창조적으로 어우러져 생명을 살리고 숲의 생명 세계는 공생과 상생의 삶을 통해 생명을 이어간다.[32] 다양한 생명체가 유기적으로 어울려 공존하고 있는 지구가 하나의 거대한 생명 공동체임을 인식할 때 자연을 파괴하며 이익을 취하고자 했던 인간의 탐욕과 어리석음을 깊이 반성하게 된다. 인간에 의해 파괴된 자연의 모든 피조물들이 고통당하고 신음하며 하나님께 울부짖는 소리를 듣고 생명 파괴의 삶을 멈추고 생명을 살리는 삶으로 돌아서는 것만이 지구를 살리는 길이 될 것이다.

영성교육은 여성들이 생명 파괴의 현실을 분명하게 자각하고 일상의 삶에서 살림의 영성을 실천해 자신과 이웃과 자연의 생명을 살리는 삶을 살 수 있도록 교육해야 한다. 또한 이 땅에서 죽임의 문화를 만드는 모든 파괴적인 세력에 저항하기 위해 교회가 살림운동을 펼치는 지역 공동체와 연대해 살림 공동체로서의 역할을 올바로 수행할 수 있도록 해야 한다.

여성 전통 전수하기

기독교 전통에서 영적으로 모범적인 삶을 살았던 사람들에 대한 기억은 현재의 기독교인들에게 영감을 불러일으키고 그들과 같은 비전을 공유하고 그들과 닮은 삶을 살도록 인도한다. 아이리스 컬리는 공동체

---

32 Ibid., pp. 157-158.

가 공유하고 있는 영적 문화 전통이 개인의 영적 성숙을 위한 강력한 도구가 됨을 강조했다. 전통을 공유하는 사람들은 서로에게 모범이 되고 격려가 된다.[33] 그런데 여성들은 가족, 국가, 종교의 역사 속에서 여성들의 영적 문화 전통을 많이 간직하지 못하고 있다. 한국의 유교 문화는 남성 중심의 전통을 강조하고 전수하는 문화이며 기독교 전통 역시 남성들의 이야기를 기억하고 전수하는 문화이다. 이러한 문화에서 여성들은 선배 여성들이 전해주는 영적 지혜를 배울 수 있는 기회를 갖지 못했다. 그러므로 여성들은 선배 여성들이 남긴 신앙의 유산을 기억해내고 전수함으로써 그 전통 속에 나타나는 영적 지혜를 배우기 위해 노력해야 한다.

여성들은 먼저 자신의 가족사에서 여성 조상들의 전통을 기억하고 재발견하는 것이 필요하다. 마리아 해리스는 여성들에게 가족사 안에서 자신에게 의미 있는 여성을 찾으라고 제안했다. 자신의 삶을 10년 단위로 나누고 각각의 시기에 자신에게 의미 있는 두 여성을 선택해 그들과 상상의 대화를 나누는 것이 한 방법이다. 또 다른 방법은 어머니, 할머니, 증조할머니로 거슬러 올라가면서 그들이 가졌던 특별한 재능과 힘, 그리고 보살핌의 능력 등에 대해 기억하고 그들의 삶에 감사하고 그들이 잊힌 것에 대해 애도하는 것이다.[34] 해리스는 이 과정을 기억하기(remembering) 과정이라고 했으며 여성들에게 이 과정을 통해 선배 여성들이 자유와 정의, 치유를 위해 일했던 과거를 기억해내고 자신의 삶의 의미를 찾을 것을 제안했다.[35] 여성들은 자신의 가족사에서 여성 전통

---

33 Cully, *Education for Spiritual Growth*, p. 31.

34 Harris, *Dance of the Spirit*, pp. 52, 55.

35 Maria Harris, *Women and Teaching: Themes for a Spirituality of Teaching* (NJ: Paulist Press, 1988), pp. 31-45.

을 기억하고 전수함으로써 선배 여성들의 영적 순례의 길을 배우게 되고 자신의 삶의 영적 방향을 찾아가는 데 지혜와 용기를 얻을 수 있다.

여성들은 또한 기독교 역사에서 훌륭한 영적 지도자의 역할을 했던 여성들을 기억해냄으로써 여성 전통을 재건하고 전수해야 한다. 기독교 역사에는 남성들에게 가려져 주목을 받지 못했지만 심오한 영적 경험과 탁월한 지도력을 가진 여성들이 많이 있었다. 특히 남성 성직자의 권위가 절대적이었던 중세 시대에 신비한 종교경험을 바탕으로 제도화된 교회의 교리적 가르침에서 벗어나 자신의 영적 경험을 신학적으로 해석하려고 노력했던 여성들이 있었다. 대표적으로 몇 명의 여성들만 살펴보면, 12세기 독일 빙엔의 힐데가르트(Hildegard of Bingen), 14세기 영국 노리치의 줄리안(Julian of Norwich)과 이탈리아 시에나의 카타리나(Catherine of Siena), 16세기 스페인 아빌라의 테레사(Teresa of Avila) 등이 있다.

힐데가르트(Hildegard)는 여성이 남성을 가르치는 것이 금지되었던 12세기 독일에서 신비한 영적 비전에 대한 선포와 가르침을 통해 교황을 비롯한 남성 지도자들에게까지 진정한 예언자로 인정을 받았다. 하나님을 생명을 제공하는 존재로 이해한 그녀는 당시의 사람들이 이러한 이해를 갖지 못했기 때문에 자신과 같은 여성을 신의 도구로, 새로운 예언자로 사용한다고 강조했다. 힐데가르트는 하나님과 피조물 사이의 연합을 중재하는 것으로 지혜와 사랑이라는 여성적 표현을 사용했다. 자신이 경험한 신비한 비전을 시각화해 그림으로 표현한 그녀는 거듭난 기독교인들을 팔과 자궁에 품고 있는 거대한 여성으로 교회를 묘사했다. 그런데 그 여성의 머리를 부패하고 불신앙의 교회 지도자들이 괴롭히고 있는 모습으로 그렸다. 교회를 그리스도의 신부이고 기독교인들의 어머니로 이해한 힐데가르트는 최후에 그리스도가 거듭난 신실한 자녀들을 어머니 교회의 자궁에서 천국으로 구출할 것이라는 이미지를 그림으로 표현했다.[36] 힐데가르트는 자신의 영적 비전을 그림과 음악, 글을 통해 표현함으로써 많은 이들에게 영적 지도자의 역할을 수행했다.

줄리안(Julian)은 그리스도의 수난에 참여한 생생한 영적 체험 이후 평생 기도와 명상을 하며 사람들에게 영적 안내자의 역할을 했다. 줄리안은 세례와 성만찬과 같은 전통적인 기독론적 상징을 자궁으로부터 아이를 출산하고 자신의 몸을 통해 먹이는 어머니의 이미지로 이해했다. 그녀가 하나님을 아버지뿐 아니라 어머니로 이해한 것은 자녀에 대한 사랑을 결코 멈출 수 없는 어머니처럼 하나님은 인간에 대한 진정한 분노와 거부가 불가능한 사랑의 존재라는 강한 믿음 때문이었다.[37] 또한 줄리안은 삼위일체를 전능하고 위대한 아버지, 지혜롭고 자비로운 어머니, 그리고 선하고 사랑이 넘치는 성령으로 이해했다. 특히 '어머니 그리스도(Mother Christ)'라는 표현을 통해 존재의 근원이 되며 인간의 분열된 부분을 통합하고 변혁하고 회복시키는 하나님의 사랑과 자비를 강조했다.[38] 그녀는 지혜와 사랑을 상징하는 어머니와 같은 하나님의 속성을 말함으로써 아버지 하나님의 속성을 보완하고 신성을 여성적 이미지로 신학화하는 작업을 했다.

---

36 Rosemary R. Ruether, *Women and Redemption: A Theological History* (Minneapolis: Fortress Press, 1998), pp. 81-92. 힐데가르트 폰 빙엔의 저서로는 한글로 번역된 『세계와 인간: 하느님의 말씀을 담은 책』, 이나경 역(서울: 올댓컨텐츠, 2011)이 있다.

37 Ruether, *Women and Redemption*, pp. 104-111.

38 Julian of Norwich, "Showings," in *In Her Words: Women's Writings in the History of Christian Thought*, ed. Amy Oden (Nashville: Abingdon Press, 1994), pp. 184-185.

도미니크회 소속이었던 카타리나(Catherine)는 침묵의 기도와 금식, 독거생활을 통해 그리스도와 연합하는 신비한 종교적 체험들을 했으며, 많은 이들의 영적 안내자 역할을 했고 병자와 가난한 사람들을 돌보았다. 또한 심오한 기도생활을 통해 그리스도와 대화하는 경험을 했는데 이 경험을 토대로 기록한 것이 『대화(*Dialogue*)』이다. 그녀는 그리스도와의 연합을 간절히 추구하는 삶을 살았고 그리스도의 몸과 연합하는 성만찬을 강조했으며 그리스도의 몸인 교회를 위해 강한 헌신을 하고자 했다. 카타리나는 타락한 성직자들과 교회의 연합을 방해하는 세력을 날카롭게 비판했다. 그리고 프랑스 아비뇽에서 70년간 생활하던 교황을 로마로 돌아오게 하기 위해 정치, 종교 지도자들을 직접 만나 설득하고 교황을 만나 로마로 돌아갈 것을 촉구했다. 교황과 정치 지도자들의 조언가와 중재자의 역할을 했지만 카타리나 역시 여성으로서 겪는 사회적 제약을 절감했다. 그러나 그녀는 자신에게 직접 권위를 부여해준 그리스도를 의지하며 여성과 남성의 동등함을 주장하고 사회적 제약들을 무시했다.[39]

테레사(Teresa)는 신비한 비전과 계시를 경험한 후 카르멜(Carmel) 수도회를 개혁하라는 부름을 받았다. 그녀는 많은 반대에도 불구하고 개혁의 수도원, 맨발의 수도원들을 설립했다. 테레사는 영적 삶을 일생을 통해 추구하는 성숙의 과정으로 이해했고 영적 성숙은 사랑의 유익을 위한 자기훈련과 하나님의 은혜를 통해 이루어지는 것이라고 믿었다. 사람들에게 하나님과 사랑의 교제를 위한 내면의 여행을 제안한 테레사

---

39 Shawn Madigan, ed., *Mystics, Visionaries, and Prophets: A Historical Anthology of Women's Spiritual Writings* (Minneapolis: Fortress Press, 1998), pp. 209-224. 카타리나에 관한 자료로는 매리 앤 파툴라(Mary Ann Fartula), 『시에나의 성녀 가타리나의 가르침』, 성도미니꼬선교수녀회 역(서울: 분도출판사, 1997)이 있다.

는 하나님은 각 사람의 순례의 길을 각자에게 적절한 방식으로 인도하기 때문에 서두르거나 걱정하지 말라고 가르쳤다. 그녀는 영적 순례의 길이 길고 다양할수록 하나님의 사랑의 방법을 더 많이 깨달을 수 있다고 강조했다.[40]

이 네 명의 여성들은 각각 다른 시대에 다른 나라에서 활동한 영적 지도자들이었다. 그런데 그들은 각자의 경험적 · 신학적 독특성에도 불구하고 공통점을 지니고 있다. 먼저, 그들은 끊임없는 명상과 영성 수련을 통해서 하나님을 직접 체험하고 내면의 목소리에 귀를 기울이고자 노력해 신비로운 영적 체험을 했다. 그리고 개인의 영혼에만 관심을 집중해 현실 도피적인 영성을 추구한 것이 아니라 자신의 삶을 온전히 변화시키고 공동체를 위해 헌신했다. 그 헌신은 이웃을 위한 사랑과 봉사뿐 아니라 공동체와 사회의 개혁에 이르기까지 다양한 방식으로 이루어졌다. 다음으로, 그들은 자신의 특수한 종교경험을 주관적이고 신비적인 체험으로 남겨두지 않고 그 경험을 객관화하고 신학적으로 해석하고 설명하기 위해 활발한 저술 활동을 펼쳤다. 당시 여성에게는 교육의 기회가 제한적이었음에도 불구하고 라틴어를 배우고 신학 서적을 읽고 다양한 학문을 탐구해 자신의 경험을 신학적 언어로 표현하기 위해 노력했다. 마지막으로, 그들은 남성 중심의 제도화된 교회 안에서 자신의 종교경험을 통해 얻은 권위를 바탕으로 탁월한 여성 리더십을 발휘했다. 그들은 자신의 리더십을 수녀원에만 국한시키지 않고 중세의 혼란 속에서 개혁적이고 지혜로운 지도자의 역할을 수행했으며 때로는 정치적 리더십을 발휘하기도 했다. 또한 자신을 찾아오는 사람들을 축복하고 영

---

40 Madigan, *Mystics, Visionaries, and Prophets*, pp. 247-265. 테레사의 유명한 저서 *The Interior Castle*은 한글로 번역되었다. 아빌라의 테레사, 『내면의 성』, 황혜정 역 (서울: 요단출판사, 2011).

적 가르침을 주는 역할을 했으며 가난하고 병든 이들을 돌보는 양육의 리더십을 발휘했다.

중세 여성 신비주의자들의 삶을 기억하고 전수하는 것은 그들의 삶을 그대로 모방하거나 그들의 영성 수련 방법을 기계적으로 따르기 위한 것이 아니다. 영적으로 모범적인 사람들의 삶을 따른다는 것은 컬리의 말처럼 "하나의 법칙(a Rule)에 대한 엄격한 순응이 아니라, 하나의 길(a Way)에 대한 즐거운 수용"이 되어야 한다.[41] 위대한 영적 발자취를 남긴 여성들의 삶을 기억하고 전수하는 것은 그들의 영성 수련 방법과 영적 통찰력, 지혜를 모범으로 삼아 현재 여성의 삶에서 영적으로 살아가는 방법을 모색하고 실천하기 위함이다. 그들이 먼저 걸어간 영적 순례의 길은 현재 여성들이 가고 있는 순례의 길을 인도하는 찬란한 빛이 될 수 있을 것이다. 영성교육은 여성들이 역사 속 선배 여성들의 영적 발자취를 따라가면서 그들이 행했던 영적 실천과 지혜를 배우고 전수해나갈 수 있도록 도와야 한다.

영적 산파(spiritual midwife) 되기

인생을 영적 순례로 이해할 때 순례의 길에 함께할 동반자와 안내자를 만나는 것은 매우 중요하다. 훌륭한 영적 지도자를 만나는 일도 중요하지만 여성들이 신앙 공동체 안에서 서로에게 영적 산파 또는 영적 멘토의 역할을 해주는 것이 지속적인 영적 성숙의 과정을 위해 중요하다. 신앙 공동체의 선배들은 다음 세대의 여성들을 위한 훌륭한 신앙의 멘토가 되어줄 수 있으며, 신앙의 삶을 함께 걸어온 동료들은 서로의 삶을

41 Cully, *Education for Spiritual Growth*, p. 27.

통해 지혜와 진리를 배우는 든든한 동반자가 될 수 있다. 교회 안에서 가장 활발한 조직이 바로 여성들의 조직이다. 여선교회, 여전도회, 여신도회 등 교단에 따라 다양한 이름으로 형성되어 있는 공동체는 대부분 연령별로 조직되어 있다. 이 조직에서 구성원들이 서로를 위해, 또는 후배 여성들을 위해 영적 멘토나 산파가 되어줄 때 진정한 의미의 영성 공동체를 형성할 수 있게 된다.

현대 의학이 출산의 과정을 점점 인위적으로 만들고 있지만 전통적으로 산파는 산모가 자연적인 출산의 과정을 무사히 견디고 생명을 탄생시킬 수 있도록 돕는 역할을 했다. 마거릿 구엔서는 출산의 과정을 세 시기로 구분해 각 시기마다 영적 산파의 역할을 설명했다. 진통이 시작되는 첫 번째 시기에 산파의 역할은 산모와 함께 있어주고 인내하며 기다리는 것이다. 산모가 진통을 하는 동안 곁을 지키는 산파처럼 영적 산파는 여성들과 함께하면서 변화의 시기를 기다린다. 성숙을 향해가는 길에 씨앗이 돋아나고 꽃이 피고 자라도록 함께 기다리는 것이다.[42] 이 기다림의 시간을 함께하기 위해서는 서로의 이야기를 들어줄 수 있는 열린 귀와 마음, 그리고 함께 머물 수 있는 따뜻한 공간과 시간이 필요하다. 디트리히 본회퍼(Dietrich Bonhoeffer)는 많은 사람들이 자신의 이야기에 귀를 기울여줄 사람을 찾고 있는데 기독교인들 중에서 찾기 힘든 이유는 기독교인들이 들어주어야 할 때에 말을 하기 때문이라고 지적했다. 그에 따르면 공동체 구성원들의 이야기를 듣지 않는 사람은 점차 하나님의 말씀에도 귀를 기울이지 않게 되고 하나님 앞에서도 혼자 떠들기 시작하는데 이것이 바로 영적 죽음의 시작이다.[43] 그러므로 영

42 Guenther, *Holy Listening*, pp. 92-100.

43 Dietrich Bonhoeffer, *Life Together* (NY: Harper & Row, 1954), pp. 97-98.

적 산파는 훌륭한 충고나 조언을 해주려고 하기보다 먼저 공감하는 마음과 이해하려는 열정을 가지고 타인의 목소리에 귀를 기울여주어야 한다. 교회 안에서 자신의 말을 들어줄 사람을 찾지 못하고 상처와 아픔을 간직한 채 혼자 고통당하고 있는 여성들은 없는지 살펴보아야 한다. 서로에게 영적 산파나 멘토의 역할을 하기 위해서는 남의 이야기에 귀를 기울여주고 고통을 함께 인내하며 견디어줄 수 있는 넓은 마음과 따뜻한 영혼을 갖기 위해 노력해야 한다.

출산이 본격적으로 진행되는 두 번째 시기에 산파의 역할은 산모의 출산 과정에 적극적으로 참여하는 것이다. 진통이 심해지면 산모는 산파의 도움과 지혜를 필요로 한다. 출산의 과정을 잘 알고 있는 산파는 산모에게 진통의 진행 과정과 출산 시기를 알려주고 산모가 자신감을 갖고 산고를 이겨내도록 격려한다. 이 과정을 통해 산모는 생명을 탄생시킬 수 있는 힘이 자신 안에 있음을 확신하게 되고 산파와 산모는 신뢰의 관계를 형성하게 된다.[44] 산파처럼 영적 멘토는 여성들의 삶의 전환기에 힘을 주고 격려하면서 지혜를 나누어야 한다. 인생 여정에서 여성들은 각기 다른 시기에 다양한 위기에 직면하고 인생과 종교에 관해 새로운 질문을 하게 된다. 새로운 경험은 기존 삶의 의미와 신앙의 내용에 대해 비판적으로 성찰할 수 있도록 한다. 또한 하나님과 예수에 대한 새로운 이해를 가능하게 하며 성서와 교리를 새로운 시각에서 해석할 수 있게 한다. 질문에 대한 해답을 찾아가는 과정이나 고통을 극복하는 과정에서 유사한 경험을 공유한 여성들의 지혜와 도움은 많은 격려와 힘이 된다. 인생의 다양한 경험에 대한 정답이나 유일한 해결책은 없을지라도 여성들은 자신의 경험을 통해 깨달은 지혜를 함께 공유할 수 있다.

---

44 Guenther, *Holy Listening*, pp. 105-106.

컬리는 영적 안내자는 자신이 순례의 과정에서 고군분투한 경험을 타인과 공유하고 자신의 성공과 실패, 발전과 어려움에 대해 자세히 이야기함으로써 기꺼이 타인을 도와야 한다고 말했다. 영적 안내자의 역할은 타인이 그들의 생활을 지켜보고 경험을 듣고 지혜의 말을 받아들이고 그들의 모범을 따라가면서 영적으로 성숙해지도록 돕는 것이다.[45] 여성들이 서로에게 영적 산파가 되어주기 위해서는 삶의 경험을 통해 얻은 지혜를 다른 여성들과 적극적으로 공유하고 인생의 위기를 잘 극복할 수 있도록 서로 격려하고 지지해야 한다.

마지막 시기에 산파의 역할은 산모와 함께 새로운 생명의 탄생을 축하하는 것이다. 연약한 작은 생명체는 오랜 기다림과 고통과 노동의 결실이므로 산파와 산모는 출산의 과정을 무사히 마치면 신비로운 새 생명의 탄생을 함께 축하한다.[46] 여성들이 서로를 위해 영적 산파가 되어줄 때 여성들의 새로운 생각, 감정, 꿈을 함께 키우고 창조해나갈 수 있다. 새로운 생명의 탄생은 모두의 희망이 되는 것처럼 여성들의 종교적 영감과 상상력을 통해 새롭게 탄생한 성서에 대한 해석과 하나님에 대한 상징과 이미지들, 교회의 미래에 대한 창조적 비전은 구성원 모두가 함께 축하하고 발전시켜나가야 한다. 여성들의 깊은 영적 체험을 통해 깨닫게 된 진리와 아름다움, 선함은 음악, 그림, 조각, 시, 춤, 드라마 등 다양한 예술작품으로 표현될 수 있다. 종교개혁의 과정에서 많은 종교적 상징과 이미지들을 상실한 개신교는 상징과 이미지들을 통해 풍부해질 수 있는 종교적 영감과 상상력을 잃어버리고 영적 삶을 메마르게 한 측면이 있다. 다양한 문학작품과 예술작품 등을 통해 여성의 창조성과

45 Cully, *Education for Spiritual Growth*, pp. 27–28.

46 Guenther, *Holy Listening*, pp. 106–107.

상상력이 현실로 드러나고 그것이 공동체 안에서 함께 공유될 때 공동체의 영성은 더 깊고 풍요로워질 수 있을 것이다. 특히 여성들의 지혜가 소중하게 유지되지 못하는 교회와 사회에서 여성들에 의해 탄생한 새로운 지혜와 지식은 그 의미가 더욱 크다. 따라서 여성들이 서로를 위한 영적 산파가 되어 새롭게 창조한 종교적 신념과 가치, 상징, 이미지들을 공동체의 소중한 자산으로 유지해가는 것이 필요하다.

여성들은 영적 순례의 길을 함께 가는 동반자로서 성숙한 영적 삶을 살 수 있도록 서로 격려하고 힘을 북돋아 주는 영적 산파 또는 영적 멘토가 되기 위해 노력해야 한다. 캐슬린 피셔(Kathleen R. Fischer)는 여성들을 위한 영적 멘토는 예언자적이고 창조적인 안내자가 되어야 한다고 했다. 예언자적 안내란 하나님의 통치의 비전이 영적 삶의 방향을 변화시키는 기준이 되도록 돕는 것이다. 또한 창조적 안내는 희망과 가능성에 대한 믿음을 가지고 삶의 선택의 폭을 확장시키고 새로운 지평을 열어서 대안을 모색하도록 돕는 것이다.[47] 하나님의 통치가 이 세상에서 실현될 수 있도록 여성들이 서로를 위해 영적 산파가 되어준다면 영적 순례의 길이 어렵고 힘들어도 든든한 여행길이 될 것이다. 영성교육은 다양한 신앙 공동체 안에서 여성들이 서로를 위한 영적 산파 또는 멘토의 역할을 수행할 수 있도록 영적 산파와 멘토의 역할에 대한 교육과 프로그램을 제공해야 할 것이다.

---

47 Fischer, *Women at the Well*, pp. 17-18.

제10장

예전적 교육 방법

모든 종교는 고유한 종교의식과 예전 전통을 가지고 있다. 예전은 공동체 구성원들이 자신이 속한 공동체의 종교적 신념과 가치, 상징들을 배우도록 할 뿐 아니라 일상적 경험과 중요한 사건의 종교적 의미를 찾을 수 있도록 한다. 기독교 공동체 안에도 여러 가지 중요한 종교의식과 예전 전통이 있다. 그런데 기독교의 예전 전통은 오랜 역사 동안 여성들의 경험과 참여를 배제하고 남성 중심의 예전 전통을 형성시켜왔다. 이러한 전통 안에서 여성들은 온전한 의미의 종교적 경험을 하는 데 있어서 많은 한계를 느껴왔다.

예전 전통에서 소외되어온 여성들은 자신의 경험의 종교적 의미를 발견하고 그 경험들을 공유하며 함께 축하하고 격려하고 위로할 수 있는 여성주의 예전(feminist liturgy)을 새롭게 구성하고 있다. 여성주의 예전은 여성들로 하여금 주체적으로 자신의 종교적 삶을 해석하고 경험의 의미를 형성하도록 하고 새로운 종교적 상징과 이미지들을 창조하도록 하며 그들의 신앙의 삶을 양육하고 치유한다는 점에서 교육적 의미와 중요성을 지니고 있다. 또한 새로운 교육 방법을 모색하는 데에도 많은 가능성을 제공하고 있다.

1. 여성주의 예전의 형성과 특징

1960년대 후반부터 작은 여성 공동체에서 실험적으로 시작한 여성주의 예전운동은 1980년대부터 세계적으로 확산되고 본격화되기 시작했다. 그리고 여성주의 예전학자들의 이론화 작업이 이루어지면서 여성주의 예전에 관한 많은 책들이 출판되기 시작했다.[1] 여성주의 예전운동은 기독교의 주요한 종교의식에서 여성들을 배제하고 소외시켰던 것에 대한 비판적 성찰에서 시작되었다. 여성운동을 통해 가부장적 종교와 문화의 문제점을 인식하기 시작한 여성들은 기독교 예전 안에 있는 성차별적인 의식과 제도를 개혁하기 위해 새로운 예전들을 실험적으로 만들기 시작했다. 이러한 예전의식들은 다양한 공동체에 의해 공유되고 점차 확산되었다. 아직도 여성의 사제직이 허락되지 않는 개신교의 일부 교단과 가톨릭 안에서 예전을 새롭게 변화시키는 것에는 한계가 있

---

1 여성주의 예전에 관한 대표적인 책들로는 Rosemary R. Ruether, *Women-Church* (San Francisco: Harper & Row Publishers, 1986); Marjorie Procter-Smith, *In Her Own Rite: Constructing Feminist Liturgical Tradition* (Nashiville: Abingdon Press, 1990); Barbara Ardinger, *A Woman's Book of Rituals & Celebrations* (CA: New World Library, 1992); Lesley A. Northup, ed., *Women and Religious Ritual* (Washington, DC: Pastoral Press, 1993); Marjorie Procter-Smith and Janet R. Walton, eds., *Women at Worship* (Louisville: Westminster/John Knox Press, 1993); Heather M. Elkins, *Worshipping Women: Reforming God's People for Praise* (Nashville: Abingdon Press, 1994); Janet R. Walton, *Feminist Liturgy: A Matter of Justice* (Minnesota: Liturgical Press, 2000) 등이 있다.

다고 인식한 여성들은 대안적인 여성 공동체의 형성과 새로운 상징 및 예전의 개발, 예전적 리더십의 개발을 모색하고 있다.

여성주의 예전 공동체들은 남성 중심적인 예전 전통을 비판하고 예전적 텍스트, 예전적 언어와 상징, 지도력과 관계성 등 종교적인 의식의 기본 요소에 대해 비판적으로 성찰하고 있다. 이들은 다양한 문화와 종교, 공동체의 특성에 따라 독특한 예전을 창조하고 있으며 동시에 공통의 목표를 지향한다. 여성주의 예전 공동체들은 예전적 삶을 갱신하고 여성들 사이의 국제적 연대를 형성하며 여성운동, 특히 기독교 내의 여성운동에 영향을 미치고자 한다.[2] 여성들은 새로운 텍스트, 상징, 성례전적 행위들을 창조함으로써 그동안 남성 중심적이고 배타적이었던 기독교 예전들에 새로운 가능성을 제공하고 있다. 그리고 다양하고 포괄적인 하나님 이해, 종교적인 상징과 이미지, 언어를 사용해 기독교 예전 의식을 포용적이고 예술적이고 관계적인 형태로 변화시켜나가고 있다. 다양한 공동체들에 의해 창조적이고 대안적인 형태로 개발되고 있는 여성주의 예전의 공통적인 특징은 다음과 같다.

남성 중심의 예전 전통에 대한 비판

여성주의 예전의 특징은 기독교의 남성 중심적 예전 전통을 비판하고 이를 여성신학적 입장에서 창조적으로 재건하는 것이다. 여성주의 관점에서 예전의 역사를 재조명하는 것은 젠더를 분석적 도구로서 인식하는 것이다. 예전과 관련해 여성에게 요구되어온 규정과 제한들, 예전

2 Diann L. Neu, *Women's Rites: Feminist Liturgies for Life's Journey* (Cleveland: Pilgrim Press, 2003), p. 21.

행위에서 여성의 이차적인 위치, 여성과 관련된 여러 가지 금기 사항들에 대한 역사적인 분석과 성찰 없이는 새로운 예전의 창조와 재건이 불가능하다.[3] 기독교의 예전 전통은 예전의 언어에서부터 형식에 이르기까지 철저히 남성 중심적인 문화를 대변한다. 남성 성직자들이 주도하는 예전, 남성적인 상징과 언어로 가득한 성서와 성가, 예문들, 여성에 대한 수많은 예전적 금기를 통해 여성들은 하나님과 진정한 관계를 형성하는 데 많은 어려움을 경험해왔다. 이러한 현실에 대해 로즈마리 류터(Rosemary R. Ruether)는 교회 안에서 여성들은 '언어적 빈곤과 성찬의 기근' 때문에 고통당하고 있다고 말했다. 여성들은 자신의 존재를 무시하고 조직적으로 부정하고 소외시키는 말들 속에서 더 이상 자신의 영혼을 양육할 수 없다. 류터는 여성들은 자신의 인간됨을 온전하게 긍정하고 성차별의 죄악을 폭로하고 가부장제를 넘어서 미래의 가능성을 이야기할 수 있는 생명의 말씀과 상징적 양식을 갈망하고 있다고 강조했다.[4]

여성신학적 입장에서 예전의 역사를 연구한 학자들에 따르면, 초대 기독교 전통에서는 여성들이 예전에 활발하게 참여했다. 이 시기에는 세례와 성만찬 같은 의식에서 여성에 대한 차별이나 배제가 나타나지 않았다. 오히려 초대 기독교의 박해 상황에서 여성들은 자신의 집을 비밀 예배 장소로 제공했으며 가정을 중심으로 모이는 기독교 공동체는 3세기 중후반까지 이어졌다. 여성들은 자신의 집을 모임 장소로 제공해 새로운 신앙 공동체를 형성시켜나갔을 뿐 아니라 가정교회의 후원자, 집사, 사도, 선교사로서 다양한 기능을 수행했다.[5] 또한 초대 기독교 예

3 Teresa Berger, *Women's Ways of Worship: Gender Analysis and Liturgical History* (Minnesota: Liturgical Press, 1999), pp. 5-8.

4 Ruether, *Women-Church*, pp. 4-5.

5 Berger, *Women's Ways of Worship*, pp. 12, 32-38.

전에서는 여성의 이미지와 상징들을 발견할 수 있다. 초기의 예전 전통에서 세례는 출생의 이미지와 연결되어 있었다. 시리아와 아르메니아의 세례 전통에서는 성령을 어머니의 이미지로 표현했다. 성만찬 역시 하나님의 모유와 같은 여성적인 상징들로 표현되었는데 이는 성만찬이 의미하는 예수 그리스도를 통한 하나님의 구원 행위가 양육적인 성격을 지니고 있음을 은유적으로 표현하기 위한 것이었다.[6]

여성들의 활발한 참여는 기독교가 전통적인 회당 질서에 따라 위계적인 조직과 직분을 만들면서 점차 제한을 받기 시작했고 여성들의 예전 활동은 교회의 주변부로 밀려났다. 교회는 점차 로마제국의 정치 구조를 모방하기 시작했고 결국 제국주의적 사회 구조를 형성시켜나갔다. 여성들의 소외와 주변화는 여성을 제단으로부터 점차 멀어지게 만들고 예배에서 여성의 침묵을 강화시켰다. 또한 예전에서 여성들이 노래하는 것을 금지하고 월경, 성, 출산과 관련된 금기 사항들을 다양화했으며 여러 가지 규칙들을 정교화했다. 예를 들어 월경 중인 여성은 세례를 받지 못하게 하거나 예배와 성만찬에 참여하지 못하게 하거나 제단 가까이 올 수 없게 하는 등 여러 가지 제한이 뒤따랐다. 이 과정에서 여성들의 종교적 삶은 점차 가정 내에서의 헌신과 개인적인 기도로 그 영역이 축소되기 시작했다.[7] 그 이후 기독교 안에는 여성 위의 남성, 자녀 위의 아버지, 종 위의 주인과 같은 위계 구조가 평신도와 성직자 사이의 이미지와 제도로 고착화되어왔다. 이러한 위계적인 기독교의 모습은 성령으로 충만해 새로운 세계질서를 꿈꾸던 초기 공동체와는 거리가 먼 모습이다.[8] 그러므로 여성주의 예전 공동체는 가부장적 종교, 사회제도에 의해

6 Ibid., p. 38.

7 Ibid., pp. 18, 40-41.

8 Neu, *Women's Rites*, p. 20; Ruether, *Women-Church*, pp. 11-22.

형성되고 유지되어온 위계적인 공동체의 모습을 변화시켜 평등하고 포용적인 공동체를 형성하기 위해 노력하고 있다.

예전 안의 남성 중심적 상징과 상징적 행위에 의해 끊임없는 소외와 자기부정을 경험한 여성들은 자신의 진정한 인간화와 해방을 위해서는 새로운 상징의 발견과 창조가 절실히 필요함을 인식하고 있다. 남성 언어와 이미지로 묘사된 하나님의 모습 때문에 여성들은 자신이 하나님의 형상대로 창조된 온전하고 존엄한 인간이라는 사실을 받아들이기 힘들다. 그러므로 여성신학자들은 예전에서 사용되는 언어, 상징, 이미지에 대해 철저하게 분석하고 비판적 성찰을 시도하고 있다. 마리아 해리스(Maria Harris)는 가부장적 기독교 전통을 극복하기 위해서는 예전적 애탄(ritual mourning)의 과정이 필요하다고 했다. 공동체적 애탄은 단순히 개인적으로 슬퍼하는 차원을 넘어서서 구체적인 현실에 대한 분석과 공유된 표현들을 가능하게 한다. 여성들은 자신의 자유를 억압해온 오랜 관습과 고정관념, 더 이상 의미를 제공하지 못하는 종교적인 상징과 언어를 과감하게 버리는 용기가 필요하다. 이러한 고통과 애탄의 과정이 여성들 각자가 느끼는 상실감을 넘어 공동체적으로 공유되기 위해서는 예전적 애탄의 과정이 필요하다.[9] 예전적 애탄은 여성들이 현실에 대한 분노와 슬픔을 넘어서 새로운 창조적인 행위로 나갈 수 있도록 돕는다. 이러한 창조적인 행위는 지금까지 여성들이 기독교 공동체 내에서 억압되었던 자신의 경험을 공유하고 그 경험에 종교적 의미를 부여하는 새로운 장을 여는 것이다. 남성 중심적인 예전 전통에 대한 비판은 단순히 전통에 대해 거부하는 것에서 끝나는 것이 아니라 전통을 창조적으로

9 Maria Harris, *Women and Teaching: Themes for a Spirituality of Teaching* (NY: Paulist Press, 1988), pp. 46-59.

재해석하고 변혁하는 것으로 이어져야 한다.

새로운 예전적 텍스트와 컨텍스트의 창조

여성주의 예전의 두 번째 특징은 여성들이 자신의 다양한 삶의 경험을 기독교 공동체 안에서 함께 공유하고 종교적인 경험으로 받아들일 수 있도록 새로운 예전적 텍스트(text)와 컨텍스트(context)를 재창조한다는 것이다. 여성들은 현재 삶의 이야기와 경험을 공유하고, 과거 선배 여성들의 삶의 이야기를 기억하고 새롭게 재구성함으로써 새로운 예전적 텍스트를 창조할 수 있다. 여성주의 예전의 중요성은 예전이 위로부터 오는 것이 아니라 '아래로부터의 예전(liturgies from below)'이라는 점이며 여성들의 경험이 예전의 중요한 텍스트와 컨텍스트가 된다는 사실이다.[10] 여성들의 삶의 다양성이 긍정되고 함께 공유될 수 있는 컨텍스트 안에서 여성들의 경험, 이야기, 상징, 이미지, 전통이 주요한 텍스트가 되는 것이 여성주의 예전의 특징이다.

여성들은 새로운 예전적 텍스트의 개발을 위해 무비판적으로 사용되어오던 남성 중심적인 언어와 상징, 이미지에 대한 비판과 더불어 남녀 포괄언어(inclusive language)와 새로운 이미지 및 상징을 창조하기 위해 노력하고 있다. 성서 본문과 기도, 찬송에서 하나님을 묘사하는 데 사용되는 아버지, 왕, 주인, 전사 등의 남성 언어들은 여성들이 예배의식에 온전히 참여하는 데 장애가 되어왔다. 그러므로 여성들은 하나님을 표현하는 남성적 이미지와 언어가 그들의 종교적 삶에 미친 부정적인 영향을 비판하면서 하나님의 이미지와 언어에 대한 새로운 대안을 모색하

10 Berger, *Women's Ways of Worship*, p. 130.

고 있다. 이들은 성서에 나타난 하나님의 여성적 이미지를 찾고 여성적인 은유들을 새롭게 창조하고 있다. 히브리 전통에서 소피아(Sophia)는 창조 세계 안에서 구원과 축복 활동을 하는 하나님의 여성적 이미지를 나타내고 있다.[11] 샐리 맥페이그(Sallie McFague)는 하나님에 대한 새로운 은유적인 모델로 어머니, 연인, 친구와 같은 언어를 사용해 하나님의 창조하고 보살피고 구원하고 치유하며 삶을 지탱해주는 특성을 강조했다.[12] 또한 성서와 기독교 전통 이외에도 여신 전통에서 나타나는 여성적인 신성의 모습을 찾아내는 학자들도 있다.[13]

가부장제 전통에 익숙한 여성들이 오랫동안 자신 안에 내면화되어 있는 종교적인 언어와 상징, 이미지를 거부하고 새로운 언어와 상징, 이미지를 창조하는 과정은 두렵고 혼란스러운 과정이다. 전통적인 상징과 분리되고 익숙한 상징을 상실함으로 인해 영적인 혼란을 경험하는 여성들도 있고 교회 안에서 자신을 이방인처럼 느끼는 여성들도 있다. 그러므로 전통적인 언어와 상징, 이미지를 단순히 거부하는 것에 그치지 말고 새롭고 대안적인 언어와 상징, 이미지를 적극적으로 찾아야 한다. 여성들은 자신의 경험을 바탕으로 하나님에 대한 새로운 상징과 이미지를 찾아가는 과정에서 여성의 경험을 긍정하고 양육하는 하나님의 새로운 이미지를 발견할 수 있을 것이다. 또한 여성으로서 자신의 신성함과 온

---

11 Barbara Newman, "Some Medieval Theologians and the Sophia Tradition," *Downside Review* 108 (April 1990), p. 111.

12 Sallie McFague, *Models of God* (Philadelphia: Fortress Press, 1987), pp. 97-180.

13 이에 관해서는 다음의 책들을 참고하라. Carol P. Christ, "Why Women Need Goddess: Phenomenological, Psychological, and Political Reflections," in *The Politics of Women's Spirituality*, ed. Charlene Spretnak (NY: Anchor Books, 1982), pp. 71-86; Mirian Stahawk, "Witchcraft as Goddess Religion," in *The Politics of Women's Spirituality*, ed. Charlene Spretnak (NY: Anchor Books) pp. 49-56.

전함도 깨달을 수 있게 될 것이다.

여성주의 예전 공동체는 성서 안에 나타나는 여성들의 이야기를 다시금 기억해내고 예전의 중요한 텍스트로 사용하기 위해 노력하고 있다. 성서에서 여성들의 이야기는 이미 축소되고 왜곡되었지만 그럼에도 불구하고 예언자적이고 해방적인 전통을 이어가고 있는 여성들의 이야기는 가부장제로부터의 해방을 꿈꾸는 여성들에게 새로운 희망을 주고 있다. 엘리자베스 피오렌자(Elizabeth S. Fiorenza)는 이 과정을 기억의 해석학(hermeneutics of remembrance)이라고 했다. 잊힌 선배 여성들의 이야기를 재건하는 기억의 해석학은 가부장제 전통 안에서 고통을 당하면서도 비전과 희망을 지녔던 여성들에 대한 기억을 포기하지 않는 것이다. 그리고 그 기억된 과거가 지닌 현실을 전복시키는 힘을 통해 그들의 고통을 드러내고 투쟁과 승리를 다시금 주장하는 것이다. 여성들은 성서의 공동체와 역사의 중심에 여성을 놓고 여성의 존재와 리더십에 대해 새롭게 기억해냄으로써 기독교 역사를 재건해야 한다. 기억의 해석학은 가부장적 성서 전통에 대한 기억뿐 아니라 성령의 힘에 의해 움직였던 성서 안의 여성들의 투쟁과 승리에 대한 기억을 되살리는 것이다.[14] 성서 안의 여성들, 신앙의 선배들에 대한 이야기를 다시 기억해내고 현재 여성들의 경험을 함께 이야기할 때 그동안 잊히고 침묵당해왔던 수많은 여성들의 이야기가 중요한 예전적 텍스트로 살아나게 된다.[15]

---

14 Elisabeth S. Fiorenza, "The Will to Choose or to Reject: Continuing Our Critical Work," in *Feminist Interpretation of the Bible*, ed. Letty M. Russell (Philadelphia: The Westminster Press, 1985), pp. 133-134.

15 성서의 여성들에 관해서는 다음의 책들을 참고하라. Phyllis Trible, *Texts of Terror* (Philadelphia: Fortress Press, 1984); Judette A. Gallares, *Images of Faith: Spirituality of Women in the Old Testament* (NY: Orbis Books, 1992); J. Cheryl Exum, *Fragmented Women: Feminist Subversions of Biblical Narratives* (PA:

새롭고 대안적인 텍스트들이 창조되기 위해서는 이를 가능하게 하는 예전적 컨텍스트가 무엇보다 중요하다. 여성주의 예전 공동체들은 교회에서보다 가정이나 교회 밖에서 모임을 갖는다. 그 이유는 여성주의 공동체가 교회 안의 위계적이고 수직적인 구조와 관계보다는 평등하고 수평적인 구조와 관계를 지향하기 때문이다. 또한 일상의 삶과 분리된 신성함을 추구하기보다는 일상의 경험을 존중하고 일상의 삶의 자리에서 신성함을 발견하고자 노력하기 때문이다. 자신의 삶을 공유하고 함께 축하하고 위로하고 치유할 수 있는 공간이 여성에게는 가장 의미 있는 예전적 컨텍스트가 될 수 있다. 여성주의 예전은 위계적인 질서를 상징하는 높은 제단과 일렬로 좌석을 배치하는 형식보다는 평등한 공동체를 상징하기 위해 중앙에 제단을 놓고 원형으로 모여 앉는 방식을 선호한다. 이것은 예전에 참여하는 사람들이 서로 마주보며 의식에 참여하고 종교경험을 공유할 수 있는 상징적 공간을 만들기 위함이다.[16] 여성들의 삶과 이야기, 여성들이 새롭게 창조하는 상징과 이미지들이 중요한 예전적 텍스트가 되고, 이러한 텍스트가 자유롭게 공유되고 격려될 수 있는 예전적 컨텍스트를 형성하는 것이 여성주의 예전의 중요한 특징이다.

Trinity Press International, 1993); Emily Cheney, *She Can Read: Feminist Reading Strategies for Biblical Narrative* (Pennsylvania: Trinity Press International, 1996); Margaret Hebblethwaite, *Six New Gospels: New Testament Women Tell Their Stories* (Massachusetts: Cowley Publications, 1994).

16 Dorothea McEwan, Pat Pinsent, Ianthe Pratt, and Veronica Seddon, eds., *Making Liturgy: Creating Rituals for Worship and Life* (Cleveland: Pilgrim Press, 2001), pp. 8-9.

예전의 예술적 창조성

여성주의 예전의 특징은 다양하고 창조적인 표현예술을 통해 남성 중심의 세계에서 억압되고 경시되던 새롭고 다양한 진리를 드러내는 것이다. 말씀 선포 중심의 예배에서 여성들은 단지 보고 듣는 자의 자리에 머물러 있었고, 모든 종교적 의미는 선포되는 말 속에 담겨 있었다. 그러나 여성주의 예전에서 여성들은 언어를 통해서 일방적으로 전달되는 종교적 의미보다 다양한 종교적 의미를 공유하기 위해 창조적이고 예술적인 상상력을 발휘해 새로운 형태의 예전을 창조하고 있다. 음악, 미술, 춤, 드라마, 시 등과 같은 예술 활동은 인간이 상실해가고 있는 삶의 조화와 아름다움을 회복시켜주는 영적인 경험을 제공한다. 예술적인 행위는 인간의 고뇌와 외로움, 두려움, 죄책감, 절망을 표현함과 동시에 자유, 용기, 정직함을 드러내줌으로써 인간의 경험의 가장 깊은 차원으로 인도한다.[17] 이러한 예술 행위들을 포함하는 다양한 예전 양식은 삶의 경험과 의미를 다양한 형태로 창조하고 표현할 수 있도록 여성들을 초대한다.

여성주의 예전학자 다이앤 뉴(Diann L. Neu)는 예전을 구성하는 창조적 과정을 퀼트에 비유했다. 여러 가지 조각들이 서로 연결되고 꿰매지는 창조적인 과정을 통해 독특한 조화의 아름다움을 지닌 작품으로 탄생하는 퀼트처럼 여성들이 지닌 각각의 창조성과 지혜가 서로 연결되고 통합되는 과정에서 새로운 이미지와 상징이 창조되고 그들의 삶을 진정으로 의미 있게 할 수 있는 예전이 탄생하는 것이다.[18] 그러므로 여성주

17 Kathleen R. Fischer, *The Inner Rainbow: The Imagination in Christian Life* (NY: Paulist Press, 1983), pp. 52–54.

18 Neu, *Women's Rites*, pp. 42–43.

의 예전을 구성하는 데 있어서 중요한 것은 소외되는 여성 없이 모든 여성들의 경험과 창조성이 발휘될 수 있도록 하는 것이다. 그러기 위해서는 먼저 함께 공유할 수 있는 주제를 선택하는 것이 중요하다. 그리고 그 주제를 각각의 여성들이 원하는 방식으로 다양하게 표현할 수 있도록 하는 것이다. 예전의 메시지를 시각적으로 표현할 수 있는 상징을 찾아내는 여성들, 메시지를 전달할 수 있는 음악을 선택하는 여성들, 예전을 보다 의미 있게 할 수 있는 공간을 만드는 여성들의 다양한 창조성이 예전을 풍부하게 만들 수 있다. 여성주의 예전에서는 양초, 허브, 향, 오일, 천 조각, 꽃 등 다양한 소재들이 제단을 중심으로 장식되는 경우가 많다. 이러한 소재들은 미적 · 상징적 의미를 가질 뿐 아니라 인간의 감각을 자극해 예전에 온몸으로 참여하는 것을 가능하게 한다.

여성주의 예전은 전통적인 기독교 예전에서 금기시되어왔던 여성의 몸을 예전의 한 표현 양식으로 사용한다. 여성의 육체에 대한 부정적인 이해는 예전에 참여하는 여성들의 몸을 되도록 가리도록 강요해왔으나 여성주의 예전에서는 메시지를 몸으로 표현하도록 격려한다. 몸을 통한 표현이란 음악에 맞추어 춤을 추는 동작만을 의미하는 것이 아니라 여성 자신의 몸, 감각, 감정에 대한 자유로운 움직임과 표현을 포함한다. 여성들은 그동안 억압되고 소외되어왔던 자신의 몸을 통해 종교적 경험과 믿음을 자유롭게 표현하고 공유할 수 있다. 특히 육체적이고 감정적인 상처를 경험한 여성들에게 있어서 자신의 몸을 어루만지고 치유하고 화해하는 과정은 소중한 경험이 될 수 있다.

여성들은 다양한 예전 안에서 기쁨과 고통, 용기와 두려움, 믿음과 의심 등을 각자의 창조적인 상상력을 통해 표현할 수 있다. 이 과정을 통해 일상의 경험에서 신성함을 발견하고 서로를 위로하고 격려하게 된다. 여성들의 경험을 표현하는 데 있어서 상상력이 풍부한 표현 양식은 이야기, 상징과 이미지와 같은 형태로 나타난다. 여성들의 이야기가 상징과 이미지와 행위로 표현되고 그들의 꿈이 현실로 구체화되는 예전을 통해 여성들의 경험은 새로운 예술적 창조물로 형태를 만들어간다.[19] 여성주의 예전에서 창조된 새로운 이야기, 종교적 상징, 예술적 표현은 기독교의 새로운 진리를 드러낼 수 있다.

2. 예전의 교육적 의미와 여성주의 예전

예전의 교육적 의미

기독교 예전의 다양한 차원을 고려할 때 예전을 교육적 차원으로만 축소시켜 설명하는 것은 위험한 일이지만 예전의 교육적 의미는 상당히 중요하다. 예전은 의식을 통해 기독교인의 정체성과 삶을 형성하고 신앙을 양육한다는 의미에서 구성원들에게 미치는 영향이 교육적이라고 할 수 있다.[20] 예전을 교육이나 정치적 목적을 위한 도구로 사용해서는 안 되지만 공동체의 예전은 그 자체로서 교육적 의미를 지니고 있으며 학습의 과정으로 이해할 수 있다.[21] 그러므로 교육자들은 예전이 기독교 공동체 구

---

19 Kathleen Fischer, *Women at the Well: Feminist Perspective on Spiritual Direction* (NY: Paulist Press, 1988), pp. 10-12.

20 Gwen Kenney Neville and John H. Westerhoff III, *Learning through Liturgy* (New York: Seabury Press, 1978), p. 91; Thomas H. Groome, *Sharing Faith: A Comprehensive Approach to Religious Education and Pastoral Ministry* (NY: HarperSanFrancisco, 1991), pp. 338-342.

21 예배학자 안선희는 예배를 전통적인 구분과는 달리 다섯 가지 차원으로 구분하고 있다. 다섯 가지 차원이란 정치-교육적 차원, 사회적 차원, 문화적 차원, 놀이-예전적 차원, 감성-미학적 차원이다. 다섯 가지 차원 가운데 정치-교육적 차원을 강조하는 유형

성원들의 삶을 양육하고 치유하고 용서하고 위로하고 긍정하는 하나님의 은혜에 대한 강렬한 경험이 될 수 있도록 노력해야 한다.[22] 예전에서 신성한 은혜와의 만남을 통해 자신의 삶과 세상을 비판적으로 성찰하고 삶을 변화시킬 수 있도록 돕는 것이 바로 공동체의 교육적 책임이다.

모든 인간이 전 생애를 거치며 겪게 되는 탄생부터 죽음까지의 일반적인 경험을 기독교 공동체 안에서 함께 축하하고 위로하고 나누는 예전은 개인의 경험을 종교적이고 공동체적으로 체험할 수 있는 중요한 통로가 된다. 예전의 중요한 역할은 사람들로 하여금 그들의 삶이 이미 하나님의 현존 안에 있다는 사실을 깊이 깨닫게 하는 것이다. 토마스 그룸(Thomas H. Groome)은 예전을 통해 사람들이 일상의 시간과 장소로부터 격리되어 하나님 앞으로 이끌리는 것이 아니라 일상의 시간과 장소 안에서 하나님의 현존을 깨달음으로써 일상에서 신성한 시간과 장소를 경험하게 되는 것이라고 말했다.[23] 일상에서 경험하는 신성함과 종교적 깨달음은 개인과 공동체의 삶을 끊임없이 새롭게 형성하고 변화시킬 수 있는 힘을 지닌다. 그러므로 일상의 삶과 분리되고 개인의 경험의 종교적 의미를 찾을 수 없는 예전은 형식적인 의식이 될 수밖에 없다.

종교의식이 무의미하고 형식적인 반복이 되지 않도록 하기 위해 여성들은 전통적인 예전 형식에서 벗어나 자신들의 언어와 종교적 상징, 이미지, 춤과 노래로 여성들의 경험을 함께 공유하고 종교적인 의미를 찾아가고 있다. 성서와 기독교 전통 안에서 잊힌 선배 여성들을 기억해내는 일, 여성의 다양한 몸 경험의 신성함을 축하하는 일, 상처받고 억

이 바로 학습 과정으로서 예배를 이해하는 것이다. 안선희, 「현대 예배학의 과제와 예배이해의 유형화」, 『한국기독교신학논총』 31집(2004), pp. 706-709.

22 Groome, *Sharing Faith,* p. 346.

23 Ibid., p. 351.

압당하는 여성을 치유하고 해방하는 일, 다양한 여성들 사이의 이해와 연대감을 형성하는 일을 비롯해 여성들을 위한 예전의 창조적 가능성은 무한하다. 여성주의 예전은 여성들로 하여금 단지 경험을 공유하도록 하는 것이 아니라 가부장제 문화로부터 해방되어 온전한 인간화를 이룰 수 있도록 한다. 그러므로 여성주의 예전은 여성들이 온전한 자아정체성을 형성하도록 돕고 그들의 영적 삶을 양육하고 치유하고 긍정해 온전한 인간화를 이룰 수 있도록 한다는 점에서 그 교육적 의미를 찾을 수 있다.

여성주의 예전

여성의 삶의 주기를 중심으로 하는 예전

여성주의 예전의 가장 큰 특징 가운데 하나는 여성이 경험하는 삶의 주기에 많은 관심을 기울이고 있다는 점이다.[24] 여성의 육체적 경험과 일상적 삶을 부정적으로 여겨온 기독교 전통과는 달리 여성들이 삶의 주기를 통해 겪는 일상적 경험에서 종교적 의미를 찾고 함께 공유할 수 있도록 돕는 것을 중요한 과제로 삼는다. 여성주의 공동체들은 출생부터 월경의 시작, 결혼 또는 독신 삶의 선택, 임신과 출산, 폐경, 노화의 과정을 거치는 여성의 삶의 주기가 공동체의 삶 속에서 기억되고 그 변화의 과정을 영적으로 양육하고 지지할 수 있는 예전을 개발하기 위해

24 여성의 삶의 주기를 중심으로 하는 예전서로는 다음과 같은 책들이 있다. Rosemary R. Ruether, *Women-Church* (San Francisco: Harper & Row Publishers, 1986); Marge Sears, *Life-Cycle Celebration for Women* (CT: Twenty-Third Publications, 1989); Dorothea McEwan, Pat Pinsent, Ianthe Pratt, and Veronica Seddon, eds., *Making Liturgy: Creating Rituals for Worship and Life* (Cleveland: Pilgrim Press, 2001); Diann L. Neu, *Women's Rites: Feminist Liturgies for Life's Journey* (Cleveland: Pilgrim Press, 2003).

노력하고 있다. 여성의 삶의 주기를 중심으로 하는 예전은 여성들이 자신, 타자, 하나님, 공동체와의 관계 속에서 형성해가는 다양한 육체적, 지적, 정서적, 행위적 경험의 종교적 의미를 찾아가도록 한다는 점에서 교육적으로 중요하다.

여성의 삶의 주기가 여성의 몸과 관련된 경험에만 제한된 것은 아니지만 여성의 몸과 관련된 예전에 특별히 관심을 기울이는 이유는 기독교의 예전 전통 안에 여성의 몸에 대한 억압과 비신성화가 뿌리 깊게 자리 잡고 있기 때문이다. 여성을 예전에서 소외시킨 가장 큰 이유가 바로 여성의 육체성에 대한 기독교의 부정적 이해 때문이다. 여성들이 함께 월경의 시작을 축하하고 출산을 기뻐하며 유산의 아픔을 위로하고 폐경을 축하하는 것은 전통적인 예전에서는 상상하기 힘든 일이다. 여성의 몸을 둘러싼 경험은 여성이 자신의 정체성을 형성시켜나가는데 결정적인 경험이며, 이러한 경험은 단순한 몸의 경험이 아니라 중요한 영적 경험이 된다. 따라서 여성주의 예전은 여성들이 자신의 몸의 신성함을 깨닫고 몸 경험의 영적 의미를 발견함으로써 몸을 긍정하는 영성을 발전시킬 수 있도록 돕는다.

여성들을 위한 예전서들은 대부분 월경에 관한 특별한 예전을 구성하고 있다. 그 이유는 여성의 월경과 관련된 종교적 금기와 부정적 해석으로 인해 가부장적 기독교 전통에서 여성을 예전으로부터 소외시켜왔기 때문이다. 여성주의 예전학자들은 월경의 경험을 통해 여성들이 그들의 창조적이고 신성한 힘을 발견하도록 하고, 월경을 명상과 영적 충전의 시간으로 경험하도록 하고, 더 나아가 여성들 사이의 자매애를 형성하도록 돕기 위해 노력하고 있다.[25] 또한 임신과 출산의 영적 의미를

---

25 Ruether, *Women-Church*, pp. 217-222; Neu, *Women's Rites*, pp. 133-159.

발견하도록 돕는 예전들도 개발하고 있다. 불행하게도 기독교 전통에서는 여성의 출산의 고통을 인류의 타락의 결과로 이해해 여성들이 지닌 창조적 능력을 약화하거나 비하해왔다. 또한 여성의 몸을 통해 이루어지는 생명 탄생의 신성함은 남성 사제들에 의한 세례의식을 강조하는 기독교 성례전 전통으로 인해 그 의미가 축소되어왔다.[26] 그러나 여성에게 임신과 출산의 경험은 새로운 생명체가 몸 안에서 자라고 있다는 신비한 경험임과 동시에 하나님의 특별한 축복과 보호를 경험하게 되는 일이다.[27] 또한 하나님의 형상대로 지음 받은 여성이 하나님의 창조적 속성을 닮은 존재임을 확인하는 소중한 경험이 된다.

여성주의 예전학자들은 임신과 출산을 선택한 여성을 위한 예전뿐 아니라 결혼, 독신생활, 여성의 재생산 능력과 관련된 다양한 선택의 가능성을 인정하고 이를 다양한 방식으로 긍정하는 예전을 개발하기 위해 노력하고 있다.[28] 이 외에도 폐경과 질병, 노화의 의미 등과 관련한 많은 예전들을 개발하고 있다. 여성의 생산 능력을 중시하는 가부장제 사회에서 생산 능력의 상실을 의미하는 폐경은 여성에게 힘든 과정이 될 수 있다. 그러므로 여성들이 신체적인 생산 능력을 넘어서서 자신의 창조적인 힘과 능력을 믿고 그 능력을 발전시키도록 서로를 북돋아 줄 수 있는 예전이 필요하다. 특히 노년기에 접어든 여성들을 위해서는 그들의 삶의 지혜를 긍정하고 공동체를 위한 영적인 지도자이자 멘토로서의 역할을 할 수 있도록 격려하는 예전도 필요하다.[29]

---

26 Neu, *Women's Rites,* pp. 15-16.

27 Carol Wallas LaChance, *The Way of the Mother* (Rockport, Mass.: Element Books, 1991), p. 13.

28 Ruether, *Women-Church,* pp. 220-203; Neu, *Women's Rites,* pp. 195-231; McEwan, Pinsent, Pratt, and Seddon, *Making Liturgy,* pp. 173-176.

29 Ruether, *Women-Church*, pp. 204-213; Neu, *Women's Rites,* pp. 160-189.

기독교교육은 명상, 기도, 이야기 나눔, 춤, 음악, 미술작품 등이 어우러진 다양한 형태의 여성주의 예전을 통해 여성의 삶의 주기를 축하하고 격려하고 위로해야 한다. 여성들은 이러한 예전을 창조하고 그 예전에 참여함으로써 일상의 경험의 신성함과 종교적 의미를 깨닫고 성숙한 영적 삶을 살 수 있게 될 것이다. 더 이상 여성들의 경험이 사적이고 비종교적인 영역으로 그 의미가 축소되거나 왜곡되지 않도록 여성의 삶의 주기에 따른 다양한 예전을 개발하는 것이 필요하다.

여성의 삶의 위기를 중심으로 하는 예전

여성주의 예전에서 나타나는 중요한 특징은 여성의 삶에서 경험하는 여러 가지 위기와 고통의 경험을 함께 위로하고 치유하고자 노력하는 것이다. 여성주의 예전은 유산, 낙태, 이혼, 사랑하는 사람의 죽음, 가정이나 직장에서의 폭력, 성폭력 등 여성들이 경험하는 다양한 형태의 위기와 고통을 주제로 삼아 예전을 구성하고 실행하고 있다.[30] 이러한 위기와 고통은 여성들의 삶에 큰 상처를 남기는 동시에 종교적으로도 심각한 위기와 도전이 된다. 그러나 기존의 기독교 예전에서는 이러한 위기와 고통이 중요하게 다루어지지 않았다. 여성들이 경험하는 위기와 폭력적 상황은 단순한 화해와 용서의 의식으로는 해결될 수 없다. 삶의 위기에 직면한 여성의 두려움과 고통에 대해 공감하고 그 고통을 극복할 수 있도록 치유를 돕는 과정이 필요하다. 치유의 예전을 통해 두려움과 수치로 가득 찬 경험이 치유되고 다시금 자신을 긍정하고 사랑하며 하나님과의 관계를 회복하는 과정이 필요한 것이다.

---

30 여성들이 경험하는 다양한 폭력으로부터의 치유를 위한 예전에 관해서는 다음의 책들을 참고하라. Ruether, *Women-Church*, pp. 149-181; Walton, *Feminist Liturgy*, pp. 61-64; Neu, *Women's Rites*, pp. 235-274.

삶의 위기에 직면한 사람은 자신의 가치를 결정하던 일상적인 준거를 상실하거나 자아의식이 빈약해지면서 삶의 통제력을 상실하게 된다. 치유의 예전은 위기를 회피하거나 자신을 자책하는 데 머물러 있는 여성들이 문제를 대면하고 주체적으로 자신의 창조적 힘과 가능성을 발견할 수 있도록 돕기 위한 것이다. 여러 가지 폭력적이고 고통스러운 경험은 여성들로 하여금 육체적, 정신적, 영적 위기를 경험하게 한다. 이러한 고통의 경험과 위기를 극복하는 과정에서 전통적인 기독교와 현대의학은 여성을 수동적인 치유의 대상으로 여기고 남성 성직자나 의사, 전문 상담가가 위기의 극복과 치유의 과정을 주도하는 형식을 띠었다. 여성은 자신의 위기와 고통을 스스로 인식하고 표현하고 주체적으로 대면하기보다는 소위 '남성 전문가'라고 불리는 사람들의 판단과 처방에 의존하는 경향이 있었다. 이 과정에서 여성은 성폭력이나 가정폭력과 같이 자신의 책임이 아닌 상황에 대해서도 심한 죄책감, 수치심, 자존감의 상실을 경험하는 경우가 많았다.[31] 여성주의 예전은 여성들이 경험하는 위기를 여성 스스로 표현하고 분석하고 극복할 힘을 기르고 서로를 위로하고 치유할 수 있도록 돕는다. 그리고 여성이 느끼는 분노, 좌절, 증오심 등을 솔직하게 표현할 수 있는 용기와 자유를 격려하고, 이렇듯 솔직한 감정의 표현을 통해 스스로 용서하고 화해할 부분을 선택하고 부정적인 힘을 긍정적인 힘으로 변화시킬 수 있도록 한다.

여성들이 삶의 위기에 직면했을 때 가장 심각하게 느끼는 종교적 갈등은 바로 하나님의 존재에 관한 것이다. 특히 예기치 못한 폭력적 상황에서 상처를 입은 여성은 감당할 수 없는 폭력의 상황에서 침묵한 하나님에 대한 원망과 분노로 신앙의 위기를 맞게 된다. 이러한 여성을 위해

31 Ruether, *Women-Church*, pp. 149-152.

서는 하나님과 인간 사이의 깨어진 관계가 회복되고 분노와 좌절이 치유될 수 있도록 돕는 예전이 절실히 필요하다. 삶의 위기에서 예전의 중요한 역할은 바로 위기 가운데 인간의 고통에 함께 아파하는 하나님의 연민과 사랑을 경험하도록 돕는 것이다. 피할 수 없는 위기 가운데서 하나님의 현존을 경험하고 그 종교적 의미를 찾아가는 과정이 바로 영적 순례의 길이 되는 것이다.[32] 위기의 경험은 기존의 하나님 이해에 새로운 도전을 가져올 수 있으며 그러한 위기와 도전의 경험을 통해 하나님과의 성숙한 관계를 형성할 수 있는 가능성이 열리는 것이다. 그러므로 기독교교육은 삶의 위기를 중심으로 구성되는 예전을 통해서 여성들이 위기로 인해 영적 침체를 경험하지 않고 오히려 이러한 위기를 영적 성숙의 기회로 삼을 수 있도록 도와야 한다.

공동체적 위기를 중심으로 하는 예전

여성주의 예전은 여성 개인의 고통과 위기뿐 아니라 많은 여성들의 삶을 위기로 몰아가는 사회적, 정치적, 경제적 부정의와 불평등의 문제, 여성들에게 가해지는 집단 폭력의 문제, 여성뿐 아니라 여러 소수자들의 인권 문제, 생태계의 위기 등 폭넓은 공동체적 위기에 관심을 기울인다. 여성들은 전 지구적 공동체가 직면하고 있는 위기에 대한 의식을 공유하고 고통에 공감하면서 문제를 극복하기 위해 연대하고 실천하는 의식들을 행하고 있다.

공동체의 위기는 특정한 사람들에게만 책임이 있는 것이 아니라 그 공동체에 속한 모든 사람들의 공동 책임이다. 그러므로 공동체가 직면

---

32 Evelyn E. Whitehead and James D. Whitehead, *Christian Life Patterns: The Psychological Challenges and Religious Invitations of Adult Life* (NY: Crossroad, 2001), pp. 58-70.

한 위기의 원인에 대해 함께 참회하고 고통당하는 사람들에 대해 연민을 느끼고 그 고통의 책임을 함께 감당하고자 결단하는 의식이 필요하다. 예를 들어, 로즈마리 류터는 기독교인들 사이의 분열의 죄와 여성, 성적 소수자, 인종적 소수자, 가난한 자들을 적대시한 죄에 대한 공동체적 고백과 정의를 위해 결단하는 예전들을 제안했다.[33] 현재 한국 사회는 여러 가지 공동체적 위기에 직면해 있다. 물질 만능주의와 성공 제일주의에 빠져 과정보다 결과만을 중시하는 풍조 속에 부정, 부패, 도덕적 불감증이 만연하고 사회 전반은 심각한 위기에 직면하고 있으며 사람들은 패배주의와 냉소주의에 빠져 있다. 기독교는 사회적 위기에 올바른 종교적 책임을 다하지 못하고 오히려 사회적인 냉소의 대상이 되고 있다. 여성들은 자신이 속해 있는 사회와 신앙 공동체가 직면한 위기 상황에 대한 올바른 인식을 바탕으로 공동체가 함께 집단적 죄악을 참회하고 변혁을 위한 실천을 하도록 도울 수 있는 다양한 예전을 개발하는 것이 필요하다. 공동체적 위기를 극복하기 위한 예전은 슬픔과 고통에 대한 공감의 차원을 넘어서 그 고통의 원인에 대한 명확한 인식과 그러한 고통이 더 이상 반복되지 않도록 현실을 변화시키고자 하는 실천적인 결단을 이끌어낼 수 있어야 한다.

여성주의 예전은 자신이 속한 지역 공동체의 위기뿐 아니라 전 세계가 직면한 위기에 대해서도 인식하게 하고 전 지구적 차원에서 여성들의 연대를 가능하게 한다. 류터는 여성 공동체가 함께 기억하고 참여하기 위한 예전으로 다음의 몇 가지를 제시했다. 예를 들어 1980년 엘살바도르에서 해방운동에 참여했다가 군인들에 의해 강간당하고 살해된 4명의 여성들을 기억하는 예전이나, 나치에 의해 자행된 유태인 대학살

33 Ruether, *Women-Church*, pp. 243-258.

을 기억하는 예전이다.[34] 역사 속에서 자행된 폭력적 사건들에 대한 기억은 이러한 폭력이 다시는 반복되지 않아야 한다는 참회와 더불어 정의를 위한 연대를 요청한다. 여전히 세계 곳곳에서는 여성들의 기본적인 인권이 침해되고 참혹한 폭력과 인신매매가 자행되고 있다. 여성의 학교교육을 금지하는 것에 저항하며 교육받을 권리를 주장하다가 2012년 10월, 탈레반의 총격을 받았던 파키스탄의 소녀 말랄라 유사프자이(Malala Yousafzai) 사건을 비롯해, 2014년 4월에는 나이지리아 과격 이슬람 단체가 기숙학교에 있던 276명의 여학생들을 납치하는 사건이 일어났다. 여학생들을 납치한 이들은 여성에 대한 교육을 반대하는 집단 소속으로 납치한 소녀들을 노예로 팔거나 강제 결혼을 시키겠다고 협박했다. 이 어린 소녀들이 겪는 억압과 차별, 폭력은 세계 모든 여성들이 공동체적인 위기의식을 가지고 함께 저항하고 이를 저지하기 위해 연대해야 하는 문제이다.

기독교 여성들의 글로벌 네트워크가 형성되고 인터넷을 통한 정보의 공유가 쉽고 빨라지면서 각 나라의 여성들의 문제는 더 이상 지역적인 문제로 남아 있지 않고 세계 모든 여성들이 함께 고통을 공유하고 변화를 위해 연대할 수 있는 문제가 되었다. 여성들이 각기 처한 특수한 지역적 상황 속에서 창조적으로 개발하고 있는 예전의 주제와 양식들은 다른 문화와 국가의 여성들이 함께 사용할 수 있는 풍부한 자원이 되고 있으며 동시에 세계 여성들이 서로 지지하고 연대할 수 있는 자매애를 형성할 수 있도록 돕는다.[35] 각 지역의 특수성에 따른 다양성에도 불구

34 Ibid., pp. 229-234, 260-266.

35 테레사 버거(Teresa Berger)는 세계 14개 나라에서 다양한 기독교 여성 공동체가 행하고 있는 예전들을 모아 책으로 출판했다. 이 책에서는 각 나라의 여성주의 예전 공동체의 형성 배경, 예전적 컨텍스트의 특성 등을 설명하고, 공동체에서 행한 대표적인 예전을

하고 여성주의 예전은 여성이기에 경험하는 다양한 차별, 폭력, 억압의 경험에 대한 문제의식과 저항의식을 내포하고 있기 때문에 각 공동체의 위기뿐 아니라 전 지구적 위기에 대해 여성들이 함께 공감하고 연대할 수 있는 가능성을 제공하고 있다.

예전적 리더십의 개발과 예전 공동체의 형성

여성주의 예전에서 여성들은 단지 적극적인 참여자로서가 아니라 진정한 의미에서 새로운 예전을 창조하고 이끌어가는 예전의 주체로서 성장할 수 있게 된다. 주로 남성 성직자들이 주도하는 종교의식에서 보고 듣는 소극적이고 수동적인 참여자로 머물러 있으면서 자신의 영적 능력과 지도력을 발휘할 기회를 갖지 못했던 여성들이 예전의 주체로서 성장할 수 있다는 것은 교육적인 의미가 크다. 기독교교육은 여성들이 잠재된 능력을 신앙 공동체를 위해 발휘할 수 있도록 기회를 제공해야 한다. 이러한 의미에서 여성 목회자뿐 아니라 평신도 여성들이 예전적 리더십을 개발할 수 있도록 교육하고 다양한 예전 공동체를 형성하도록 돕는 것은 중요한 교육적 사명이다.

기독교의 예전 전통에서 여성들의 소외경험은 성직자 중심의 예배의식과 성직에서의 여성의 배제와 관련된다. 성직자 중심주의는 성직자와 평신도 사이의 위계질서를 만들고 평신도는 성직자가 인도하는 예배와 성례전에 수동적으로 참여하도록 하는 의존적인 신앙 형태를 만들고 있다. 그러므로 대다수의 여성 평신도들은 교회 안에서 자신의 재능과 능력에 따라 예배를 구성하고 참여할 수 있는 리더십을 개발할 기회를 얻

하나씩 소개하고 있으며 한국의 여성교회에 대한 내용도 포함되어 있다. Teresa Berger, ed., *Dissident Daughters: Feminist Liturgies in Global Context* (Louisville: Westminster John Knox Press, 2001).

지 못한다. 여성들은 남성 중심적이고 위계적인 질서를 강조하는 예배 의식과 리더십을 비판하고 여성과 평신도의 적극적 참여를 가능하게 하는 대안적 리더십을 모색해야 한다. 레티 러셀(Letty M. Russell)은 예수의 부르심과 성령의 은사를 따르는 여성주의 리더십의 특징을 몇 가지 제시했다. 러셀에 따르면, 여성주의 리더십은 공동체를 위해 존재하고 공동체의 요구를 위해 봉사하는 포용적 리더십, 파트너십을 통해 공동체를 유지하는 리더십, 구성원의 언어, 문화, 역사, 개인적 재능을 가치 있게 여기는 리더십, 다양성을 수용하면서 특히 억압받고 소외된 사람들과 연대하는 리더십이다.[36] 여성들은 권위적이고 위계적인 성직자 중심의 예전 전통을 극복하고 포용적이고 관계적이고 창조적인 리더십을 개발해 예전을 새롭게 구성하고 실행해야 한다.

여성의 예전적 리더십을 개발하기 위해서는 여성들이 자신의 능력과 잠재력을 발견하고 확신할 수 있도록 격려하는 의식화 과정이 필요하다. 초대 기독교 공동체에서 여성들이 각자 받은 성령의 은사에 따라 공동체를 위해 일했던 것처럼 여성들은 자신이 가진 능력과 지혜를 신뢰하고 리더십을 개발해 자신이 속한 공동체를 위해 일해야 한다. 캐롤 헤스(Carol L. Hess)에 따르면, 많은 여성들이 자신의 능력과 잠재력에 대해 신뢰하지 못하고 자기의심에 사로잡혀 있다. 헤스는 여성들의 이야기가 존중되고 도전이 격려되며, 여성들이 정직한 목소리를 내고 자기확신과 자아존중을 형성시킬 수 있도록 돕는 공동체가 절실히 필요하다고 주장했다.[37] 이러한 이유에서 여성들이 예전적 리더십과 힘을 키울 때까지

36 Letty M. Russell, *Church in the Round: Feminist Interpretation of the Church* (Kentucky: Westminster/John Knox Press, 1993), pp. 67-71.

37 Carol L. Hess, *Caretakers of Our Common House: Women's Development in Communities of Faith* (Nashville: Abingdon Press, 1997), p. 146.

기존 교회로부터 잠정적으로 분리된 여성 공동체가 필요하다고 주장하는 학자들도 있다. 류터는 이를 '가부장제로부터의 출애굽(exodus from patriarchy)'이라고 상징적으로 표현하고 분리된 여성 공동체를 '여성교회(Women-Church)'라고 불렀다.[38] 여성들은 오랜 가부장적 종교 전통에 의해 여성의 종교적 권위와 능력을 신뢰하지 못하고 서로에 대한 불신과 비하에 익숙해져 있기 때문에 남성 중심의 제도로부터 분리되어 여성들만 모이는 공동체에서 자유롭게 리더십과 힘을 기르자는 주장이다. 이러한 주장에 힘입어 세계 여러 나라에서 여성 공동체가 형성되고 그 안에서 여성 각자가 영적 잠재력과 은사를 자유롭게 발휘해 새로운 예배를 구성하고 대안적인 예배 문화를 형성하고 있다. 한국의 '여성교회'에서도 여성들의 다양한 목소리와 경험을 반영해 주체적이고 창조적으로 예배를 구성하고 다양한 예배 자료, 기도 자료, 음악 자료, 드라마 예배 자료 등을 출판하고 있다.[39]

여성주의 예전 공동체에서 여성들은 예전의 창조자일 뿐 아니라 새로운 전통을 전수할 사명을 지닌 전수자이다. 신앙 공동체 안에서 예전이 지닌 중요한 의미는 공동체 구성원들에게 신앙을 전수하는 것이므로 여성들은 위계적이고 권위적인 방식을 통한 전수가 아닌 서로를 해방시키고 치유하는 과정에서 신앙을 전수하는 전수자의 역할을 해야 한다. 여성들이 새롭게 구성하는 예전에서는 성직자 중심의 예배로 인해 참여가 제한되었던 평신도들이 적극적으로 참여할 수 있는 길이 열리고 성

---

38 Ruether, *Women-Church,* p. 5.

39 예배 자료로는 『공동체를 창조하는 예배』, 『여성들의 이야기예배』, 『새날을 준비하는 여성교회』, 『작은 자와 함께 하는 여성교회』, 기도 자료로는 『여성기도』, 음악 자료로는 『우리찬송가』, 드라마 예배 자료로는 『한국여성예수』, 『베데스다는 흐른다』 등이 있다.

직자와 평신도 사이의 위계적인 질서가 사라질 수 있도록 노력해야 한다. 여성들의 예전은 공동체 구성원들이 각자의 재능과 능력을 발휘해 예전 구성에 함께 참여하고 창조해가는 과정을 중시한다. 여성들의 다양성과 창조성을 긍정하며 서로의 이야기에 마음을 열고 서로의 경험을 축하하고 격려하고 위로하는 예전을 만들어가는 과정 그 자체가 여성들에게는 의미 있는 일이며 서로의 영적 성숙을 북돋아 주는 길이다. 예전은 여성들이 경험하는 다양한 위기와 갈등, 기쁨과 절망을 함께 나누고 종교적 의미를 같이 찾아가도록 격려하는 중요한 교육의 장이 될 수 있다. 그러므로 기독교교육은 여성 목회자뿐 아니라 평신도 여성들이 예전적 리더십을 발달시킬 수 있도록 교육 프로그램을 개발하고 다양한 주제별, 연령별 예전 공동체를 형성하기 위해 노력해야 한다.

| 참고문헌 |

강희천(1999). 『기독교교육의 비판적 성찰』. 서울: 대한기독교서회.

김성재(1988). 『분단현실과 기독교 민중교육』. 서울: 한국신학연구소.

김용선(1991). 『상상력을 위한 교육학』. 서울: 인간사랑.

디에스, 펠리시시오 마르티네스(2008). 『수도생활의 재발견』. 안소근 역. 서울: 분도출판사.

문동환(1985). 『아리랑 고개의 교육』. 서울: 한국신학연구소.

______(1997). 『생명공동체와 기화교육』. 서울: 한국신학연구소.

몰트만, J.(2000). 『생명의 샘: 성령과 생명신학』. 이신건 역. 서울: 대한기독교서회.

박성연 외(2003). 『부모교육』. 서울: 교육과학사.

박아청(2000). 『사춘기의 이해』. 서울: 교육과학사.

박진규(2002). 『청소년문화』. 서울: 학지사.

박혜경(2013). 「잠언 8장의 여성 지혜와 안병무의 『선천댁』에 대한 해석학적 대화」. 『신학사상』 63집.

백은미(2003). 「한국교회 급성장 시기의 여성교육과정에 대한 분석: 1960-1980년대 여전도회 또는 여선교회 교육과정을 중심으로」. 『여성신학논집』 3집.

______(2008). 「대중문화에 대한 미디어 리터러시를 위한 청소년 교육목회」. 『한국기독교신학논총』 58집.

서남동(1983). 『민중신학의 탐구』. 서울: 한길사.

손승영 외(2001). 『청소년의 일상과 가족』. 서울: 미래인력연구센터.

______(2002). 『오늘, 청소년의 성을 읽다』. 서울: 지식마당.

아빌라의 테레사(2011). 『내면의 성』. 황혜정 역. 서울: 요단출판사.

안귀덕 외(1998). 『한국청소년문화』. 서울: 한국정신문화연구원.
안병무(1988). 『민중신학이야기』. 서울: 한국신학연구소.
안선희(2004). 「현대 예배학의 과제와 예배이해의 유형화」. 『한국기독교신학논총』 31집.
이경숙(1994). 『구약성서의 여성들』. 서울: 대한기독교서회.
이경숙 외(2001). 『한국 생명 사상의 뿌리』. 서울: 이화여자대학교출판부.
이연옥(1993). 『교회 여성 지도자』. 서울: 쿰란출판사.
이우정(1985). 『한국기독교 여성 백년의 발자취』. 서울: 민중사.
이우정 편(1985). 『여성들을 위한 신학』. 서울: 한국신학연구소.
이우정 · 이현숙(1989). 『한국기독교장로회 여신도회 60년사』. 서울: 한국기독교장로회 여신도회 전국연합회.
이해진(2009). 『청소년을 위한 양성평등 이야기』. 서울: 파라주니어.
조성남 외(2002). 『청소년의 하위문화와 정체성』. 서울: 집문당.
주선애(1979). 『장로교 여성사』. 서울: 예수교장로회 여전도회 전국연합회.
차경수(1996). 「2020년, 청소년의 병리: 학업문제」. 『2020년, 우리 청소년의 모습은?』. 사회정신건강연구소 편. 서울: 사회정신건강연구소.
최만자(2005). 『여성의 삶, 그리고 신학: 1980-1990년대 한국여성신학의 주제들』. 서울: 대한기독교서회.
최영실(1997). 『신약성서의 여성들』. 서울: 대한기독교서회.
클리프트, W. B.(1984). 『융의 심리학과 기독교』. 이기춘 · 김성민 역. 서울: 대한기독교출판사.
파튤라, 매리 앤(1997). 『시에나의 성녀 가타리나의 가르침』. 성도미니꼬선교수녀회 역. 서울: 분도출판사.
한국여성개발원 편(1993). 『여성노인』. 서울: 한국여성개발원.
한국여성신학회 편(1994). 『한국 여성의 경험』. 서울: 대한기독교서회.
______(1995). 『성서와 여성신학』. 서울: 대한기독교서회.
한국여신학자협의회 편(1983). 『한국 여성신학의 과제』. 서울: 한국기독교가정생활협회.
______(1990). 『한국여성신학 10년』. 서울: 한국여신학자협의회.
______(1991). 『함께 참여하는 여성신학』. 서울: 대한기독교서회.
______(1994). 『새롭게 읽는 성서의 여성들』. 서울: 대한기독교서회.
한국청소년개발원 편(2005). 『청소년문화론』. 서울: 교육과학사.
함석헌(2009). 『들사람 얼』. 서울: 한길사.

홀, C. S. 편(1985). 『융 심리학 입문』. 최현 역. 서울: 범우사.

홍숙자(2001). 『노인학 개론』. 서울: 도서출판 하우.

힐데가르트 폰 빙엔(2011). 『세계와 인간: 하느님의 말씀을 담은 책』. 이나경 역. 서울: 올댓컨텐츠.

Kohlberg, Lawrence (2000). 『도덕발달의 심리학』. 김민남 · 진미숙 역. 서울: 교육과학사.

______ (2000). 『도덕발달의 철학』. 김민남 · 진미숙 역. 서울: 교육과학사.

Muhlbauer, Varda · Joan C. Chrisler (2011). 『심리학으로 바라본 중년여성의 심리』. 김종남 역. 서울: 학지사.

Alcoff, Linda and Elizabeth Potter, eds. (1993). *Feminist Epistemology*. NY: Routledge.

Amirtham, Sam (1989). *Stories Make People*. Geneva: WCC Publications.

Antone, Hope S. (2003). *Religious Education in Context of Plurality and Pluralism*. Philippines: New Day Publishers.

Ardinger, Barbara (1992). *A Woman's Book of Rituals & Celebrations*. CA: New World Library.

Bausch, William J. (1984). *Storytelling: Imagination and Faith*. CT: Twenty-Third Publications.

Belenky, Mary F., Blythe M. Clinchy, Nancy R. Goldberger, and Jill M. Tarule (1986). *Women's Ways of Knowing: The Development of Self, Voice, and Mind*. New York: Basic Books.

Berger, Teresa (1999). *Women's Ways of Worship: Gender Analysis and Liturgical History*. Minnesota: Liturgical Press.

Berger, Teresa, ed. (2001). *Dissident Daughters: Feminist Liturgies in Global Context*. Louisville: Westminster John Knox Press.

Bonhoeffer, Dietrich (1954). *Life Together*. NY: Harper & Row.

Borresen, Kari Elisabeth (1981). *Subordination and Equivalence*. trans. Charles H. Talbot. Washington, D.C: University Press of America.

Boys, Mary (1989). *Educating in Faith: Maps and Visions*. San Francisco: Harper & Row Publishers.

Brock, Rita N. (1995). "The Greening of the Soul: A Feminist Theological Paradigm of the Web of Life." In *Setting the Table: Women in Theological*

Conversation, ed. Rita N. Brock. Missouri: Chalice Press.

Brown, Robert M. (1988). *Spirituality and Liberation*. Louisville: Westminster Press.

Brueggemann, Walter (1978). *The Prophetic Imagination*. Philadelphia: Fortress Press.

Bryant, Lynn Ross (1981). *Imagination and the Life of Spirit*. CA: Scholar Press.

Bushnell, Horace (1861). *Christian Nurture*. Michigan: Baker Book House.

Cheney, Emily (1996). *She Can Read: Feminist Reading Strategies for Biblical Narrative*. Pennsylvania: Trinity Press International.

Chodorow, Nancy (1978). *The Reproduction of Mothering*. Berkely: University of California Press.

Christ, Carol P. (1980). *Diving Deep and Surfacing*. Boston: Beacon Press.

______ (1982). "Why Women Need Goddess: Phenomenological, Psychological, and Political Reflections." In *The Politics of Women's Spirituality*, ed. Charlene Spretnak. NY: Anchor Books.

Clarke, Laura H. (2011). *Facing Age: Women Growing Older in Anti-Aging Culture*. MD: Rowman & Littlefield Publishers.

Cobb, John B. Jr. and David R. Griffin (1976). *Process Theology*. Philadelphia: The Westminster Press.

Coe, George A. (1917). *A Social Theory of Religious Education*. NY: Charles Scribner's Sons.

Cohler, Bertram J. (1982). "Personal Narrative and Life Course." In *Life-Span Development and Behavior*, eds. Paul B. Baltes and Orville G. Brim, Vol. 4. NY: Academic Press.

Coleman, Earle J. (1998). *Creativity and Spirituality: Bonds between Art and Religion*. NY: State University of New York Press.

Coleman, Monica A. (2008). *Making a Way Out of No Way: A Womanist Theology*. Minneapolis: Fortress Press.

Conn, Joann Wolski, ed. (1986). *Women's Spirituality*. NY: Paulist Press, 1986.

Crawford, Mary (2006). *Transformations: Women, Gender, Psychology*. NY: McGraw-Hill.

Crockett, Joseph V. (1990). *Teaching Scripture from an African-American Perspective*. TN: Discipleship Resources.

Cully, Iris V. (1984). *Education for Spiritual Growth.* San Francisco: Harper & Row Publishers.

Daly, Mary (1973). *Beyond God the Father.* Boston: Beacon Press.

Denmark, Forence, V. Rabiniwitz, and J. Sechzer (2000). *Engendering Psychology.* MA: Allyn & Bacon.

Dewey, Joanna (1996). "From Storytelling to Written Text: The Loss of Early Christian Women's Voices." *Biblical Theology Bulletin* 26.

Douglas. Mary (1966). *Purity and Danger.* London: Routledge & Kegan Paul.

Downing, Christine (1992). *Women's Mysteries.* NY: Crossroad Publishing.

Edelstein, Linda N. (1999). *The Art of Midlife: Courage and Creative Living for Women.* Westport, CT: Bergin & Garvey.

Eisner, Elliot (1979). *The Educational Imagination.* NY: Macmillan.

Elkind, D. (1972). *Children and Adolescents.* NY: Oxford University Press.

Elkins, Heather M. (1994). *Worshipping Women: Reforming God's People for Praise.* Nashville: Abingdon Press.

Engel, Beverly (2008). *The Nice Girl Syndrome.* NJ: John Wiley & Sons, Inc.

Erikson, Erik H. (1963). *Childhood and Society.* NY: W. W. Norton & Company.

______(1968). *Identity: Youth and Crisis.* NY: W. W. Norton & Company.

______(1980). *Identity and the Life Cycle.* NY: W. W. Norton & Company.

______(1997). *The Life Cycle Completed.* NY: W. W. Norton & Company.

Essex, Barbara J. (1999). *Bad Girls of the Bible: Exploring Women of Questionable Virtue.* Ohio: United Church Press.

Exum, J. Cheryl (1993). *Fragmented Women: Feminist Subversions of Biblical Narratives.* PA: Trinity Press International.

Fabella, Virginia, Peter K. H. Lee and David Kwang-sun Suh, eds. (1992). *Asian Christian Spirituality.* New York: Orbis Books.

Fahs, Sophia L. (1945). *A New Ministry to Children.* Boston: Council of Liberal Churches.

______(1952). *Today's Children and Yesterday's Heritage.* Boston: The Beacon Press.

Fiorenza, Elisabeth S. (1983). *In Memory of Her: A Feminist Theological Reconstruction of Christian Origins.* NY: Crossroad.

______(1984). *Bread Not Stone.* Boston: Beacon.

______(1992). *But She Said: Feminist Practices of Biblical Interpretation.* Boston: Beacon Press.

______(1995). *Jesus: Miriam's Child, Sophia's Prophet.* NY: Continuum.

______(1998). *Sharing Her Word: Feminist Biblical Interpretation in Context.* Boston: Beacon Press.

Fischer, Kathleen R.(1983). *The Inner Rainbow: The Imagination in Christian Life.* NY: Paulist Press.

______(1988). *Women at the Well: Feminist Perspective on Spiritual Direction.* NY: Paulist Press.

______(1990). *Reclaiming the Connections: A Contemporary Spirituality.* MO: Sheed & Ward.

______(1995). *Autumn Gospel: Women in the Second Half of Life.* NY: Paulist Press.

______(1996). *Moving On: A Spiritual Journey for Women of Maturity.* London: Society for Promoting Christian Knowledge.

______(1998). *Winter Grace: Spirituality and Aging.* Nashville: Upper Room Books.

Formanek, Ruth and Anita Gurian, eds.(1987). *Women and Depression: A Lifespan Perspective.* NY: Springer Publication. Co.

Foster, Charles R., ed.(1991). *Ethnicity in the Education of the Church.* GA: Peerless Printing.

Foster, Richard J.(1978). *Celebration of Discipline: The Path to Spiritual Growth.* NY: Harper & Row.

Fowler, James W.(1981). *Stages of Faith: The Psychology of Human Development and the Quest for Meaning.* San Francisco: Harper & Row.

______(1987). *Faith Development and Pastoral Care.* Philadelphia: Fortress Press.

______(1991). *Weaving the New Creation: Stages of Faith and the Public Church.* San Francisco: HarperSanFrancisco.

______(1996). *Faithful Change: The Personal and Public Challenges of Postmodern Life.* Nashville: Abingdon Press.

Freire, Paulo (2002). *Pedagogy of the Oppressed.* New York: Continuum.

Gafney, Wilda C.(2008). *Daughters of Miriam: Women Prophets in Ancient*

Israel. Minneapolis: Fortress Press.

Gallares, Judette A. (1992). *Images of Faith: Spirituality of Women in the Old Testament.* NY: Orbis Books.

Gangel, Kenneth O. and Christy Sullivan (1995). "Evangelical Theology and Religious Education." In *Theologies of Religious Education,* ed. Randolph C. Miller. Birmingham: Religious Education Press.

Gill-Austern, Brita L. (1999). "Pedagogy under the Influence of Feminist and Womanism." In *Feminist & Womanist Pastoral Theology,* eds. Bonnie J. Miller-McLemore and Brita L. Gill-Austern. Nashville: Abingdon Press.

Gilligan, Carol (1982). *In a Different Voice.* Cambridge: Harvard University Press.

Goldenberg, Naomi R. (1979). *Changing of the Gods.* Boston: Beacon Press.

Goldman, Carol (1988). "Creating Sacred Emotional Space." In *Sacred Dimensions of Women's Experience*, ed. Elizabeth D. Gray. Wellesley, Mass.: Roundtable Press.

Goldman, Ronald (1964). *Religious Thinking from Childhood and Adolescence.* NY: Seabury Press.

Greeley, Andrew (1995). *Religion as Poetry.* NJ: Transaction Pub.

Groome, Thomas H. (1980). *Christian Religious Education: Sharing Our Story and Vision.* San Francisco: HarperSanFrancisco.

______ (1991). *Sharing Faith: A Comprehensive Approach to Religious Education and Pastoral Ministry.* San Francisco: HarperSanFrancisco.

______ (1998). *Educating for Life.* NY: The Crossroad Publishing Company.

Grumet, Madeleine R. (1988). *Bitter Milk: Women and Teaching.* Amherst: The University of Massachusetts Press.

Gudorf, Christine E. (1994). *Body, Sex, and Pleasure.* Cleveland: Pilgrim Press.

Guenther, Margaret (1992). *Holy Listening: The Art of Spiritual Direction.* Boston: Cowley Publications.

Gutierrez, Gustavo (1978). "A Spirituality of Liberation." In *Conversion: Perspective on Personal and Social Transformation*, ed. Walter E. Conn. NY: Alba House.

Harris, Maria (1987). *Teaching and Religious Imagination.* San Francisco: HarperSanFrancisco.

______(1988). *Women and Teaching: Themes for a Spirituality of Teaching.* NJ: Paulist Press.

______(1989). *Dance of the Spirit: The Seven Steps of Women's Spirituality.* NY: Bantam Books.

______(1989). *Fashion Me a People.* Louisville: Westminster/John Knox Press.

______(1995). *Jubilee Time: Celebrating Women, Spirit, and the Advent of Age.* NY: Bantam Books.

Harrison, Beverly W. (1985). *Making the Connections.* Boston: Beacon Press.

Hebblethwaite, Margaret (1994). *Six New Gospels: New Testament Women Tell Their Stories.* Massachusetts: Cowley Publications.

Hess, Carol L. (1997). *Caretakers of Our Common House: Women's Development in Communities of Faith.* Nashville: Abingdon Press.

Heyward, Carter (1984). *Our Passion for Justice: Images of Power, Sexuality, and Liberation.* NY: Pilgrim Press.

Hogan, Linda (1997). *From Women's Experience to Feminist Theology.* Sheffield, England: Sheffield Academic Press.

Isasi-Diaz, Ada Maria (1996). *Mujerista Theology: A Theology for the Twenty-First Century.* N.Y: Orbis Books.

James, William (1971). *The Varieties of Religious Experience.* NY: New American Library.

Johnson, Elizabeth A. (1993). *Women, Earth, and Creator Spirit.* New York: Paulist Press.

Jordan, Judith V., Alexandra G. Kaplan, Jean B. Miller, Irene P. Stiver, and Janet L. Surrey, eds. (1991). *Women's Growth in Connection.* New York: Guilford Press.

Kegan, Robert (1982). *The Evolving Self: Problem and Process in Human Development.* Cambridge: Harvard University Press.

______(1994). *In Over Our Heads: The Mental Demands of Modern Life.* Cambridge: Harvard University Press.

Keller, Catherine (2008). *On the Mystery: Discerning Divinity in Process.* Minneapolis: Fortress Press.

Kim, Seong Hee (2010). *Mark, Women and Empire: A Korean Postcolonial Perspective.* Sheffield: Sheffield Phoenix Press.

King, Ursula (1989). *Women and Spirituality.* New York: New Amsterdam.

Koening, Harold G. (1994). *Aging and God: Spiritual Pathways to Mental Health in Midlife and Later Years.* NY: The Haworth Pastoral Press.

Kohlberg, Lawrence (1981). *The Philosophy of Moral Development.* San Francisco: Harper & Row.

LaChance, Carol Wallas (1991). *The Way of the Mother.* Rockport, Mass.: Element Books.

Lebar, Lois E. (1989). *Education That is Christian.* Illinois: Victor Books.

Lee, James M. (1993). "Compassion in Religious Instruction." In *Compassionate Ministry*, ed. Gary L. Sapp. Al: Religious Education Press.

Levinson, Daniel J. (1978). *The Seasons of a Man's Life.* NY: Ballantine Books.

______ (1996). *The Seasons of a Woman's Life.* NY: Alfred A. Knopf.

MacHaffie, Barbara J. (2006). *Her Story: Women in Christian Tradition.* MN: Fortress Press.

Madigan, Shawn ed. (1998). *Mystics, Visionaries, and Prophets: A Historical Anthology of Women's Spiritual Writings.* Minneapolis: Fortress Press.

McEwan, Dorothea, Pat Pinsent, Ianthe Pratt, and Veronica Seddon, eds. (2001). *Making Liturgy: Creating Rituals for Worship and Life.* Cleveland: Pilgrim Press.

McFague, Sallie (1987). *Models of God.* Philadelphia: Fortress Press.

______ (1993). *The Body of God.* Minneapolis: Fortress Press.

______ (2001). *Life Abundant: Rethinking Theology and Economy for a Planet in Peril.* Minneapolis: Fortress Press.

Merton, Thomas (1960). *Spiritual Direction & Meditation.* MI: Liturgical Press.

______ (1999). *Thoughts in Solitude.* NY: Farrar, Straus and Giroux.

Miles, Margaret R. (1990). *Practicing Christianity.* New York: Crossroad Publishing.

Moessner, J. S. ed. (1996). *Through the Eyes of Women.* Minneapolis: Fortress Press.

Moltmann-Wendel, Elisabeth (1995). *I Am My Body.* New York: Continuum, 1995.

Moore, Mary Elizabeth (1983). *Education for Continuity & Change: A New Model for Christian Religious Education.* Nashville: Abingdon Press.

_____ (1989). "Women and Men in the Social Order: Challenge to Religious Education." In *Religious Education as Social Transformation,* ed. Allen J. Moore. AL: Religious Education Press.

_____ (1990). "Feminist Theology and Education." In *Theological Approaches to Christian Education,* eds. Jack L. Seymour and Donald E. Miller. Nashville: Abingdon Press.

_____ (1991). *Teaching from the Heart.* Minneapolis: Fortress Press.

Moses, Barbara (2006). *Women Confidential: Midlife Women Explode the Myths of Having It All.* NY: Marlowe & Company.

Nelson, C. Ellis (1971). *Where Faith Begins.* Atlanta: John Knox Press.

Neu, Diann L. (2003). *Women's Rites: Feminist Liturgies for Life's Journey.* Cleveland: Pilgrim Press.

Neuger, Christie Cozad ed. (1996). *The Arts of Ministry: Feminist and Womanist Approaches.* Louisville: Westminster Press.

Neuger, Christie Cozad (2001). *Counseling Women: A Narrative, Pastoral Approach.* MN: Fortress Press.

Neville, Gwen Kenney and John H. Westerhoff III(1978). *Learning through Liturgy.* New York: Seabury Press.

Newman, Barbara (1990). "Some Medieval Theologians and the Sophia Tradition." *Downside Review* 108.

Northup, Lesley A. ed. (1993). *Women and Religious Ritual.* Washington, DC: Pastoral Press.

Oates, Wayne E. (1973). *The Psychology of Religion.* Waco, Texas: Word Books.

Ochs, Carol (1977). *Behind the Sex of God.* Boston: Beacon Press.

Oden, Amy ed. (1994). *In Her Words: Women's Writings in the History of Christian Thought.* Nashville: Abingdon Press.

Onyx, Jenny, Rosemary Leonard, and Rosslyn Reed, eds. (1999). *Revisioning Aging: Empowerment of Older Women.* NY: Peter Lang Publishing.

Osmer, Richard R. (2008). *Practical Theology.* UK: Cambridge.

Parks, Sharon Daloz (2000). *Big Questions, Worthy Dreams: Mentoring Young Adults in Their Search for Meaning, Purpose, and Faith.* NY: Jossey-Bass.

Piaget, Jean and B. Inhelder (1969). *The Psychology of the Child.* NY: Basic Books.

Procter-Smith, Marjorie (1990). *In Her Own Rite: Constructing Feminist Liturgical Tradition*. Nashville: Abingdon Press.

Procter-Smith, Marjorie and Janet R. Walton, eds.(1993). *Women at Worship*. Louisville: Westminster/John Knox Press.

Pui-lan, Kwok (2005). *Postcolonial Imagination and Feminist Theology*. Louisville: John Knox Press.

Pui-Lan, Kwok and Elisabeth S. Fiorenza, eds.(1998). *Women's Sacred Scriptures*. NY: Orbis Book.

Randour, Mary Lou (1987). *Women's Psyche, Women's Spirit*. NY: Columbia University Press.

Raphael, Melissa (1996). *Thealogy and Embodiment*. Sheffield, England: Sheffield Academic Press.

Regan, Jane E.(2002). *Toward an Adult Church: A Vision of Faith Formation*. Chicago: Loyola Press.

Rice, F. Philip and Kim G. Dolgin (2008). *The Adolescent: Development, Relationships, and Culture*. Boston: Allyn and Bacon.

Ruether, Rosemary R.(1983). *Sexism and God-Talk: Toward a Feminist Theology*. Boston: Beacon Press.

______ (1986). *Women-Church*. San Francisco: Harper & Row Publishers.

______ (1992). *Gaia & God: An Ecofeminist Theology of Earth Healing*. NY: HarperSanFrancisco.

______ (1998). *Women and Redemption: A Theological History*. Minneapolis: Fortress Press.

Russell, Letty M.(1967). *Christian Education in Mission*. Philadelphia: Westminster Press.

______ (1974). *Human Liberation in a Feminist Perspective: A Theology*. Philadelphia: Westminster Press.

______ (1979). *The Future of Partnership*. Philadelphia: Westminster Press.

______ (1981). *Growth in Partnership*. Philadelphia: Westminster Press.

______ (1993). *Church in the Round: Feminist Interpretation of the Church*. Kentucky: Westminster/John Knox Press.

Russell, Letty M. ed.(1985). *Feminist Interpretation of the Bible*. Philadelphia: Westminster Press.

Sachaef, Anne Wilson (1981). *Women's Reality.* Minneapolis, MN: Winston Press.

Saiving, Valerie (2011). "Experience." In *Creating Women's Theology: A Movement Engaging Process Thought,* eds. Monica A. Coleman, Nancy R. Howell, and Helene T. Russell. OR: Pickwick Publications.

Sanford, Linda T. and Ann Fetter (1979). *In Defense of Ourselves.* NY: Doubleday.

Sarno, Ronald A. (1987). *Using Media in Religious Education.* AL: Religious Education Press.

Schaef, Anne Wilson (1989). *Escape from Intimacy: Untangling the "Love" Addictions: Sex, Romance, and Relationship.* San Francisco: Harper & Row.

Schipani, Daniel S. (1988). *Religious Education Encounters Liberation Theology.* Birmingham: Religious Education Press.

Sears, Marge (1989). *Life-Cycle Celebration for Women.* CT: Twenty-Third Publications.

Shaw, Susan M. (1999). *Storytelling in Religious Education.* AL: Religious Education Press.

Sheppard, Phillis I. (2011). *Self, Culture, and Others in Womanist Practical Theology.* New York: Palgrave Macmillan.

Silverblatt, Art (2001). *Media Literacy: Keys to Interpreting Media Messages.* CT: Praeger.

Slee, Nicola (2004). *Women's Faith Development: Patterns and Processes.* VT: Ashgate Publishing Company.

Smart, James D. (1954). *The Teaching Ministry of the Church.* Philadelphia: The Westminster Press.

Song, C. S. (1986). *Theology from the Womb of Asia.* New York: Orbis Books.

Sorri, Mari and Jerry H. Gill (1990). *A Post-Modern Epistemology.* NY: Edwin Mellen Press.

Stahawk, Mirian (1984). "Witchcraft as Goddess Religion." In *The Politics of Women's Spirituality,* ed. Charlene Spretnak. NY: Anchor Books.

Suchocki, Marjorie H. (1981). "Openness and Mutuality in Process Thought and Feminist Action." In *Feminism and Process Thought*, ed. Sheila G. Davaney. Lewinston/Queenston: The Edwin Mellen Press.

______ (1993). *God Christ Church: A Practical Guide to Process Theology.* NY: Crossroad.

Tracy, David (1981). *The Analogical Imagination.* NY: Crossroad.

Trible, Phyllis (1984). *Texts of Terror.* Philadelphia: Fortress Press.

Ulanov, Ann and Barry Ulanov (1991). *The Healing Imagination: The Meeting of Psyche and Soul.* Canada: Daimon.

Unger, Rhoda and Mary Crawford (1996). *Women and Gender: A Feminist Psychology.* NY: The McGraw-Hill Companies, Inc.

Walton, Janet R. (2000). *Feminist Liturgy: A Matter of Justice.* Minnesota: Liturgical Press.

Weiler, Kathleen (1988). *Women Teaching for Change.* NY: Bergin & Garvey Publishers.

Westerhoff, John H., III. (1976). *Will Our Children Have Faith?* San Francisco: Harper & Row Publishers.

______ (1985). *Living the Faith Community: The Church that Makes a Difference.* Minneapolis: Winston Press.

Westerhoff John H. III. and William H. Willimon (1980). *Liturgy and Learning through the Life Cycle.* Ohio: OSL Publication.

Whitehead, Evelyn E. and James D. Whitehead (2001). *Christian Life Patterns: The Psychological Challenges and Religious Invitations of Adult Life.* NY: Crossroad.

Williams, Delores S. (1993). *Sisters in the Wilderness: The Challenge of Womanist God-Talk.* NY: Orbis Books.

Wimberly, Anne E. Streaty (1994). *Soul Stories: African American Christian Education.* Nashville: Abingdon Press.

______ (2004). *Nurturing Faith and Hope: Black Worship as a Model for Christian Education.* Cleveland: Pilgrim Press.

Witherell, Carol S. (1995). "Narrative Landscapes and the Moral Imagination." In *Narrative in Teaching, Learning, and Research,* eds. Hunter McEwan and Kieran Egan. NY: Teachers College Press.

| 찾아보기 |

인명 색인

주제 색인

여성과 기독교교육

펴낸날 초판 1쇄 2014년 12월 16일
지은이 백은미
펴낸이 김훈순
펴낸곳 이화여자대학교출판부
주소 서울특별시 서대문구 이화여대길 52(우120-750)
등록 1954년 7월 6일 제9-61호
전화 02) 3277-2965(편집), 02) 362-6076(마케팅)
팩스 02) 312-4312
전자우편 press@ewha.ac.kr
홈페이지 www.ewhapress.com
책임편집 김미정
디자인 신성기획
찍은곳 한영문화사

ISBN 979-11-85909-12-7 93230
값 22,000원

이 도서의 국립중앙도서관 출판예정도서목록(CIP)은 서지정보유통지원시스템 홈페이지 (http://seoji.nl.go.kr)와 국가자료공동목록시스템(http://www.nl.go.kr/kolisnet)에서 이용하실 수 있습니다.(CIP제어번호: CIP2014034148)